LE

PEINTRE-GRAVEUR

PAR

J. D. PASSAVANT.

LE
PEINTRE-GRAVEUR

PAR

J. D. PASSAVANT.

CONTENANT

L'HISTOIRE DE LA GRAVURE SUR BOIS, SUR MÉTAL ET AU BURIN
JUSQUE VERS LA FIN DU XVI. SIÈCLE.

L'HISTOIRE DU NIELLE AVEC COMPLÉMENT DE LA PARTIE
DESCRIPTIVE DE L'ESSAI SUR LES NIELLES
DE **DUCHESNE AINÉ.**

ET

UN CATALOGUE SUPPLÉMENTAIRE AUX ESTAMPES DU XV. ET XVI.
SIÈCLE DU PEINTRE-GRAVEUR
DE **ADAM BARTSCH.**

TOME SECOND.

LEIPSIC,
RUDOLPH WEIGEL.
1860.

CONTENU DU TOME SECOND.

I.

Gravures au burin allemandes du XVᵉ. siècle.

II.

Gravures au burin néerlandaises du XVᵉ. siècle.

III.

IV.

LES

MAÎTRES ALLEMANDS ET NÉERLANDAIS

DU XVᵉ. SIÈCLE.

SUPPLEMENT

AU

PEINTRE-GRAVEUR DE ADAM BARTSCH.

VOL. VI. ET X.

Graveurs allemands du XVe. siècle.

Le Maître de 1446.

Mr. Jules Renouvier de Montpellier a eu la bonne fortune d'acquérir sept gravures au burin d'une suite de la Passion dont une, la Flagellation, porte le millésime mccccxlvi. Il en donne, dans le 25me vol. des „Mémoires de la Société archéologique de Montpellier", une description dont il a fait publier un extrait séparé, accompagné d'une photographie de la Flagellation que nous venons d'indiquer.

Nous avons déjà fait voir, dans la partie historique de notre ouvrage, de quel intérêt pouvait être, pour l'histoire de l'art de la gravure au burin, cette pièce qui porte la première et la plus ancienne date connue dans les œuvres de ce genre. Nous avons ajouté également que ces gravures appartiennent à l'école de la haute Allemagne et que, dans le maniement du burin, elles ont une certaine analogie avec une autre Flagellation à Dresde et un Christ en croix à Berlin. [1]) Cependant notre maître de 1446 qui, selon toutes les apparences, a été or-fèvre, parait moins rude que les graveurs de ces dernières pièces, et a les qualités d'un artiste plus qu'ordinaire, en se distinguant par le caractère du dessin et par l'expression des têtes. Les parties de nud sont tracées avec décision et montrent une observation assez exacte

---

1) Ces pièces ainsi que plusieurs autres, d'une période très-ancienne de l'école de la haute Allemagne, se trouvent cataloguées sous la rubrique du maître de 1464 avec la manière duquel elles ont quelque analogie, quoique celui-ci soit de la basse Allemagne ou même de la Hollande.

de la nature. Elles ont de traits courts d'ombres, tandis que les hachures dans les draperies sont un peu plus allongées et rares. Les parties d'architecture, comme les murs, les piliers etc., sont couvertes de petits traits courts et irréguliers. Dans l'expression des têtes il frise souvent la caricature et son style de composition porte l'empreinte de l'imitation matérielle de la nature. Il manque totalement de ce caractère de noblesse qui distingue, dans le commencement du XVe. siècle, non seulement l'école des Van Eyck, mais que nous admirons aussi dans l'école de la haute Allemagne à Nuremberg, chez le maître Étienne Loethener à Cologne et dans la „Vierge" du graveur P de 1451.

Voici comment Mr. Renouvier parle de ces gravures:

„Nos estampes sont au-dessus de l'imagerie routinière, elles sont l'ouvrage d'un novateur assez hardi en gravure, d'un dessinateur qui ne manque ni de vivacité ni de finesse; il y a assez d'esprit et d'observation dans les physionomies et dans les costumes pour nous apprendre son pays; il y a enfin dans ses qualités et aussi dans ses défauts assez d'intérêt esthétique pour fournir un point de comparaison de plus dans l'étude du dessin gothique, autrefois honni, maintenant exalté, mais dans l'une et l'autre occurrence mal connu."

„Ces figures de la Passion de 1446 ont des formes courtes, des têtes grosses et inégales, des attitudes mouvementées et mal campées, des expressions grimacières. A ces traits on peut déjà reconnaître l'école allemande. Cette origine est encore indiquée par le costume, les chausses larges et rabattues, les bonnets fourrés et pointus, et les coiffes en bourrelet à cornettes tombantes. Parmi les caractères les plus particuliers du dessin, je signalerai les pieds plats et carrés par le bout et les cheveux faits en volutes. Ces habitudes rudimentaires se retrouvent encore dans les figures des maîtres de 1464 et 1466; en les apercevant dans d'autres estampes anonymes jusqu'ici non classées, on peut sûrement en conclure qu'elles appartiennent à l'Allemagne, au milieu du XVe. siècle. Telles sont dix petites pièces de la Passion données au cabinet de Paris par Mr. Van Praet et tirées d'un manuscrit d'extraits de St. Augustin, St. Anselme et St. Bernard, sur les feuillets duquel elles étaient imprimées." [2])

---

2) On pourrait rapprocher encore une suite de pièces sur des sujets de l'ancien et du nouveau testament décrites dans le catalogue Delbecq (Paris 1845, École Allemande pp. 11 et 15), et provenant d'un manuscrit de l'abbaye de St. Pierre de Gand; mais ces estampes ont été disséminées.

„Notre maître de 1446 a aussi dans le maniement du burin une façon caractéristique de son temps, ce sont les hachures à petites pointes cunéiformes; du reste, il est le plus élémentaire des graveurs dans la distribution des ombres, qu'il ne fait servir qu'à marquer quelques plis et quelques trous de terrain. Il est de tout point inférieur au maître de 1466 et également fautif dans le dessin, la perspective, la proportion et la stabilité des membres, le tracé dans les ornements. Ses contours épais, ses plans accumulés le rapprocheraient davantage des dessinateurs des livres xylographiques; il a enfin une manière particulière de faire ses arbres, qui ressemblent à des touffes de mousse.“

„En composant ses scènes dramatiques notre dessinateur s'est efforcé d'y mettre beaucoup d'expression. Il a réussi tant bien que mal à faire des figures affligées ou rieuses, bonnes ou rebarbatives; mais il n'a su y apporter ni esprit ni sentiment et dans tout il parait toujours prêt de tomber dans la charge; c'est la tendance la plus instinctive de l'école à laquelle il appartient.“

„Ces gravures sont imprimées sur du papier de coton, à travers lequel on voit un filigrane formé de trois cercles accolés et surmontés d'une tige.[3] Je n'en ai trouvé que sept; elles étaient certainement plus nombreuses et réunies sur une ou plusieurs feuilles, comme cela se pratiquait dans les livres xylographiques et dans les jeux de cartes.“[4]

Sept sujets de la Passion de Jésus Christ. H. 3 p. 9 l. L. 2 p. 11 l.

1. **Jésus priant au Jardin de Gethsémani.** Trois apôtres assis sommeillent derrière Jésus, agenouillé à droite, auquel l'ange apporte le calice du haut d'un rocher. On voit derrière le treillis du jardin un arbre aux branches dépouillées et quelques maisons de Jérusalem.

2. **Jésus attaché à la colonne.** Deux soldats lèvent les verges des deux côtés du Christ; un troisième, sur le devant, est armé d'un martinet; le quatrième, accroupi à gauche, relie les verges. Sur une frise de feuillages au-dessus des arcs de l'intérieur, soutenus par

---

3) JANSEN, qui a réuni un grand nombre de filigranes des papiers allemands du XIVe. et XVe. siècle ne donne point cette marque, mais il en cite plusieurs analogues. (Essai sur l'origine de la gravure, Paris 1808. Tome I. pl. XII. pp. 380 à 383.)

4) Le papier de toutes ces pièces est dans toute sa fraîcheur; quelques-unes ont été rognées au-delà du trait carré et ont eu leurs angles emportés dans un décollage maladroit. On jugera de leur état aussi bien que de leur style par le facsimile photographique joint à la notice.

des colonnes, se lit l'inscription en chiffres romains (gothiques) ɯ ᴄᴄᴄᴄ ℀ʟᴠɪ, dont la netteté ne permet point la moindre incertitude.

3. **Jésus couronné d'épines.** Deux soldats, placés derrière le trône, tressent la couronne autour de la tête du Christ, deux autres soldats, sur le devant, le bafouent, un cinquième, à gauche, lui présente la palme, un pharisien se montre à travers une porte du fond à droite. L'intérieur est, comme dans la pièce précédente, voûté et percé de fénêtres ayant, au lieu de frise à feuillages, une galerie de rosaces avec tourelles aux angles.

4. **Jésus allant au calvaire.** Un soldat à pesante armure entraine le Christ à droite, le Cyrénéen soutient la croix et cinq soldats le suivent. La Vierge, la Madeleine et St. Jean paraissent derrière; deux enfans jouent sur le devant. On voit dans le fond une porte et plusieurs édifices de Jérusalem.

5. **Jésus attaché sur la croix.** Trois soldats enfoncent les clous, un quatrième lie les pieds du Christ avec une corde, un nain sonne du cornet au milieu de la scène, et six têtes de soldats paraissent derrière un pli de terrain.

6. **Jésus sur les genoux de la Vierge.** Entre les deux saintes Maries, St. Jean et Joseph d'Arimathie qui s'agenouille à droite, son bonnet fourré à la main. Derrière le bois de la croix, on aperçoit un dôme et quelques bouquets d'arbres.

7. **Jésus mis au tombeau.** On voit ici cinq saintes femmes; St. Jean, qui cherche à consoler la Vierge; Joseph d'Arimathie, remarquable par les patins qui lui servent de chaussure et deux vieillards qui aident à placer le corps du Christ.

Le Maître ⚏ de 1451.

Ce graveur, que l'on doit compter parmi les artistes les plus distingués de son époque, ne nous a été connu que fort récemment par une de ses gravures au burin représentant la Vierge immaculée et qui, outre la marque du maître, porte aussi le millésime de 1451. Elle est ainsi une des plus anciennes gravures au burin connue avec date, et ne se trouve dévancée que par la gravure de la Flagellation du Christ au millésime de 1446. Ces deux pièces sont du plus haut intérêt pour l'histoire de l'art, car elles prouvent, de la manière la plus évidente, que c'est à l'Allemagne plutôt qu'à l'Italie que l'on doit attribuer l'honneur d'avoir été le berceau de la gravure au burin.

A en juger par le style de composition et d'exécution, ce maître appartiendrait à l'école de la haute Allemagne, ce qui est confirmé encore par la manière dont l'estampe est coloriée en laque rouge et en vert, comme nous l'avons trouvé si souvent sur les anciennes gravures sur bois de Tegernsée et du Rhin supérieur. Le style de la composition a de la dignité et même de la grâce. Le dessin de l'enfant Jésus nu révèle une observation attentive de la nature et les mains de la Vierge sont, dans le motif, jolies de forme; le large manteau qui tombe de ses épaules est d'un beau jet et disposé en belles masses grandioses. Le trait est ferme et fin dans les contours et les légères indications d'ombres dans les draperies sont formées souvent par de fines hachures croisées, les têtes et les parties nues sont au simple contour. Cette gravure est d'un style beaucoup plus élevé et d'un faire plus fin, qu'on ne le voit dans la Passion de 1446 qui décèle une imitation triviale de la nature et dont la taille est beaucoup plus grossière. L'écriture gothique des inscriptions est belle, fine et regulière, et l'impression d'une bonne encre noire.

---

1. La Vierge immaculée. Elle est debout sur le croissant, la tête un peu tournée vers la gauche, entourée d'une gloire à guise de flammes, et tenant sur le bras droit l'enfant Jésus auquel elle présente, de la gauche, un petit encrier. L'enfant est occupé à écrire quelque chose sur une bande de parchemin. La Ste. Vierge porte une couronne élevée garnie de roses, de pigeons et d'ornements de feuillages. Sa longue chevelure retombe sur l'épaule gauche; le riche manteau qui la couvre a une bordure ornée et descend vers la droite en plis cassés et fournis; à chacun des quatre angles de la gravure se trouvent trois petits anges vêtus, portés sur des nuages de style conventionnel et tenant des banderoles avec les inscriptions suivantes en caractères gothiques: Mater regis angelorū — Pro salute fidelium — Funde preces ad d... (La fin de cette troisième inscription et la quatrième toute entière, ainsi qu'un des trois anges dans le coin supérieur à gauche manquent dans notre exemplaire.) En bas sur le fond blanc on voit, à gauche, la marque suivante  et vis-à-vis, à droite, le millésime Mcccclt. Les parties nues sont teintées d'un rouge pâle, la tunique de la Vierge est coloriée en

vert et le manteau en laque rouge. L'auréole de Marie et celle
de l'enfant ont une teinte jaune. On a employé les mêmes couleurs
pour les anges. La gravure est fortement rognée du côté gauche.
H. 7 p. L. 5 p. 1 l.? Collection T. O. Weigel à Leipsic. Un facsimile
de cette estampe se trouve dans „Naumann's Archiv für die zeichnenden Künste" etc. IVᵉ. année. Leipsic 1858.

Le Maître de 1457.

On conserve dans le Musée Britannique une suite de 27 gravures
au burin avec des compositions représentant les différens sujets de la
passion de Notre Seigneur et dont celui de la Cène porte l'inscription
„LVII jor", ce qui ne peut indiquer autre chose que le millésime de
1457. Nous devons les premiers renseignements sur cette série à Mr.
le directeur Waagen dans son ouvrage intitulé: „Treasures of art",
Londres 1857, Vol. IV. p. 48, et aux communications ultérieures qu'il
nous a faites à ce sujet. Le faire artistique de ces gravures rappelle celui de l'école de Cologne au commencement du XVᵉ. siècle et
l'exécution en est très-simple, ne consistant, à peu de chose près, qu'en
simples contours imprimés avec une encre assez pâle. Les épreuves
sont sur parchemin et coloriées à guise de miniatures; elles furent
trouvées reliées dans un manuscrit également sur parchemin. Chaque
pièce, y inclus une bordure de deux lignes de largeur, mesure
H. 3 p. 5 l. L. 2 p. 6 l. Les compositions sont les suivantes:

1. Jésus dans le temple.
2. Le lavement des pieds.
3. La Cène autour d'une table ronde. Satan sous la forme d'une
mouche entre dans la bouche de Judas. Sur le banc de pierre où il
est assis se trouve: LVII jor., indiquant le millésime 1457.
4. Le Christ sur la montagne des oliviers. Il est couché sur le
terrain, les bras étendus. La main de Dieu, sortant d'un nuage de formes
conventionnelles, tient une croix à T.
5. La trahison de Judas.
6. Trois soldats sont étendus comme morts aux pieds du Christ.
7. Jésus devant Caïphe qui déchire ses vêtements.
8. St. Pierre renie son maître.

9. Le Christ devant Pilate.
10. Le Christ devant Hérode.
11. Jésus bafoué.
12. La flagellation.
13. Le couronnement d'épines.
14. Ecce homo.   -
15. Pilate se lave les mains.
16. Jésus dépouillé de ses habits.
17. Le Christ nu est assis sur la croix couchée sur le terrain.
18. Le Christ attaché à la croix.
19. Le Christ en croix.
20. La descente de croix.
21. Jésus pleuré par les siens.
22. La mise au tombeau.
23. Le Christ aux limbes.
24. La résurrection.
25. Les saintes femmes au tombeau.
26. Jésus apparait à la Madeleine.
27. L'incrédulité de St. Thomas.

Le maître de 1464, dit aux banderoles

et plusieurs autres graveurs anonymes, ses contemporains, qui
ont travaillé dans sa manière.

Cet ancien maître allemand semble appartenir au bas Rhin, si
nous en jugeons d'après les inscriptions, sur ses estampes de l'histoire
de la création, qui sont écrites dans le dialecte de la Westphalie et de la
Hollande. D'après une communication de Mr. E. Harzen aux éditeurs de
l'édition florentine de Vasari, de 1853 et que ceux-ci ont inserée dans
une note à la vie de Marc Antoine, Vol. IX. p. 258, il aurait découvert une gravure du maître qui nous occupe avec la date de
1459; mais d'après les renseignements qu'il nous a lui-même
fournis, il s'agirait simplement du millésime qui se trouve sur l'
de l'alphabet que nous allons citer. Il penche même à prendre ce
millésime pour la date de 1464, ce qui, du reste, est confirmé par
la copie gravée sur bois dont nous avons déjà fait mention dans

l'histoire de la gravure sur bois et sur métal. La date manuscrite de 1461 se trouve sur la gravure d'une Sibylle à Brunswick, comme nous le mentionnerons plus tard sous le No. 30 de son œuvre; il n'y a donc que celle de 1464, sur la lettre **A** d'un alphabet, que le maître ait tracé lui-même sur une gravure. Nous trouvons la première mention de ce maître dans le catalogue manuscrit de la collection de Paul Behaim de Nuremberg de l'an 1618 et qui se trouve actuellement dans le Musée de Berlin. On y lit à page 75 l'indication de deux estampes de l'histoire de la création sous le monogramme T avec la remarque „publiées (außgangen) ao. 1485". Nous n'avons jamais rencontré l'initiale T, à moins que Behaim ne veuille entendre par là le signe ⊥ qui se trouve en bas à droite, près de la date mcccclxiiii, sur la lettre A que nous avons déjà citée.

Heinecken dans ses Nouvelles recherches, Bartsch dans le Peintre-graveur, et Duchesne dans son Voyage d'un Iconophile, p. 187, décrivent plusieurs pièces de ce maître, sans pourtant nous donner la moindre notice à son égard. Sotzmann, dans le Kunstblatt de 1850 p. 102, émet l'opinion que ce graveur était un moine et qu'il appartenait à la confrérie des frères de la vie commune fondée dans le XIVe. siècle par Gérard Groote sur le bas Rhin, puisque, dans l'estampe intitulée la roue de Fortune, une figure, en costume de moine, tient à la main une feuille de parchemin et immédiatement à ses côtés se trouve l'inscription: „In spectatores pictor." Il est à remarquer cependant que plusieurs estampes de notre maître, entre autres la fontaine de Jouvence et la Salle d'escrime, présentent des détails fort licencieux que l'on n'aurait pas certainement le droit d'attendre d'un religieux; on pourrait croire alors qu'il eut exécuté ces gravures avant d'entrer en religion. Les différentes inscriptions que l'on trouve sur ses estampes nous le montrent comme un homme ayant des connaissances étendues, tandis que sa richesse de fantaisie dans la composition nous prouve ses talents distingués comme artiste. Il recherchait la vérité dans l'expression de ses têtes et son manque d'adresse dans le maniement du burin l'empêcha seul d'arriver à une plus haute perfection. Son style de composition est encore très-archaïque et ses paysages, surtout la façon dont il représente le terrain ainsi que ses fréquentes erreurs de perspective, rappellent souvent la manière des gravures sur bois du commencement du XVe. siècle et son style en cela est trop éloigné de celui de l'école de Van Eyck pour qu'on puisse songer à l'aggréger à cette école.

Son maniement du burin dénote encore l'enfance de l'art en conservant ainsi quelque chose de fort original. Les contours sont généralement très-accusés. Ses ombres sont exécutées à la pointe sèche et composées de traits serrés et croisés de manière à former des losanges très-pointues. Les premières épreuves conservent ainsi un ton chargé et sont également couvertes partout, bien qu'imprimées avec un noir pâle et toujours au moyen du frotton. Les épreuves plus fatiguées, où ces traits délicats manquent, ne sont pas seulement dures et faibles, mais ont une apparence de rudesse privée de toute harmonie.

Nous devons faire observer, comme une particularité fort remarquable, que nous retrouvons les mêmes procédés techniques de gravure, aussi bien pour la lourdeur des contours que pour la finesse des traits formant les ombres, dans quelques-unes des gravures de Sandro Botticelli de Florence, contemporain de notre maître, de manière à laisser croire que l'un aurait connu les gravures de l'autre et cherché à en imiter la manière; mais comme Sandro Botticelli, né en 1447, ne peut guères avoir commencé à graver avant 1465 et que les graveurs plus anciens de Florence, même Baccio Baldini, ont suivi une manière toute différente dans le maniement du burin, il semble que l'on est en droit de conclure que notre maître de 1464 a exercé une influence notable sur la manière de graver au burin de Sandro Botticelli. Cependant pour bien en juger par la comparaison, il faudrait avoir devant soi quelques-unes des gravures de l'un et de l'autre maître en premières épreuves, c'est-à-dire celles qui montrent encore les traits fins des hachures. Il paraît d'ailleurs que le maître de 1464 a visité l'Italie, car on trouve représenté des cyprès dans les paysages des quelques-unes de ses gravures, notamment dans la Résurrection et dans le Jugement de Pâris. Alors Sandro Botticelli aurait pu faire sa connaissance personnelle à Florence.

Le maître de 1464 n'est pas, comme nous l'avons déjà observé, le seul qui ait adopté le style de gravure qui le distingue, mais il a aussi eu des imitateurs et des élèves, bien qu'en petit nombre. Les ouvrages de ces derniers ne se distinguent des siens que parcequ'ils sont moins riches de fantaisie dans la composition et inférieurs dans le sentiment artistique des contours. Nous ferons entrer ces gravures, excessivement rares, dans le catalogue que nous donnons de l'œuvre du maître. Comme l'encre d'impression de ces gravures est ordinairement d'un beau noir, elles paraissent appartenir à la haute Allemagne et parmi elles nous comptons les Nos. de notre Catalogue 18. 24. 28. 29. 33. 50. 51. Nous ajouterons, en lieu opportun, quelques remarques ultérieures à ce sujet.

Nous n'avons point conservé à notre graveur la dénomination de „maître aux banderoles" qui lui a été donnée par Duchesne, puisque cette qualification peut être également appliquée à plusieurs de ses contemporains et de ses successeurs, et qu'il n'a pas toujours employé des banderoles dans toutes ses estampes. Comme il est le seul, parmi les anciens graveurs, qui ait traité le sujet des jours de la création, nous avions cru d'abord pouvoir le désigner par cette circonstance, mais comme la date qui se retrouve sur une de ses gravures que nous avons déjà indiquée, nous fournit un point de repère très-précis, nous avons préféré le faire connaître sous la désignation de „Maître de 1464".

———————

1—3. Les jours de la création. Il est très-probable que le maître ait gravé les sujets des sept jours, mais il n'a été possible d'en trouver jusqu'ici que trois, c'est-à-dire le second, le cinquième et le septième jour. La notice déjà citée de Paul Behaim relative aux deux premières gravures sous l'initiale T est ainsi conçue:

„Was gott den andern tag erschaffen hat und wie die bösen engel in die Hölle verstossen wurden. ao. 1485." h. folio.

(Ce que Dieu a créé le second jour et comment les mauvais anges furent précipités dans l'enfer.)
Et ensuite:

„Wie gott wasser und die Erdt erschaffen hat. ao. 1485 aussgangen." h. folio.

(Comme Dieu a créé l'eau et la terre, publié ao. 1485.)

1. Le second jour ou la chute de Lucifer. A gauche on voit le Christ dans l'attitude de bénir; en haut, à droite, Dieu le Père et le St. Esprit. Cinq anges frappent de leurs lances, terminées en haut par une croix, quatre anges tombés et cinq autres déjà changés en monstres et qui, en partie, sont déjà la proie des flammes. L'inscription latine, dans la banderole inférieure, commence: „Secunda die factū ē firmamētū" etc. A côté du Christ, à gauche, on lit ce qui suit: „In de tweden daghe maechte hi dat firmamēt de hemel wellick die ouerste en onderste wateren deylt." (Le second jour il fit le firmament, le ciel qui divise les eaux supérieures des eaux inférieures.) H. 8 p. 6 l. L. 7 p. A Dresde. L'exemplaire a été tiré sur la planche déjà usée et par conséquent la gravure est très-rude et parait très-imparfaite; l'impression est d'un bon noir. (Heinecken le décrit dans ses „Nouvelles recherches" p. 297. No. 3.)

2. Le cinquième jour ou la création des oiseaux et des poissons. Le Christ est à gauche, tourné vers la droite et élève la main droite pour bénir. Sur le terrain et dans les airs vingt oiseaux et une chauve-souris; l'autruche, à gauche, a un fer à cheval dans le bec. Dans l'eau des poissons, deux anguilles et un canard. Au bas l'inscription latine: „𝕼𝖚𝖎𝖓𝖙𝖆 𝖉𝖎𝖊 𝖉𝖎𝖝𝖎𝖙 𝖉𝖊'" etc. et au bord supérieur on lit la seconde en bas-allemand: „𝕴𝖓 𝖉𝖊𝖓 𝖛𝖞𝖋𝖉𝖊𝖓 𝖉𝖆𝖌𝖍𝖊 𝖒𝖆𝖈𝖐𝖉𝖊 𝖌𝖔𝖙 𝖛𝖔𝖌𝖍𝖊𝖑𝖊 𝖊𝖓 𝖛𝖊𝖋𝖈𝖍𝖊 𝖔𝖕 𝖉𝖆𝖙 𝖍𝖊𝖙 𝖜𝖆𝖙𝖊𝖗 𝖒𝖊𝖙 𝖛𝖊𝖋𝖈𝖍𝖊𝖓 𝖊𝖓 𝖉𝖎𝖊 𝖑𝖔𝖈𝖍𝖙 𝖒𝖊𝖙 𝖛𝖔𝖌𝖍𝖊𝖑𝖊𝖓 𝖘𝖎𝖊𝖗𝖉𝖊𝖓." (Le cinquième jour Dieu fit les oiseaux et les poissons, afin que l'eau fut ornée de poissons et l'air d'oiseaux.) Le Christ a encore ici des proportions très-allongées, le jet des draperies est à cassures angulaires, les hachures la plupart perpendiculaires. H. 8 p. 8 l. L. 6 p. 11 l. A Berlin; belle épreuve d'un noir pâle mais de première fraîcheur où l'on peut connaître parfaitement la manière technique du maître.

3. Le septième jour ou le repos de Dieu après la création. Le Christ, élevant la droite pour bénir et tenant le globe du monde dans la main gauche, est assis sur un trône ou siége à quatre montants, les rideaux du baldaquin sont tenus de chaque côté par un ange. Sur le baldaquin on voit le monogramme du Christ 𝖎𝖍𝖘 trois fois répété dans un cercle avec les instruments de la passion. Derrière le trône on voit de chaque côté un ange sur un appui; deux autres planent à droite et un troisième à gauche dont les jambes nues sont couvertes de plumes. Celui du dessous porte une banderole avec l'inscription: 𝖌𝖗𝖆 (gloria) 𝖕𝖆𝖙𝖗𝖎, celui d'en haut une seconde: 𝖊𝖙 𝖋𝖎𝖑𝖎𝖔, celui de droite une troisième: 𝖊𝖙 𝖘𝖕𝖎𝖗𝖎𝖙𝖚𝖎 𝖘𝖆𝖓𝖈𝖙𝖔; à gauche sur une banderole qui se déroule vers le bas, on lit l'inscription: „𝕴𝖓 𝖉𝖊 𝖘𝖊𝖚𝖊𝖓𝖉𝖊 𝖉𝖆𝖌𝖍𝖊 𝖗𝖆𝖘𝖙𝖊 𝖌𝖔𝖙 𝖛𝖆𝖓 𝖆𝖑𝖑𝖊 𝖜𝖊𝖗𝖈𝖐 𝖉𝖆𝖙 𝖍𝖞 𝖌𝖍𝖊𝖒𝖆𝖊𝖈𝖐𝖙 𝖍𝖆𝖙 𝖊𝖓 𝖌𝖊𝖇𝖊𝖓𝖊𝖉𝖎𝖉𝖊 𝖍𝖊𝖒 𝖊𝖓 𝖍𝖊𝖞𝖑𝖎𝖈𝖍 𝖒𝖆𝖊𝖈𝖐𝖉𝖊𝖓𝖙." (Le septième jour Dieu se reposa de tout travail et le bénit et le sanctifia.) Dans la marge d'en bas on lit l'inscription latine: „𝕾𝖊𝖕𝖙𝖎𝖒𝖔 𝖉𝖎𝖊 𝖗𝖊𝖖𝖚𝖎𝖊𝖛𝖎𝖙 𝕯𝖊𝖚𝖘" etc. H. 8 p. 7 l. L. 6 p. 9 l. Cette gravure a été trouvée dans un ouvrage imprimé à Wurzbourg. L'impression est pâle et a été obtenue d'une planche déjà un peu usée. C. Becker en a donné, dans le Kunstblatt de 1851, une description très-détaillée.

4. Moyse et Gédéon. Moyse est assis à droite, ôtant sa chaussure devant le buisson ardent, dans lequel apparait la figure du Christ, à mi-corps, donnant sa bénédiction et à côté l'inscription: „Solve cal-

ceamentū de pedib' tuis." A gauche, vers le haut, on voit Gédéon, en armure complète, 'agenouillé devant un ange qui tient une banderole avec l'inscription: „doms tecū vīm fortissime. Jud. VII." Devant Gédéon on voit une toison étendue, et un chien aboie devant Moïse. En haut et en bas se trouvent d'autres inscriptions latines, mais qui sont très-endommagées dans l'exemplaire unique de Paris et par conséquent presque illisibles. H. 7 p. 11 l. L. 5 p. 10 l. Encre d'impression pâle et, dans le maniement des détails avec la pointe sèche, absolument dans la manière des gravures de la création.

5. Samson. Trois événements de la vie de ce personnage des livres saints. Sur le devant on le voit couché, dormant sur les genoux de Dalila, sous les traits d'un jeune homme vêtu dans le costume du XVe. siècle. La courtisane est assise à gauche sur un tertre et lui coupe les cheveux avec des ciseaux. Dans le fond, à gauche, on voit le temple des Philistins soutenu par quatre colonnes dont l'une est saisie par Samson. On le voit encore, dans un bois à droite, déchirant la gueule du lion. Trois banderoles contiennent des inscriptions latines explicatives. H. 8 p. 9 l. L. 6 p. 9 l. L'épreuve du Musée Britannique a pour filigrane la tête de bœuf avec le signe ✳ sur une baguette, celle du cabinet de Berlin deux clefs en sautoir avec une croix au milieu ou quelque chose d'analogue. (Sotzmann, Kunstblatt 1850, p. 100.)

6. Samson déchirant la gueule du lion. Il est tourné vers la droite et tient l'animal sous lui; il est couvert d'un manteau flottant vers la gauche et porte une espèce de capuchon fantastique. Le groupe se détache sur un fond blanc, sans aucune indication de terrain. H. 5 p. 2 l. L. 4 p. 7 l. A Paris, et traité absolument dans la manière du Moïse No. 4.

7. L'annonciation. L'ange est agenouillé à gauche, tenant une banderole avec l'inscription: auc gratia etc. La Vierge est pareillement agenouillée devant un prie-Dieu et élève la main droite. Les deux figures se trouvent sous un toit qui forme une chambre. En haut, dans le coin à gauche, est représentée la Visitation, dans l'autre la Nativité et à côté une petite figure représentant un prophète avec l'inscription: Ezechiel xluii. En bas et aux côtés on voit deux rois et plusieurs autres petites figures. Plusieurs banderoles contiennent des inscriptions latines. H. 8 p. 5 l. L. 11 p. 7 l. A Dresde. Première épreuve, mais un peu chargée et sale, et d'une encre d'impression moins pâle que celle de la famille de Ste. Anne, obtenue au

moyen du frotton. (Heinecken, Nouvelles recherches etc. p. 299. No. 18.)

8. La famille de Ste. Anne. Sur le devant on voit quatre saintes femmes assises. 𝔖𝔱𝔞. 𝔄𝔫𝔫𝔞, 𝔖𝔱𝔞. 𝔐𝔞𝔯𝔦𝔞 𝔳𝔦𝔯𝔤𝔬, 𝔖𝔱𝔞. 𝔐𝔞𝔯𝔦𝔞 𝔍𝔞𝔠𝔬𝔪𝔢 et 𝔖𝔱𝔞. 𝔐𝔞𝔯𝔦𝔞 𝔖𝔞𝔩𝔬𝔪𝔢. Derrière elles se tiennent six figures d'hommes avec Ste. Elisabeth et le petit St. Jean, et à droite la mère du petit St. Marc. Plusieurs enfants, apôtres futurs, accompagnent les saintes femmes, leurs mères. H. 8 p. 6 l. L. 11 p. 6 l. A Dresde; de la même qualité que l'Annonciation et dans la même manière; impression d'un noir pâle avec un reflet brunâtre. (Heinecken, Nouvelles recherches etc. p. 323. No. 150.)

9. La Flagellation. Le Christ attaché à la colonne s'affaisse sous les coups de deux bourreaux. Celui de gauche est vêtu d'une longue robe, celui de droite porte une tunique courte; tout autour des inscriptions latines en caractères gothiques. Celle d'en haut commence: ı𝔥𝔰. 𝔠𝔞𝔰𝔱𝔦𝔤𝔞𝔱𝔦𝔬 𝔪𝔢𝔞 ĩ 𝔪𝔞𝔱𝔲𝔱𝔦𝔫𝔬 etc. H. 6 p. 11 l. L. 4 p. 8 l. A Dresde; épreuve d'une encre très-pâle. (Heinecken, Nouvelles recherches, p. 308. No. 57.)

10. Le portement de croix. Le Christ se dirige vers la gauche et tombe sous le poids de la croix soutenue par Simon le Cyrénéen. A droite un homme, couvert d'une armure, tient le Christ attaché à une corde et le frappe du poing. En arrière des soldats avec cinq hallebardes et un drapeau. H. 3 p. 2 l. L. 2 p. 2 l. Musée Britannique. Cette gravure, très-rude, est traité dans le style du maître de 1464 et doit appartenir probablement à un de ses élèves.

11. Le Christ en croix. Il est un peu tourné vers la gauche et quatre petits anges reçoivent, dans des calices, le sang qui coule de ses plaies; celui qui se trouve à la plaie du côté se couvre la face avec sa draperie. La Vierge, de fortes proportions, se tient debout à gauche, fortement tournée du même côté et regarde en bas. St. Jean, plus petit, regarde en haut vers le Christ. Sur une tablette, au-dessus de la croix, on voit l'inscription ı ı ɾ ı. Au pied de la croix, un fragment de crâne et un os. H. 8 p. 10 l. L. 6 p. 2 l. A Berlin. Cette gravure est exécutée absolument dans la manière du maître.

12. Le Christ en croix. Quatre petits anges recueillent le sang dans des calices. En haut, sur la croix, un pélican qui nourrit trois petits de son sang. A gauche, la Vierge les mains croisées; à droite, St. Jean contemplant avec admiration le Sauveur. Aux pieds de la croix une tête de mort et un os. H. 10 p. 1 l. L. 7 p. 8 l.

A Munich.   Cette gravure est traitée dans la manière du maître; les
nez sont très-gros, les hachures fines et à losanges très-pointues.
Encre pâle.   On en trouve une photographie dans l'ouvrage de R.
Brulliot.

13.   Le Christ en croix.   Il est penché assez fortement vers
la gauche, sur une croix ayant la forme d'un **T**.   En bas, une tête
de mort.   Marie est debout à gauche, les mains jointes, avec une expression de douleur.   St. Jean à droite, vu de face, penche la tête
vers la gauche, tenant de la droite un livre avec enveloppe et posant
la gauche sur la poitrine.   Près de Marie on lit sur une banderole:
Ꞇuam ipsius animā dolor' gladius ꝑ trāſibit. luc. z.   Dans la
bordure qui entoure la pièce se trouvent des inscriptions latines.   Les
hachures à la pointe sèche sont croisées; le style du dessin répond d'ailleurs à celui du maître de 1464.   L'impression, un peu sale, est d'un
noir pâle.   H. 7 p. 1 l. L. 4 p. 9 l.   Dans la collection privée de
feu le roi de Saxe à Dresde.

14.   Descente aux limbes.   Le Christ se dirige de droite à
gauche, marchant sur la figure de Satan étendue à ses pieds.   Il tient
de la main droite une croix ornée et se retourne un peu en arrière.
Devant lui, à gauche, on voit Adam debout et portant la main sur
l'épaule d'Ève agenouillée à côté de lui; derrière eux on aperçoit une
tête avec des cheveux bouclés.   A droite, devant la porte brisée, deux
figures qui prient, en haut deux démons.   Autour de la gravure se
lit une inscription latine relative au sujet.   H. 7 p. 2 l. L. 4 p. 11 l.
Musée Britannique.

15.   La résurrection.   Le Christ s'élève, en bénissant de la
main droite et tenant de la gauche l'étendart de la croix, d'un tombeau dont le couvercle se trouve encore mûni de trois sceaux.   Des quatre
soldats de garde, deux sont couchés de chaque côté du tombeau, un
autre se voit éveillé derrière.   Dans le fond une ville et en haut, tout à fait
vers la droite, un anachorète dans un bois; vis-à-vis, à gauche, un petit
bois de cyprès.   Pièce un peu cintrée vers le haut. H. 4 p. 3 l. L. 4 p. 7 l.
Dans le cabinet du conseiller intime Sotzmann à Berlin.   L'épreuve
est très-fraîche et d'un bon noir.   La manière rappelle celle du maître
de 1464, mais le travail est plus rude et semble être celui d'un de
ses élèves.   Cette estampe vient des environs du Rhin.   (Voyez le
Kunstblatt de 1850, p. 102.)

16.   La Trinité.   Dieu le Père, la tête ornée d'une grande
couronne, est assis sur un banc et tient devant lui le corps du Sauveur

un peu plié, plaçant sa main droite sur la plaie du côté. On aperçoit le St. Esprit sous la forme d'une colombe entre les deux têtes; une croix est à peine indiquée dans l'auréole qui entoure la tête du Christ. Sur le devant, à droite, se trouve un ange en admiration, à gauche un second soutient le corps du Sauveur; un troisième, derrière, tient une lance, en s'essuyant les yeux, tandis qu'à droite un quatrième, vu de profil, embrasse la croix. H. 7 p. 10 l. L. 6 p. 5 l. Au Musée de Berlin. Épreuve d'une encre très-claire, mais bien imprimée.

17. La Trinité. Cette gravure est une imitation du sujet antécédent, mais traitée un peu rudement. Dieu le Père est vu de face, une grande couronne sur la tête, assis sur un banc orné, et tient de la même manière le corps du Christ sur le genou droit. Les deux anges sur le devant, celui qui pleure et celui qui soutient le corps, sont en tout semblables aux précédents. Le premier plan est un peu différent quant au carrelage; derrière Dieu le Père on voit la croix avec une échelle appuyée à gauche et, de chaque côté, trois anges tenant les instruments de la passion. H. 10 p. L. 7 p. 5 l. Le filigrane du papier est composée de deux clés en sautoir qui paraissent terminées à gauche par une croix. Gravure assez grossière. Musée de Berlin. Impression noire.

18. La Trinité. Dieu le Père, assis sur un trône, tient le corps du Sauveur sur ses genoux, le St. Esprit apparait entre les deux; gravure très-rude dans la manière du maître de 1464, imprimée d'un bon noir, mais qui semble appartenir à la haute Allemagne. H. 4 p. 8 l. L. 4 p. A Munich.

19. L'homme de douleur. Il est vu à mi-corps dans le tombeau, entouré des instruments de la passion et indique la plaie de son côté. On lit dans son auréole: Jhesus autem transiens per medium illorum ybat in pace. Autour de la bordure se trouve une autre inscription latine et au-dessous six lignes dont chacune commence par les mots: O Domne Jhesus xpe etc. H. 11 p. 6 l. L. 8 p. Le corps du Christ est ombré de petits traits, sans méthode regulière, le dessin est celui du maître de 1464 et l'encre d'impression est pâle. A Munich.

20. St. Jean Baptiste. Il est debout sous une voûte gothique soutenue par une colonne et tient, sur le bras gauche, un livre sur lequel est couché l'agneau divin qu'il indique de la main droite. En haut on aperçoit la statuette de Samson terrassant le lion et celle d'un héros tenant une épée. H. 8 p. 1 l. L. 5 p. 10 l. A Bâle. Belle gravure du maître.

21. St. Jean l'évangéliste. Il est représenté jeune et debout sous un arc soutenu par deux colonnes. Deux monstres s'élèvent du calice qu'il est dans l'acte de bénir. On lit dans son auréole: 𝔖. 𝔍𝔬𝔥𝔢𝔰 et à gauche dans une banderole: 𝔭𝔞𝔰𝔰𝔲𝔰 𝔰𝔲𝔟 𝔭𝔬𝔠𝔦𝔬 𝔭𝔶𝔩𝔞𝔱𝔬 𝔠𝔯𝔲𝔠𝔦𝔣𝔦𝔵𝔲𝔰 𝔪𝔬𝔯𝔱𝔲𝔲𝔰 𝔰𝔢𝔭𝔲𝔩𝔱°. H. 6 p. 11 l. L. 4 p. 1 l. A Paris. Pièce traitée tout-à-fait dans la manière du maître, mais imprimée d'un meilleur noir que de coutume.

22. St. Jacques le mineur. Il est vu de face, sous un tabernacle orné de créneaux et de tourelles, tenant de la main gauche une massue tournée vers la terre et de la droite une banderole avec l'inscription: 𝔄𝔰𝔠𝔢𝔫𝔡𝔦𝔱 𝔞𝔡 𝔠𝔬𝔢𝔩𝔬𝔰 𝔰𝔢𝔡𝔢𝔱 𝔞𝔡 𝔡𝔢𝔵𝔱𝔢𝔯𝔞 𝔡𝔢𝔦 𝔭𝔞𝔱𝔯𝔦𝔰 𝔬𝔪𝔫𝔦𝔭𝔬𝔱𝔢𝔫𝔱𝔦𝔰. H. 7 p. L. 4 p. 6 l. A Paris et dans la manière du numéro précédent.

23. St. Jérôme. Il est assis à droite, dans le costume de cardinal, et tire une épine de la patte du lion. Au second plan on le voit, en petit et couvert d'un léger vêtement, à genoux devant une croix et se frappant la poitrine d'une pierre. Plus loin on aperçoit une petite église à la porte de laquelle se tient un religieux et, au-dessus, un château sur un rocher. Enfin à gauche on découvre, derrière des montagnes boisées, les têtes colossales de deux chameaux et un lion. H. 10 p. 9 l. L. 9 p. 2 l. Gravure du maître de 1464 d'un noir très-pâle, dans l'institut de Staedel à Francfort s. M. Elle fut trouvée à Wurzbourg, collée dans un nouveau Testament de 1499. Le filigrane du papier est la tête de bœuf avec une rosette à cinq feuilles sur un stèle très-haut. Un autre exemplaire à la bibliothèque Wolfenbuttel, provenant de celle de Helmstadt, est coloriée en laque rouge, en violet et en vert. On trouve souvent des répétitions de cette composition de St. Jérôme, mais avec des variantes de fond, dans des gravures sur bois et sur métal en manière criblée; elles sont quelquefois, comme à Munich par exemple, coloriées en violet-pourpre et en vert.

24. St. Jérôme. Il est assis dans une chambre, tourné vers la droite, devant un pupitre sur lequel se trouve un livre ouvert. Le lion, de petites proportions, se lève devant le Saint en présentant sa patte de devant tandis que celui-ci, tenant un instrument de la main gauche, abaisse les yeux vers l'animal. On voit dans la chambre plusieurs ustensiles de ménage et, à travers une fenêtre cintrée, une partie de la ville. La planche est coupée aux coins. H. 6 p. 8 l. L. 4 p. 9 l. Le style en général est semblable à celui du maître de 1464, mais le

jet des draperies a quelque chose de tendu, les hachures sont moins croisées et l'encre d'impression est foncée. A Berlin.

25. St. Dominique et St. Pierre le martyr. Le premier est debout à gauche, tourné vers la droite, tenant de la main droite un livre et de la gauche une tige de lys. Le second est vis-à-vis, le glaive enfoncé dans le crâne et un couteau dans l'aisselle; il tient un livre de la main droite et une palme dans la gauche. Les noms se lisent à côté des têtes respectives. Dans le haut un plafond cintré et en bas l'inscription: 𝕮𝖗𝖊𝖉𝖔 𝖙 𝖉𝖊𝖚 𝖕𝖆𝖙𝖗𝖊 𝖔𝖒𝖎𝖕𝖔𝖙𝖊𝖙𝖊𝖒. Ouvrage bien exécuté du maître, imprimé d'une encre un peu pâle et bleuâtre au moyen du frotton. H. 9 p. 4 l. L. 7 p. A Munich. On en trouve une photographie dans l'ouvrage de R. Brulliot. Il faut cependant remarquer à propos de cette gravure que, tout en reproduisant la manière technique du maître de 1464 dans les contours un peu lourds et dans les hachures formées au moyen de la pointe sèche, le dessin et le jet des draperies rappellent plutôt la manière italienne.

26. La messe de St. Grégoire. Il est agenouillé en prières et tourné vers la gauche, ayant vis-à-vis de lui un diacre. Derrière le saint pape un dignitaire de l'église tient la tiare et, tout-à-fait vers la droite, se trouve un cardinal. Au-dessus de la figure du pape on voit celle d'un autre diacre à l'autel, sur lequel apparait la figure de l'homme de douleur, en petit, entourée des instruments de la passion. La chapelle avec une voûte ornée est percée de deux petites fenêtres accouplées. L'inscription en sept lignes, dans la marge du bas, contient une lettre d'indulgences commençant ainsi: 𝕽𝖔𝖙𝖚 𝖘𝖎𝖙 𝖔𝖒𝖇𝖚𝖘 etc. H. 8 p. 2 l. L. 5 p. 9 l. Musée Britannique. Épreuve très-chargée; la gravure se trouvait anciennement dans une collection à Wiesbaden.

27. Ste. Catherine. Elle est vue debout, tournée vers la droite, tenant de la gauche un livre ouvert et s'appuyant de la droite sur une épée dont la pointe entre dans le moyeu d'une roue. Un roi se trouve à ses pieds vers la droite. On lit en haut l'inscription: 𝕾. 𝕶𝖆𝖙𝖍𝖊𝖗𝖎𝖓𝖆 𝖔𝖗𝖆 𝖕𝖗𝖔 𝖓𝖔𝖇𝖎𝖘 et sur la roue 𝕬⊕𝕬𝕸𝕽𝕷. La bordure se compose d'un double trait. Le dessin est faible, le maniement du burin maigre, mais les hachures croisées ressemblent à celles du maître de 1464. L'encre est très-pâle et l'impression obtenue au moyen du frotton est très-peu réussie. Musée Britannique.

28. Ste. Catherine. Elle est debout, tournée vers la droite et lit dans un livre; le glaive et la roue se trouvent à ses pieds; la bordure est

composée d'une baguette ornée de feuillages. H. 5 p. 3 l. L. 3 p. 11 l. Ouvrage médiocre et rude, comme celui de la Trinité No. 18, et probablement aussi de la haute Allemagne.   A Munich.

29. La Sibylle tiburtine. On la voit debout sur une terrasse parlant à l'empereur Auguste dont le nom 𝕺ctauianus se lit à côté. A droite, derrière elle, sur un terrain couvert de gazon se trouve une table hexagone et au-dessus, dans une banderole, l'inscription: cela rex eueniet per secula futur. En haut, sur le croissant, la Vierge à mi-corps avec l'enfant Jésus tenant une rose. H. 8 p. L. 5 p. 8 l. Pièce dans la manière du maître de 1464 et appartenant probablement à la haute Allemagne. L'épreuve dans la collection de Bâle est coloriée avec une laque luisante.

30—32. Trois Sibylles. Trois estampes, à demi-figures. H. 3 p. 3 l. L. 2 p. 7 l.

30. Une femme agée, tournée de trois quarts vers la droite, les mains presque croisées et la gauche élevée comme dans l'action de parler. Elle a la tête couverte d'une ample draperie et porte un manteau riche de plis. Le fond représente une chambre percée d'une fenêtre à droite. Cette estampe, avec une marge de 4 l., se trouve collée sur une feuille appartenant à un ancien manuscrit et qui est couverte de plusieurs inscriptions à la main. En haut, écrite en couleur rouge, on lit l'inscription: Sibilla p̄sica (persica) xxx annos ut mentionē facit nycanor et videtur vaticinare de futuro Salvatore gentium ut infra p̦, ensuite en encre noire: h̦ quia om̄b unite sunt in ḡra amen 1℞61. Cette dernière inscription qui, sans aucun doute, est contemporaine au manuscrit, est d'autant plus intéressante qu'elle nous prouve la haute antiquité des gravures du maître de 1464, auquel appartient indubitablement cette gravure et celles des deux autres Sibylles.

31. La Sibylle est vue de profil, tournée vers la droite; elle tient de la main droite le vêtement qui la couvre et lève la gauche comme pour prédire. Sa tête est couverte d'une draperie enroulée maintenue par une bande avec un bouton. La maçonnerie du fond est recouverte d'un plafond en bois.

32. La Sibylle, vue presque de trois quarts, est tournée vers la gauche; elle porte un manteau de fourrure et deux chaînes au cou avec plusieurs autres riches ornements. Son turban est arrêté par une épingle très-élégante et elle tient de la main droite une des rangées de perles de son riche collier, avec un livre ouvert devant

elle. Le fond représente une chambre avec une fenêtre à demi
ouverte vers la gauche. Ces trois gravures sont conservées dans la
collection de Brunswick et appartiennent sans aucun doute au maître
de 1464. Les parties de chair sont modelées au moyen d'un nombre
de petites hachures ou de traits. Les épreuves sont très-bonnes.

33. Le jugement dernier. On voit en haut le Christ assis
sur l'arc-en-ciel, des lys et un glaive sortent de sa bouche. Il lève
la main droite dans l'acte de bénir, et abaisse la gauche en signe de
réprobation. A gauche est assise la Vierge à côté de St. Pierre, à
droite St. Jean Baptiste avec un autre Saint. En haut, dans les angles
et aux pieds du Sauveur, des petits anges sonnent la trompette. On
aperçoit en bas, à gauche, les portes du ciel à travers lesquelles
St. Pierre reçoit Adam et Ève avec deux autres élus. A droite une
gueule d'enfer, dans laquelle sont entraînées deux femmes, avec un
homme, par des griffes infernales. Des hommes et des femmes s'élèvent
de plusieurs tombeaux ouverts. On lit sur trois banderoles: 𝖁𝖊𝖓𝖎𝖙𝖊
𝖇𝖊𝖓𝖊𝖉𝖎𝖈𝖙𝖎 𝖕𝖆𝖙𝖗𝖎𝖘 𝖒𝖊𝖎. — 𝕴𝖙𝖊 𝖒𝖆𝖑𝖊𝖉𝖎𝖈𝖙𝖎 𝖎𝖓 𝖎𝖌̄𝖒 𝖊𝖙𝖊𝖗𝖓𝖚𝖒. — 𝕾𝖚𝖗𝖌𝖎𝖙𝖊
𝖒𝖔𝖗𝖙𝖚.... le reste de l'inscription est effacé. H. 8 p. L. 6 p. 8 l.
Cette gravure, dans la collection de Bâle, est dans l'ensemble très-analogue à la manière du maître de 1464 et les traits d'ombres sont exécutés à la pointe sèche, mais le dessin du nu est plus plein, et
l'écriture, composée de lettres très-nettes et bien formées, s'éloigne de
celles des inscriptions de ce maître, que souvent l'on parvient à peine à
déchiffrer. Dans l'épreuve de Bâle les nus sont en couleur de chair,
les autres parties coloriées avec de la laque.

34—42. Neuf héros de l'antiquité. Ils sont disposés, trois
à trois, sur trois feuilles ayant de hauteur 8 p. 11 l., de largeur 11 p. 9 l.
marge comprise. Chaque gravure séparée porte 8 p. 6 l. sur 3 p. 9 l.
Au-dessus de chacun des héros on lit son nom et au-dessous une
inscription explicative. La série est composée de trois héros payens,
de trois juifs et de trois chrétiens.

34. Hector de Troya. Il est debout en armure complète,
la tête couverte d'un casque fantastique et porte une double chaîne
d'or suspendue sur sa poitrine. Il tient de la main droite une épée
et de la gauche les courroies de son bouclier sur lequel on voit
deux lions d'armoiries; trois rubans flottent de ses épaules et une
large écharpe lui entoure les reins. Le terrain est carrelé comme dans
tous les autres sujets. A la marge inférieure on lit l'inscription
suivante sur six lignes:

hector de troya priamis filius
fuit de ix parib' unus.
apud troyam fuit occif'
ab achille ut legm'
xt c annis lxx ut parp unu'
antequam xps fuit natus.

35. **Rex Alexander.** Il est vu de profil, tourné vers la droite, en armure complète et porte sur la tête une barrette entourée d'une couronne d'où pendent deux bandelettes. Il tient une épée de la droite et de la gauche un bouclier armorié d'un lion rampant. L'inscription inférieure porte:

Secund' fuit Alexander vocat'
qui de macedonia fuit nat' etc.

36. **Julius Cesar rex.** Il est tourné vers la droite, ne porte point de barbe, a la tête ornée d'une bandelette et, pour le reste, en armure complète. Il porte à la main droite une hache d'armes emmanchée d'un long bâton, de la gauche un bouclier avec trois couronnes, et une épée pendue à son côté. Les bandelettes qui flottent de la tête et au bras droit empiètent sur le fond de l'Alexandre. L'inscription commence comme suit:

Julius cesar tertius vocat'
p̄ quam terra magna acquirat. etc.

37. **Nobilis Josue.** Il est vêtu de son armure et se voit tourné vers la droite. Il porte sur la tête une barrette ou toque ornée d'une plume, tient de la main droite son épée et de la gauche un bouclier sur lequel on voit un dragon. L'inscription au-dessous n'est pas bien venue dans l'impression.

38. **Rex David.** Il est vêtu d'une longe robe fourrée et porte un bonnet phrygien entouré d'une couronne, tenant dans la main droite un cimeterre et de l'autre un bouclier blasonné d'une harpe. Deux larges manches flottent aux côtés en se dirigeant vers le haut de la gravure. L'inscription commence comme suit:

Quint' david vocabat'
vere illustris rex coronabat' etc.

39. **Judas Machabeus.** Il est tourné vers la droite, en armure complète, la tête couverte d'une toque, tenant de la droite une épée et de la gauche un bouclier où l'on voit trois oiseaux. Trois bandelettes flottent de ses épaules. Inscription:

Sextus fuit ver' iudeus
et vocabar iudas machabeus etc.

40. **Artur rex.** Il est vu de trois quarts en armure et tourné
vers la droite, portant une longue barbe, la couronne en tête, dans
la droite une épée et le globe dans la main gauche étendue; à ses
pieds et vers la droite on voit son bouclier avec l'aigle double de
l'empire timbré d'un heaume. Inscription :

Artur fuit in ordine primus.
xpi onor et rex nobilissimus etc.

41. **Karolus rex.** Il est vu de trois quarts, couvert de son
armure, la couronne en tête et tenant de la droite une épée, de la
gauche le globe impérial. Trois bandelettes flottent de chaque épaule
et se prolongent jusque sur le fond de la figure de Godefroi de
Bouillon. Son bouclier à droite est coupé, au demi-aigle de l'empire
et aux trois fleurs de lys; l'inscription est la suivante:

Karolus rex et impator
fuit sanctus et donator
p ytaliam et almaneā
p tziteam et hyspaniam
aquisgrane obijt nobilis
post mortē xpi viii^c et xliɉ annis.

42. **Gotfridus de bulion.** Il est vu de profil, tourné vers
la droite, en armure, la tête ornée d'une coiffure avec une plume
et de deux bandelettes flottantes. Il porte une épée de la main
droite et de la gauche un bouclier; le parquet est plus élevé que
pour les autres figures; l'inscription commence ainsi:

Gotfridus de bulion fuit tercius
et pagan' multū durus etc.

Ces gravures qui se conservent dans le Musée Britannique (celle
du roi Artus, avec la différence que l'inscription a été enlevée, se trouve
aussi dans la collection que Mr. Heller a leguée à la bibliothèque de Bamberg), sont d'une encre d'impression très-pâle et ont été obtenues au
moyen du frotton. Les contours sont lourds et les détails d'ombre
formés par de longs traits à la pointe sèche, rarement croisés dans
les draperies etc., mais par des traits courts et fins dans les parties de
chairs, selon la manière particulière au maître de 1464 aussi bien qu'à
celui de 1466.

43. **Le jugement de Pâris.** Il dort couché, armé de toutes

pièces, vers la gauche. Mercure en robe longue s'avance en tenant
la pomme d'or de la main gauche et le touche avec une baguette. A
droite se tiennent les trois déesses debout; Vénus porte une couronne,
Junon est vue de dos et Minerve tient un anneau dans la main droite
élevée. Dans le fond un riche paysage avec la vue d'une ville vers la
gauche marquée 𝔱𝔯𝔬𝔦𝔢𝔫. Dans le paysage on aperçoit l'Amour lançant
une flèche, et sur un arbre un singe tenant un flacon rempli d'un liquide.
Les noms se trouvent écrits au-dessus de chaque personnage. Pièce rognée.
H. 5 p. 4 l. L. 7 p. 5 l. Le Blanc, dans son „Manuel de l'Amateur" etc.
p. 128. No. 70, attribue cette gravure du Cabinet de Paris à Baccio
Baldini, induit probablement à cette opinion par le nombre de cyprès
et d'édifices à coupoles qui s'y voient; mais non seulement le dessin
et le maniement du burin appartiennent au maître de 1464, mais le
nom de ville, 𝔱𝔯𝔬𝔦𝔢𝔫, appartient à la langue allemande; d'ailleurs Baccio
Baldini ne s'est jamais servi de caractères gothiques pour ses inscriptions. Le style des édifices et les cyprès prouveraient tout au plus que
l'artiste a connu l'Italie.

44. Le jugement de Pâris. Vers la droite, près d'une fontaine, on voit Pâris endormi. Il est armé de toutes pièces, comme un
chevalier du moyen-âge, et tient de la main droite une hallebarde
plantée en terre. Sur son bouclier on aperçoit la figure d'un compas
entr'ouvert que l'on pourrait prendre pour un monogramme. Près de lui
se trouve en lettres gothiques la légende: 𝕻𝖆𝖗𝖎𝖘 𝖉𝖊 𝕿𝖗𝖔𝖎𝖆, et plus bas: 𝕺
𝕸𝖊𝖗𝖈𝖚𝖗𝖎, 𝖈𝖊𝖗𝖙𝖊 𝖒𝖚𝖑𝖙𝖚𝖒 𝖆𝖕𝖕𝖆𝖗𝖊𝖙 𝖉𝖎𝖋𝖋𝖎𝖈𝖎𝖑𝖊, 𝖘𝖊𝖉 𝖁𝖊𝖓𝖚𝖘 𝖛𝖊𝖗𝖊 𝖕𝖚𝖑𝖈𝖍𝖗𝖎𝖔𝖗
𝖒𝖎𝖍𝖎 𝖛𝖎𝖉𝖊𝖙𝖚𝖗 𝖊𝖘𝖘𝖊. Mercure, en longue robe et coiffé d'un bonnet élevé,
ayant dans la main droite la pomme d'or, touche Pâris avec le bâton
qu'il tient de la main gauche. On lit encore l'inscription: 𝕻𝖆𝖗𝖎𝖘 𝖉𝖊
𝕿𝖗𝖔𝖎𝖆 𝖆𝖋𝖋𝖊𝖈𝖙𝖆𝖓𝖙𝖊𝖗 𝖈𝖔𝖓𝖘𝖎𝖉𝖊𝖗𝖆 𝖎𝖘𝖙𝖆𝖗𝖚𝖒 | 𝖙𝖗𝖎𝖚𝖒 𝖕𝖚𝖑𝖈𝖍𝖗𝖎𝖔𝖗𝖊𝖒 𝖎𝖉𝖔𝖑𝖆𝖗𝖚𝖒,
𝖈𝖚𝖎 𝖉𝖔𝖓𝖆𝖇𝖎𝖙𝖎𝖘 𝖍𝖔𝖈 | 𝖕𝖔𝖒𝖚𝖒 𝖓𝖊𝖈 𝖉𝖊𝖓𝖊𝖌𝖆𝖇𝖎𝖑𝖎𝖘 𝖓𝖆𝖒 𝖛𝖔𝖇𝖎𝖘 | 𝖒𝖚𝖑𝖙𝖆𝖘
𝖉𝖆𝖇𝖚𝖓𝖙 (𝖉𝖆𝖇𝖎𝖙?) 𝖑𝖆𝖚𝖉𝖊𝖘 𝖊𝖙 𝖍𝖔𝖓𝖔𝖗𝖊𝖘. Un peu plus vers la gauche
se trouvent les trois déesses nues; Vénus avec une couronne et un
voile retombant sur elle; Junon avec des tresses et Pallas tenant une
fleur. Près de Vénus on lit son nom avec la légende: 𝕺 𝖒𝖊𝖆 𝖘𝖚𝖓𝖙
𝖉𝖔𝖓𝖆 𝖆𝖒𝖔𝖗𝖎𝖘 𝖛𝖎𝖓𝖈𝖚𝖑𝖆. A côté de Junon: 𝕯𝖎𝖛𝖎𝖈𝖎𝖆𝖊 𝖒𝖚𝖓𝖉𝖎 𝖒𝖊𝖆 𝖘𝖚𝖓𝖙
𝖉𝖔𝖓𝖆, 𝖉𝖎𝖈𝖔 𝖙𝖎𝖇𝖎, enfin près de Pallas: 𝕿𝖗𝖎𝖇𝖚𝖔 𝖛𝖎𝖈𝖙𝖔𝖗𝖎𝖆𝖒 𝖊𝖙 𝖕𝖔𝖙𝖊𝖘𝖙𝖆-
𝖙𝖊𝖒 𝖚𝖑𝖙𝖗𝖆 𝕾𝖆𝖒𝖕𝖘𝖔𝖓𝖊𝖒. Le tout dans un enclos et sur un terrain
couvert de plantes et de fleurs. Dans le fond on voit la ville de
„𝕿𝖗𝖔𝖎𝖆 𝖒𝖆𝖌𝖓𝖆" ornée de tours et baignée par la mer, avec un vaisseau. A droite un château sur une montagne et à gauche une tour

de guet. H. 9 p. 5 l. L. 12 p. 10 l. Cette estampe se trouve collée dans un manuscrit du XVe. siècle, in-folio (Cod. Lat. 215), de la bibliothèque de Munich entre les feuilles 91 et 93, contenant l'histoire de Troie de Guido Colonna. Ce manuscrit, qui a encore son ancienne reliûre, contient aussi plusieurs annotations, par le docteur-médecin Hartman Schedel de Nuremberg, dont plusieurs portent des dates, de 1462 à 1468, ce qui doit faire supposer que la gravure y a déjà été jointe au moins en 1462. Les hachures droites des ombres sont longues et très-fines; les inscriptions latines en lettres gothiques contiennent beaucoup de fautes et il parait que l'artiste ne les a comprises lui-même qu'à moitié. Le filigrane du papier offre la lettre

Cette gravure est la même dont on trouve un exemplaire dans la bibliothèque à Vienne, mais qui a 8 p. 4 l. de haut, sur 11 p. 6 l. de large. C. G. de Murr en donne une description détaillée dans son „Journal zur Kunstgeschichte" Vol. II. p. 195. Voyez aussi A. Bartsch, P. G. X. p. 41. No. 5, et F. de Bartsch No. 871.

45. Les degrés des âges de la vie. Cette composition est de dix figures disposées en deux rangées, sur la largeur, dont chacune présente cinq figures séparées et encadrées à part. Chaque figure est accompagnée d'un animal et de deux inscriptions, l'une en latin sur une banderole, la seconde en bas allemand à la bordure supérieure. Ces figures sont les suivantes: 1. Un enfant qui fouette une toupie; un chien est assis près de lui. Inscription: Van X jaren bin ich een kynt. — Sū puer ipsa X etas cū primum exegi annos. 2. Un jeune homme, à tête nue, avec un couteau de chasse, à côté de lui est couchée une chienne. — Sū iuvenis cū vita decem geminaverit annos. — Van XX jaren bin ich een iongheline. 3. Un jeune homme, la tête couverte d'un bonnet, tient un faucon sur le poing. — Deliciis fruor annos cum triginta peregi. — To XXX jaren byn ich in myner lost. 4. Un chevalier en armure ayant devant lui un lionceau. — Firma quater decies anni mihi robora prestāt. — To XL iaren byn ich alle manes wert. 5. Un homme à longue robe, la tête couverte d'un bonnet fourré et ceint d'une épée; devant lui est assis un renard. — Quinquaginta mihi dant cautum pectus avarum. — To L iaren byn ich ghierichēn loes. 6. Une figure semblable, à barbe, tenant la main gauche sur la poitrine. Un animal (un pourceau?) en dévore un autre plus petit. — Corpora languor habet cum sexaginta peregi. — To minen LX iaren byn ich scalk en quaet. 7. Un homme barbu, avec une cape, qui s'avance, tenant un rosaire, un bâton et un livre de

prières. A côté un chat qui se tourne. — Septuaginta senex annis fera fata recordor. — To minen LXX iaren bedine ich war ich ghavaren sal. 8. Un homme à longue robe avec capuchon et la barbe tressée. De la main gauche il tient un bâton et une bourse; un chien saute près de lui. — Rurso (sic) ego puer ut Decies octo acto et años. — To LXXX iaren comic wider in die kynthiet. 9. Un vieillard, avec un bonnet à fourrure, marche appuyé sur deux béquilles; derrière lui un âne la tête penchée. — Ad fragiles anni me nonaginta recurvant. — To XC iaren wordic cruepel en lam. 10. Enfin un vieillard assis, tenant de la main droite un rosaire; devant lui une oie. — Vita mihi gravis est cum centum terminant annos. — To C iaren word ic Der weerlt moede. H. 9 p. 6 l. L. 13 p. 6 l. Cette pièce ainsi que le jugement de Pàris ci-dessus se trouve collée dans le même manuscrit entre les feuilles 42 et 43 qui contiennent un petit traité intitulé: „De moribus juvenum senumque, divitum et nobilium." Le filigrane du papier est le même; les figures sont courtes de proportions, ayant de très-fortes têtes, les nez et les doigts longs. Les hachures dans les ombres sont longues et très-fines. Les inscriptions en lettres gothiques sont confusément écrites et celles en latin contiennent beaucoup de fautes. Celles dans l'idiome de la basse Allemagne semblent indiquer que le graveur habitait cette contrée et probablement Cologne. (?) Nous devons la notice de cette estampe, ainsi que de la précédente, à Mr. Tycho Mommsen d'Oldenbourg qui en a publié la description dans les „Archives de Naumann" Vol. III. p. 346.

46. La fontaine de Jouvence. Au milieu de l'estampe on voit un bassin hexagone dans lequel se baignent sept personnes entre hommes et femmes. Derrière le bord du bassin se tient un homme armé de toutes pièces, au pied duquel on lit: hic est fons juventutis. Plusieurs figures entourent le bassin parmi lesquelles on remarque, à gauche, un homme jettant sa femme dans le bain, tandis qu'un autre emporte la sienne sur le dos; on y voit, de plus, quelques détails fort libres. H. 8 p. 4 l. L. 11 p. 6 l. Bartsch X. p. 42. No. 6. A la bibliothèque de Vienne et dans quelques autres collections.

47. La salle d'armes. Dans le compartiment de gauche dix jeunes gens s'exercent à la lutte de différentes manières. Le côté droit offre une chambre séparée où trois femmes, dans un bain, s'efforcent d'attirer vers elles un bouffon. Dans le fond on voit un homme et une femme près d'un lit. Pièce libre. H. 8 p. 4 l. L. 11 p. 5 l. Bartsch X. p. 42. No. 7. A la bibliothèque de Vienne.

48. La roue de fortune. On voit à gauche une roue de fortune, tournée par la déesse qui a les yeux bandés, devant elle se voit un écriteau avec un passage du livre de Boèce „de Consolatione philosophiæ" lib. II.: „Ullamne humanis rebus constanciam in te putas cum ipsum sepe hominem velox hora dissoluat; boecius lib. 2°." En haut, à gauche, portée sur les nuages, se voit la figure du Christ à mi-corps qui tient au moyen d'un cordon la manivelle de la roue et à sa gauche un second écriteau avec l'inscription suivante: „Ecce ego mitto angelum meum qui precedat te in via obscura; observa eum et audi vocem ejus et si audieris vocem eius et feceris omnia que loquor, inimicus ero inimicis tuis, et affligam affligentes te. exodi XXIIII°. ca°." Le jeune homme qui se voit sur le point de monter, porte au bras une écharpe à laquelle on voit pendre deux cœurs avec les monogrammes

L'écriteau au-dessus de cette figure porte l'inscription suivante: „Mens non potest habere regimen virtutum ni prius excussetur magisterium viciorum: Augustinus." On voit aussi de pareilles inscriptions à côté du roi qui est au sommet, de l'homme barbu qui descend à gauche, et de celui qui est tombé du même côté; deux de ces inscriptions sont empruntées au livre de Boèce, l'autre à celui de Job. A droite on remarque, dans un bateau, un arbre qui porte 21 bourgeons sur trois rangs. Dans la série supérieure on voit un pape avec des cardinaux, des évêques et des religieux à ses côtés; la série du milieu est composée pareillement de huit personnages, un empereur, un roi, un duc et autres d'un rang élevé; enfin la série inférieure, de cinq figures, montre, dans le milieu, une femme dans le giron de laquelle s'élance une licorne. Les racines de l'arbre sont rongées par deux animaux indiqués comme dies et nox (le jour et la nuit); devant le vaisseau on aperçoit la mort qui lance des flèches vers la rangée supérieure de l'arbre et à côté d'elle l'inscription: „Nemini parco". Au-dessous, dans une fosse, on voit un cadavre avec une belle tête, mais dont on ne peut deviner le sexe, et au-dessus dans une banderole l'inscription: „Revertatur pulvis in terram unde erat et spiritus redeat ad ipsum qui dedit illum: ecclesiastes 2°." et au-dessous devant la fosse: „Si quis esset stultus qui nolet credere, verum hic oculos tenet et respiciendo credet." Au-dessus et au milieu de l'estampe on lit l'inscription suivante sur trois lignes: „Manet spectator desuper cunctorum prescius deus visionisque ejus presens semper eternitas | cum nostrorum actuum futura qualitate concurrit bonis premia malis supplicia dispensans | boecius de consolatione philosophie. ti CV°.“ Au-dessous se trouve sur un petit écriteau l'inscription suivante: „in spectatores pictor“, et, tout à côté, la figure d'un moine, vu à mi-corps, avec un écriteau beaucoup plus grand qui porte les vers suivants et qui se réfèrent à la personne vue dans le tombeau:

„Hoc jam extinctum speculum in tomba sepultum
amore emicuit et vanitate simul
quid fuerit pompa nunc sua forma declarat
nunc jacet in fossa humanitate sine
lumina quæ totum quondam micare per orbem
nunc tenebra magna cooperitque sua
carnes jam suas modo videt esse fálaces
et fosse factura relinquiturque sibi.“

Cette gravure du maître de 1464 mesure 8 p. 3 l. sur 11 p. 3 l. en dedans de la bordure et se conserve dans la bibliothèque de Vienne et au Musée Britannique. Dans le Kunstblatt de 1850 p. 76, le conseiller Sotzmann décrit cette gravure remarquable très en détail et nous renvoyons à ce qu'il en dit dans cette publication; nous ferons seulement remarquer qu'il croit reconnaître, dans le cadavre étendu dans le tombeau, le corps de Marie de Bourgogne, femme de l'empereur Maximilien, morte le 27 Mars 1482 à l'âge de 26 ans. Cette riche composition aurait, par conséquent, dù son origine à ce triste évènement et s'y rapporterait dans la plupart de ses détails.

49. L'Alphabet romain d'initiales formées au moyen de figures et dont la lettre ci-contre porte le millésime de 1464. Il contient 23 lettres et un ornement de feuillages enroulés, à la fin. Il n'en existe qu'un seule exemplaire imprimé, sur trois feuilles in-folio oblong dont les deux premières se conservent dans le cabinet de Dresde et la troisième, bien qu'incomplète, dans la bibliothèque de Vienne.[5] L'ordre dans lequel les lettres sont distribuées est le suivant:

A B C D   E F G h   I K L (M)
𝑛 O P Q   R S Ƨ V   X Y Ƨ (ornement).

Ces lettres sont composées comme suit:

A. Deux hommes barbus tiennent un écriteau qui forme le trait horizontal de la lettre et sur lequel on voit quatre lignes ressemblant à de l'écriture (composée seulement de petits traits), mais qui fait voir très-clairement le millésime mccccIxiiii et, tout-à-fait au-dessous vers la droite, le signe ·↑·.

_____

5) Les sept dernières initiales se trouvent aussi collées séparément dans un manuscrit de la bibliothèque de Munich. Voyez Brulliot, Dict. I. No. 3182.

B. Cinq figures. En haut, à gauche, un tambour; à droite un homme découvert d'une façon indécente.

C. Samson déchirant la gueule du lion.

D. A gauche un homme à cheval élevant son épée, et qui est saisi par son adversaire assis sur un lion.

E. A gauche un homme se tient, debout, derrière un autre courbé qui étend un morceau de draperie. Le premier tient par la barbe une tête barbue.

F. Un trompette et un homme courbé.

G. Un jeune homme tient une tête barbue et un autre plus petit, courbé, tient un fouet dans la bouche.

h. Un magicien déchire la bouche d'un cheval marin.

I. Un moine embrassant une nonne.

K. Une femme debout caresse le menton d'un jeune homme, agenouillé devant elle, qui tient de la main gauche un anneau et de la droite un écriteau avec le rébus: mon ♡ aues, derrière eux, à droite, un vieillard qui s'élève et un jeune homme tombant à terre.

L. Un jeune homme, debout, appuie une grande épée sur une figure étendue à ses pieds.

M. Au milieu un vieillard chevauche un monstre à double queue et lève la main droite qui est saisie par un jeune homme armé d'un poignard. A gauche on aperçoit un troisième individu monté sur un aigle à jambes de cheval.

n. A gauche un vieillard tire son poignard contre un centaure à corps de sanglier.

O. Cette lettre est formée de quatre têtes barbues.

P. A gauche un homme frappe d'une massue un enfant qui s'appuie courbé contre lui et qui tient également une massue.

Q. Deux lions et un mascaron barbu.

R. Un vieillard debout près d'un lion est attaqué, avec une massue, par un jeune homme qui se tient au-dessus de lui. En bas un homme avec un capuchon. Sur cette lettre on trouve en bas et très en petit la marque ℭ.

S. Un monstre avalant une tête.

Ƭ. En haut un dragon, en bas deux moines.

V. Deux joueurs de musette placés diagonalement, les pieds joints. Dans le fond on aperçoit le signe d'abbréviation ⌒ ce qui pourrait faire penser que le V pouvait encore servir pour indiquer le W. Léon de Laborde donne dans ses „Nouvelles recherches sur l'origine de l'imprimerie," Paris 1840, p. 19, un facsimile de cette initiale, mais, des deux signes qu'il y a unis, le premier seulement appartient à cette lettre; le second, comme nous l'avons vu, se trouve à la lettre R.

X. Trois moines avec des clochettes dont un porte l'autre sur les épaules. Ensuite un homme sur lequel on aperçoit un écureil.

Y. Un homme est assis sur un monstre dont il perce la tête de son épée. A gauche un jeune homme porte un autre monstre ailé sur les épaules.

Ʒ. Un vieillard saisit de la main droite un poignard et de l'autre un enfant soulevé au-dessus de lui; un second enfant est étendu à ses pieds.

Ornement final. De cet ornement, qui forme la 24e. division, il ne s'est conservé qu'une très-petite partie. On en trouve un facsimile d'après la gravure sur bois du Musée Britannique dans Jackson p. 138, reproduit par Léon de Laborde dans ses „Nouvelles recherches". Les sujets des deux alphabets, du néerlandais sur bois et de celui dont nous nous occupons, gravé au burin par le maître de 1464 (que nous n'avons cependant pu comparer en les plaçant les uns à côté des autres) paraissent presqu'en tout les mêmes, mais le maniement du burin est différent; dans les deux les contours sont, il est vrai, également lourds, mais les ombres dans la gravure sur bois sont formés de petits traits presque horizontaux, tandis que dans la gravure au burin elles sont composées de hachures très-fines, à la pointe sèche, presque perpendiculaires et un peu croisées. Il serait très-difficile de décider qu'elle est l'original c'est-à-dire la plus ancienne de ces deux séries, mais il serait naturel de croire, si l'on réfléchit au talent plein de fantaisie du maître de 1464 qu'il ait été l'inventeur de ces compositions qui ont été ensuite reproduites par la gravure sur bois. Celles-ci sont un peu plus petites, ne mesurant que 3 p. 6 l. de hauteur sur 3 p. de largeur, tandis que les sujets gravés au burin ont 4 p. de hauteur.

50. Rinceau d'ornements, avec un bouffon. Sur une tige très-forte, s'élève un riche enroulement de feuilles et de fleurs où se trouve un bouffon s'élançant à gauche vers un oiseau ressemblant à un héron. H. 2 p. 7 l. L. 3 p. 3 l. A Berlin. Cette pièce est traitée entièrement dans la manière du maître de 1464. Le noir foncé de l'impression n'est cependant pas semblable à celui de ses autres gravures.

51. Ornement à guise de frise. Vers le milieu on voit, assise, une femme nue avec son enfant; le père, placé un peu plus haut, combat avec une massue contre un griffon. A gauche on aperçoit une autre femme attaquée par un ours et défendue, à ce qu'il semble, par un homme, car l'exemplaire dans le cabinet de Bâle est incomplet. H. 2 p. 11 l. L. 2 p. ...? Quoique cette pièce soit traitée dans la manière du maître de 1464, elle parait cependant appartenir à une époque plus récente.

Appendice.[6])

Les quatre gravures suivantes sont, jusqu'à un certain point, dans a manière du maître de 1464, surtout dans les hachures, mais elles montrent beaucoup plus de finesse dans le dessin. Elles s'éloignent pourtant du style de l'école de Van Eyck et paraissent appartenir à l'école de l'Allemagne inférieure.

52. L'adoration des Mages. La Vierge se voit assise au milieu sous le toit de chaume d'une étable. A gauche un roi agenouillé accompagné d'un second debout; ce dernier est coiffé d'un turban. A droite, le plus vieux des trois rois se voit aussi à genoux et, derrière lui, St. Joseph portant une main à son capuchon et tenant de l'autre une cuillère. Les traits d'ombre sont pour la plupart perpendiculaires, les contours accusés, mais d'un dessin assez fin. L'impression est d'un bon noir. H. 6 p. L. 4 p. 3 l. A Dresde. Heinecken „Nouv. rech." p. 304. No. 39.

53. Le Christ attaché sur la croix. Il est couché sur la croix. A droite un bourreau lui cloue la main gauche avec un gros marteau; un second lève le bras droit du Christ au moyen d'une corde et un troisième perce un trou dans le pied de la croix tandis qu'un quatrième redresse quelques gros clous. H. 6 p. 2 l. L. 4 p. 2 l. Bartsch X. p. 5. No. 9. Bibliothèque de Vienne. Cette pièce a beaucoup de ressemblance avec la manière de la Flagellation No. 9.

---

6) Dans le catalogue d'une vente à Cologne, en 1855, on trouve l'indication d'une pièce attribuée au „maître aux banderoles" qui représente un Christ à la colonne, entouré des instruments de la passion, et qui adresse la parole à un moine de l'ordre des chartreux, agenouillé à droite devant lui et qui lui offre un cœur; ces figures sont entourées de trois grandes banderoles, celle près du Christ contient une inscription commençant par ces mots: „fili sequere" etc. H. 3 p. 5 l. L. 4 p. 4 l. Cette pièce très-médiocre appartient au XVIe. siècle et n'a de commun avec notre maître que les banderoles qu'il emploie souvent.

54. Le Christ en croix. Aux deux côtés on voit les larrons dont les têtes sont fortement courbées sur la traverse de la croix. A gauche la Vierge évanouie s'affaisse, soutenue par St. Jean et une des deux saintes femmes qui l'accompagnent. A droite un homme du peuple et deux soldats avec une lance et un étendart. On lit au-dessous sur quatre lignes: „O lignum preciosum" etc. H. 6 p. 2 l. L. 3 p. 9 l. Dresde. Heinecken „Nouvelles recherches" p. 312. No. 83.

55. Le martyre de St. Étienne. Le Saint, agenouillé au milieu, est lapidé par cinq hommes qui se tiennent à droite, tandis qu'un prêtre ramasse des pierres. A gauche, on voit six docteurs de la loi et Saül agenouillé sur le devant qui tient six épées dans le pan de sa draperie. Sur le terrain s'élèvent trois plantes avec des fleurs de fantaisie. Les mouvements des figures tirent sur le grotesque. Les contours accusés sont d'un bon dessin; les hachures sont souvent perpendiculaires et ne consistent parfois qu'en simples lignes droites et sous ce rapport l'exécution ressemble à celle du Christ en croix No. 54. H. 6 p. 2 l. L. 7 p. 9 l. Dresde. Heinecken, Nouvelles recherches p. 314. No. 98. Zani, Enciclop. II. 9. p. 190.

56. St. Agatius. On le voit revêtu de son armure, tourné vers la gauche, une couronne d'épines sur la tête, tenant de la main droite une lance avec un guidon et saisissant son épée de la gauche. Une petite figure agenouillée devant lui, dans l'attitude de l'adoration, tient une banderole sur laquelle on lit le nom en abrégé: S' Ag... ora pro nobis et qui se retrouve au long au-dessus du guidon: Sanctus Agatius. Dans le fond un riche paysage. H. 7 p. 3 l. L. 4 p. 9 l. Cette gravure, d'un style très-ancien, n'a que fort peu de ressemblance avec la manière du maître de 1464 et cela seulement dans le paysage et dans le défaut général de perspective. Les contours sont lourds, mais l'exécution des hachures s'éloigne beaucoup de la manière de ce dernier. Quelques épreuves du St. Agatius se trouvent dans les manuscrits que le moine Jacques Gomer exécuta dans la seconde moitié du XVIe. siècle pour le couvent de St. Trond à Liège et qu'il a ornés de beaucoup de gravures. Ces manuscrits se conservent actuellement dans la bibliothèque de cette ville et contiennent une quantité de gravures uniques du XVe. et du XVIe. siècle, appartenant, pour la plupart, aux Pays-Bas et nous sommes enclins à attribuer le St. Agatius à un maître de l'évêché de Liège, élève de l'école allemande et dont la manière diffère beaucoup de celle de Van Eyck.

Le maître ⅭꙄ 1266 et son école.

Ⅽ, e. l. ꙡ. 6. ʌ. ꙅ
peintre et graveur.
(Bartsch VI. p. 1.)

Un maître beaucoup plus avancé dans la partie technique de l'art et qui possédait un talent non moins riche, non moins original que le précédent est le maître Ⅽ ꙅ de 1466, comme on se plait à le désigner d'après quelques-unes de ses estampes qui portent cette date. D'autres ont celle de 1467 et une seule le millésime de 1461 qui semble néanmoins y avoir été ajouté plus tard. Cependant un jeu de cartes gravé par lui et parmi lesquelles se trouve la figure du roi de France, Charles VII, indiquerait que notre maître exerçait déjà l'art de la gravure à cette époque, puisque ce prince mourut le 22 Juillet de cette même année (1461) et il n'est pas à présumer que l'on ait plus tard choisi son portrait au lieu de celui de son successeur pour une des cartes du jeu. Nous en avons un autre exemple dans le jeu de cartes rondes où nous trouvons le portrait de Louis XII. Cette opinion serait, du reste, confirmée par l'inscription manuscrite, avec la date de 1462, d'une notice du frère Conrad Damberger, sur la gravure d'une Trinité qui se trouvait anciennement à Buxheim et dont Dibdin fait mention dans son ouvrage intitulé: „Tour through Germany and France" III. p. 277. Dans le maniement du burin il montre encore beaucoup d'analogie avec la manière archaïque du maître de 1464, mais ses hachures sont plus regulières et plus délicates dans les parties de chair et il s'en éloigne de beaucoup dans la manière de traiter les ombres des draperies. Son dessin, délicat dans les contours, et son style de composition le font croire élève de l'école de Van Eyck et cette opinion devient encore plus probable, si l'on remarque que le principal motif dans une de ses gravures qui représente la Sibylle avec l'empereur Auguste (Bartsch No. 8) est emprunté à un tableau de Roger van de Weyden le vieux. La composition de la Trinité (Bartsch No. 37) est aussi traitée dans le style de la même école. Il a cependant quelques particularités de dessin qui s'en éloignent et c'est surtout le cas dans les gravures qui portent sa marque et où l'on trouve que le nez, dans ses figures de femmes et de jeunes gens, sont longs, minces et un peu arrondis par le bas. Quant à son manie-

ment du burin il ne ressemble en rien à celui, beaucoup plus développé,
du graveur néerlandais connu sous le nom du maître de 1480.   Cependant il faut remarquer qu'il y a une assez grande différence entre les
gravures qu'on lui attribue ou qui même portent sa marque; car tandis
que la plus grande partie d'entr'elles est exécutée avec beaucoup de finesse
de burin, d'autres en montrent bien moins et plusieurs pièces très-
belles offrent un type différent de dessin dans les têtes jeunes, en ce que
celles-ci ont un nez assez fort en opposition à celui très-fin que nous
avons fait déjà remarquer dans ses autres gravures.   Nous ajouterons
encore que la plus grande partie des lettres à figures d'un alphabet
qui sont attribuées généralement, ainsi que par Bartsch lui-même, au
maître de 1466, présentent des différences d'exécution et assez souvent
un burin plus libre et plus nourri, dans la manière néerlandaise de
l'époque.   Il faut donc en conclure que le maître de 1466 a eu un
grand nombre d'élèves qui, en partie, se sont formé un style de
gravure particulier ou qui seulement se distinguent par une manière
plus faible que celle de leur prototype.   Très-peu d'entre eux ont marqué leurs estampes d'un monogramme ou d'une date et un petit nombre
seulement offrent des particularités assez prononcées pour pouvoir les
faire distinguer les uns des autres.

S'il doit régner de l'incertitude en ce qui regarde plusieurs des
gravures attribuées au maître de 1466, nous en trouvons encore davantage relativement au lieu de sa naissance ou même à son pays
natal.   On lui a donné successivement pour patrie les Pays-Bas, le
Bas-Rhin, l'Allemagne supérieure; nous allons examiner toutes ces
opinions.

Le directeur Frenzel a cru d'abord qu'il était originaire de Salins,
ensuite qu'il était né en Lorraine [7]) pour avoir pris les armoiries d'Autriche, de gueules à la fasce d'argent, que l'on trouve souvent sur
les gravures de ce maître, pour les armoiries de cette ville qui sont
de gueules à la bande d'argent, ou de Lorraine qui porte d'or à la
bande de gueules chargée de trois alérions d'argent.   Une pareille supposition ne se trouve donc point fondée.

Un argument plus convaincant que notre maître pourrait appartenir à la Flandre nous serait offert par la grande gravure des armoiries de Charles le Hardi, duc de Bourgogne, dont la découverte

---

7) Voyez le „Catalogue de la Collection de S. M. Frédéric Auguste II., Roi de
Saxe" etc. de J. G. A. FRENZEL, Leipsic 1854, p. 22.

a été faite par Mr. Alvin dans la bibliothèque royale de Bruxelles. [8])
Cette pièce a, dans le faire, une grande analogie avec les gravures du
maître de 1466. Cependant elle en diffère sur plusieurs points essentiels; d'abord le burin y est plus délié et plus nourri, le dessin des
lions qui supportent les armoiries, ainsi que celui des lambrequins,
s'éloigne du style du maître de 1466, de même que celui de l'architecture, puisqu'on ne rencontre jamais chez lui ni ces colonnes dont le
fût est taillé en zig-zag, ni cet arc trilobé exhaussé, ni ces crochets,
ni ces panaches en choux frisés, assez librement dessinés dans le goût
gothique tertiaire des Pays-Bas. Chez lui ces détails d'architecture
ont plus de finesse et de sévérité, correspondant en cela aux formes
usitées alors en Allemagne. Toutes ces particularités nous portent à
croire que l'estampe des armoiries du duc de Bourgogne n'est pas du
maître de 1466, mais d'un graveur des Pays-Bas de la même époque
et peut-être de la même école que le maître de l'alphabet (Nos. 94—109)
de notre catalogue.

Mr. Ernest Harzen de Hambourg [9], comme nous l'avons déjà
remarqué, a cependant la conviction que cette gravure est du maître de
1466 et pense qu'il aurait pu avoir habité Cologne ou Valenciennes.
Voici les arguments qu'il apporte à l'appui de son opinion.

Le maître ℰ 5 de 1466 a dû nécessairement être un orfèvre
qui exerçait en même temps l'art de la gravure, et il en a pu faire
un métier comme gagne-pain, ce qui paraîtrait prouvé par la grande
quantité de ses estampes, parmi lesquelles on trouve jusqu'à deux (un?)
jeux de cartes. Ayant dû s'établir dans un lieu convenable pour le
commerce et la vente de ses productions, il aura choisi Cologne; il y
aura même séjourné, toutefois en faisant des voyages fréquents avec une
petite presse à cylindre pour l'impression de ses planches. En 1466
il aurait pu se trouver à Einsiedeln, en Suisse, où il aurait gravé les
deux estampes de la Vierge pour ce lieu de pèlerinage célèbre. Puis
il aurait habité la Souabe, vu que les costumes de ce pays se trouvent
assez souvent reproduits sur ses gravures, et ensuite Strasbourg pour
de semblables raisons. Ayant gravé deux fois les armoiries du pala-

---

8) Voyez „Les grandes armoiries du duc Charles de Bourgogne gravées vers
1467" etc. par Mr. Louis Alvin, conservateur en chef de la bibliothèque royale etc.
Bruxelles 1859. in-8°, avec une lithographie.

9) Voyez „Naumann's Archiv für die zeichnenden Künste" etc. Leipsic 1859.
V. p. 1.

tinat du Rhin [10]) ainsi que ceux de la France [11]), il faudrait en conclure qu'il aurait visité également ces contrées. Enfin notre maître
ayant exécuté, entre 1467 et 1472, les grandes armoiries du duc de
Bourgogne, mentionnées plus haut, il doit nécessairement s'être trouvé
à cette époque en Flandre.

En faisant des recherches sur les orfèvres employés près de la
cour de Bourgogne, Mr. Harzen croit avoir trouvé le nom et la patrie
du maître E S de 1466 dans la liste des artistes publiée par Mr. le
comte Léon de Laborde et dans laquelle on rencontre, vers 1482, le nom de
Gilles (Egidius) Steclin dont le père „Hance Stechin, orfèvre, dé-
mourant à Valenciennes" est également mentionné sous la date
de 1438. [12]) Il a de plus trouvé, sur ces mêmes maîtres, des notions
plus précises dans le poëme de Jean Lemaire (n. 1473, † 1525) [13])
intitulé „la couronne Margaritique", et dans lequel „Gilles Steclin
Valencennois et son père Hans Steclin né à Coulogne" (Cologne)
sont mentionnés comme des orfèvres très-habiles:

„Couronne faut dite Margaritique
Qui vole en l'air. [14]) Lors un Vallencenois

---

10) Les armoiries du Palatinat du Rhin ont été quelquefois dans le XVᵉ. siècle
indistinctement employées pour celles de Bavière. C'est-à-dire que dans l'écu écartelé de l'un et de l'autre on trouve le lion du Palatinat au 1ᵉʳ et 4ᵉ et le fuselé
de Bavière au 2ᵉ et 3ᵉ. On en trouve un exemple dans les armoiries du duc Albert le Pieux, de Bavière-Munich, en 1483. Il est donc par conséquent difficile de
préciser quel est celui des deux pays que l'on a voulu désigner particulièrement par
l'écusson en question. Voyez à ce sujet „Siebmacher's Wappenbuch" reproduit
par O. T. DE HEFFNER. Nuremberg 1854. In-4°. Vol. I. Tab. 18. Nos. 3 et 4.

11) Les armoiries de France ne se trouvent qu'accidentellement dans la pièce
du „Jugement de Salomon", et se voient suspendues au baldaquin du trône. Elles
ne servent qu'à représenter les armoiries d'un roi puissant, de la même manière qu'on
a employé souvent l'aigle à deux têtes pour désigner l'ancien empire romain.

12) Voyez LÉON DE LABORDE „Les ducs de Bourgogne." I. p. 360. 533 et 534.
Mr. HARZEN croit que le nom Stechin pourrait signifier autant que Stecher (graveur), opinion que nous ne saurions admettre puisque nous ne trouvons nulle part,
et à cette époque, ce mot employé pour „incisor" ou autrement que pour un
nom propre, comme celui de la famille Scultori de Mantoue dans le XVIᵉ. siècle.

13) JEAN LEMAIRE était natif de Bavay près de Valenciennes; il a donc pu avoir
des notices précises sur Hans et Gilles Steclin, ce qui donne encore plus de poids
à son assertion. Le manuscrit se trouve dans la bibliothèque impériale de Paris.

14) Il s'agit ici d'une de ces couronnes que l'on suspendait dans les églises,
comme celle de la cathédrale d'Aix-la-Chapelle, donnée par l'empereur Frédéric I.
et son épouse Béatrix.

Gilles Steclin, ouvrier fort autentique
Luy dit ainsi: Maistre tu me congnois.

Quand Mérite oyt parler Gilles Steclin;
Certes, dit-il, tu t'avances à bonne heure;
Mais il convient pour entente plus meure
Prier ton père aussi qu'il y besongne;
Car chacun scait la main fort prompte et seure
De Hans Steclin qui fut né à Coulogne.

Hans Steclin alors qui s'entendit louer,
Repond ainsi: Quelque vieil que je soye,
J'ayme trop mieux ouvrer qu'aller jouer;
Car dès le temps que ci je me cognaisse
Avoir accueil au haut hostel de flandres
A dame oiseuse en rien ne m'adressoye". etc.

Comme Mr. Harzen dit lui-mème que les conclusions qu'il tire de
ce passages ne sont que des hypothèses hasardées, nous laisserons,
avec lui, à des recherches ultérieures dans les archives si riches de
la Belgique le soin de prouver si elles sont fondées ou non. Mais
qu'il nous soit permis de faire à ce sujet une seule observation. Si
Mr. Harzen pense que la marque sur la grande feuille de la Vierge
d'Einsiedlen, mal rendue par Bartsch (No. 35), est un ⅅ et non pas un
ⅅ, comme dans toutes les autres signatures de ce maître, et s'il y croit
trouver une preuve que l'artiste a voulu indiquer, par là, tantôt son
prénom de Gilles, tantôt celui d'Egidius, nous devons dire qu'il s'est
trompé. Car cette marque ne diffère des autres qu'en ce que la courbure inférieure du ⅅ présumé touche presque le trait horizontal au
lieu de s'arrêter à une certaine distance, cependant ces deux traits ne
se joignent pas (Ḟ) et, puisque la ligne perpendiculaire au milieu de
la lettre s'y trouve, on doit en conclure, d'une manière incontestable,
que c'est un ⅅ. Cette observation suffit également pour prouver l'erreur dans laquelle Mr. Alvin est tombé en croyant que l'estampe de
la grande Vierge d'Einsiedlen, qu'il présume ainsi être marquée d'un
ⅅ, doit être gravée par un autre maître que celle de la petite Vierge
(No. 36) qui porte le monogramme ⅅ Ⅎ 1466 quoiqu'elles soient traitées toutes deux avec la même finesse et dans un style exactement
semblable.

Les raisons que font valoir les critiques de Berlin [15]) pour prouver

15) Voyez Sotzmann, Deutsches Kunstblatt 1850. p. 150, et Waagen, ibidem
1854. p. 76.

que le maître de 1466 doit appartenir à Cologne, ou du moins être
originaire du Bas-Rhin, peuvent se résumer comme suit:

D'abord on a cru avoir trouvé que la manière de graver de Franz
von Bocholt et d'Israhel van Meckenen (deux maîtres qui diffèrent cependant sur plusieurs points des plus essentiels) auraient une grande
analogie avec celle du maître 𝕰 𝕾. Mais cela ne nous paraît guère
admissible, puisque chacun d'eux manie le burin d'une manière qui lui
est propre et qu'ils n'ont entre eux d'autre analogie que celle que leur
donnent leur rapports communs avec l'école de Van Eyck. Notre maître
surtout forme avec ses élèves un groupe de graveurs qui se distinguent
par un style tout particulier. Nous ne saurions non plus admettre
que, parceque Cologne se trouve dans le voisinage des Pays-Bas,
les maîtres qui ont suivi les tendances de l'école néerlandaise doivent
nécessairement appartenir au Bas-Rhin. Pour soutenir une telle
assertion, on s'est prévalu surtout du fait qu'un petit tableau de la
Vierge (au nez fin et arrondi) avec l'enfant Jésus peint par le maître
𝕰 𝕾 de 1466 et conservé actuellement dans la galerie de Berlin, pro-
vient de Bonn, mais nous ferons remarquer au sujet de la prove-
nance de ce tableau qu'il se trouvait anciennement dans une collection particulière des Pays-Bas et il est évident que l'endroit
où un tableau se trouve en possession d'un particulier ne prouve
nullement que l'artiste qui l'a exécuté ait vécu au même lieu. Quant
à l'argument tiré du style de Van Eyck suivi par notre maître, il ne
serait en aucune façon concluant pour Cologne, puisque Martin Schongauer à Colmar et Frédéric Herlin à Noerdlingen avaient déjà répandu,
vers la moitié du XVe. siècle, le style de l'école de Van Eyck dans
l'Allemagne supérieure, bien au-delà de Cologne. [16])

Nos amis de Berlin trouvent un second argument à l'appui de
leur opinion dans l'inscription en dialecte de Cologne qui se trouve
sur une gravure représentant le Christ donnant sa bénédiction et qu'ils
attribuent au maître de 1466. Mais cette pièce appartient à une série
d'apôtres (Nos. 38 à 49 du Catalogue) qui sont des copies d'après le
maître et qui n'en diffèrent que par les inscriptions. A en juger sur les
trois exemplaires connus du Christ, cette pièce s'approche seulement

---

16) La supposition que le maître 𝕰 𝕾 de 1466 ait habité Cologne paraîtrait
bien plus vraisemblable, si les gravures sur bois qui ornent un livre imprimé dans
cette ville étaient réellement marquées du monogramme de notre artiste. Cette découverte doit avoir été faite à Bruxelles par Mr. de Brou dont nous attendons très-
prochainement une relation à ce sujet dans la „Revue universelle des Arts."

de sa manière et le travail en est évidemment d'un de ses élèves qui a pu fort bien habiter Cologne. Le Dr. Waagen voit un second argument à l'appui de l'opinion que le maître de 1466 était de l'Allemagne inférieure dans l'inscription: Een goot selig jor, qui se trouve sur une gravure du Musée Britannique représentant un enfant Jésus et qui lui est attribuée. Mais le Cabinet de Paris conserve une pièce tout-à-fait semblable, du maître de 1466, avec l'inscription en haut-allemand: Ein gout selig jor. Nous lisons aussi des inscriptions en haut-allemand sur les deux sujets de la Madonne d'Einsiedlen (Bartsch Nos. 35 et 36) et sur celui d'un Christ donnant la bénédiction qui porte la signature du maître, 1⅄6⅄ ℭℌ, et l'inscription suivante: wer ihs in seinem herzen tret, dem ist alle zit die ewig fröd bereit. (Voyez No. 154 du Catalogue.) Ces inscriptions indiquent donc également l'Allemagne supérieure.

Une autre présomption en faveur de l'opinion que notre artiste a vécu dans la haute Allemagne, se trouve dans le fait que la plus grande partie de ses gravures, ainsi que de celles de son école, a été retrouvée dans cette région et qu'une quantité considérable de petites gravures de ses élèves se sont conservées collées dans des manuscrits qui en proviennent, tandis que nous ne connaissons aucune gravure qui soit parvenue de la même manière dans les Pays-Bas, quel que soit le nombre d'estampes néerlandaises et allemandes que nous avons trouvées dans ce pays, appliquées au même usage.

Le docteur Nagler [17]) avait d'abord émis l'opinion que le maître ℭℌ était natif de Munich et qu'il s'appelait Erhard Schoen. Il se fondait sur ce qu'il avait trouvé parmi les documents de la corporation de St. Luc de cette ville et dans quelques-uns de ceux des archives du royaume, la mention d'un Magister Erhardus, quelquefois avec la qualification de aurifex et sculptor, de l'an 1460 à 1501. Cette indication était appuyée par deux notices d'une ancienne écriture sur deux gravures du maître, à savoir sur celle du St. Philippe et St. Jacques de 1467 (Bartsch No. 71) M. Erhhardus A. S., et sur celle de la femme tenant les armoiries de Bavière ou du Palatinat (B. No. 191) Erhardus aurifex sculpt. cel[s]. Enfin cet écrivain trouva, sur une feuille détachée d'un ancien manuscrit de notices relatives à l'église et à côté de certains détails touchant les revenus, l'indication suivante: „Erhardus Schoen aurifex pictor qui fecit crucifix[em]. capellæ Talbec[is]." Le reste se trouvait sur l'autre feuille qui a disparu. Comme la famille

---

[17]) Voyez Deutsches Kunstblatt 1853. p. 76.

de Talbeck possédait une chapelle dans l'ancienne église de N. D. de Munich et que l'on y retrouve encore un tableau d'une assez grande dimension représentant, sur fond doré, un crucifiement de la seconde moitié du XV°. siècle, Mr. Nagler a jugé devoir attribuer ce tableau au maître Érard Schoen déjà nommé. Il le croit exécuté en 1475, époque où vivait à Munich l'évêque démissionnaire de Freisingen, Joseph Talbeck, qui y mourut en 1476. Nous remarquerons seulement, à ce propos, que ni la composition, ni le dessin de ce tableau ne rappellent la manière du maître 𝕰 𝕾 de 1466 et que les caractères découverts par Mr. Nagler sur le drapeau d'un des soldats, ne sont que des signes de fantaisie ou une imitation des lettres hébraïques, mais ne ressemblent en aucune façon au monogramme connu du maître. En admettant que le tableau soit d'Erhard Schoen, il est certain alors qu'il n'a pas été exécuté par le maître 𝕰 𝕾 de 1466.

Le docteur Nagler a cru avoir découvert depuis que le maître Erhardus Schoen se trouvait en 1486 à la tête des artistes ses contemporains, comme il résulterait d'une carte d'invitation de 1501 où M. Erhard est désigné comme Senior. Mais ce M. Erhard pourrait fort bien être Erhard Oelgast, peintre, qui vivait à cette époque à Munich.

Dans une communication insérée dans les Archives de Naumann I. p. 139, le docteur Nagler est revenu de l'opinion qu'il avait d'abord émise, en ajoutant que les notices trouvées sur les gravures du maître de 1466 ne peuvent être considérées que comme dérivant de l'ancien propriétaire de ces mêmes gravures. Il adopte à présent une ancienne tradition qui ne s'appuie, du reste, sur aucun document et qui explique le monogramme 𝕰 𝕾 par E. Stern et se perd de là en conjectures sur cet E. Stern qu'il croit retrouver dans le peintre Cornelis Engelbrechtzen dont Van Mander dit qu'il fut un homme très-instruit et graveur en même temps. Des recherches ultérieures pourront nous apprendre quelles sont les gravures que l'on doit attribuer à ce Cornelis Engelbrechtzen et s'il portait aussi le nom de Stern, mais nous ne pouvons admettre, d'après ce que nous avons déjà dit, qu'il soit le même que le maître 𝕰 𝕾 1466 qui, nous avons lieu de le croire, doit avoir appartenu à la haute Allemagne. Toutefois nous admettons qu'il a dû faire son apprentisage dans les Pays-Bas et avoir voyagé et fait quelque séjour dans l'Allemagne inférieure.

Comme il peut être d'un certain intérêt, pour décider quelle a été la patrie du maître, de connaitre les marques d'eau ou filigranes du papier sur lequel la plupart de ses gravures ont été imprimées, nous indiquerons ici ce qu'il nous a été donné d'observer nous-même. Ces filigranes appartiennent pour la plupart aux fabriques de la haute Allemagne.

Cinq gravures ont la tête de bœuf avec l'étoile sur une tige; une la tête de bœuf avec la rose sur une tige; trois autres la grappe de raisin; une la grappe avec une croix; quatre estampes ont l'ourson, deux le ℜ et une le soleil.

Nous avons fait entrer dans notre catalogue de l'œuvre du maître les gravures exécutées évidemment dans sa manière, mais d'un travail un peu plus rude et qui appartiennent probablement à ses élèves sans qu'il soit absolument possible de les différencier autrement des siennes. Feu le directeur Frenzel a cru devoir distinguer trois périodes dans le style du maître, une de développement et de faiblesse, la seconde de maîtrise et de perfectionnement, la troisième de déclin. Mais comme les gravures datées de 1466 et 1467 montrent ces mêmes inégalités d'exécution, nous croyons que notre opinion offre un plus grand caractère de vraisemblance.

Remarques sur le Catalogue de Bartsch.

Nos. 4—6. C'est Samson déchirant la gueule du lion et non David. La composition du No. 4 a quelque ressemblance avec celle du No. 6 du maître de 1464, mais cette dernière gravure est plus grande. Duchesne (Voyage d'un Iconophile p. 231) mentionne une quatrième gravure avec le même sujet dans le Cabinet Delbeck. H. 6 p. 9 l. L. 4 p. 6 l.

7. Le Jugement de Salomon. Les deux écussons latéraux sur le ciel du trône sont, à gauche, celui d'Autriche; celui de droite porte un lion.

8. La Sibylle et l'empereur Auguste, et non Salomon adorant les idoles. Le motif pour la composition de cette gravure a été emprunté par notre maître à un tableau de Roger v. d. Weyden le vieux qui se trouve au Musée de Berlin.

Copie en sens inverse. H. 7 p. 6 l. L. 5 p. 3 l. Bibliothèque de Vienne (F. de Bartsch, Catalogue No. 1256) et bibliothèque de l'université de Gottingue. H. Loedel en donne un facsimile dans son ouvrage intitulé: „Kleine Beiträge zur Kunstgeschichte. Göttingen 1857."

10. La visitation. On en trouve une plus petite copie dans le Cabinet de Munich. H. 4 p. 4 l. L. 2 p. 10 l.

15—26. La passion de Jésus Christ. La série de ces gravures que l'on conserve à Berlin, Dresde et Gotha, n'a pas été gravée par le maître 𝕰 𝕾 1466. Ce ne sont presque que des simples contours exécutés très-finement dans la manière du maître 𝔸𝔊 On en a tiré des épreuves postérieures avec les planches fortement retouchées. Le nombre des estampes de cette suite est encore incertain. Les neuf suivantes sont restées inconnues à Bartsch. H. 3 p. 8 l. L. 2 p. 9 l.

16. La prise de Jésus Christ. Judas, à gauche, embrasse le Sauveur; St. Pierre, à droite, rengaine son épée; Malchus est étendu à ses pieds. Dresde et Gotha.

16ᵇ. Jésus devant Hérode. Le Sauveur est à droite et tourné vers la gauche, devant Hérode assis sur son trône et prêtant l'oreille à une femme qui se voit derrière lui. Gotha.

18. La flagellation. Dans une salle on voit le Christ attaché à la colonne; des deux bourreaux qui le flagellent, celui de gauche est armé de verges, celui de droite tient un fouet. H. 3 p. 7 l. L. 2 p. 9 l. Dresde et Gotha.

Une imitation de cette gravure, par un maître ancien, montre trois bourreaux, dont deux à gauche; le premier muni de verges et celui qui se trouve derrière lui d'un fouet. Les ombres sont formées par des hachures allongées. H. 3 p. 3 l. L. 2 p. 4 l. Cat. Ackermann No. 2.

19. Le couronnement d'épines. On en trouve une ancienne copie très-médiocre. H. 3 p. 7 l. L. 2 p. 8½ l.

22. Le portement de croix. Le Christ se dirige vers la gauche, le Cyrénéen, figure de proportions plus petites, soutient la croix. Dans le fond deux bannières et quatre hallebardes. Dresde et Gotha.

22ᵇ. Le Christ dépouillé de ses habits. La Vierge est à droite et couvre d'une draperie les reins de son fils; derrière elle on aperçoit St. Jean. Dresde et Gotha.

23. Le crucifiement ou plutôt le Christ en croix entre la Vierge et St. Jean. La seule plante qui orne le terrain se voit à côté de ce dernier. Dresde et Gotha.

23ᵇ. La descente de croix. Le corps du Sauveur est descendu au moyen d'un drap et reçu par Joseph d'Arimathie. A droite la Vierge et St. Jean, en larmes, derrière elle. Au pied de la croix, la Madeleine. Dresde et Gotha.

24. **La sépulture.** Joseph d'Arimathie et Nicodème placent le corps du Sauveur dans un sarcophage, la Vierge soutient le corps par le milieu. Au pied de la croix, à gauche, se tient St. Jean, à droite deux saintes femmes dans la douleur. Dresde et Gotha.

26[b]. **Le Christ apparait à la Madeleine.** Elle est agenouillée, à gauche, devant le Christ qui lui apparait sous la figure d'un jardinier, une bêche à la main gauche et l'étendart de la croix dans la droite. Sur la haie on aperçoit un alcyon. Dresde et Gotha.

———

31. **La Vierge.** Travail rude et lourd appartenant à l'école du maître. Musée Britannique.

32. **La Vierge au milieu de deux anges.** H. 5 p. 3 l. L. 3 p. 9 l. Dresde.

35. **Marie d'Einsiedlen.** Feuille oblongue. Nous avons déjà fait remarquer plus haut (p. 37) que la marque que porte cette estampe est un **C** et non un **G**, comme quelques écrivains l'ont affirmé par ce qu'ils n'ont pas fait attention au trait perpendiculaire du milieu de la lettre. La planche de ce sujet, raccourcie en longueur de 1 p. 3 l., fut repolie en Italie dans le but d'y graver une autre composition, celle d'un chevalier en armure complète avec le nom de **Guerino dit Meschino**. Quelques parties du fond ont conservé encore des traces de la gravure originale. On en trouve des épreuves dans les Cabinets de Paris et de Berlin et dans le Musée Britannique. Heinecken donne une notice sur le monastère d'Einsiedlen dans ses: „Neue Nachrichten" p. 392.

37. **La Trinité.** Cette gravure rappelle, dans la composition, celle d'un tableau monochrome de Roger v. d. Weyden le jeune, suivant un type ancien néerlandais, et qui se conserve dans l'Institut de Staedel à Francfort s. M.

38—49. **Les douze apôtres.** On trouve des copies de cette série qui se distinguent des gravures originales, finement exécutées, par un style de hachures plus croisées et où le terrain est exécuté au moyen de traits horizontaux. A cette série des copies appartient un Christ donnant sa bénédiction. Il est vu de face et penche la tête vers le globe du monde qu'il tient de la gauche, trois banderoles à enroulements l'entourent; sur celle de droite on lit l'inscription latine: „Discite a me quia mitis sum et humilis corde," et plus loin: „Salvator mundi

.... salva nos." Sur celle de gauche on lit l'inscription dans le dialecte de Cologne: „𝔩𝔢𝔯𝔢𝔱 𝔳𝔞𝔫 𝔪𝔦𝔯 𝔴𝔞𝔫𝔱 𝔦𝔠𝔥 𝔰𝔞𝔢𝔫𝔰𝔱𝔪𝔬𝔦𝔡𝔦𝔠𝔥 𝔟𝔶 𝔳𝔫𝔡
𝔬𝔦𝔱𝔪𝔬𝔦𝔡𝔦𝔥 𝔳𝔞𝔫 𝔥𝔢𝔯𝔱𝔷𝔢." H. 3 p. 8 l. L. 2 p. 6 l. La largeur de
cette estampe porte quatre lignes de plus que la suite originale des
apôtres. Les hachures sont irrégulières et le nez est mal dessiné.
Il faut remarquer, de plus, que chaque mot, dans les inscriptions latines
des estampes originales des apôtres, est séparé du suivant par un petit
rond et que le tout est entouré d'un trait manquant dans l'estampe du
Christ. — Musée de Berlin, Cabinets Sotzmann et Weber à Bonn. — Au
nombre des copies des apôtres on trouve celles de St. Philippe et
St. Barthélemi dans le Cabinet de Dresde et celle du St. Simon avec
une scie dans la Collection du roi de Saxe. Brulliot (Dictionnaire I.
No. 1163 et III. No. 133) fait mention d'une copie, ou plutôt d'une
imitation du Christ avec fond gothique orné et un rideau, par un certain maître aux initiales H ∘ B ∘ . Cette gravure appartient à l'école
de Martin Schongauer. H. 3 p. 6 l. L. 2 p. 4 l.

50—62. Jésus Christ et les douze apôtres. Il paraît
qu'il existe des copies de cette suite en sens inverse. Elle est moins
finement exécutée et d'une manière moins bonne que l'antécédente.
On trouve, de ces copies, le St. Philippe (B. No. 55) avec l'inscription
𝔖. 𝔓𝔥𝔦𝔩𝔦𝔭𝔭𝔲𝔰 dans le Cabinet de Dresde.

71. 72. Les apôtres, représentés deux à deux sous un baldaquin. Bartsch a jugé avec raison que les deux feuilles décrites par
lui appartenaient à une suite complète des apôtres. Nous connaissons
encore les trois pièces suivantes de la même série:

72ᵃ. St. Pierre et St. André. Le premier, à gauche, tient
les clés et un livre; le second sa croix. H. 3 p. 6 l. L. 2 p. 4 l.?
Musée Britannique.

72ᵇ. St. Thomas et St. Mathias. Le premier, à gauche,
tient de la main droite une lance; le second, vu de profil, tient
devant lui une bourse et de la gauche une perche de foulon.
H. 3 p. 5 l. L. 2 p. 6 l. Dresde et Coll. Meyer de Hilburghausen.

72ᶜ. St. Judes Thadée et St. Simon. Le premier appuie
le bras gauche élevé sur une grande croix; le second lit dans un
livre et pose la main droite sur une scie. Dans le fond entre les
deux têtes des apôtres on voit un 𝔠. Le maniement du burin est
exactement le même que celui des autres pièces de cette suite et
s'accorde avec la manière du maître 𝔈 𝔖. H. 3 p. 8 l. L. 2 p. 6 l.
Collection Meyer.

73. **L'apôtre St. Pierre assis.** Voyez, sur cette suite des apôtres, notre numéro 156.

77. **Le martyre de St. Sébastien.** Il en existe une copie en sens inverse, mais sans l'habit à terre. Sans monogramme. H. 4 p. 10 l. L. 6 p. 8 l. Cobourg.

80. **Un saint évêque.** H. 3 p. 7 l. L. 2. p. 7 l. On en troùve une copie dans le même sens que l'original et de la même hauteur, mais la largeur porte 2 p. 5 l. Dresde.

85. **L'enfant Jésus au bain.** Cette gravure n'est point du maître de 1466, mais bien de celui dit de la Sibylle.

86. **Le saint suaire.** Cette gravure n'est point marquée ℂ ℩, mais ℂ.1Q6∧.℩ (ℂ. ℩). Une copie en sens inverse est exécutée un peu grossièrement. La bordure du manteau de l'apôtre St. Pierre n'est point ici semée d'étoiles, mais ornée de pierres précieuses. On trouve un facsimile de l'original dans l'ouvrage d'Ottley, „A Collection" etc.

Une imitation de l'original, où les deux Saints sont indiqués comme St. Pierre et St. Paul, porte en bas la signature et la date comme suit:

◦L◦3◦ ⋅1⋅↰⋅9⋅∧⋅ Aux deux côtés on voit des colonnes qui soutiennent un arc orné, mais qui n'est point tout-à-fait fermé vers le haut. H. 10 p. 6 l. L. 7 p. 8 l. Les veines des pieds et des mains sont fortement marquées, le jet des draperies et le maniement du burin rappellent Martin Schongauer. Paris.

88. **Écusson d'armes avec les instruments de la passion.** Dans le catalogue de la collection H. Weber, Leipsic 1855, on indique sous le No. 2 une gravure semblable, mais en sens inverse, imprimée au moyen du frotton avec une encre très-pâle et que l'on pourrait considérer comme une pièce plus ancienne ayant servi de modèle à celle-ci. Mais c'est une copie exécutée d'une manière assez raide. H. 6 p. 3 l. L. 4 p. 3 l.

91. **Le guerrier et la femme qui tient un étendart.** Frenzel, dans sa description de la Collection de gravures de feu le roi de Saxe p. 22, croit que l'écusson avec une fasce est celui de la ville de Salins, comme tous les autres du même genre qui se trouvent dans les gravures du maître ℂ ℩, qu'il juge par conséquent natif de cette ville. Nous avons déjà fait observer que les armoiries de cette ville portent une bande et que celles-ci appartiennent à l'archiduché d'Autriche. H. 5 p. 2 l. L. 4 p. 2 l.

92. **Jeune femme tenant un écusson d'armes.** Comme dans le No. antécédent, les armoiries paraissent être celles d'Autriche.

Dans une copie en sens inverse l'écusson porte une église avec cinq tours
dont celle du milieu, terminée à guise de coupole, a quelque ressemblance avec
l'église de Notre Dame à Munich. H. 3 p. 51. L. 2 p. 41. Musée Britannique.

94—109 et page 51. Les lettres de l'alphabet. Bien que
Bartsch les décrive toutes, il se trompe cependant fort souvent dans
la signification, très-difficile du reste à déterminer, qu'il en offre.
Brulliot, dans sa table générale des monogrammes p. 809, donne une
description assez exacte des 23 lettres d'après l'exemplaire complet
du cabinet à Munich. Nous avons suivi cette description, sauf quelques changements relatifs au g et au q, à propos desquels nous
donnerons le résultat de nos propres observations recueillies dans les
visites que nous avons eu occasion de faire à plusieurs des grandes
collections d'Europe. Il faut observer cependant que les différentes
pièces ont été recueillies les unes après les autres et que l'on n'en
trouve point un exemplaire complet de la même impression. Il existe
encore quelque doute si elles forment toutes partie de la suite originale et si quelques-unes ne sont point des copies, puisque l'exécution
en appartient évidemment à différentes mains et seulement quelques-
unes d'entr'elles s'approchent assez de la manière du maître de 1466
pour qu'on puisse les lui attribuer. Les sujets représentant des animaux
sont pour la plupart très-finement gravés, tandis qu'une autre partie de
ces lettres, également excellente de dessin et de composition, est d'un
burin plus libre et se rapproche en cela de la manière du maître néerlandais qui a gravé les grandes armoiries du duc Charles le Hardi dont
nous avons déjà fait mention dans la partie historique de cet ouvrage
p. 217. L'artiste qui a gravé plusieurs de ces lettres se distingue encore du maître de 1466 en ceci, qu'il a suivi dans sa composition une
tendance au naturalisme et que le caractère individuel y est fortement
reproduit; très-riche de fantaisie, du reste, il la pousse quelquefois
jusqu'à la licence. La forme des lettres ne représente pas des initiales, mais les caractères minuscules usuels de l'écriture gothique.
Plusieurs de ces lettres ont reçu la marque de Martin Schongauer, et,
autant que nous avons pu le vérifier nous-même, par le moyen d'une
estampille. Cette circonstance pourrait faire croire que l'on a voulu
leur donner, par là, une plus haute valeur dans un temps où le maître
de Colmar jouissait d'une grande réputation, tandis que l'anonyme était
tombé dans l'oubli.

a Un homme assis à gauche, avec un chien entre les jambes,
tient des deux mains élevées un gros oiseau de proie qui le mord à la

tête. A droite un aigle saisit du bec une biche. Vers le haut un lion mord à la queue un animal chimérique.

On en conserve à la bibliothèque de Vienne un exemplaire portant la marque de Martin Schongauer (M ♁ S), au moyen d'une estampille. Bartsch No. 107.

𝔟 Une jeune femme, vue presque de dos, richement habillée et portant de longues manches découpées à guise de feuilles. Au-dessus d'elle deux colombes qui se becquettent. A droite un homme portant un oiseau de proie sur son bonnet et ayant à ses pieds deux chiens. Bartsch No. 98.

On en conserve une copie à Berlin.

𝔠 Une sainte reine, les mains jointes, vêtue d'une robe longue et ample; à ses pieds un animal chimérique et au-dessus d'elle un oiseau. A droite un homme, dans les airs, cherche à lui enlever sa couronne. Bartsch p. 51.

On en trouve une copie à Paris.

𝔡 St. Jean Baptiste tenant un livre sur lequel repose l'agneau. Au-dessus de lui, et d'un ange à gauche, deux oiseaux ressemblant à des corbeaux s'attaquent du bec. A droite on voit, agenouillé sur un animal chimérique, un homme que le petit ange saisit par la tête. Bartsch p. 51.

Un exemplaire dans le Musée Britannique est marqué de l'estampille avec la marque de Martin Schongauer. On conserve une copie à Berlin de la pièce originale très-finement gravée.

𝔢 Un vieillard, richement habillé, est assis vers le bas et appuie les mains sur sa cuisse. Il porte, sur la tête, un lévrier que mord un oiseau. Vers le haut un autre chien qui est mordu par un chat à la tête. Bartsch No. 108.

L'exemplaire dans le Musée Britannique est marqué de l'estampille avec le monogramme de Martin Schongauer.

𝔣 Un homme assis, ayant un chien entre ses jambes écartées, lève les deux mains vers un lion surmonté d'un grand oiseau, d'un gros chien et de deux autres plus petits ayant la forme de lévriers. Bartsch No. 94.

𝔤 A gauche deux singes dont celui qui se trouve plus vers le bas joue du basson; au-dessus de lui un chien rongeant un os. A droite, une religieuse est assise sur les épaules d'une autre nonne; elle porte sur le bras un aigle que cherche à saisir un moine placé vers le haut avec le derrière découvert. Bartsch No. 97, qui n'a pas deviné la forme de la lettre.   Brulliot a cru y voir un q, mais nous trouverons une autre pièce qui ressemble davantage à cette lettre.

ꜧ Un homme porte sur l'épaule un quartier de roche et s'appuie de la main droite sur un bâton. Il a à ses pieds un nain assis. A droite un chien en mord un autre qui joue près de lui. Au-dessus un homme, à toque pointue, cherche à saisir le bâton du premier. Pièce finement exécutée dans la manière du maître de 1466. Bartsch No. 95 a cru y voir un ꝏ lettre avec laquelle cette pièce a beaucoup de resremblance. Des épreuves postérieures portent la signature de Martin Schongauer. Un exemplaire de ce genre est imprimé sur papier fort portant le filigrane de l'oursin.

ꞇ Un chien saisit un lièvre; et un aigle mord un loup à la nuque. Bartsch p. 51.

ꝃ Trois sauvages. Le plus grand, vers la gauche, a sous ses pieds un animal ressemblant à un renard et tient d'une main un pennon et, de l'autre, un bouclier pour se défendre des deux autres qui l'attaquent avec une massue et une lance. Bartsch 102.

ꝉ Un chevalier, armé de toutes pièces, tient une massue élevée; à ses pieds on voit étendu un homme découvert d'une façon indécente. Pièce médiocre donnée par Bartsch p. 51 comme un St. George.

𝔪 Un jeune homme, richement vêtu et tenant sur la tête un écureuil surmonté d'un oiseau, se tient à gauche debout sur un chien; au milieu une femme presque nue a un aigle sur l'épaule droite et les pieds sur un épagneul. Enfin à droite un homme, dont le riche vêtement est orné de grélots, se tient pareillement debout sur un chien. Un faucon lui mord la tête. Bartsch No. 99.

ꞥ A gauche un bouffon, le derrière découvert, est assis sur la tête d'un moine. Celui-ci tient, à la bouche d'un autre moine, assis à terre, un vase vide. A droite une femme frappe le derrière nu d'un troisième moine qui fourre la langue dans le bec d'un aigle qu'on voit au-dessous de lui. Derrière celui-ci un autre gros moine assis contemple ce spectacle à travers ses lunettes. Bartsch p. 51.

On trouve un exemplaire de cette pièce dans le Cabinet de Paris, estampillé de la marque de Martin Schongauer.

ꝋ Composé de quatre animaux. En haut, un léopard mordant la queue d'un gros chien. En bas, à droite, un cerf portant une biche sur son bois. Bartsch No. 104.

L'exemplaire de la Bibliothèque de Vienne porte le monogramme de Martin Schongauer.

p Combat de trois orientaux contre un petit monstre placé vers le bas de la pièce. Deux d'entr'eux ont chacun, sur la tête, un aigle qui les attaque. Exécution un peu grossière. Bartsch No. 96. L'exemplaire de la collection du duc d'Aremberg à Bruxelles porte la marque de Martin Schongauer.

q Deux cavaliers, armés de toutes pièces, combattent l'un contre l'autre; l'un d'eux tient un poignard, l'autre un drapeau avec l'aigle de l'empire; aux pieds de chacun d'eux un homme terrassé. Bartsch No. 101.

L'exemplaire du Musée Britannique parait provenir d'une planche retouchée; il est estampillé du monogramme de Martin Schongauer.

r Deux animaux chimériques, dressés l'un contre l'autre, s'entre-mordent et foulent aux pieds un troisième qui porte de longues oreilles. Au-dessus d'eux une espèce de crocodile à six pattes et, en haut vers la gauche, une grenouille mordue par un serpent. Bonne gravure très-lisse. Bartsch No. 100.

s En haut deux singes qui se lèchent, ainsi qu'un lion et un léopard placés au-dessous. Bonne gravure. Bartsch p. 51.

Une épreuve postérieure dans le Musée de Berlin porte la marque de Martin Schongauer.

t On voit, assis sur un dragon, un aigle qui tient dans le bec l'anneau d'une chaîne à laquelle le dragon est attaché. En haut, un animal chimérique portant un lézard dans la bouche et sur les épaules un monstre ailé. Bartsch No. 109.

v A gauche, St. Christophe portant l'enfant Jésus; à droite, l'hermite avec sa lanterne et un chat assis à côté de lui. En haut, une maison sur un rocher. Bonne gravure dans le style du maître de 1466, quoiqu'elle ne soit pas de lui. Bartsch No. 105.

x Quatre paysans faisant de la musique. Composition traitée avec beaucoup de naturel. Les physionomies sont communes, mais le travail est d'une grande finesse. Bartsch 103.

On conserve à Berlin une copie dans le même sens que l'original.

y A gauche St. George terrassant le dragon; à droite la princesse et au-dessus d'elle un ange. Gravure médiocre et probablement une copie de l'original perdu. Bartsch p. 51. A Berlin et à Gotha.

z Deux animaux. L'un au bas de l'estampe est un lion qui lève la tête et lèche un animal chimérique qui parait tomber. Bartsch No. 106.

Additions à Bartsch.

I. Sujets bibliques.

114. **L'Annonciation.** La Vierge est à genoux, vue de face; le Saint Esprit plane au-dessus d'elle; à droite l'ange avec un écriteau. On voit par la fenêtre un paysage avec un château. Sans indication de graveur. H. 5 p. 6 l. L. 4 p. A Dresde et à Munich. Heinecken, *Nouvelles recherches*, p. 300, No. 22.

Il en existe une copie en sens inverse. Bartsch X. p. 1. No. 2. Bibliothèque de Vienne et Berlin.

115. **Le même sujet.** La Vierge est à genoux, à gauche, près d'une fenêtre et devant un prie-Dieu; elle appuie le bras droit sur un livre et lève la main gauche. Deux chandeliers se voient sur le pupitre. A droite, dans l'ouverture de la porte, l'ange à genoux tient une baguette avec une banderole. Au-dessus de la Vierge plane le St. Esprit. On voit par la fenêtre ouverte un château. H. 3 p. 9 l. L. 2 p. 9 l. Coll. Meyer de Hilburghausen No. 1.

116. **Le même sujet.** La Vierge, à genoux devant un prie-Dieu, est vue de face et se retourne un peu en élevant la main droite. A droite, l'ange avec un sceptre et une banderole sans inscription. Au-dessus de la tête de la Vierge, on aperçoit le St. Esprit, suivi par l'enfant Jésus avec la croix, qui se présente par la fenêtre du milieu. A côté de la fenêtre ouverte on voit quatre petites statues de prophètes. A gauche sur un banc est posé un vase avec une tige de lys et, à travers les deux fenêtres, on a la vue sur un petit paysage. Sans marque et la gravure n'est point finement exécutée. H. 4 p. 7 l. L. 2 p. 11 l. Musée Britannique, Collection Douce d'Oxford et Cabinet de Cobourg.

117. **La Visitation.** Ste. Élisabeth, s'avançant vers la gauche, saisit avec les deux mains la droite de la Vierge qui baisse les yeux. A gauche un arbre sur lequel se voit perché un oiseau à long cou. A droite la porte d'un château. Belle et forte gravure qui n'est point signée. H. 3 p. 11 l. L. 2 p. 9 l. A Berlin.

Il en existe une copie ou reproduction en sens inverse. H. 3 p. 8 l. L. 2 p. 9 l. A Paris. Coll. Meyer No. 3.

118. **Le même sujet.** Ste. Élisabeth pose la main gauche sur l'épaule de la Vierge. A gauche, une maison ressemblant à un château avec une porte obscure. A droite, une montagne surmontée d'une maison. H. 2 p. 6 l. L. 1 p. 10 l. A Paris.

119. **La Visitation.** Ste. Élisabeth, à droite, saisit des deux mains celle de la Vierge. On voit des rayons dans l'auréole dont elles sont couronnées toutes deux. A gauche, une ville entourée de murs à laquelle donne accès une porte flanquée de deux tours. On aperçoit sur une maison un nid de cigogne et à gauche un arbre sec sur une colline. Cette gravure ressemble à celle décrite sous le No. 117, mais elle est moins bien exécutée. H. 4 p. 9 l. L. 3 p. 1 l. A Berlin et Collection du roi de Saxe.

120. **Le même sujet.** Ste. Élisabeth, à droite, saisit des deux mains la main droite de la Vierge. Cette dernière seule a des rayons dans son auréole. Au milieu, entre elles, on voit un arbre dans le paysage, à gauche des rochers avec un arbre sec et, sur la hauteur, un oiseau qui étend les ailes. Belle gravure, mais sans marque. H. 3 p. 5 l. L. 2 p. 5 l. Coll. Meyer de Hilburghausen.

121. **La Nativité.** La Vierge, à gauche, est agenouillée dans l'attitude de la prière en présence de l'enfant Jésus couché devant elle et entouré de rayons. St. Joseph est à gauche pareillement à genoux et élevant la main droite; il est de plus petites proportions que la Vierge. A droite on aperçoit, dans l'étable, le bœuf et l'âne. Dans le paysage on voit une femme qui aide une autre à passer une haie. Dans le fond un ange annonce la naissance à quelques bergers; plus loin encore, une ville. Belle gravure non signée. H. 5 p. L. 3 p. 1 l. Musée Britannique.

122. **Le même sujet.** Marie, tournée vers la droite, est agenouillée, vers le milieu, en adoration devant l'enfant Jésus couché par terre et entouré de rayons. Du côté droit s'avance une femme coiffée d'un turban et tenant un cierge à la main. A gauche on voit St. Joseph sous un toit de chaume et dans le fond deux bergers qui s'approchent; en haut l'étoile. H. 1 p. 11 l. L. 3 p. 10 l. A Dresde.

On en trouve une copie, ou une imitation en sens inverse, dans laquelle on a ajouté deux anges couverts de plumes, tenant des banderoles sans inscription et placés, en haut et en bas, en dehors de la composition. H. 2 p. 10 l. L. 3 p. 7 l.? Rognée dans la partie latérale. A Dresde.

123. **Le même sujet.** La Vierge est agenouillée, un peu tournée vers la droite, sur un terrain orné de fleurs et adore l'enfant Jésus couché devant elle. A gauche St. Joseph, également à genoux, lève les mains dans l'attitude de la prière. Dans le fond, à droite, l'étable avec le bœuf et l'âne. Fond de montagnes. H. 3 p. 9 l. L. 3 p. 8 l.

Collection du roi de Saxe. Frenzel, No. 71 dans les Archives pour les
arts du dessin de Naumann, vol. I. p. 43.

124. L'Adoration des Mages. La Vierge est assise au milieu avec l'enfant Jésus. A gauche le plus agé des trois rois, sans
barbe; à droite le second roi, barbu, tenant une coupe est à genoux
et derrière lui le roi maure avec un vase en forme de corne. St. Joseph contemple ce spectacle de l'étable où l'on voit le bœuf et l'âne.
En haut un petit ange ailé tient l'étoile qu'un berger regarde, entouré
de son troupeau et assis sur une colline surmontée de deux châteaux.
H. 5 p. 3 l. L. 3 p. 9 l. Dresde et Paris.

125. Le même sujet. La Vierge est assise à gauche devant
une étable, à droite est agenouillé le plus ancien des rois sans barbe,
au milieu le second portant barbe et coiffé d'un turban, et un peu en
arrière le roi maure vu de profil. St. Joseph, regardant vers le haut,
se tient dans l'étable. Dans le paysage à gauche deux bergers contemplent l'étoile. H. 5 p. 7 l. L. 4 p. 3 l. Berlin et Paris.

126. Le même sujet. Marie est assise à gauche près d'un
tronc d'arbre; devant elle à genoux le vieux roi sans barbe et, derrière lui, les deux autres. St. Joseph est dans l'étable à droite. On aperçoit deux châteaux dans le paysage. H. 3 p. 6 l. L. 2 p. 6 l. A Dresde.

127. Le même sujet. La Vierge est assise dans un pré, au
milieu de l'estampe. Deux des rois sont agenouillés devant elle et l'un
d'eux ouvre une coupe remplie de pièces d'or; derrière eux se voit le
roi maure. Dans le fond à gauche St. Joseph tient une cassette. En
haut un ange montrant l'étoile à des bergers. H. 5 p. 4 l. L. 3 p. 10 l.
A Paris. L'estampe est coloriée et porte l'inscription suivante sur la
marge supérieure. Elle est écrite en encre rouge et dans le dialecte
de la haute Allemagne.

Ir hailigen drey künig + Caspar + Melchior + und
Balthisor + Bittent got fur vns + Amen.

128. Le baptême de Jésus Christ. Il est debout, les mains
jointes, au milieu de l'estampe et un peu tourné vers la gauche. St. Jean
Baptiste, un livre à la main, est agenouillé vers la gauche et donne
sa bénédiction. A droite deux anges, pareillement à genoux, tiennent
le vêtement du Christ. Dans le haut Dieu le père et le St. Esprit
et, dans les coins, le soleil et la lune. On voit deux cygnes sur l'eau
et un alcyon assis sur une branche. La banderole est vide d'inscription. H. 7 p. L. 5 p. Berlin, Munich et Paris. L'ouvrage de Robert
Brulliot en reproduit la photographie.

129. **Le baptême de Jésus Christ.** St. Jean Baptiste est agenouillé et verse l'eau d'un vase sur la tête du Christ qui est debout
dans le fleuve et au milieu de l'estampe. Dieu le père dans le haut,
tenant le symbole de l'Esprit Saint dans la main gauche, élève la droite
pour le bénir. A droite, un ange à genoux tient le vêtement du Christ.
Pièce non signée. H. 5 p. 2 l. L. 3 p. 6 l. Munich, Dresde et
Musée Britannique.

130. **La Transfiguration.** Jésus, vu de face, se tient sur
la montagne, bénissant de la main droite et tenant de la gauche le globe
du monde. En bas, les trois disciples se couvrent les yeux avec les
mains de peur d'être éblouis; vers le milieu les figures à mi-corps de
Moïse à gauche et d'Élie à droite. A gauche dans le fond, Moïse quand
il reçoit sur le mont Sinaï les tables de la loi et à droite quand il les
présente au peuple réuni. Pièce non signée. H. 5 p. 7 l. L. 4 p.
Collection du Comte Fries à Vienne. Voyez Brulliot, Table etc. p. 806.
No. 3.

131. **Le Crucifiement.** Les deux larrons se voient à ses
côtés; l'âme du bon est emportée par un ange, celle du mauvais par
le diable. La Madeleine embrasse le pied de la croix. A gauche on
voit la Vierge évanouie soutenue par St. Jean et une des saintes femmes;
à droite cinq cavaliers. Cette pièce est presque à simples contours
et ceux-ci même un peu lourds, de manière à faire douter qu'elle soit
réellement du maître. H. 6 p. 1 l. L. 4 p. 3 l. Collection Albertine
à Vienne.

132. **Le Christ en croix.** Deux anges, tenant des coupes,
planent à ses côtés. A droite on voit la Vierge fortement courbée, à
gauche St. Jean dans la même position. Gravure médiocre non signée.
H. 8 p. 7 l. L. 5 p. 10 l. Berlin et Dresde.

133. **Le même sujet.** Aux deux côtés la Vierge et St. Jean.
Sur le haut de la croix un écusson avec l'inscription i n r i. Pièce
d'une grande finesse. H. 9 p. 9 l. L. 7 p. Dresde.

134. **Le Christ apparait à la Madeleine.** Elle est agenouillée à gauche devant le Sauveur qui tient de la main droite l'étendart de la croix et de la gauche une bêche. Derrière une haie on
aperçoit un paysan. Gravure médiocre non signée. H.3 p.9 l. L.2 p.10 l.
Musée Britannique.

135. **La descente du Saint Esprit.** La Vierge est assise
au milieu des apôtres. Pièce cintrée sans ornement; elle ressemble
à celle indiquée par Bartsch No. 27, mais elle est plus finement exé-

cutée et d'une dimension plus petite. H. 3 p. 6 l. L. 2 p. 6 l. A
Dresde.

II. Vierge et Saints.

136. La Vierge. Elle est debout tenant l'enfant Jésus dans
les bras et dans la main droite une rose; dans le fond, à droite, une
fenêtre et à gauche une porte ouverte à travers laquelle on aperçoit
un paysage avec un petit arbre et un château sur une montagne.
H. 6 p 10 l. L. 4 p. 10 l. Les premières impressions n'ont point
de date et on en a vendu une à Londres en Mai 1853, probablement celle qui appartenait à Mr. Brookes. Les épreuves postérieures
qui se voient à Berlin et dans le Musée Britannique ont la date de
1.2.6.1 près du petit arbre à gauche. Comme le premier et le dernier chiffre sont absolument semblables et que le chiffre sept avait à
cette époque la forme d'un V renversé ou ∧, il ne peut exister aucun
doute que l'on n'ait voulu indiquer par cette date l'année 1461, et l'on
pourrait seulement alléguer pour le contraire le soupçon qu'elle y eut été
ajoutée plus tard. Strutt, dans son premier volume, donne un facsimile
de cette gravure dont l'esquisse originale en sens contraire, dessinée à
la plume et sans indication d'année, se conserve dans l'Institut Staedel
à Francfort s. M., provenant des collections E. Harzen et Rumohr.

137. La Vierge. Elle est debout sur un terrain couvert de
plantes et les pieds sur le croissant, vue de trois quarts et tournée
vers la gauche, entourée de rayons et tenant dans les mains un livre.
Pièce qui ressemble à celle de Bartsch No. 33, mais d'une plus petite
dimension. H. 3 p. 6 l. L. 2 p. 4 l. A Dresde.

138. La Vierge. Elle est debout portant dans les bras l'enfant
Jésus auquel un petit ange, placé à droite, offre des fleurs. La Vierge est
entourée de rayons légers. Très-belle gravure de la plus grande finesse
de taille. H. 7 p. 9 l. L. 5 p. 8 l. A Dresde. L'exemplaire qui se
voit au Musée Britannique est entièrement retouché à la plume.

139. La Vierge. On la voit en prières dans une chambre riche-
ment ornée. A gauche, vers la fenêtre, est placé un autel domestique.
A droite un lavabo et une tablette à livres. En haut, vers les coins
de la bordure architectonique, on aperçoit deux petits écussons ar-
moriés et au milieu la signature: e. 126∧. 5. Pièce très-fine.
H. 5 p. 9 l. L. 3 p. 11 l. Bibliothèque de Vienne (F. de Bartsch
No. 1153), Musée Britannique, Oxford et Berlin. Voyez aussi Brulliot,
Table etc. p. 807. No. 5 qui la décrit sous le titre de: Une Sainte.

140. La Vierge. Elle est debout, tournée vers la droite et tient l'enfant Jésus entre les bras. A ses pieds un serpent et en haut une banderole enroulée. La bordure gothique forme vers le haut un arc découpé en trèfle. Très-jolie petite pièce. H. 2 p. 6 l. L. 1 p. 8 l. Berlin.

141. La Vierge. Elle est debout, sur un terrain orné de plantes, et contemple avec amour l'enfant Jésus. La Vierge est tournée à droite vêtue d'une longue robe et ses cheveux tombants sont retenus sur le front par une bandelette. L'exécution rappelle celle du maître au jeu de cartes. H. 3 p. 10 l. L. 2 p. 10—11 l. R. Weigel, Kunstcatalog No. 8723.

142. La Vierge. Elle est debout, tournée vers la droite et entourée de rayons, posant le pied droit sur le croissant et tenant un rosaire des deux mains. Son manteau s'étend sur le terrain vers la gauche. Derrière elle se voit une petite plante et devant elle une plus grande. Son auréole dépasse de beaucoup le bord supérieur. H. 2 p. 9 l. L. 2 p. 4 l. Collection Meyer, Catalogue Weigel No. 4.

143. La Vierge. Elle est assise sous un riche baldaquin. Deux anges debout sur des colonnes tiennent un rideau entr'ouvert; trois anges sont placés de chaque côté d'elle. Sur la corniche du trône la marque: ℭ.126∧.𝔖. Belle pièce. H. 5 p. 6 l. L. 4 p. 2 l. Berlin et Dresde.

144. La Vierge. Elle est assise sur un coussin, au milieu d'un terrain couvert de plantes, et tient sur le bras droit l'enfant Jésus qui feuillette un livre qu'elle tient devant lui. A droite s'élève une grande plante. Pièce ronde, diamètre 2 p. 2 l. Collection Albertine à Vienne.

145. La Vierge, demi-figure. Elle lit, les mains jointes, dans un livre. Pièce cintrée par le haut avec deux écussons vides dans les coins. Dans le fond et à côté de la tête de la Vierge la marque ℭ.126∧ sans la lettre 𝔖. H. 5 p. 1 l. L. 4 p. 1 l. Berlin, Dresde, Munich, Musée Britannique. Voyez Bartsch VI. p. 48.

Le pendant de cette pièce est celle du Christ donnant la bénédiction, No. 158.

146. La Vierge, demi-figure. Elle est assise sur les nuages, la couronne en tête et tient l'enfant Jésus sur le bras gauche. A gauche est agenouillé en adoration un saint moine; à droite on voit une petite église de couvent; en haut une banderole sans inscription. Gravure médiocre et probablement de l'école du maître. H. 3 p. 9 l. L. 3 p. Berlin et Cabinet Harzen. — L'exemplaire à Berlin est colorié avec du cinabre, du vert, du brun et des teintes de chair comme dans un

exemplaire de la petite Vierge d'Einsiedlen dans le même cabinet, mais
où se trouve encore employé un bleu de cobalt.

147. La Vierge, demi-figure. Elle est tournée vers la gauche;
ses longs cheveux tombent sur son manteau et elle tient des deux mains
l'enfant Jésus qui a dans la main gauche un fruit. Bordure gothique.
Gravure forte. H. 5 p. 1—2 l. L. 3 p. Berlin et R. Weigel Kunstcatalog No. 7885^c.

148. Marie entourée de Saintes. Elle est assise, la couronne
en tête et feuilletant dans un livre, sous une espèce de voûte avec
deux fenêtres accouplées. Sur le premier plan l'enfant Jésus, à cheval
sur un bâton, joue avec un petit chien qui saute à côté de lui. A
gauche on voit Ste. Marguerite agenouillée, tenant de la main droite
une croix et de la gauche le cordon auquel est attaché le dragon; à
droite Ste. Catherine qui présente de la main gauche une rose à la
Vierge; à ses pieds le glaive et la roue. Derrière le mur d'appui d'un
jardin, deux anges faisant de la musique. Belle pièce non signée.
H. 8 p. L. 6 p. Paris, Musée Britannique et Dresde.

149. La Vierge et deux Saintes. Elle est assise au milieu
de l'estampe sur un tertre, entourée d'une auréole rayonnante, tenant
du bras droit et embrassant du bras gauche l'enfant Jésus debout sur
son genou. Celui-ci prend une fleur dans une corbeille qui lui est
présentée par Ste. Rosalie. Derrière la Vierge on voit Ste. Barbe tenant
dans la droite une tour et de la gauche une palme. Pièce non signée.
Les coins de la planche sont arrondis. H. 5 p. 5 l. L. 3 p. 9 l.
Berlin, Munich, Paris et Collection Douce à Oxford.

150. La Vierge accompagnée de huit Saintes. Elle est
assise, la tête ornée d'une couronne élevée, dans un jardin rempli de
fleurs et tresse une guirlande tandis que Ste. Rosalie lui présente des
roses. Derrière celle-ci se tient Ste. Apollonie avec des tenailles, devant elle la Madeleine et, tout-à-fait sur le premier plan, Ste. Catherine
tendant la main à l'enfant Jésus qui lui met un anneau au doigt.
A droite, on aperçoit de profil Ste. Agnès à genoux, derrière elle Ste.
Barbe, ensuite Ste. Brigitte tenant une croix, enfin Ste. Marguerite.
En haut Dieu le père dont on ne voit que la tête et les mains avec
le St. Esprit. Trois anges à gauche chantent le Gloria in excelsis et
trois autres à droite les accompagnent avec des instruments de musique.
H. 9 p. 11 l. L. 7 p. Le maniement du burin dans cette gravure
rappelle, il est vrai, la manière du maître de 1466, mais ne montre point
autant de décision que chez lui; la forme des nez est aussi plus large

et ils ne débordent point par le bas comme il les fait ordinairement. Cette pièce semble avoir été exécutée sous sa direction par celui de ses élèves qui a gravé le jeu de cartes. Paris.

151. La Vierge et St. François. Elle est assise dans une · chapelle tenant l'enfant Jésus sur les genoux. A droite un ange avec un cierge, à gauche St. François. La chapelle a des fenêtres gothiques au nombre de trois et une coupole avec une lanterne. Sur l'arceau du milieu on voit les clés de Ste. Pierre et dans la voûte l'année ou millésime 1466 que Wilson d'après son exemplaire, endommagé en cet endroit, lisait 1460 ou 1462. Burin délicat, mais un peu sec. Catalogue Wilson p. 86. No. 193. On trouve à Berlin un fragment de cette pièce dans lequel la partie où se trouve la date est parfaitement conservée. H. 4 p. L. 2 p. 9 l.

152. L'enfant Jésus au bain. La Vierge, assise à gauche sous des rideaux, lit dans un livre qu'elle tient des deux mains. Sur le devant, à droite, une baignoire dans laquelle une servante à genoux soutient l'enfant Jésus. Le fond offre une porte par laquelle on voit une galerie et plus loin un mur peu élevé avec quelques plantes. Dans le lointain une colline surmontée d'édifices. Cette pièce offre beaucoup de ressemblance avec celle indiquée par Bartsch No. 85 qui est toutefois gravée par le maître de la Sibylle. Pièce ronde. Diamètre 5 p. 5 l. Collection Douce à Oxford.

153. L'enfant Jésus avec les souhaits de bonne année. Il est debout sur une fleur très-riche et de formes fantastiques, tenant une banderole avec l'inscription en dialecte de la haute Allemagne: Ein gout selig jor. H. 5 p. 2 l. L. 4 p. 2 l. Paris.

Bartsch en indique sous le No. 66. Vol. X. p. 34, une copie avec l'inscription: Ein goot selig jor. H. 5 p. 1 l. L. 3 p. 9 l. Voyez encore Duchesne, Voyage d'un Iconophile, p. 363; Collection Douce à Oxford.

Le Dr. Waagen a trouvé une gravure avec le même sujet et portant l'inscription en bas-allemand: Een goot selig jor, dans le Musée Britannique; voyez le Kunstblatt 1854, p. 76.

154. L'enfant Jésus donnant sa bénédiction. Il est placé dans un cœur ouvert, surmonté d'une croix. On lit au-dessous de l'appui la signature 1466. ℭ ℒ. Dans les coins se trouvent quatre petits anges placés, de même que le cœur, sur des fleurs et portant les instruments de la passion; l'enfant Jésus tient une baguette fleurie sur laquelle s'enroule une banderole avec l'inscription en dialecte de la haute Allemagne:

Wer ihs in sinem herßen tret
dem ist alle zit die ewig frod beraeit.

Belle pièce. H. 5 p. 11 l. L. 4 p. 2 l. Paris et Berlin.

155. L'homme de douleurs. Il est debout sur un terrain couvert de plantes, couronné d'épines et montrant ses plaies, entre deux anges qui tiennent les instruments de la passion. En haut, planent deux autres anges tenant l'un la croix, l'autre la colonne. Belle pièce. H. 5 p. 7 l. L. 4 p. 3 l. Dresde.

1ᵉʳᵉ copie. Bartsch X. p. 35. No. 67. H. 3 p. 9 l. L. 2 p. 11 l.

2ᵈᵉ copie. Elle porte au coin inférieur de droite le mot Salūs (Salus?). H. 5 p. 10 l. L. 4 p. 3 l.

Heinecken, dans ses „Nouvelles recherches“, décrit pareillement (p. 309, Nos. 60 et 61) deux sujets semblables.

156. Le Christ pleuré par la Vierge. Le corps du Sauveur, dans une position un peu forcée, est placé sur les genoux de la Vierge accroupie à terre et croisant les mains. A gauche St. Jean à genoux soutient la tête du Christ, à droite la Madeleine lève les deux mains dans l'attitude de la douleur. Belle pièce et d'une vive expression. H 4 p. 2 l. L. 3 p. 10 l. Musée Britannique.

157. L'homme de douleurs entre deux Saints. Le Sauveur, dont on voit les plaies, est assis sur un tertre entre un saint évêque et un autre Saint. Derrière lui deux anges; tandis que deux autres, de chaque côté, soutiennent le baldaquin au-dessus des trois principales figures. Pièce ronde avec une inscription autour. Diamètre 5 p. 9 l. Catalogue Durand No. 394, et Brulliot, Table etc. p. 813.

158. Le Sauveur, à mi-corps. Il bénit de la main droite et tient de la gauche le globe du monde qui n'est point surmonté d'une eroix. Aux côtés, deux anges faisant de la musique. Près de la tête du Christ les initiales C. S. Le visage est tellement couvert de hachures qu'il parait noir. H. 5 p. 8 l. L. 4 p. 2 l. A Munich, et Rud. Weigel, Kunstcatalog No. 7885ᵇ, et probablement à présent dans la collection du roi de Saxe à Dresde. Cette pièce forme le pendant de la Vierge No. 145.

159. Le Sauveur avec les 12 apôtres. Cette estampe, divisée en treize compartiments, porte au milieu, de proportions plus fortes que le reste des figures, le Christ assis qui lève la main droite pour bénir et tient de la gauche le globe du monde. Les douze apôtres debout forment une bordure tout autour. Un peu plus qu'au simple contour. H. 8 p. L. 5 p. 3 l. Dresde et Bibliothèque de Vienne.

Bartsch ne connaissait qu'un fragment de cette pièce représentant le Sauveur et qu'il a décrit sous le No. 83.

160. **Les douze apôtres assis.** Bartsch X. p. 20. Nos. 28 à 39. Il doit exister de cette série une suite de gravures originales du maître de 1466 et une copie, ou bien quelques-unes des pièces ont été gravées par lui et les autres par ses élèves, car dans les différentes collections on en trouve quelques-unes d'une telle finesse et d'une telle analogie avec la manière du maître, qu'on est forcé de les lui attribuer. A celles-ci appartiennent le St. Pierre que Bartsch a décrit sous le No. 73 dans l'œuvre du maître, St. Jacques le majeur No. 30, St. Jean No. 31, St. Simon No. 34 et St. Jacques le mineur No. 37 qui se trouvent toutes dans le Cabinet de Dresde. On trouve des exemplaires du No. 30 qui n'ont point la même finesse que celui que nous avons indiqué plus haut, ce qui servirait à confirmer la dernière opinion que nous avons émise à ce sujet. Il faut encore remarquer que le St. Pierre (No. 73) a été gravé par le maître de 1466 en sens contraire du No. 28.

161. **St. Jean dans l'île de Pathmos.** Il est assis et occupé à écrire, tourné vers la gauche, ayant devant lui l'aigle. Au-dessus de sa tête, on voit la Vierge dans une gloire, debout sur le croissant et tenant l'enfant Jésus. A droite la signature ℭ.l.ℛ.ð.Λ.𝔖. On aperçoit dans le lointain St. Christophe portant l'enfant Jésus à travers le fleuve. A gauche une ville sur un rocher élevé, à droite un bois où se trouvent un lion et une biche. Belle pièce. H. 5 p. 9 l. L. 4 p. 2 l. Dresde, Berlin, Francfort s. M. et Musée Britannique. Bartsch p. 48.

162. **Le même sujet.** Il est assis, tourné vers la droite, avec un livre sur le genou droit et trempant sa plume dans l'encrier qu'il tient de la main gauche. Il regarde vers le haut de l'estampe où l'on voit la Vierge et l'enfant Jésus, sur le croissant. Devant lui, à droite, se tient l'aigle. A gauche, un rocher élevé sur lequel on aperçoit sept oiseaux et deux chiens; on voit dans le lointain, de l'autre côté de la mer, une ville. Pièce non signée. H. 7 p. 8 l. L. 5 p. 2 l. Bibliothèque de Vienne. F. de Bartsch Cat. No. 1184.

163. **St. Jean l'évangéliste.** Il tient le calice dans l'attitude de bénir. On voit au-dessus de sa tête une banderole à enroulements. Petite pièce très-finement gravée. H. 2 p. 4 l. L. 1 p. 6 l. Heinecken, Nouvelles recherches etc. p. 329. No. 176.

164. **St. Thomas.** Il s'avance vers la droite, tenant une lance de la main droite. Au-dessus de l'auréole dont il est couronné, une

banderole à enroulements. H. 2 p. 3 l. L. 1 p. 6 l. Bibliothèque de Vienne (F. de Bartsch No. 1183). Cette petite pièce finement gravée appartient probablement, ainsi que la précédente, à une série d'apôtres dont nous ne connaissons jusqu'ici que ces deux.

165. St. Jean Baptiste. Patène. Il est assis dans un paysage rocailleux au milieu de l'estampe, entouré d'un cercle. On voit autour quatre médaillons avec les symboles des évangélistes et quatre avec les pères de l'église, tous bordés de riches rinceaux de feuillage. Dans les banderoles qui contiennent les noms des évangélistes on voit encore le signe ҕ et, dans le médaillon du St. Jérôme, le millésime I.Ƨ.ᕐ.ᕐ. Les épreuves bien conservées doivent avoir une marge. Diamètre sans la bordure 6 p. 9 l., avec la bordure 8 p. 8 l. Belle pièce capitale du maître. Musée Britannique.

On distingue les épreuves postérieures par deux traits ajoutés au millésime dans la forme suivante: I.I.Ƨ.ᕐ.ᕐ.I. Ces épreuves sont aussi très-belles. Collection Albertine à Vienne, Dresde, Musée Britannique. Bartsch VI. p. 47.

166. St. Michel. L'archange, armé de toutes pièces, porte une cote d'armes très-ornée et un riche manteau qui flotte derrière ses épaules vers la gauche; il est tourné vers la droite tenant de la gauche l'étendart de la croix et de la droite son épée élevée. A ses pieds deux démons qui le saisissent par la jambe gauche. Au-dessus de la tête de l'archange la lettre Ꝛ (e retourné) et le millésime 1Q6Λ. Belle pièce. H. 6 p. 6 l. L. 4 p. 10 l. Dresde, Collection Douce à Oxford et Mahingen.

Brulliot, Table etc. p. 813, fait mention d'une gravure semblable à Dresde, H. 6 p. 5 l. L. 5 p. 1 l. C'est peut-être la même pièce que nous venons de décrire.

167. Le même sujet. St. Michel est vu de face, richement vêtu et couvert d'un manteau, portant de la main gauche l'étendart et brandissant son épée de la droite; il foule aux pieds Satan sous la forme d'un homme armé, avec des défenses de sanglier et le pied fourchu. H. 6 p. 6 l. L. 4 p. 7 l. Paris.

168. Même sujet. L'archange, tourné vers la droite, est vêtu d'une robe longue, il lève son épée de la droite et tient de l'autre main l'étendart de la croix; à ses pieds Satan. H. 4 p. 6 l. L. 3 p. 3 l. A Dresde. — Parmi les 129 facsimile donnés par Ottley on trouve le même sujet, mais un peu plus en grand, H. 5 p. L. 3 p. 5 l., et qui semble être une copie de l'école du maître.

169. **Même sujet.** St. Michel, armé de toutes pièces et couvert d'un manteau, s'avance vers la droite, foulant aux pieds deux petits démons. Il brandit une épée de la droite et tient de la gauche un bouclier. H. 5 p. 5 l. L. 3 p. 8 l. Berlin.

Bartsch X. p. 22. No. 40 indique une gravure semblable et qui est probablement une copie. H. 5 p. 2 l. L. 3 p. 6 l. Cabinet de Paris.

On trouve aussi une copie d'une partie de cette gravure et qui parait être un essai d'un jeune orfèvre. H. 3 p. 2 l. L. 2 p. 6 l. Berlin.

170. **St. Sébastien.** Il est debout, de proportions un peu plus fortes que les autres figures, sur son riche vêtement et près d'un arbre, à une branche duquel est attaché son bras gauche élevé. A gauche un archer tend son arbalète, tandis qu'un autre à droite décoche une flèche contre le Saint. En haut à gauche: 1Q6∧ ℭ et à droite le ℌ. H. 5 p. 7 l. L. 4 p. 1 l. Musée Britannique, Dresde, Stuttgart. Voyez aussi Bartsch VI. p. 49.

171. **St. George.** Le cheval, dont il est descendu, se voit à gauche tandis que le Saint, appuyant son genou gauche sur le dragon, lui plonge son épée dans le corps. A droite est agenouillée la princesse, les mains en croix. Dans le fond, au milieu de l'estampe, on voit le château de Silène en Libye, d'où le roi et la reine attendent la fin du combat. H. 4 p. 3 l. L. 5 p. 6 l. Bibliothèque de Vienne (F. de Bartsch No. 1189), Dresde et Paris.

172. **St. Christophe.** Il s'avance vers la droite à travers le fleuve, tenant des deux mains un gros arbre et portant sur les épaules l'enfant Jésus qui lève la main pour bénir. De l'autre côté, sur la rive, on voit l'hermite avec sa lanterne. Une Sirène à gauche, et deux cygnes à droite s'ébattent sur l'eau; dans le lointain à gauche une ville. H. 5 p. 6 l. L. 4 p. Berlin, Paris, Musée Britannique et Collection Weber à Bonn.

173. **St. Antoine.** Il est debout, un peu tourné vers la droite et lit dans un livre. Trois diablotins le houspillent tandis qu'un quatrième, dans le coin à gauche, ranime le feu avec un soufflet. A droite le pourceau. H. 4 p. 1 l. L. 3 p. 11 l. Paris.

174. **St. Wolfgang.** Le saint évêque, coiffé de la mitre et tenant le bâton pastoral, est assis sur une pierre et lit dans un livre. Il est tourné vers la gauche; on voit dans le fond une église où se trouve enfoncée une hache. A droite des arbres et des rochers. H. 4 p. 1½ l. L. 2 p. 9 l. R. Weigel, Kunstcatalog No. 8724. Collection de T. O. Weigel à Leipsic.

175. **St. François recevant les stigmates.** Il est agenouillé, tourné vers la gauche, où Jésus en croix et ayant six ailes lui imprime les stigmates. A gauche et sur le devant, les compagnons du Saint endormis. Dans le fond une ville. Le paysage montueux et orné de plantes, d'arbres et d'animaux. Travail rude et sans marque. H. 6 p. 3 l. L. 4 p. 9 l. R. Weigel, Kunstcatalog No. 10123.

176. **St. Eustache.** Le Saint armé de toutes pièces, à droite, est dans l'acte de s'agenouiller devant le cerf qui court vers la gauche, portant entre son bois un crucifix et se retournant pour regarder le Saint dont la toque se voit par terre; le terrain est rayé et le fond blanc. H. 3 p. 5 l. L. 2 p. 5 l. Bibliothèque Bodléienne à Oxford.

177. **La Trinité.** Dieu le Père est au haut de l'estampe, tenant son fils crucifié appuyé sur les genoux. Dibdin, dans son ouvrage „A Tour through France and Germany" etc. III. p. 277, donne le facsimile d'un exemplaire qui se trouvait alors collé dans un ancien livre de la bibliothèque du cloître de Buxheim et portant l'inscription suivante en couleur rouge: 𝔉𝔯𝔞𝔱𝔢𝔯 𝔠𝔬𝔫𝔯𝔞𝔡𝔲𝔰 𝔇𝔞𝔪𝔟𝔢𝔯𝔤𝔢𝔯 𝔡𝔢 𝔨𝔶𝔱𝔱 1262, d'où il faut évidemment conclure que cette gravure a été collée dans le livre à cette date.

178. **La Véronique.** Elle est debout sur un terrain orné de plantes, un peu tournée vers la gauche, vêtue d'un manteau et la tête coiffée d'un bandeau à guise de turban. Elle tient des deux mains, devant elle, le voile avec la ste. face qui est de fortes proportions. De chaque côté, un petit ange soutient le coin inférieur du voile. Belle pièce. H. 6 p. 1 l. L. 4 p. 1 l. Paris, Stuttgart, Francfort et Bâle.

179. **Ste. Marie Égyptienne.** Elle est portée par six petits anges au-dessus d'un rocher. Sur le devant, trois oiseaux ressemblants à des faisans et un quatrième perché sur un arbre sec. A gauche un arbre avec des feuilles. H. 6 p. 3 l. L. 4 p. 9 l. Berlin, Dresde, Bâle, Musée Britannique. Voyez Heinecken, Nouvelles recherches p. 325, No. 157.

180. **Décapitation de Ste. Barbe.** Elle est agenouillée devant une chapelle placée à droite où l'on voit exposé le calice avec l'hostie. Un petit ange, planant au-dessus d'elle, tient un voile. Derrière la Sainte, son père, sous la figure d'un homme barbu richement habillé, lève une épée. A gauche, trois spectateurs. Très-belle pièce. H. 3 p. 10 l. L. 6 p. 5 l. Dresde et Musée Britannique.

181. **Ste. Barbe.** Elle est debout, vue de face, un peu tour-

née vers la gauche, près d'une tour gothique, à travers la porte de laquelle on aperçoit le calice avec l'hostie. Sa coiffure, à guise de turban, est entremêlée de tresses de cheveux; elle tient une palme de la main droite et dans la gauche un livre. H. 2 p. 5 l. L. 1 p. 7 l. Berlin.

182. Ste. Barbe. Elle est debout, tournée vers la droite, portant ses longs cheveux épars et la tête entourée d'une gloire rayonnante. La Sainte place la main gauche sur une tour pointue et tient de la droite une palme. H. 2 p. 7 l. L. 1 p. 10 l.? Actuellement dans la Collection du Duc d'Aremberg à Bruxelles, provenant du Cabinet Brisard à Gand. Voyez Duchesne, Voyage d'un Iconophile etc. p. 329.

183. Ste. Catherine. Elle est tournée vers la droite, debout sur la figure d'un roi, étendu à terre, qui tient une épée de la main gauche et élève vers elle ses regards. La Sainte porte un livre de la main droite et appuie la gauche sur un glaive dont la pointe repose sur le terrain. H. 5 p. 10 l. L. 3 p. 10 l. Dresde.

184. Ste. Catherine. Elle est debout, vue de profil et tournée vers la gauche, et tenant le glaive dont la pointe est appuyée sur la roue couchée sur le terrain. H. 2 p. 4 l. L. 1 p. 6 l. Berlin.

185. Ste. Ursule. Elle est debout, tournée vers la gauche, tenant une flèche de la main droite et de la gauche un livre dans lequel elle lit. Ses longs cheveux tombent épars. H. 2 p. 6 l. L. 1 p. 7 l. Berlin.

186. Ste. Dorothée. Elle est debout, vue de face, la tête tournée vers la droite et contemplant une corbeille avec des roses qu'elle tient de la main gauche. Elle porte une palme de la droite. Sa coiffure, très-haute, est terminée par une bandelette tombante. Le terrain est carrelé à dés. H. 3 p. 6 l. L. 2 p. 3 l. Pièce qui est probablement de l'école du maître. Paris, Berlin et Musée Britannique.

187. Le lion de St. Marc. Il est ailé, porte une auréole et s'élève au-dessus de la mer à gauche, tenant de la patte droite un livre ouvert. Dans les airs sept oiseaux, parmi lesquels un faucon qui attaque un héron, et sur la mer une petite figure d'homme qui nage. La ville qui s'élève sur une île dans le lointain, ressemble à Venise. Au-dessus de l'aile gauche du lion la lettre ℰ. H. 3 p. 5 l. L. 2 p. 3 l. Dimensions de la planche H. 3 p. 7 l. L. 2 p. 5 l. Belle pièce. Berlin, Dresde, Musée Britannique et Bartsch VI. p. 46 qui en indique encore une copie en sens inverse, d'un travail très-rude. H. 3 p. 4 l. L. 2 p. 6 l. Collection Albertine à Vienne.

III. Sujets profanes.

188. Un concert. A côté d'une fontaine, au milieu de l'estampe, se voient assis, à gauche, un jeune cavalier jouant du luth, à droite, une dame pinçant la harpe. Un perroquet est posé sur la partie antérieure de la fontaine. Sur le banc de gazon sont placés deux vases avec des brins d'herbes ou jeunes pousses, et derrière deux arbres. H. 2 p. 5 l. L. 2 p. 10 l. Très-jolie pièce. Berlin.

Bartsch X. p. 46. No. 15. fait mention d'une copie H. 2 p. 3 l. L. 2 p. 11 l. Travail grossier. Berlin.

189. Un jeune homme et une jeune femme. Il embrasse celle-ci qui est placée à gauche et qui cherche à se débarasser de son étreinte. On voit sur le terrain un sabot. Une banderole se déploie dans le haut, mais sans inscription. H. 2 p. 7 l. L. 2 p. 5 l.? Paris.

190. La joueuse de luth. Jeune femme assise sur un coussin richement orné, au milieu d'un terrain couvert de plantes, et jouant du luth. Elle est tournée vers la droite et porte une coiffure ornée de rubans et de nœuds. H. 2 p. 5 l. L. 2 p. 3 l. Collection Douce à Oxford.

191. Jeune femme avec un bouffon. Une jeune femme nue, debout sur un terrain orné de plantes, est embrassée par un bouffon, tandis qu'elle lui montre, dans un miroir rond, son laid visage. A gauche, sur une pierre un oiseau à longue queue. Au-dessus des deux personnages se trouvent des banderoles enroulées sans inscription. H. 5 p. 5 l. L. 4 p. Paris et collection du roi de Saxe à Dresde.

192. Une femme et un jeune bouffon. Elle est assise dans un jardin où se voit un grand nombre de plantes et deux arbres. Le jeune homme est agenouillé devant la femme qui l'embrasse et lui tire en arrière son vêtement de manière à le découvrir un peu, tandis qu'il la regarde en riant. A sa droite est un tambour. Pièce libre. H. 3 p. 9 l. L. 2 p. 9 l. Berlin.

193. Un chevalier et une jeune femme. Un jeune chevalier, armé de toutes pièces, se voit debout vers la gauche. Il s'appuie de la main droite sur un bouclier chantourné et terminant en pointe et saisit de la gauche le vêtement de la femme qui se tient près de lui à droite; celle-ci tient son casque. Le bouclier porte en tête et en pointe deux fasces avec des hachures diagonales croisées et des points entremêlés. Au-dessus des personnages se trouvent deux banderoles à enroulements, sans inscription. H. 4 p. 9 l. L. 2 p. 11 l. Dresde et Catalogue Weber No. 7.

194. **Jeune femme tenant l'écusson d'armoiries de l'archiduché d'Autriche.** Elle est debout, tournée vers la droite, coiffée d'un bonnet élevé et tenant de la droite un heaume avec la couronne et des plumes de paon et de la gauche l'écusson des armes d'Autriche, de gueules à la fasce d'argent. H. 5 p. 5 l. L. 3 p. 7 l. Paris.

195. **Jeune femme avec les armoiries du Palatinat du Rhin ou de l'ancienne Bavière.** [18]) Elle est richement vêtue, tournée vers la gauche et la tête dirigée à droite, tenant de la main droite un étendart en s'appuyant de la gauche sur un écusson aux armoiries du Palatinat du Rhin, au 1er et 4e de sable au lion d'or, au 2d et 3e fuselé d'argent et d'azur. Le heaume a pour cimier un lion. H. 5 p. 4 l. L. 3 p. 7 l. Munich et Musée Britannique.

196. **Le même sujet.** Une femme nue se dirige vers la gauche et tient de la main droite une rose. A droite les armoiries du Palatinat du Rhin (ou de l'ancienne Bavière). Le cimier du heaume est un lion couronné, tourné vers la gauche. Pièce ronde, diamètre 2 p. 5 l. En dehors du cercle qui entoure la composition, on a placé plus tard, dans le coin à droite, la marque de Martin Schongauer. Musée Britannique. Ottley en donne un facsimile.

On en trouve également une copie avec les initiales de Martin Schongauer. Bibliothèque Bodléienne à Oxford. Voyez aussi Bartsch VI. p. 181. No. 68.

197. **Jeune femme tenant une bannière.** Elle est vue de face, un peu tournée vers la gauche, tenant une bannière de la main droite et de la gauche un ruban auquel est suspendu un écusson avec une fasce, analogue aux armoiries de l'archiduché d'Autriche. Sa tête est couverte d'un voile et elle porte de longs souliers à poulaine. H. 4 p. 2 l. L. 2 p. 5 l. Berlin, Munich et Dresde.

198. **Jeune femme portant un heaume.** Elle est dirigée vers la gauche et porte une gracieuse coiffure de tresses. Elle embrasse du bras droit un heaume fermé, de forme ancienne, ayant pour cimier un buste d'homme portant barbe et une toque pointue. Elle soulève de la gauche les plis de son vêtement, ayant devant elle un écus-

---

18) Nous avons déjà fait remarquer qu'anciennement les armoiries de ces deux pays se trouvaient quelquefois tout-à-fait semblables et que c'était notamment le cas en 1438 avec les armoiries du duc Albert le Pieux, de Bavière-Munich. Voyez SIEBMACHER, Wappenbuch, publié par HEFNER. Vol. I. Tab. 18. No. 4.

son vide. Travail un peu rude. H. 5 p. 9 l. L. 4 p. 4 l. Musée Britannique, Paris, Berlin et Dresde.

199. Jeune femme avec un écusson, accompagnée d'un bouffon. A gauche on voit une jeune femme tenant un écusson diapré d'un rinceau de feuilles et de fleurs. A droite un bouffon qui soulève sa robe d'une façon indécente et veut lui toucher le sein, tandis qu'elle se défend de la main gauche. H. 5 p. 10 l. L. 4 p. 2 l. Paris.

200. Un lion tenant un écusson. Il est vu rampant et regarde le spectateur en tenant de la patte droite une bannière et soutenant de l'autre et d'une des pattes de derrière, un écusson écartelé de burelles et de tires d'échiquier. H. 3 p. 2 l. L. 2 p. 6 l. Coll. Albertine.

Bartsch VI. p. 54. No. 3 indique une copie du maître au monogramme ⬦. H. 3 p. 7 l. L. 2 p. 6 l.

201. Rinceau d'ornements avec hommes et femmes sauvages. A gauche un homme embrasse une femme. Vers le milieu, une femme allaite son enfant et, à droite, un adolescent décoche une flèche, tandis qu'un vieillard est endormi plus loin. Dans le feuillage on aperçoit trois perroquets. H. 3 p. L. 8 p. Paris.

202—207. Cartes à jouer. H. 3 p. 8 l. L. 2 p. 6—7 l. Jusqu'ici nous ne pouvons indiquer avec certitude que six de ces cartes. Elles portent les signes des deux couleurs, Écusson et Heaume. Le jeu parait être composé de 4 couleurs ayant chacune 13 cartes, c'est-à-dire les Nos. de I à IX, sous-valet, premier valet, Dame et Roi. L'exécution en est très-fine et appartient indubitablement au maître 𝕰 𝕾 de 1466. Le Roi d'écusson est le portrait de Charles VII de France qui mourut le 22 Juillet 1461, de manière que nous pouvons admettre que ces cartes n'ont point été gravées plus tard que cette même année.

202. Un cinq (V) de Heaume. Il est composé de cinq casques. L'exécution en est très-fine quoiqu'un peu sèche, ce qui pourrait venir de ce que l'exemplaire du cabinet de Dresde a été tiré sur la planche déjà usée. H. 3 p. 6 l. L. 2 p. 7 l.

203. La reine de Heaume. Elle est assise de face sur un banc à dossier. Sa tête couronnée est un peu penchée vers la gauche et elle tient devant elle les mains croisées l'une sur l'autre. Sa robe très-simple s'élargit vers le bas à droite. A gauche, sur le dossier, un heaume avec lambrequins ayant pour cimier une tête arrachée et couronnée d'aigle. Collection T. O. Weigel à Leipsic.

204. **Le roi de Heaume.** Il est assis sur un banc garni
d'un coussin et se trouve tourné vers la droite. Il lève la tête, presque
vue de profil, avec des moustaches et une impériale, vers le haut,
ses longs cheveux sont ornés d'une couronne. La robe ample qui
le couvre est bordée d'hermine. Il tient de la main droite un sceptre
qu'il indique de la gauche. En haut un heaume avec bourrelet ayant
pour cimier un lion couronné, assis. Collection T. O. Weigel à
Leipsic.

205. **Premier valet d'Écusson.** Il marche vers la droite,
chaussé de souliers à poulaine et un chapeau suspendu sur les
épaules au moyen d'une bande. En haut à droite un écusson d'armoiries, coupé et portant en chef une montagne à six coupeaux.
H. 3 p. 9 l. L. 2 p. 7 l. Dresde.

206. **La reine d'Écusson.** Elle est debout, tournée vers
la gauche et vue de trois quarts; sa tête est ornée d'une coiffe élevée
à la bourguignonne, ornée d'une couronne et d'un voile. Elle pose
la main droite sur sa ceinture et tient un sceptre de la gauche étendue. La tête, et surtout le nez, un peu surplombant et arrondi
par le bout, rappelle tout-à-fait la manière caractéristique du maître
Œ ʓ. En haut à droite les armoiries d'Autriche. Collection T. O.
Weigel à Leipsic.

207. **Le roi d'Écusson.** Il est assis, tourné vers la droite,
sur un banc à dossier, tenant le sceptre de la main gauche et la
droite appuyée sur la hanche. Il est coiffé d'un chapeau entouré d'une
couronne et d'où pend une bande de draperie. C'est le portrait
du roi de France, Charles VII. En haut, à droite, l'écusson avec
les trois fleurs de lys. — Bibliothèque de Vienne, Bartsch X. p. 60.
No. 40. Dresde. T. O. Weigel à Leipsic.

Dans les cabinets de Vienne et de Dresde on conserve encore quelques cartes dont les couleurs sont indiquées par des oiseaux et des
fleurs de fantaisie, d'une exécution toute aussi belle et presque de la
même dimension que celles que nous venons de décrire et qui pourraient encore appartenir au même jeu, ce sont les suivantes:

208. **Un as (d'oiseau).** Une autruche marchant à droite, la tête
tournée à gauche. H. 3 p. 1 l. L. 2 p. 6 l. Dresde.

209. **Un deux (d'oiseau).** En haut, un aigle sur l'aile, une
branche dans le bec. En bas, un paon foulant un serpent de la
patte gauche. H. 3 p. 3 l. L. 2 p. 6 l. Bartsch X. p. 110. No. 3.
Dresde.

210. Un quatre (d'oiseau) composé d'un aigle, d'un héron, d'une pie et d'une sarcelle. H. 3 p. 1 l. L. 2 p. 6 l. Dresde.

211. Un trois (de fleurs). Trois fleurs chimériques. H. 3 p. 3 l. L. 2 p. 7 l. Bartsch X. p. 117. No. 1.

212. Un sept (de fleurs). Sept fleurs, sur trois rangs superposés et dont les deux du bas ressemblent à des œillets. H. 3 p. 8 l. L. 2 p. 6 l. Bartsch X. p. 117. No. 2.

Le Maître de la Sibylle.

Cet élève du maître 𝕰 𝕾 1466 se rapproche beaucoup de lui quant au style général de composition et dans le dessin qui est cependant un peu plus maigre dans les articulations des doigts, tandis que dans la forme effilée des nez, un peu arrondis et rentrants par le bas, de ses têtes de femmes il lui ressemble entièrement. Là où il en diffère le plus c'est dans la manière de former les ombres, surtout des draperies, qui sont exécutées au moyen de hachures très-courtes et pour la plupart croisées, ce qui produit un effet particulier et dont on ne trouve aucun autre exemple chez les maîtres de cette époque.

Bartsch décrit de ce graveur, comme nous l'indiquerons plus bas, quatre pièces, dont il a placé trois parmi les anonymes et la quatrième dans l'œuvre du maître de 1466. Nous en avons trouvé deux autres qu'on doit lui attribuer. Comme il n'a jamais marqué ses gravures d'un signe ou d'une date, et que la pièce principale de son œuvre est l'estampe représentant la Sibylle qui annonce la naissance du Christ à l'empereur Auguste, nous avons cru convenable de le désigner sous le nom de cette gravure.

---

1. La Sibylle et Auguste. Elle est debout à gauche, montrant à l'empereur la Vierge avec l'enfant Jésus qui apparaît dans le ciel et que celui-ci contemple, les yeux élevés. Aux pieds de la Sibylle est un petit chien. Fond de paysage avec une rivière. H. 10 p. L. 7 p. 4 l. Bartsch X. p. 37. No. 70. Heinecken dans son „Idée générale" veut que la ville représentée dans le fond soit celle de Culmbach et le château que l'on y voit celui de Blassenberg.

2. Le même sujet. Répétition de la même composition, gravée

en contrepartie et sans le petit chien. Peut-être est-ce une copie faite par un autre graveur de l'époque. H. 3 p. 7 l. L. 2 p. 9 l. Bartsch X. p. 37. No. 71.

3. L'Annonciation. La Vierge est agenouillée au milieu de l'estampe, vue de face et tenant un livre de la main droite. Le St. Esprit plane au-dessus d'elle. A droite l'ange tenant une banderole vide. Près d'un autel domestique, on voit une fenêtre à croisière vers la gauche dans laquelle est placé un vase avec une tige de lys. La bordure est composée de deux petites colonnes soutenant un arc. H. 5 p. 6 l. L. 4 p. 2 l. Musée Britannique, Dresde, Gotha.

4. L'enfant Jésus au bain. La Vierge est assise à gauche, lisant dans un livre; sur le devant, à droite, une servante s'occupe de l'enfant Jésus placé dans une baignoire. Dans le fond de la chambre, une fenêtre accouplée laisse apercevoir une montagne surmontée d'un château. H. 6 p. 6 l. L. 5 p. 4 l. Dresde et Paris. Bartsch VI. p. 32. No. 83.

Cette composition est empruntée à une pièce ronde du maître de 1466. Voyez No. 152.

5. Le martyre de Ste. Barbe. La Sainte est agenouillée, tournée vers la gauche, devant une tour au-dessus de laquelle plane un petit ange qui lui présente un voile. Son père, vêtu d'une longue robe et coiffé d'un turban, saisit la tête de la Sainte de la main gauche et élève la droite, armée d'un coutelas, pour la décapiter. H. 5 p. 1 l. L. 3 p. 1 l. Paris et Dresde. La composition ressemble à celle du maître de 1466. Bartsch No. 81.

Il s'en trouve une copie, H. 5 p. L. 3 p. 9 l., mais faiblement traitée. L'exemplaire dans le cabinet de Munich montre, au-dessous, quelques vers écrits en couleur rouge et le signe ℲℲ.S qui se retrouve souvent sur d'anciennes gravures allemandes et indique probablement l'ancien possesseur.

6. L'Amant. Sur un banc de gazon, à droite, est assis, à côté d'une jeune femme, un jeune homme qui veut lui donner un baiser et contre lequel elle se défend. Un petit chien aboie contre le jeune homme. A gauche est placé un pot de fleurs; à droite un perroquet est perché sur le palis d'une haie. H. 5 p. L. 6 p. Bartsch X. p. 53. No. 29.

7. Le jeu d'échecs. Trois jeunes gens et autant de jeunes femmes s'amusent dans un jardin. Au milieu, un des couples joue aux échecs sur une table octogone. Un autre couple, à gauche, est assis sur

une balustrade et la jeune femme joue avec des boules enfilées. Le troisième couple est à droite et le jeune homme se trouve auprès de la jeune femme qui lit un papier. Trois perroquets dont deux sont perchés sur un arbre. H. 6 p. 3 l.? L. 7 p. 10 l.? Bibliothèque de Vienne, Musée Britannique, Berlin. Bartsch X. p. 54. No. 31.

Le filigrane, dans l'exemplaire de Berlin, est la grappe de raisin.

Le Maître aux cartes à jouer.
Bartsch X. p. 80.

A en juger par le maniement du burin, ce maître appartiendrait à l'école de celui de 1466, quoiqu'il s'éloigne de sa manière sous beau-coup de rapports. Les principales différences sont les suivantes: les têtes de ses jeunes figures, de ses femmes surtout, sont plus pleines et les nez, au lieu d'être fins, arrondis et courbés par le bas, y sont, au contraire, taillés presque tout droit. Le jet de ses draperies n'est pas aussi bien entendu, ne montre point de cassures angulaires, mais se dessine avec souplesse et termine d'une manière indécise, souvent tout droit; enfin ses hachures sont généralement plus perpendiculaires, ou bien suivent le jet de la draperie. Le costume qu'il adopte dans les cartes à jouer est celui de la cour de Bourgogne, vers la seconde moitié du XVe. siècle, et qui était aussi en usage alors en Allemagne et surtout en Bavière. Son style de composition ne ressemble guère à celui de l'école de Van Eyck et les proportions de ses figures, généralement courtes, offrent une opposition à la manière de cette école.

---

1. La mise au tombeau. Quatre disciples déposent le corps du Christ dans le tombeau et deux d'entre eux en occupent l'intérieur. A gauche, on voit la Vierge soutenue par St. Jean et accompagnée de deux saintes femmes. Cette gravure, traitée d'une manière assez faible, parait être un des premiers essais du maître dont elle rappelle, du reste, le style et la manière. H. 4 p. 9 l. L. 4 p. 6 l.? Bibliothèque de Vienne (F. de Bartsch No. 1254). Bartsch X. p. 8. No. 14.

2. La Vierge immaculée. Elle est debout, sur le croissant, au-dessous d'un baldaquin gothique, un peu tournée vers la droite, tenant un sceptre de la main droite et de la gauche l'enfant Jésus qui tend la tête vers elle comme pour l'embrasser; une auréole ronde

entoure sa tête et des rayons lumineux le reste de son corps. Au-dessous du croissant on voit quelques plantes. Fort jolie pièce. H. 5 p. 2 l. L. 2 p. 7 l. Paris.

Comme le motif de cette image de la Vierge est très-souvent re-produit par la gravure pendant le XVe. siècle, il doit avoir été emprunté à quelque tableau qui se trouvait alors en grande vénération. Quelques-unes de ces reproductions sont des copies ou des imitations de l'estampe de notre maître avec quelques changements. Nous indiquerons entre autres ici:

Copie A dans le même sens que l'original avec des plantes de chaque côté du croissant. Travail médiocre. H. 2 p. 4 l. L. 1 p. 5 l. Berlin.

Copie B. En contre-partie. La Vierge couronnée, et le sceptre à la main, est tournée vers la gauche, entourée de rayons convergents à guise d'épines. On voit quelques plantes à côté du croissant. La bordure est formée d'une ligne qui vers le haut se replie vers l'inté-rieur de manière à paraître double en cet endroit. Travail très-médiocre. H. 4 p. 11 l. L. 2 p. 6 l. Berlin.

Copie C. En sens inverse. La bordure de l'auréole de la Vierge est ornée, celle de l'enfant renferme une croix. Les rayons qui en-tourent la Vierge sont flamboyants. Il n'y a point de plantes au-dessous du croissant. Vers la partie supérieure de la couronne, un trait tra-verse horizontalement le fond blanc, mais la bordure linéaire manque. Travail médiocre de l'Allemagne supérieure. H. 7 p. 4 l. L. 4 p. 6 l. Berlin.

3. St. George. Il est agenouillé sur le dragon qu'il transperce. Derrière un rocher, à gauche, on voit la princesse et à droite le cheval du Saint qui regarde le dragon. H. 5 p. 4 l. L. 4 p. 9 l. Dresde.

4. Un homme avec un capuchon. Il est vu de dos; près de son capuchon se trouve un animal qui ressemble à un porc-épic. Bonne petite pièce traitée dans la manière des cartes à jouer. Berlin.

5. Un jeu de cartes numérales. Bartsch X. p. 80. No. 3. H. 4 p. 11 l. à 5 p. 1 l. L. 3 p. 4—6 l.

Bartsch ne connaissait que la plus petite partie des cartes origi-nales de notre maître et il ne les décrit, pour la plupart, que d'après des copies ou des imitations. Nous avons cherché, par conséquent, à les distinguer avec le plus d'exactitude possible et nous avons trouvé que quelques-unes des originaux, très-finement exécutés, se trouvent presque dans toutes les collections importantes d'Allemagne, mais surtout dans le

cabinet de Paris où elles sont venues, pour la plupart, de la collection
Wilson de Londres. Ce jeu, d'une beauté uniforme, se distingue encore de
celui décrit par Bartsch en ce que la couleur „fleur" qui manque au
jeu de Wilson est remplacée par la couleur „cerf". Les cartes de la
première couleur sont ordinairement d'une exécution très-rude; on en
trouve cependant quelques-unes à Paris et à Dresde d'un travail fin,
avec des fleurs de fantaisie, et qui sembleraient appartenir à notre maître.
D'autres cartes, en partie décrites par Bartsch p. 98—120 et auxquelles
nous avons ajouté quelques-unes, appartiennent à divers maîtres et
à différents jeux. En laissant reposer, sur leurs propres mérites, les
opinions de Bartsch et tenant pour des copies ou des imitations d'un artiste
inférieur, celles décrites par lui, nous donnerons ici la série des cartes
originales qui se trouvent, en grande partie, dans le cabinet de Paris.

Chacune des quatre classes ou couleurs qui forment le jeu est
composée de neuf cartes numérotées et de quatre figures; un sous-valet
et un premier valet [Unter et Ober][19]), une dame et un roi. La
série originale est très-belle et finement gravée et celle des cartes numérotées a été entièrement exécutée sur une seule planche, comme on en
trouve quelques exemples à Paris et dans la collection Albertine de Vienne.
La préférence que l'on donna à ces cartes, et le grand usage que
l'on en fit, produisit bientôt de nombreuses copies, plus ou moins bien
exécutées et dont quelques-unes le sont très-rudement. Dans ces reproductions, pour compléter le nombre des cartes numérotées, on cou-
vrait quelquefois dans l'impression quelques-uns des points ou des figures
sur la planche, ou bien l'on gravait, sur des petites planches, les points
isolés des différentes couleurs, que l'on découpait ensuite pour les im-
primer sur les cartes autant de fois que cela devenait nécessaire. On
trouve même quelquefois les figures gravées sur des planches sans les
indications de la couleur (les petites figures) que l'on ajoutait ensuite
à volonté, ce que l'on peut reconnaître facilement par l'impression que
ces dernières ont laissé sur le papier. On voit aussi souvent un espace
laissé en blanc dans les figures principales, ce que l'on obtenait en
recouvrant cet endroit d'un papier dans l'impression, sur lequel on
ajoutait ensuite la couleur ou petite figure.

On ne trouve dans aucune collection un exemplaire complet de
ce jeu dont les différentes pièces ont été même décrites d'après des

---

19) Le sous-valet (Unter) est indiqué par la figure de la couleur placée au bas
de l'estampe, tandis que pour le premier valet (Ober) elle se trouve en haut.

éditions différentes. On rencontre également des séries de cartes numérotées dont les sujets diffèrent complètement les uns des autres dans la même couleur, comme on peut le voir dans Bartsch p. 98—120. Une des cartes de la couleur du lion dans la collection de Dresde a le filigrane ℘ et deux du cabinet de Paris ont celui d'un petit taureau ou animal ♉ analogue.

On trouve des facsimile de ces cartes dans plusieurs ouvrages, mais surtout dans celui de la Société des Bibliophiles français „Jeux des cartes, tarots et cartes numérales", Paris 1844, in-4°, et dont les planches 82—91 en contiennent quarante. Ces reproductions donnent une idée assez exacte du style de composition et du mode d'exécution de ces gravures, mais ne reproduisent, en aucune façon, la grâce du dessin ou la finesse du burin.

Première classe
dont les points sont marqués par des figures humaines.

I. Un homme sauvage avec une longue barbe; il tient de la main droite un arc et de la gauche un long bâton. Bartsch X. p. 85. Wilson, Cat. No. 196. Dessin d'après une gravure à Paris.

II. En haut, à gauche, se voit assis sur un tertre un homme sauvage tenant une massue des deux mains; en bas, à droite, un autre également assis tenant un arc de la main droite. Cat. Wilson No. 197. Dessin à Paris.

III. En haut un jeune homme qui tend un arc, au milieu un homme avec un bâton; en bas un jeune homme jouant de la guitare. Dessin à Paris.

IV. En haut, à gauche, un homme sauvage, nu, tendant un arc, vis-à-vis, à droite, un joueur de luth couvert d'un vêtement de feuillage. En bas, à gauche, une femme sauvage assise avec de longs cheveux épars; une autre, vis-à-vis, avec un fuseau. Wilson, Cat. No. 198. Paris.

V. Deux petites figures d'hommes ou d'enfants dont l'un tend un arc et l'autre danse; deux autres avec un bâton et un luth et une femme sauvage. Wilson, Cat. No. 199. Jeux etc. Pl. 91 C. Paris.

VI. Six figures sur trois rangées. En haut une femme nue qui tient un voile et un joueur de guitare vu presque de dos; près de lui deux femmes sauvages dont l'une file au fuseau. En bas un jeune homme qui tend un arc et un homme qui sonne du cor. Wilson, Cat. No. 200. Dessin à Paris.

VII.   Voyez Bartsch p. 86.   Belle épreuve originale dans la collection de Dresde.

VIII.   Le huit manque.

IX.   Une femme assise et filant.   Un homme sauvage s'avançant avec le bras gauche élevé.   Une femme assise avec un dévidoir.   Un joueur de luth.   Un homme sauvage avec un bâton et un autre soufflant dans une corne.   Un enfant tendant un arc.   Une femme sauvage et un joueur de luth vu de face.   Wilson No. 201.   Dessin à Paris.

Sous-valet ou valet inférieur (Unter).   Il est debout, la main droite étendue dans l'acte de parler et la gauche appuyée sur la hanche. Au-dessous, à gauche, le signe de la couleur, une petite figure d'homme sauvage soufflant dans une corne.   Wilson, Cat. No. 202.   Jeux etc. Pl. 82 B.   Paris.

Premier valet ou valet supérieur (Ober).   Un homme richement habillé tient de la main droite la bandelette de sa toque, en passant l'autre dans sa ceinture.   En haut un joueur de luth vu de dos. Cat. Wilson No. 203.   Paris.

Dame.   Elle est couronnée et assise sur un coussin placé sur un banc, tenant des deux mains un chapelet.   Au milieu du bas, une femme sauvage.   Wilson No. 204.   Jeux etc. Pl. 82 C.   Paris.

Roi.   Il est assis sur un trône orné de deux statuettes et tient des deux mains un chapelet.   Au bas, à gauche, la petite figure d'un joueur de luth.   Bartsch p. 100. No. 7.   Cat. Wilson No. 205.   Jeux etc. Pl. 82 D.   Paris.   Coll. Albertine à Vienne.   Berlin.

On trouve à la bibliothèque de Vienne une copie en sens contraire de cette belle pièce.

Deuxième classe
ou couleur dont les points sont marqués par des lions et des ours.[20])

I.   L'as est indiqué par un lion couché; il est tourné vers la droite et regarde en l'air.   Paris.   Wilson No. 206.   Seulement un dessin sans que l'on sache où se trouve l'original.

II.   Un lion, vu par le dos, et une lionne couchée.   Jeux etc. Pl. 83 A.   Paris.   Le Catalogue Wilson en décrit un Dessin sous le No. 207.

III.   Un lion, vu par derrière, et deux ours dont l'un se lèche

---

20) Des figures de lions et de lionnes découpées et collées sur une feuille se trouvent dans le cabinet de Dresde et sont décrites dans notre catalogue des gravures allemandes anonymes du XVe. siècle.

la patte. Paris, gravure originale. Jeux etc. Pl. 83 B. Wilson No. 208 indique une carte avec trois lions, mais seulement en dessin.

IV. En haut un lion assis et un autre vu de côté. En bas un ours regardant en l'air et un lion dans la même position. Wilson No. 209. Jeux etc. Pl. 83 C. Paris. Dresde.

V. Un ours qui se lèche, trois lions et au milieu une lionne. Jeux etc. Pl. 83 D. Paris.

V. Cinq lions. Ils sont très-finement gravés et imprimés à part au moyen des petites planches découpées. H. 5 p. L. 3 p. 5 l. Dresde.

VI. En haut un lion assis et un autre debout. Au milieu deux ours. En bas un lion et une lionne, couchés. Jeux etc. Pl. 84 A. Paris. Wilson No. 210 en indique un dessin.

VI. Composition de lions et de lionnes. Belle gravure imprimée comme le V. H. 5 p. L. 3 p. 5 l. Dresde.

VII. Cinq lions et une lionne, au milieu un ours. Imprimés à part. Jeux etc. Pl. 84 B. Wilson No. 211. Paris.

VII. Composition de lions et d'ours. Belle gravure imprimée comme le V. H. 5 p. L. 3 p. 5 l. Dresde.

VIII. En haut un ours et deux lionnes; au milieu un lion assis et un autre debout; au bas un ours qui se lèche la patte, entre deux lions. Jeux etc. Pl. 84 C. Cat. Wilson No. 212. Paris.

VIII. Composition de lions et d'ours. Belle gravure imprimée comme le V. H. 5 p. L. 3 p. 5 l. Dresde.

IX. En haut un lion assis et deux ours. Au milieu un lion, un ours et une lionne. En bas deux lions et une lionne. Toutes ces figures sont imprimées à part. Jeux etc. Pl. 85 D. Paris. Wilson No. 213; il donne aussi la manière dont les figures ont été employées pour les cartes originales.

IX. Composition de lions et d'ours imprimée comme le V. H. 5 p. L. 3 p. 5 l. Dresde.

Sous-valet. Il est vu de face, couvert d'un grand chapeau rond, et passe ses deux mains dans sa ceinture. Au-dessous, à gauche, un petit lion, imprimé à part. Jeux etc. Pl. 85 B. Paris.

Sous-valet. Il marche vers la droite et porte un grand chapeau avec trois plumes d'autruche et une espèce de voile flottant vers la gauche. En bas, à gauche, un petit lion. Le Catalogue Wilson No. 214 rapporte que cette carte a été tirée d'une planche fortement retouchée. La figure du valet est la même que la première, avec l'oiseau, de notre catalogue.

Premier valet. Il est vu de profil, tourné vers la droite et lit un écriteau. Un couteau pend à sa ceinture. En haut, à gauche, une biche. Paris.

Cette même figure du premier valet a servi également pour les autres couleurs, car on le trouve une fois avec la figure de l'homme sauvage, ensuite avec une rose. Paris.

Premier valet. Jeune homme richement vêtu, dirigé vers la droite et tenant un anneau de la gauche. En haut, à gauche, un lion vu par derrière et imprimé à part. Wilson No. 215. Jeux etc. Pl. 85 A. Paris.

Dame. Elle est assise sur un coussin orné, posé sur un banc, un voile est placé sur sa riche couronne qui est absolument pareille à celle de la Vierge du maître P de 1451. Elle tient une boule dans la main droite. Une lionne, imprimée à part, est couchée sur son vêtement. Wilson No. 216. Jeux etc. Pl. 85 C. Paris.

Roi. Figure jeune, assise sur un coussin, la tête tournée à droite et lisant une lettre. En bas, à droite, un lion assis, imprimé à part. Wilson No. 217. Jeux etc. Pl. 85 D. Paris.

Wilson en cite un autre exemplaire retouché où le lion a été placé en haut à gauche.

Troisième classe
dont les points sont marqués par des cerfs, des daims etc.

I. Un grand cerf couché et tourné vers la gauche. Copie à la plume. Cat. Wilson No. 218, à Paris.

II. Un cerf allant vers la gauche. Derrière lui une licorne allant vers la droite, mais tournant la tête vers la gauche. Wilson No. 219. Jeux etc. Pl. 86 A. Paris. Dresde.

III. Trois cerfs. Au haut il y en a deux dont celui de gauche se gratte la tête. Au bas un cerf couché. Wilson No. 220. Jeux etc. Pl. 86 B. Paris.

IV. Un chevreuil, deux cerfs et au bas, à droite, un daim. Wilson No. 221. Jeux etc. Pl. 86 C. Paris.

V. Le cinq de la couleur cerf manque.

VI. Au haut se trouvent un chevreuil, un daim et un cerf; au bas deux biches et un cerf qui broute. Jeux etc. Pl. 87 A. Paris.

VII. Au haut un chevreuil, une biche et un cerf; au milieu un cerf qui broute; au bas deux biches couchées et un daim. Wilson No. 222. Jeux etc. Pl. 87 B. Paris.

VIII. Au haut un chevreuil, une biche et un cerf; au milieu deux biches couchées; au bas un cerf, une biche et un daim. Wilson No. 223. Jeux etc. Pl. 87 C. Paris.

IX. La rangée supérieure et l'inférieure contiennent les mêmes figures que le huit; au milieu se trouvent un cerf couché et deux biches reposant à ses côtés. Wilson No. 224. Jeux etc. Pl. 87 D. Paris.

Sous-valet (Unter). Un jeune homme debout, vu de profil, est tourné vers la gauche. Il lève la main droite comme pour parler à quelqu'un. Au bas, à droite, la petite figure d'une biche couchée. Wilson No. 225. Jeux etc. Pl. 88 A. Paris.

Premier valet (Ober). Un jeune homme debout, vu de profil, est tourné vers la droite. Il lit une lettre qu'il tient des deux mains et porte un couteau à la ceinture. A la gauche du haut une biche. Wilson No. 226. Jeux etc. Pl. 88 B. Paris.

Premier valet (Ober). Un jeune homme debout, tourné un peu vers la droite, tient de la main droite une bande qui descend de son chapeau; il porte la main gauche à sa ceinture où pend une bourse. En haut, à gauche, un daim. Jeux etc. Pl. 82 A. Paris.

Dame. Elle est assise, vue de face et regarde dans un petit miroir rond, qu'elle tient élevé de la main droite. Sa tête est ornée d'une haute couronne et ses longs cheveux flottent des deux côtés. Au bas, devant elle, un cerf qui broute. Wilson No. 227. Jeux etc. Pl. 88 C. Paris.

Dame. Elle est assise sur un grand coussin, un peu tournée vers la gauche et lève la main droite. Sa tête est couverte d'une espèce de voile court, tandis que sa couronne se voit à gauche. En haut, à gauche, une biche. Belle gravure. H. 4 p. 11 l. L. 3 p. 4 l. Gotha.

Roi. Il est assis sur un banc à dossier gothique, tourné vers la gauche et ayant les jambes et les bras croisés. A la droite du bas repose une biche. Wilson No. 228. Jeux etc. Pl. 88 D. Paris.

Quatrième classe

ou couleurs dont les points sont marqués par des oiseaux.

I. Un gros hibou assis et tourné vers la droite. Paris, mais seulement le facsimile; provenant de la collection Wilson No. 229.

II. Une espèce de héron regardant vers le bas et un corbeau les ailes étendues. Paris, facsimile. Wilson No. 230.

II. Une espèce de héron à longue queue, les ailes étendues, regarde vers le bas où se trouve un héron debout, la tête tournée vers le haut. Dresde. Francfort s. M.

III. Trois hérons. Au bas il y en a deux dont celui de gauche regarde en haut. Wilson No. 231. Jeux etc. Pl. 90 D. Paris.

IV. Quatre hérons dont le dernier tient un serpent dans le bec. Wilson No. 232. Jeux etc. Pl. 86 D. Paris.

V. Dans le milieu une chouette entourée de quatre autres oiseaux. Paris, facsimile. Wilson No. 233.

VI. Six oiseaux sur trois rangées. Dans celle du milieu se trouvent un cygne et un corbeau. Jeux etc. Pl. 89 A. Paris.

VI. En haut, à gauche, une cigogne le bec appuyé sur la poitrine; à droite un faucon combattant un héron; au milieu deux autres oiseaux dirigés à gauche; en bas un héron. Gotha.

VII. Au milieu, un hibou entouré en haut de quatre oiseaux dont le plus haut à gauche est huppé; en bas deux autres oiseaux. Wilson No. 234. Jeux etc. Pl. 89 B. Paris.

VIII. Huit oiseaux divers, de formes un peu fantastiques, dont celui du milieu, à gauche, est une espèce de corbeau avec une forte huppe dirigée en arrière et celui du même côté, au bas, une oie qui se tient la tête de la patte gauche. Wilson No. 235. Jeux etc. Pl. 89 C. Paris.

IX. Neuf hérons ou oiseaux qui leur ressemblent. Au milieu l'un d'eux, vu de face, regarde en l'air. Wilson No. 236. Jeux etc. Pl. 89 C. Paris. Coburg.

Sous-valet (Unter). Un jeune homme, avec une toque empanachée, marche vers la droite. Il porte un grand chapeau rond avec trois plumes d'autruche et une espèce de voile flottant vers la gauche. Sur le bras gauche il tient un morceau de draperie garni de plumes et pose la main sur la poitrine. A gauche, en bas, un oiseau vole sur le terrain qui est imprimé à part. Jeux etc. Pl. 90 B. Paris.

C'est la même figure que la seconde du Sous-valet, de la couleur du lion, de notre catalogue.

Sous-valet (Unter). Un jeune homme debout, vu en face, tient des deux mains la ceinture de son habit. Il porte un grand chapeau rond. Marqué par un héron. H. 5 p. L. 3 p. 4 l. Dresde.

C'est la même figure que la première du Sous-valet, de la couleur du lion, de notre catalogue.

Premier valet (Ober). Un jeune homme, vu de profil, tourné vers la gauche. Sa tête est ceinte d'une couronne de fleurs et il est couvert d'un manteau garni d'un ornement de feuillages qui lui descend jusqu'aux mollets. En haut, à gauche, un héron, la tête cachée sous l'aile. Wilson No. 237. Jeux etc. Pl. 90 A. Paris.

Bartsch décrit le même sujet, en contrepartie, et c'est peut-être l'original puisque dans l'exemplaire de Paris l'oiseau est imprimé à part.

Dame. Elle est assise sur un coussin. Sur sa coiffure se trouve une draperie mouchetée. Elle lève la main droite et sa couronne est à gauche. En haut un oiseau qui s'envole et qui est imprimé à part. Wilson No. 238. Jeux etc. Pl. 90 C. Paris

C'est la même figure que l'on retrouve avec une biche à Gotha et qui est également belle; peut-être proviennent-elles toutes deux de la même planche. Cette gravure a été retouchée, ainsi que le rapporte Wilson p. 90, et porte la couleur du cerf.

Dame. Elle est assise sur un grand coussin, vue de face et tient devant elle un petit chien. La haute couronne qu'elle porte est en tout semblable à celle de la Vierge du maître P de 1451, excepté qu'elle est couverte d'un petit voile. Au haut, à gauche, un hibou, la marque de la couleur. H. 5 p. 1 l. L. 3 p. 8 l. T. O. Weigel à Leipsic.

C'est une imitation en sens inverse de la dame avec la marque de la lionne.

Cartes de la classe ou couleur
dont les points sont marqués par des fleurs.

IX. Neuf roses. Elles sont imprimées avec une seule planche, dont on voit l'empreinte du bord sur l'estampe. Belle et fine gravure. H. 5 p. 3 l. L. 3 p. 6. Paris; exemplaire mal imprimé et d'un noir très-pâle.

Sous-valet (Unter). Jeune homme avec un capuchon dont les deux pendants, découpés à feuilles, sont noués au-dessous du menton. Il lève la main droite, tandis que la gauche est appuyée sur sa hanche et se voit debout sur un terrain garni de plantes; la marque de la couleur est un cyclamen ou pain-de-pourceau. H. 5 p. 1 l. L. 3 p. 4 l. Dresde.

C'est la même figure du Sous-valet de la classe des hommes sauvages.

Dame. Elle est assise sur un banc de gazon et porte de longs cheveux épars. Elle tient devant elle de la main droite un petit miroir rond. En bas, à gauche, une violette. H. 5 p. 3 l. L. 3 p. 4 l. Très-belle gravure et la même figure de la classe du cerf. Jeux etc. Pl. 91 B. Paris. Dresde.

Roi. Il est assis, tourné vers la droite, sur un siége où l'on voit quatre animaux sculptés et lève la main droite, tandis qu'il tient de la gauche sa ceinture. En bas, à droite, une violette. H. 5 p. L. 3 p. 4 l. Très-belle pièce. Jeux etc. Pl. 91 A. Paris. Dresde.

On conserve dans le Musée Germanique à Nuremberg une épreuve de ce roi de fleurs, sans l'indication de la couleur, ce qui parait prouver que les figures ont été gravées sans les marques des classes, et qu'on les ajoutait ensuite lors de leur impression.

Appendice.

Roi. Il est assis sur un banc couvert d'un coussin en tournant ses jambes croisées vers la droite, tandis qu'il regarde, vers la gauche, un anneau qu'il tient de la main droite. A gauche, vers le haut, une grande rose. H. 5 p. 1 l. L. 3 p. 7 l. Jeux etc. Pl. 91 D. Paris. T. O. Weigel à Leipsic.

Ces deux exemplaires sont lourdement exécutés avec des hachures croisées. Bartsch décrit à p. 97 une carte assez semblable qui, peut-être, est la gravure originale.

⚛

(Bartsch VI. p. 53.)

Bartsch décrit de cet élève du maître ℭ ♄ 1466 six gravures en ajoutant, avec raison, qu'il y a apparence que la plupart ne sont que des copies d'après ce même maître puisqu'on a trouvé que les numéros 1, 3 et 4 ont été gravés d'après lui. C. G. von Murr, dans ses „Beiträge“ p. 30, décrit de ce graveur une Nativité, gravée sur ardoise, de la manière suivante:

„Dans l'intérieur d'un ouvrage de maçonnerie ouvert, on voit la Vierge, à genoux, qui adore l'enfant Jésus couronné et couché à terre vers la droite. Derrière elle est St. Joseph tenant, de la main gauche, une lumière qu'il protège, de la droite, contre le vent. Deux bergers, la houlette en main, regardent au-dessus du mur, dans le fond du haut. En bas se trouvent le bœuf et l'âne. Tout-à-fait en haut, trois anges chantent le Gloria d'après une banderole qu'ils tiennent à la main et sur laquelle la musique est notée. Au-dessous des notes on trouve le millésime 1₰6∧ et en bas le signe ⚛.“

Nous manquons de renseignements ultérieurs sur ce graveur; nous n'avons découvert que deux pièces qui lui appartiennent et qui ne se trouvent pas dans Bartsch.

7. Combat de l'ours. Un homme sauvage, à droite, combat un ours qui se trouve vis-à-vis de lui, en levant une massue d'une main et tenant de l'autre une masse d'armes, armée de pointes, contre l'animal. Au bas, entre les deux, la marque du graveur. H. 3 p. 6 l. L. 2 p. 6 l. Collection Douce à Oxford.

8. Ornement avec un héron. Une feuille à volutes s'élève sur une tige où l'on voit un héron perché, tourné vers la droite. La marque se trouve au-dessous de la tête de l'oiseau. H. 3 p. 7 l. L. 2 p. 6 l. Musée Britannique.

Le maniement du burin dans cette gravure se rapproche beaucoup de celui de Martin Schongauer; elle doit être, par conséquent, un travail postérieur du maître.

⚥

(Brulliot, Dictionnaire etc. I. No. 3190.)

La manière de ce maître rappelle le style de gravure de l'Alphabet qui est ordinairement attribué au maître de 1466. Cependant elle est un peu plus rude et produit l'effet d'une gravure à l'eau forte. On ne connaît de ce maître qu'une seule pièce.

1. St. George. Il est debout, au milieu de l'estampe, armé de toutes pièces et un peu tourné vers la droite, tandis qu'il perce de son épée le cou du dragon étendu à ses pieds. Fond blanc. H. 7 p. 6 l. L. 6 p. 4 l.?

𝔖 𝑆

Élève peu important du maître de 1466.

1. Le massacre des innocents. A droite, près d'un mur à hauteur d'appui, se tient le roi Hérode, le sceptre en main et éten-

dant l'index de la main droite. Au milieu, un bourreau perce un enfant de son épée; cinq autres enfants, morts, gisent à terre où une
mère étendue embrasse son enfant mourant.   On voit deux autres
femmes à gauche dont l'une se lamente, tandis que l'autre est frappée de
stupeur. Sur le mur d'appui, la marque du maître. H. 5 p. 11 l. L. 6 p. 9 l.
Musée Britannique.

2. St. Jacques le majeur. Il est vu de face, tenant de la
main droite son bourdon de pèlerin et appuyant la main gauche sur
la droite.   Au milieu du bas la marque.   Copie très-rude, en sens inverse, d'après Martin Schongauer. Voyez Bartsch No. 36. H. 3 p. 6 l. L. 2 p.
Rud. Weigel.

Estampes, sans marques de graveurs, de l'école du maître ₡ ₷ 1466.

Dans le catalogue des pièces attribuées au maître de 1466, il doit
s'en trouver plusieurs qui ont seulement été gravées sous sa direction.
Celles qui vont suivre, quoiqu'elles ne portent aucune signature, sont
cependant exécutées dans le style du maître, mais pour la plupart d'une
manière trop faible ou même trop rude pour qu'on puisse les lui attribuer.   Comme dans le catalogue de l'œuvre des maîtres anonymes
du XVe. siècle donné par Bartsch X. p. 1—68, on trouve plusieurs
pièces qui doivent être attribuées à l'école du maître de 1466, nous
avons cru devoir en faire mention ici afin de rendre notre catalogue
plus complet et d'offrir en même temps aux amateurs un moyen de
coordonner leurs estampes sous le point de vue historique. Nous le
ferons très-brièvement en renvoyant à Bartsch pour les détails.

I. Sujets tirés de l'ancien et du nouveau testament.

1. La chute du premier homme. Adam et Ève sont debout près de l'arbre de la science du bien et du mal autour duquel
s'enroule le serpent, à tête humaine couronnée.   Le jardin est entouré
d'un mur.   Près d'Adam on lit sur une banderole: 𝕰𝖚𝖆 𝖉𝖆𝖗𝖚𝖒𝖇
𝖜𝖔𝖈𝖎𝖑𝖑𝖊𝖓 𝖜𝖎𝖗 𝖙𝖗𝖔𝖓ē 𝖆𝖑𝖑𝖊 𝖚𝖓𝖘 𝖉𝖆𝖈𝖍 | 𝖇𝖎𝖘 𝖌𝖔𝖙 𝖛𝖊𝖗𝖍𝖔𝖗𝖙 𝖚𝖓𝖘𝖊 𝖐𝖑𝖆𝖉.
A côté d'Ève, sur une autre: 𝕬𝖉𝖆𝖒 𝖎𝖈𝖍 𝖍𝖆𝖓 𝖌𝖍𝖊𝖜𝖔𝖑𝖈𝖍𝖙 𝖉𝖊𝖘 𝖉𝖔𝖓𝖚𝖊𝖋
𝖗𝖆𝖎𝖙 | 𝖉𝖆𝖗𝖚𝖒 𝖘𝖞𝖓 𝖜𝖎𝖗 𝖛𝖆𝖓 𝖌𝖔𝖎𝖉 𝖛𝖊𝖗𝖘𝖜𝖆𝖎𝖙. Pièce ronde entourée
d'une triple bordure linéaire. Diamètre 3 p. 3 l. Paris.

2. **La chute du premier homme.** Ève, les jambes croisées, est assise à gauche près d'Adam qui l'embrasse en lui portant une main sur le sein. Le serpent est enroulé à l'arbre derrière eux. A droite, on voit un perroquet perché sur une branche sèche. Cette épreuve a une forme irrégulière et semble avoir été tirée du fermoir de quelque objet. H. 2 p. 6 l. L. 1 p. 8 l. Berlin.

3. **L'annonciation.** A droite la Vierge, agenouillée devant un prie-Dieu, se tourne vers l'ange qui tient une banderole avec l'inscription: 𝔞𝔳𝔢 𝔤𝔯𝔞𝔱𝔦𝔞 𝔭𝔩𝔢𝔫𝔞. En haut, Dieu le père dont se sépare le St. Esprit, suivi par l'enfant Jésus tenant une croix. H. 4 p. 1 l. L. 2 p. 7 l. Berlin.

Cette pièce semble être une imitation du maître de 1466, mais elle ne doit pas remonter plus haut que le XVIe. siècle.

4. **Le Christ au jardin des oliviers.** Il est agenouillé, tourné vers la droite. A gauche les trois disciples endormis. Très-jolie pièce. H. 3 p. 7 l. L. 2 p. 9 l. Munich.

5. **Le Christ en croix.** La Vierge et St. Jean à ses côtés. H. 3 p. 5 l. L. 2 p. 6 l. Bartsch X. p. 6. No. 11.

6. **Le Christ en croix.** La Vierge debout, à gauche, croise les mains dans l'attitude de la prière. St. Jean, à droite, soutient son manteau sur le bras droit abaissé et joint les mains. Sur la tablette au-dessus de la croix, l'inscription: 𝔦 𝔫 𝔯 𝔱. Les figures sont très-allongées et d'un dessin très-inférieur. H. 3 p. 4 l. L. 2 p. 5 l. Weber à Bonn.

7. **Le Christ en croix.** La Vierge, debout à gauche et revêtue d'un large manteau qui lui recouvre la tête, tenant devant elle ses mains élevées. A droite, St. Jean dans l'attitude de la douleur. Travail médiocre. H. 3 p. 10 l. L. 2 p. 9 l. Sotzmann à Berlin.

8. **Le Christ pleuré.** La Vierge tient devant elle le corps de son fils et étend vers lui ses bras. A gauche, St. Jean en larmes et, derrière lui, une sainte femme qui tient un livre et les trois clous. A droite la Madeleine qui s'essuie les yeux. Dans le fond une ville. Très-jolie pièce. H. 7 p. 9 l. L. 5 p. 4 l.

L'épreuve conservée au Musée Britannique a, dans le fond, quelques petits arbres, dans le style ancien, dessinés à la plume et probablement par le maître lui-même.

II. Images de Saints et sujets pieux.

9. **La Vierge de douleurs.** Elle est assise évanouie sous

la croix, devant elle le corps du Christ étendu, dont elle tient le bras droit raidi. Elle porte la tête penchée à droite. Un fouet et des verges pendent à la traverse de la croix, l'un à gauche, les autres à droite. Dans le fond une ville avec une grosse tour. Bonne pièce d'un des élèves du maître. H. 6 p. 6 l. L. 4 p. 6 l. Collection privée du roi de Saxe à Dresde.

10. La Ste. Vierge. Elle est debout et présente une pomme à l'enfant Jésus. Pièce médiocre. H. 3 p. 7 l. L. 2 p. 4 l. Bartsch X. p. 12. No. 6.

11. La Vierge. Elle est debout sur le croissant, entourée de rayons et tient l'enfant Jésus sur le bras. H. 3 p. 9 l. L. 2 p. 4 l. Bartsch X. p. 13. No. 7.

12. La Vierge. Elle est assise, tenant l'enfant Jésus du bras droit et de la main gauche un livre. H. 3 p. 9 l. L. 2 p. 10 l. Bartsch X. p. 13. No. 8.

13. La Vierge. Elle est debout sur le croissant et présente une fleur à l'enfant Jésus. Quatre anges l'entourent. Pièce médiocre. Bartsch X. p. 14. No. 11.

14. La Vierge. Debout sur le croissant, elle présente à l'enfant Jésus une pomme. H. 7 p. 2 l. L. 5 p. 3 l. Bartsch X. p. 15. No. 12.

15. La Vierge. Elle est debout, tenant sur le bras l'enfant Jésus habillé qui se penche vers elle comme pour lui donner un baiser; il tient de la main droite le globe du monde. Une auréole ovale de rayons les entoure. Belle pièce d'un style grandiose. H. 8 p. 4 l. L. 4 p. 6 l. Musée Britannique. L'épreuve du cabinet de Munich a été tirée sur la planche reduite plus tard en ovale.

16. La Vierge couronnée. Elle est assise sur un riche trône de style gothique et tient, debout sur le genou droit, l'enfant Jésus nu qui porte dans la main le globe. Au-dessus de Marie, on voit le St. Esprit au-dessous duquel se déroule une banderole avec une inscription illisible. Dans chaque tabernacle aux côtés du trône se tient un prophète. Travail rude. H. 7 p. 9 l. L. 4 p. 10 l.

L'épreuve de Mahingen est marquée ⊢A ∴ ·S en couleur bleue et rouge.

17. La Vierge. Elle est assise sur un terrain couvert de plantes et présente le sein gauche à l'enfant Jésus nu. Deux anges qui planent au-dessus d'elle tiennent une couronne sur sa tête. Ceux-ci sont couverts de plumes, mais vêtus dans la partie inférieure du corps. Travail médiocre. Pièce ronde de 2 p. 5 l. de diamètre. Francfort.

18. La Vierge au donateur et deux Saints. Elle est couronnée, assise au milieu de l'estampe et tient sur les genoux l'enfant Jésus nu et assis. A gauche, le donateur est agenouillé près de

St. André. A droite Ste. Catherine, assise, étend la main vers l'enfant qui tient un anneau. La scène est placée dans une chapelle avec trois fenêtres à demi-couvertes par un tapis. A gauche, dans les ornements d'architecture, on voit la statuette du Christianisme et à droite celle du Judaïsme armée d'une lance brisée. Gravure un peu rude. H. 5 p. 11 l. L. 4 p. 11 l. Wolfegg.

19. **La Vierge assise entre un ange et un moine.** Elle tient sur ses genoux l'enfant Jésus nu, auquel elle offre une pomme. La Vierge est assise dans une riche salle gothique, ayant à gauche un ange debout, à droite un moine en prières. Sur la fenêtre centrale de la salle octogone, se voient les clés en sautoir. Pièce peu importante. H. 3 p. 9 l. L. 2 p. 6 l. Musée Britannique et R. Weigel.

20. **La Vierge debout sur un serpent.** Elle tient, sur le bras droit, l'enfant Jésus qui tend la main vers une fleur que lui présente un petit ange planant près de lui. La Vierge est entourée de rayons et l'auréole autour de sa tête contient onze étoiles. Dans le fond, à droite, on aperçoit un château. Travail grossier, et qui semble être celui d'un orfèvre, d'après le maître de 1466. H. 4 p. 1 l. L. 2 p. 10 l. Berlin.

21. **La Vierge debout sur un serpent.** Elle est debout sur un terrain couvert de plantes, le serpent sous ses pieds, et tient sur le bras gauche l'enfant Jésus nu. En haut on lit: Jhesus Maria. H. 4 p. 6 l. L. 2 p. 7 l. Paris.

22. **La Vierge debout sur un serpent.** Elle tient sur le bras gauche l'enfant Jésus nu. Sa tête est ornée d'une couronne et entourée d'une auréole à étoiles qui dépasse la bordure linéaire de l'estampe. Le serpent rampe entre des plantes vers la droite. H. 4 p. 2 l. L. 2 p. 8 l. Munich. Il s'en trouve une photographie dans l'ouvrage de R. Brulliot.

On en a aussi une vieille copie très-grossière avec des variantes peu essentielles.

23. **La Vierge debout.** Elle est tournée vers la gauche, sur un terrain couvert de plantes, la tête ornée d'une guirlande de fleurs d'où retombent ses cheveux sur les deux épaules. Elle porte, sur le bras droit, l'enfant Jésus qui tient de la main gauche une fleur. L'auréole de la Vierge est composée de trois lignes circulaires, celle de l'enfant de deux qui renferment une croix. Travail inférieur. H. 5 p. 4 l. L. 3 p. 11 l. Berlin.

24. **La Vierge et deux anges.** Elle est assise sur un coussin

dans un terrain couvert de plantes, et tient, couché sur le bras gauche, l'enfant Jésus qui croise les jambes, et auquel elle présente le sein. Ses longs cheveux tombent épars de chaque côté et, derrière elle, deux anges tiennent une draperie étendue. Travail inférieur. H. 3 p. 3 l. L. 2 p. 6 l. Berlin.

25. La Vierge et quatre anges. Elle est assise avec l'enfant Jésus sur un trône richement orné; deux anges en adoration se tiennent à ses côtés, tandis que deux autres soutiennent les rideaux du baldaquin et laissent apercevoir, dans le fond, une figure d'homme et un aigle; tout près une bande de parchemin avec inscription. H. 4 p. 6 l. L. 3 p. 3 l. Paris.

26. La Vierge sur les genoux de Ste. Anne. Marie est assise sur les genoux de sa mère et tient l'enfant Jésus. Trois anges en adoration se tiennent derrière elles. Petit in-4° en largeur. L'épreuve dans le Musée de Berlin est découpée.

27. L'homme de douleurs. Il est assis sur un sarcophage. Deux anges lui tiennent une draperie sur les hanches et devant lui est placée la couronne d'épines. Dans le fond, les instruments de la passion; la croix, l'échelle, la lance, le suaire et trois têtes. Pièce finement gravée, mais d'une manière un peu sèche et attribuée par Duchesne au maître de 1466. H. 3 p. 6 l. L. 2 p. 4 l. Cabinet du duc d'Aremberg, provenant de la Collection Brisart.

28. L'homme de douleurs. Le Christ, dont la ceinture est entourée d'une draperie, montre ses plaies. Il est entouré de quatre petits anges qui tiennent les instruments de la passion et qui se trouvent dans les quatre coins de l'estampe. On voit une plante entre les pieds du Christ. H. 2 p. 6 l. L. 1 p. 8 l. Musée Britannique.

29. L'homme de douleurs. Le Christ montre ses plaies. Aux coins de l'estampe, quatre anges tiennent les instruments de la passion; celui d'en haut, à gauche, la croix; le second, à droite, la colonne; le troisième, agenouillé en bas à gauche, les clous et les verges; le quatrième, vis-à-vis, la lance et l'éponge. Terrain couvert de plantes. H. 3 p. 9 l. L. 2 p. 11 l. Dresde.

30. L'homme de douleurs. Le Christ, avec les stigmates et la couronne d'épines, est placé au milieu de l'estampe, entouré de quatre anges tenant les instruments de la passion. Deux d'entr'eux sont agenouillés, les deux autres planent et leurs ailes descendent jusque sur celui qui est agenouillé à gauche. H. 5 p. 6 l. L. 4 p. 2 l. Cat. Sprinckmann Kerkerinck No. 3. Leipsic, 1853.

31. La sainte Trinité. Dieu le père est assis et soutient, devant lui, le Christ attaché à la croix. Tous deux ont une croix dans leur auréole et le St. Esprit plane entre leurs deux têtes. Un double trait forme la bordure. H. 2 p. 9 l. L. 2 p. 1 l. Berlin.

32. La sainte Trinité. Dieu le père, assis sur un trône, soutient la croix en forme de T à laquelle est attaché le Christ de proportions plus petites. On voit le St. Esprit entre les deux. Travail très-médiocre. H. 2 p. 6 l. L. 1 p. 10 l. Nuremberg, chez Mr. Schreiber.

33. La sainte Trinité. Dieu le père debout, soutient le Christ qui s'affaisse sur les genoux. Avec l'inscription: Proprio filio non peperci. Bartsch X. p. 35. No. 68. H. 3 p. L. 2 p. 3 l. Gravé par le même maître que celui des apôtres No. 42.

34. La sainte Trinité. Dieu le père est assis avec un ange (le St. Esprit?) sur un banc et sous un baldaquin en forme de tente. Ils tiennent tous deux le corps du Sauveur par les bras. De chaque côté deux petits anges portent des banderoles avec inscriptions: Laudamus etc. Autour de la bordure: O altitudo diviciarum sapiencie etc. Pièce ronde. Diamètre 5 p. 10 l. Collection Albertine à Vienne.

35. Les douze apôtres. Ils sont assis deux à deux dans des médaillons de 1 p. 2 l. diamètre. La feuille entière a H. 4 p. 8 l. L. 2 p. 9 l. Bartsch X. p. 16. No. 14. Cette planche appartient à une série de six estampes qui renferment principalement des traits de la vie de Jésus Christ et des Saints, représentés deux à deux, et enfin le Jugement de Salomon, dans l'ordre suivant:

Feuille A.

a. La visitation.
b. La nativité.
c. L'adoration des Mages.
d. La mort de la Vierge.
e. Le couronnement de la Vierge.
f. La circoncision.

Feuille B.

g. Le Christ au jardin.
h. Le Christ trahi.
i. Le Christ devant Pilate.
k. La flagellation.
l. Le couronnement d'épines.
m. Jésus Christ revêtu du manteau.

Feuille C.

n. Le portement de croix.
o. Le Christ en croix.
p. Le crucifiement.
q. La déposition.
r. La résurrection.
s. La mise au tombeau.

Feuille D.

t. L'ascension.   *u.* Jésus Christ servi par les anges.

v. La descente aux limbes.   *w.* Le jugement dernier.

x. L'assomption.   *y.* Le Christ sur les genoux de Dieu le père.

Feuille E.

z. Les douze apôtres, assis deux à deux.   Bartsch No. 14.

Cette feuille se trouve dans la Collection Albertine à Vienne et au Musée Britannique.   On en conserve encore une ancienne copie en sens inverse, mais d'une exécution inférieure.

Feuille F.

aa. SS. George et Jérôme.   *bb.* SS. Boniface et Étienne.

cc. SS. Antoine et Christophe.   *dd.* SS. Sébastien et Jacques.

ee. SS. Jean Baptiste et Louis.   *ff.* Jugement de Salomon.

Cette dernière représente un roi sur son trône devant lequel se tiennent une femme qui se lamente et un guerrier qui porte un enfant embroché sur son épée.

Un exemplaire complet, avec les copies des apôtres, se conserve dans la Collection de Dresde.

36.   **Les douze apôtres.**   Suite de douze pièces.   Dans l'auréole de chacun d'eux se trouve inscrit le nom en caractères gothiques.   Dans la série que nous décrivons l'apôtre St. Judes Thaddée manque et il est remplacé par St. Paul.   La taille n'est pas très-fine et le dessin et la disposition des draperies n'indiquent point une main de maître.   Les hachures sont la plupart perpendiculaires, mais quelquefois croisées.   Les têtes et les extrémités n'ont point d'indications d'ombre et les figures sont un peu courtes. H. 5 p. L. 2 p. 5 l. à 3 p. Elles passèrent de la Collection J. X. Stöger à Munich dans celle de M. J. Meyer de Hilburghausen et, depuis, dans celle de T. O. Weigel à Leipsic et ont été décrites par le Dr. Nagler dans les Archives de Naumann, 1855, p. 192.

a.   St. Pierre. Il est vu de face et incline la tête un peu vers la gauche.   On lit dans le livre ouvert qu'il tient de la main droite: „Credo in deum." Il a deux clés dans la gauche; le terrain est couvert d'herbe. L'auréole porte le nom de 𝔖𝔱𝔢. 𝔓𝔢𝔱𝔢𝔯.

b.   St. André. Il est vu de trois quarts et lève la tête vers la droite en indiquant de la main droite la croix qu'il tient de la gauche.

c.   St. Jacques le majeur. Il se dirige, vu de trois quarts, vers la gauche et porte un bourdon de la main droite en tenant de la gauche un chapelet.   Il a la tête couverte d'un chapeau de pèlerin.

d. St. Jean.   Il est debout sur un parquet carrelé, un peu tourné vers la droite.   Du calice qu'il tient de la gauche s'élèvent des serpents.

e. St. Philippe.   Il s'avance vers la gauche sur un terrain couvert d'herbe et se voit de trois quarts.   Il tient de la main droite une double croix et indique le ciel de la gauche.   Un livre pend à sa ceinture.

f. St. Barthélemi.   Il est debout sur un parquet carrelé dessiné en perspective et se voit de trois quarts, tourné vers la gauche.   Il tient un couteau de la main gauche et de l'autre un livre.

g. St. Jacques le mineur.   Il est tourné vers la droite et tient une massue.   Il porte, suspendu à son côté droit, un couteau dans sa gaine.   Le terrain est couvert d'herbes.

h. St. Simon.   Il est debout sur un terrain rocailleux et lève ses regards en haut en tenant une croix de la main gauche.   Son manteau est jeté sur son bras droit.

i. St. Thomas.   Il est tourné un peu vers la droite, tenant de la main droite un épieu et de la gauche un livre fermé dans un sac.

k. St. Matthieu.   Il est debout sur un terrain carrelé et se voit de trois quarts tourné vers la gauche.   Il porte une épée sous son bras gauche et lit dans un livre.

l. St. Matthias.   Il se trouve sur un terrain couvert d'herbes, la tête tournée vers la gauche et essaie, de la main droite, le tranchant de la hache qu'il tient de la main gauche.

m. St. Paul.   Il est debout, tourné vers la gauche, sur un terrain couvert d'herbes à travers duquel coule un ruisseau.   De la main gauche il tient un livre à demi ouvert sur lequel on lit le mot thesus et, de la droite, l'épée dont la pointe est appuyée sur le sol.   Dans l'auréole on lit: Stc pauli.   Le graveur A. Schleich a fait une copie de cette estampe pour le Dr. Nagler à Munich.

37. St. Pierre et St. Paul.   Le premier lit dans un livre qu'il tient, en même temps qu'une clé, dans la main gauche.   Le second est à gauche et appuie la pointe de son épée à terre.   Cette pièce peu importante ne semble point achevée.   H. 3 p. 6 l. L. 2 p. 4 l.   Collection du roi de Saxe à Dresde.

38. St. Judes.   Il est tourné vers la droite, la tête couverte

d'une barrette à oreillères et tient de la main gauche une scie dont la pointe est appuyée à terre. Il sort la main gauche de son manteau comme pour parler. Le terrain est carrelé; au-dessus on lit en caractères gothiques: **S. Juda.** L'exécution soignée de cette pièce rappelle le maître qui a gravé les Apôtres assis (Bartsch X. p. 20. No. 28 à 39) et elle doit appartenir à une série de douze apôtres. H. 5 p. 6 l. L. 3 p. 11. Cat. Weber No. 9. Francfort.

Copie en contrepartie. H. 4 p. 3 l. L. 2 p. 4 l. Coll. du roi à Dresde.

39. **Jésus Christ et les douze apôtres.** Bartsch X. p. 17. Nos. 15—27. F. de Bartsch p. 109. Bibliothèque de Vienne.

40. **Les douze apôtres assis.** Bartsch X. p. 20. Nos. 28 à 39. Voyez sur cette série ce que nous avons dit dans le catalogue de l'œuvre du maître de 1466 No. 160.

41. **Le Christ dans l'acte de bénir.** Cette pièce appartient à la série des 12 apôtres, copies des Nos. 38—49 de Bartsch et porte deux inscriptions en latin et une troisième en bas-allemand qui commence: **lcret van mir** etc. Voyez ce que nous avons dit page 43 à ce sujet dans nos remarques au catalogue de Bartsch Nos. 38—49 dans l'œuvre du maître de 1466.

42. **Les douze apôtres.** Nous ne connaissons jusqu'ici de cette suite présumée des apôtres que les sept pièces suivantes. H. 5 p. 7 l. L. 3 p. 8 l.

a. **St. Pierre.** Il est debout, un peu tourné vers la gauche, ayant les clés pendues à sa ceinture et feuillette dans un livre. Le terrain est couvert d'herbe. Dans l'exemplaire de Berlin l'impression semble avoir été un peu dérangée et l'épreuve parait indiquer que la planche a été coupée en suivant les contours ou bien qu'une partie en a été recouverte de papier, ce que l'on peut remarquer dans l'épreuve. Cat. Weber No. 10.

b. **St. André.** Il est vu de face, posant la main gauche sur la poitrine et tenant de la droite l'espèce de croix qui porte son nom. Cat. Weber No. 11.

c. **St. Philippe.** Il lit dans un livre qu'il tient devant lui de la main droite; dans l'autre il porte un bâton surmonté d'une croix. Cat. Weber No. 12. Francfort.

d. **St. Barthélemi.** Il est debout, tourné vers la gauche, tenant devant lui, de la main droite, un grand couteau et, de la gauche, un gros livre. Cat. Weber No. 13. Francfort.

e. **St. Judes Thaddée.** Il est debout, tourné vers la gauche, tenant de la main droite une massue renversée et de la gauche une banderole.   Cat. Weber No. 14.

f. St. Simon. Il est vu de profil, tourné vers la droite, et regarde dans un livre; il tient une scie de la main droite. Dresde.

g. St. Thomas. Il est vu de trois quarts, tourné vers la gauche et sort, de son manteau, la main gauche dans laquelle il tient une lance.

Ces deux dernières pièces, à Dresde, mesurent H. 5 p. 9 l. L. 3 p. 9 l.

La taille grossière et les hachures croisées rappellent quelques-unes des gravures les plus médiocres de l'Alphabet.   En général les figures sont de proportions courtes et la forme des yeux a le caractère particulier que l'on remarque dans l'école du maître de 1466.   L'impression est d'un bon noir.

43.   St. Paul.   Il est assis sur un siége, tourné vers la gauche et tenant une épée de la main droite.   On voit sur trois côtés une bordure à feuillages.   Au-dessous on lit: Sanctam Ecclīam chatholi. H. 3 p. 6 l. L. 2 p. 6 l.   Paris.

44.   Les quatre symboles des évangélistes, entourés de plusieurs petites images de Saints.   En haut, la Vierge assise avec l'enfant Jésus, l'archange St. Michel perçant le dragon, et à droite l'Agnus Dei.   Au milieu St. Christophe, St. George à cheval et la Vierge debout sur le croissant avec l'enfant Jésus.   En bas, St. Christophe répété de nouveau, St. Antoine, la Véronique et St. Martin.   Très-bonne pièce.   H. 5 p. 9 l. L. 3 p. 8 l.   Collection Albertine à Vienne.

45.   St. Michel.   Bartsch X. p. 22. No. 40. H. 5 p. 2 l. L. 3 p. 6 l. Cabinet de Paris.

Cette pièce est une copie d'après l'original du maître de 1466 dont on conserve un exemplaire au Musée de Berlin. H. 5 p. 5 l. L. 3 p. 8 l. Voyez No. 169 de notre catalogue.

46.   St. Michel.   Il est debout sur un rocher, les ailes étendues, avec une large robe garnie de petites croix.   Il est couronné de fleurs et porte les cheveux épars, tenant son épée élevée et un bouclier ressemblant à une tête de lion; plusieurs petits démons s'enfuient ou se cachent sous le bas de sa draperie.   H. 3 p. 6 l. L. 3 p. 3 l.   Paris.

47.   St. Michel.   Il est debout, armé de toutes pièces, tourné vers la droite, tandis que son manteau flotte vers la gauche, et foule aux pieds la figure de Satan; il brandit de la gauche son épée et tient de la droite un bâton surmonté d'une croix. H. 3 p. 9 l. L. 2 p. 10 l. Berlin.

48. Six médaillons portant chacun 1 p. 1 l. de diamètre sur une feuille H. 3 p. 7 l. L. 2 p. 5 l.

1. St. Michel. Il est debout sur le dragon et tourné vers la droite.

2. La Vierge avec le sceptre et la couronne. Elle est assise et tient l'enfant Jésus debout.

3. L'agneau divin. Il est tourné à gauche.

4. Le voile de la Véronique, tenu par des anges.

5. St. Martin à cheval. Il s'avance vers la droite et partage son manteau avec le pauvre étendu par terre.

6. St. George à cheval. Il s'élance vers la gauche en levant l'épée contre le dragon couché à terre.

Travail un peu grossier de l'école du maître de 1466. Collection de Mr. Raubhausen à Aix-la-Chapelle.

49. St. Jean Baptiste. Bartsch X. p. 23. No. 41. Pièce traitée d'une manière forte, mais spirituelle dans le style des apôtres No. 42, étant une imitation du même Saint gravé pour une patène par le maître de 1466. (No. 165.) H. 8 p. L. 5 p. 3 l.

50. St. Sébastien. Il est debout sur un tertre dans un paysage, attaché à un arbre et déjà percé de sept flèches. Sur le devant se trouvent quatre archers, dont deux, à gauche, lui décochent des flèches, le troisième, armé d'une arbalète, marche vers la droite accompagné d'un petit chien, et le quatrième tend son arbalète. Dans le fond, à gauche de l'autre côté d'une rivière, se tiennent cinq cavaliers comme spectateurs, devant eux est couché un chien. Dans le lointain, à droite, on aperçoit deux petites villes. H. 9 p. 10 l. L. 7 p. 7 l. Berlin.

- Le filigrane du papier représente deux clés en sautoir liées par une attache (?). Cette pièce parait être une imitation de l'estampe du maître de 1466, indiquée par Bartsch No. 76.

51. St. George. Il monte un cheval qui se cabre devant le dragon en détournant la tête vers la gauche, tandis que le reste du corps est dirigé vers la droite. Le Saint brandit de la main droite une longue épée au-dessus du monstre étendu à gauche et qui est déjà percé d'une lance. A droite, de petites proportions, se voit agenouillée la princesse. A gauche, dans le paysage rocailleux est perché un oiseau à longue queue. Dans le lointain, à droite, le roi et la reine contemplent le combat de leur château. H. 5 p. 4 l. L. 3 p. 10 l. Berlin.

52. St. George. Il est à cheval, tourné vers la gauche, et

transperce, par derrière, le gosier du dragon, tandis que de la gauche il lève son épée contre le monstre. Imitation médiocre, en sens contraire, de l'estampe du maître de 1466, indiquée par Bartsch No. 78. H. 4 p. 1 l. L. 3 p. Berlin.

53. St. George. Il s'élance vers la droite, enfonce sa lance dans la gueule du dragon qui se voit devant sa caverne et brandit une épée de la droite. Sur le devant, on aperçoit la partie supérieure d'un squelette humain et quelques os. Dans le fond, à droite, est agenouillée la princesse richement vêtue; à gauche le château sur un rocher et au-dessous un moulin à vent. H. 7 p. 5 l. L. 5 p.

Cette estampe fut trouvée collée dans un Lactantius de Sweynheim et Pannartz, imprimé à Rome en 1468, et passa de la collection de Mark Sykes dans celle du Musée Britannique.

54. St. Christophe. Il se dirige vers le fond, à travers une large rivière, tenant un arbre avec deux branches sèches et portant sur les épaules l'enfant Jésus qui donne la bénédiction. L'hermite, avec sa lanterne, se tient à gauche et l'on voit sur la rivière un esquif avec un homme qui le dirige. Plus loin, à droite, un rocher avec deux cavernes et dans le lointain une ville. H. 4 p. 1 l. L. 3 p.

Les hachures sont souvent croisées et cette pièce a servi probablement de modèle pour l'estampe très-médiocre indiquée par Bartsch X. p. 25. No. 46. Musée Britannique.

55. St. Christophe. Il est courbé et s'avance vers la droite à travers une large rivière, tenant de la main gauche un tronc d'arbre terminé par deux branches fourchues et appuie la main droite sur la hanche. L'enfant Jésus, donnant la bénédiction et tenant le globe du monde, est assis sur les épaules du Saint. A droite, sur le premier plan, quelques coquillages et deux plantes en forme de lys. Dans le fond, à droite, un rocher surmonté d'une chapelle où parait l'hermite avec sa lanterne. Dans les airs quatre oiseaux et un cinquième sur une pierre au milieu de l'eau. Cette pièce est gravée dans la manière du maître de 1466, mais le dessin est un peu plus plein. H. 7 p. 3 l. L. 5 p. 1 l. Musée Britannique.

56. St. Antoine. Il est assis sur un siége gothique élevé, tenant de la gauche un livre et de la droite un bâton surmonté de la croix en forme de T. Derrière la partie inférieure de sa draperie apparait la moitié d'un petit pourceau. Deux petits anges tiennent le tapis derrière le siége. H. 7 p. 6 l. L. 4 p. 7 l. Berlin, provenant du Cabinet Révil (Cat. 5. 24).

57. St. Antoine. Il est tourné vers la gauche et lit dans un livre qu'il tient devant lui. De la gauche il tient une cloche et un bâton surmonté d'une croix. Le pourceau se voit à gauche. Fond blanc. Pièce gravée d'une manière légère. H. 3 p. 1 l. L. 2 p. 1 l. Collection de feu le roi de Saxe à Dresde.

58. St. François. Il est assis dans le creux d'un rocher et lit dans un livre. Un autre moine fait descendre une corbeille du haut du rocher, tandis que, pour l'en empêcher, un démon lui jette des pierres. Dans le fond des rochers boisés. H. 3 p. 3 l. L. 2 p. 3 l. Cabinet de Paris, provenant de la Collection Hénin 1852.

59. St. François recevant les stigmates. Il est agenouillé à droite, étendant les bras pour recevoir les stigmates. Sur le devant, à gauche, est agenouillé un moine de son ordre. Derrière le Saint on voit un animal qui lui mord le talon. Au-dessus de lui, dans le fond, une ville. H. 6 p. 6 l. L. 4 p. 9 l. Munich.

60. St. François. Il est debout sur un terrain parqueté, la tête penchée, les mains étendues et tenant une croix de la main droite. La bordure se termine en haut par trois arcs avec deux fleurons gothiques au sommet. Sur la marge du bas on lit: Sanct' Franciscus. Belle pièce. H. 2 p. 9 l. L. 1 p. 10 l. Berlin.

61. Deux évêques. Ils sont debout, l'un à côté de l'autre, tenant chacun une crosse et un livre. Celui de gauche se distingue par un cygne à son côté; celui de droite par cinq étoiles. (Peut-être les SS. Cuthbert et Jean Népomucène.) H. 3 p. 2 l. L. 2 p. 4 l. Berlin.

62. Un saint évêque. Il tient un marteau et un calice et représente probablement St. Éloi. H. 3 p. 4 l. L. 2 p. 4 l. Bartsch X. p. 27. No. 50.

63. La messe de St. Grégoire. Le Saint, tourné vers la gauche, est agenouillé devant l'autel; derrière lui un diacre tient sa tiare et près de celui-ci on voit un évêque. Sur le devant, un vase dans un bassin. H. 2 p. 9 l. L. 2 p. Berlin.

64. Ste. Catherine. Bartsch X. p. 31. No. 58.

65. Ste. Catherine. Bartsch X. p. 33. No. 62.

Il s'en trouve une épreuve en sens contraire et on ne sait laquelle des deux pièces a servi de modèle à l'autre.

66. Ste. Agnès. Bartsch X. p. 33. No. 63.

67. Ste. Véronique. Bartsch X. p. 33. No. 64.

68. Ste. Véronique. Bartsch X. p. 34. No. 65.

69. Ste. Véronique. Elle est debout et tient le voile avec la

sainte face qui est de très-fortes proportions comparées à celles de la Sainte. H. 2 p. 7 l. L. 2 p. 4 l. Berlin.

70. Ste. Barbe. Elle est debout, la couronne en tête et tournée vers la droite. Sa main gauche s'appuie sur une tour et elle tient une palme de la gauche. On lit en haut: Sancta barbara. H. 3 p. L. 2 p. 3 l. Berlin. Pendant de la Ste. Dorothée No. 75.

71. Ste. Barbe. Elle est debout, tournée vers la gauche, tenant de la main droite une large tour et de la gauche son manteau; ses longs cheveux sont ornés d'une couronne; devant elle, à gauche, s'élève une branche de palmier. Terrain carrelé. H. 5 p. 3 l. L. 3 p. 6 l. Coll. Butsch à Augsbourg.

72. Ste. Rosalie. Elle est vue de face et tourne vers la droite sa tête ornée de bandelettes. Elle tient de la main gauche une corbeille pleine de roses et de la gauche une palme. Terrain carrelé. H. 3 p. 6 l. L. 2 p. 3 l. Musée Britannique.

73. Ste. Claire. Elle est debout, tournée vers la gauche, sous un arc gothique cintré à guise de trèfle et tient devant elle un ostensoir. On lit au-dessous: Sancta Clara. Pendant du St. François No. 60, décrit plus haut. H. 2 p. 9 l. L. 1 p. 9 l. Berlin.

74. Ste. Dorothée. Elle est debout, tournée vers la droite, au-dessous d'un portail et tient élevée une corbeille de roses. L'enfant Jésus marche devant elle. H. 2 p. 10 l. L. 2 p. 2 l. Berlin.

75. Ste. Dorothée. Elle est vue de face, tenant sur le bras droit une corbeille de fleurs et saisit, de la gauche, le bras de l'enfant Jésus qui est debout près d'elle. Celui-ci est vêtu et tient une fleur. En haut, dans le fond, on lit: Sancta Dorothea. H. 3 p. 1 l. L. 2 p. 3 l. Paris. Cette gravure forme pendant à celle de Ste. Barbe No. 70.

76. Ars moriendi. 12 feuilles. H. 3 p. 4 l. L. 2 p. 6 l. Onze de ces pièces ont été empruntées aux gravures sur bois néerlandaises ou du bas-Rhin, bien connues, et d'une plus grande dimension. Le titre est formé par une image de la Vierge qui, à tout événement, se trouve brochée dans l'exemplaire qui se conserve à la Bibliothèque de Vienne avec le texte manuscrit. Dans le second exemplaire, également broché avec texte manuscrit, qui existe dans la Collection Walraff de Cologne, cette image de la Vierge ne se trouve point, ainsi que parmi les onze pièces détachées de la Bibliothèque Bodléienne d'Oxford; on ne peut décider, par conséquent, si cette gravure appartient réellement à la série.

1. La Vierge. Elle est assise sur un coussin orné, placé sur un terrain couvert de plantes et donne le sein à l'enfant Jésus; derrière elle deux anges tiennent, ouverts, les pans de son manteau.

2. La tentation dans la foi. Deux démons tourmentent le mourant dans son lit, tandis qu'un troisième tire le drap de dessous l'oreiller. A gauche on aperçoit trois hommes en conversation et, devant le lit, un roi et une reine prosternés aux pieds d'une idole placée sur une colonne. Sur le devant, un jeune homme se tient un couteau sur la gorge et un autre, à demi-nu, est armé d'un fouet et de verges, pour indiquer le suicide et les tourments personnels; Dieu le père, le Christ et la Ste. Vierge se tiennent derrière le lit.

3. Encouragement dans la foi. Le malade écoute avec confiance l'ange placé devant lui, tandis que deux démons s'éloignent. A côté du lit se trouvent Dieu le père, Jésus Christ et la Ste. Vierge avec Moïse. Le St. Esprit se voit sur le ciel de lit.

4. La tentation par le désespoir. Six démons tiennent devant le moribond les symboles de ses principaux péchés. Une jeune fille séduite, un homme volé, un autre assassiné etc.

5. Consolation contre le désespoir. Un ange, au pied du lit, indique au malade les pécheurs auxquels Dieu a pardonné, St. Pierre pour avoir renié, la Madeleine pénitente, le bon larron etc. Deux démons s'enfuient.

6. Tentation par l'impatience. Le malade repousse, de son pied nu, une des deux gardes-malade, tandis qu'une troisième s'éloigne avec des aliments et de la boisson. Un démon s'empresse auprès d'elles avec une expression de joie maligne.

7. Consolation par l'encouragement à la patience. Le malade est couché, priant devant l'ange qui l'encourage. Autour de lui on voit Dieu le père, l'homme de douleurs et les Saints Étienne et Sébastien, Ste. Catherine et Ste. Barbe. Le démon qui s'enfuit, tombe à la renverse.

8. La tentation par la vaine gloire. Cinq démons entourent le malade et lui présentent des couronnes dont il prend une à la main. Dans le fond on voit, montrant des signes de douleur, Dieu le père, le Christ et la Ste. Vierge.

9. Encouragement à l'humilité. Trois anges entourent le moribond et un d'eux lui indique une gueule d'enfer qui engloutit les superbes. La Trinité avec la Vierge et St. Antoine viennent en aide au malade. Deux démons s'enfuient.

10. Tentation par l'avarice. Le lit sur lequel le malade est couché est placé sur des voûtes; vis-à-vis de lui se tiennent ses

faux amis dont l'un porte une auréole d'emprunt qui est indiquée par un démon. Un autre lui montre ses possessions; des tonneaux renfermant ses richesses, son cheval qu'un valet mène à l'étable etc.

11. **L'encouragement à la libéralité.** Un ange encourage le malade, tandis qu'un autre cache avec une draperie un homme et une femme qui s'éloignent et qui indiquent ceux qui cherchent à capter des héritages. Le Christ apparait en croix et derrière le lit se tient la Ste. Vierge dans l'attitude de la prière. A droite se trouvent le bon pasteur et cinq saintes femmes. Un démon est accroupi dans le coin.

12. **Le triomphe sur toutes les tentations à l'heure de la mort.** Un moine met le cierge bénit à la main du moribond; un des quatre anges présents reçoit son âme, vis-à-vis on voit le Christ en croix entouré d'une troupe de Saints. Six démons, dans l'attitude d'une rage impuissante, se tiennent aux coins du lit.

Les descriptions précédentes sont empruntées à celles qu'a données F. de Bartsch dans son Catalogue de la Collection de gravures de la bibliothèque impériale de Vienne et nous renvoyons à cet ouvrage pour de plus amples détails.

L'exemplaire de Cologne contient, comme nous l'avons déjà dit, 11 pièces avec un texte latin manuscrit qui s'y réfère et qui se trouve encore sur la 12e feuille. Elles ne se suivent pas dans le même ordre que ci-dessus mais ont été changées de place par suite d'une nouvelle réliure. Le travail est au simple trait avec très-peu de hachures.

On a des copies de cette série, dans le même sens et de la même grandeur, qui appartiennent au commencement du XVIe. siècle, signées M 3. Elles sont d'un travail très-inférieur et se trouvent accompagnées d'un texte haut-allemand qui, à en juger par les caractères imprimés du texte, appartient au XVIe. siècle.

Une édition postérieure de 13 sujets, car on y a ajouté deux pièces mal gravées, parut à Munich en 1623. Nous en parlerons plus en détail quand nous traiterons de l'œuvre du maître M 3.

III. Sujets profanes et ornements.

77. **La fête de fleurs.** Dans la salle élégamment ornée d'un pavillon de jardin, est assis, à droite, un roi (Salomon) et, à côté de lui, une reine. Sur la banderole, près des gradins, on lit: „qui sunt fili vel viliae", ce qui a sans doute rapport aux huit enfants qui s'amusent sur le terrain avec des pommes qu'un jeune homme leur secoue.

d'une corbeille. A gauche, près du pavillon, on voit un jeune homme
qui tient une ruche dont les abeilles s'envolent vers des fleurs tenues
par trois jeunes femmes avec une riche coiffure à la mode de Souabe.
Près du même pavillon, à droite, se tiennent deux jeunes gens dont
l'un a une fleur, tandis que l'autre, avec un cimeterre au côté, le prend
par le bras et lui indique, de la gauche, les jeunes femmes. En haut
se trouvent deux banderoles dont celle de gauche porte l'inscription:
„qui pingit florem nō pingit floris odorem,“ celle de droite: „pro-
batio naturalia salamonis.“ H. 4 p. 3 l. L. 6 p. 4 l.

Cette belle pièce finement traitée appartient à un élève distingué
du maître 𝕰 𝕾 de 1466. Les figures ont de belles proportions sveltes
et les enfants sont d'une grâce exquise. Le seul exemplaire connu
jusqu'ici et qui appartient à Mr. T. O. Weigel à Leipsic, est très-bien
colorié, dans la manière de la haute Allemagne, en laque rouge, bleu de
cobalt, jaune, vert et brun et a été trouvé à Schwæbisch Hall.

78. L'offre amoureuse. Sur un terrain couvert de plantes,
on voit une jeune femme debout, la tête couverte d'un voile et montrant, de l'index de la main droite, un anneau qu'un jeune homme, à
droite, paraît lui offrir. Celui-ci a une abondante chevelure bouclée
et porte un justaucorps. Les hachures sont pour la plupart horizontales. H. 5 p. 1 l. L. 3 p. 2 l.? (rognée). Heinecken No. 286. Collection T. O. Weigel.

79. Le couple amoureux. Une jeune femme assise embrasse
un jeune homme étendu près d'elle en lui saisissant la main gauche.
Sur le devant se jouent deux petits chiens. A gauche deux cygnes
nagent dans une pièce d'eau derrière laquelle on aperçoit une ville.
A droite un rocher au pied duquel on voit un lapin. Pièce un peu
rude du Cabinet de Paris attribuée au maître de 1466. H. 5 p. L. 3 p. 9 l.

80. Le baiser. Un homme, à droite, embrasse une jeune femme.
Ils sont debout. H. 3 p. 11 l. L. 2 p. 7 l.? Bartsch X. p. 49. No. 20.

81. L'embrassement. Un cavalier, à gauche, embrasse une
dame en lui touchant le sein. H. 2 p. 11 l. L. 3 p. 2 l. Munich. Voyez
Bartsch VI. p. 306. No. 166.

82. Le concert. H. 2 p. 3 l. L. 2 p. 11 l. Bartsch X. p. 46. No. 15.
L'original conservé dans le Musée de Berlin est une belle pièce du maître
même (voyez le No. 188 de son œuvre), tandis qu'une copie qui s'y trouve
également, est d'un travail inférieur; et c'est la gravure décrite par Bartsch.

83. La jeune femme qui offre une fleur à un cavalier.
H. 3 p. 7 l. L. 2 p. 9 l. Bartsch X. p. 48. No. 18. Coll. Albertine.

84. **Un bouffon qui danse.** Pièce médiocre. H. 2 p. 9 l. L. 2 p. Bartsch X. p. 45. No. 13.   Collection Albertine.

85. **L'homme combattant contre le dragon.** H. 2 p. 3 l. L. 2 p. 9 l. Bartsch X. p. 46. No. 14.   Berlin.

86. **Le couple près d'un abbreuvoir.** A gauche, un jeune homme est assis auprès de l'abbreuvoir et, vis-à-vis de lui, une jeune femme tient un perroquet perché sur la main gauche. Au milieu et derrière l'abbreuvoir, un bouffon joue de la cornemuse. En haut trois banderoles sans inscriptions. H. 2 p. 10 l. L. 4 p. 4 l. Munich. Cette pièce a quelque ressemblance avec celle d'Israhel van Meckenen No. 165, mais elle est d'une plus grande dimension et traitée dans la manière du maître ℂℌ.

87. **L'enfant nu avec un faucon.** Il est vu de face, la main droite couverte d'un gant et portant un faucon, dont il tient le chaperon de la main gauche. En haut une banderole vide flottante. H. 2 p. 10 l. L. 1 p. 1 l.   Heinecken No. 305.   Collection T. O. Weigel.

88. **Écusson avec les instruments de la passion.** H. 3 p. 4 l. L. 2 p. 5 l.   Bartsch X. p. 56. No. 33.   Coll. Albertine.

89. **Les armoiries de l'évêché d'Eichstädt.** Pièce ronde. Diamètre 5 p. 4 l. Bartsch X. p. 58. No. 37.

90. **Les armoiries au mouton.** H. 8 p. 2 l. L. 6 p. Bartsch X. p. 59. No. 38.   Musée Britannique.

91. **Le gladiateur portant un écusson d'armoiries.** H. 3 p. 8 l. L. 2 p. 6 l.   Bartsch X. p. 59. No. 39.   Coll. Albertine.

92. **Jeune femme tenant un écusson.** Elle est debout, tournée vers la gauche et tient de la main gauche sa longue robe. Elle porte sur le bras droit un heaume avec des lambrequins qui retombent par derrière, à droite, et qui a pour cimier un buste d'homme barbu, à bonnet pointu. L'écusson à gauche est vide. H. 5 p. 6 l. L. 4 p. Collection Eisenhart à Munich.

93. **L'homme sauvage.** Il porte sur sa tête crépue un heaume dont le cimier est formé par un oiseau fantastique et tient, pour sa défense, un bouclier chargé d'un lion de sable rampant, tandis que de la droite il brandit une massue. H. 3 p. 6 l. L. 2 p. 6 l. Dresde.

94. **Ornement avec une femme nue à cheval.** Une pièce originale et d'un bon travail dans la manière du maître de 1466, représentant le même sujet, se conserve au Musée Britannique.

H. 2 p. 7 l. L. 3 p.   Celle, en sens inverse, décrite par Bartsch, est d'une exécution bien inférieure et porte l'inscription indéchiffrable: ꜿtꝟt. ꜿleꝫ. eꝯ ꜵꞁemꜳꜿꞇ ... ꝟꝯꝟ. ꞇpꝋ.   Bartsch X. p. 64. No. 13.   Collection Albertine.

95.   Rinceau d'ornement avec sept oiseaux. H. 3 p. L. 4 p. 6 l. Bartsch X. p. 65. No. 15.   Collection Albertine.

96.   Diverses fleurs.   H. 4 p. 9 l. L. 3 p. 2 l.   Bartsch X. p. 67. No. 21.   Collection Albertine.

97.   Feuillage gothique.   Il s'élève d'une tige un peu courte, se plie vers la droite, ensuite vers la gauche pour se replier de nouveau en masse vers la droite, en envoyant une pousse vers la gauche. H. 3 p. 6 l. L. 2 p. 5 l.   Berlin.

98—105.   Cartes à jouer.   H. 4 p. 11 l. L. 3 p. 3 l. (?) Parmi les cartes séparées, décrites par Bartsch, Vol. X. pp. 98—120, et celles qui se rencontrent dans diverses collections, on en trouve quelques-unes qui appartiennent à un même jeu.   Ces cartes sont en partie exécutées dans la manière du maître ℰ ℒ de 1466, tandis que d'autres, d'un burin inférieur et plus raide, révèlent une main moins exercée.   Toutes les figures de ce jeu, sous-valet (Unter), premier valet (Ober), Dame et Roi, sont représentées à cheval.   Ils est à présumer que plusieurs des cartes numérales du jeu se trouvent parmi celles qui sont dispersées dans les collections, mais comme celles avec les mêmes points et de la même couleur se présentent souvent sous des formes différentes et, pour avoir été différemment découpées, n'offrent pas toujours les mêmes dimensions, il nous a paru hasardé de les admettre dans notre série et nous renvoyons à ce sujet à l'article que nous donnerons plus tard sur les anciennes cartes à jouer allemandes.   Le jeu semble être composé de quatre classes ou couleurs, chacune de 13 cartes; c'est-à-dire de I à IX, du sous-valet, du premier valet, de la dame et du roi.   Parmi les figures les suivantes sont venues à notre connaissance:

Classe dont les points sont marqués par des figures humaines.

98.   Premier valet (Ober).   Il est à cheval et s'avance vers la droite en tenant la bride de la main gauche et faisant un mouvement de la droite.   Sa tête est couverte d'un chapeau terminé en pointe recourbée.   A la droite du haut, une petite figure d'homme

marchant vers la gauche et tenant un long bâton des deux mains.
H. 4 p 9 l. L. 3 p. 3 l. Bartsch X. p. 101. No. 8.

99. Roi. Il s'avance à cheval vers la gauche, tandis que sa
monture tourne la tête en arrière. Il est coiffé d'un capuchon élevé,
courbé vers le bas et orné d'une couronne; il porte une longue robe.
De la main gauche il tient un cimeterre au bout duquel est une étoile.
Au haut la petite figure d'un homme qui lance un javelot et se
couvre d'un bouclier. Pièce d'une exécution fine mais un peu raide.
H. 4 p. 10 l. L. 3 p. 2 l. Dresde et T. O. Weigel à Leipsic.

Classe avec des oiseaux.

100. Sous-valet (Unter). Un homme sauvage monte une
licorne qui galoppe vers la gauche. Il tient de la gauche un cimeterre et de la droite la queue de la bête. A la gauche du bas un
oiseau qui ressemble à une oie. H. 4 p. 3 l. L. 3 p. 3 l. Bartsch
X. p. 117. No. 22.

101. Premier valet (Ober). Un homme sauvage monte
une licorne qui galoppe vers la gauche. Il appuie le bras gauche
sur le dos de l'animal dont il tient la corne de l'autre. A la gauche
du haut un gros oiseau ressemblant à un pigeon. H. 4 p. 3 l. L. 3 p. 2 l.
Bartsch X. p. 117. No. 23.

102. Dame. Une jeune femme sauvage velue et dont les longs
cheveux sont ornés d'une couronne est assise, vue de face, en travers sur une licorne. L'animal s'avance, la tête baissée, vers la
droite. En haut, à droite, un oiseau de proie. Pièce d'une fine
exécution. H. 4 p. 11 l. L. 3 p. 3 l. Dresde.

Classe avec des fleurs.

103. Sous-valet (Unter). Un homme, armé de toutes pièces,
s'avance à cheval vers la gauche. Il tient les rènes de la main droite
et, de la gauche un bâton recourbé à un des bouts. Entre les
jambes de derrière du cheval, une grande fleur est étendue à terre.
H. 4 p. 3 l. L. 3 p. Bartsch X. p. 119. No. 7.

104. Premier valet (Ober). Un cavalier en armure com-
plète s'avance vers la gauche. Il porte une lance et un drapeau.
A la gauche du haut, une rose. Pièce médiocre. H. 4 p. 7 l. L. 3 p. 1 l.
Dresde.

Classe avec des écussons.

105. R o i. Un jeune homme qui se dirige à cheval vers la droite, tenant la bride de la gauche et appuyant la droite sur sa hanche. A la droite du haut un écusson avec trois fleurs de lys. H. 4 p. 6 l. L. 3 p. 2 l. Bibliothèque de Vienne (Bartsch X. p. 60). Burin très-fin dans le genre du maître de 1466. — F. de Bartsch p. 110. No. 1278 croit reconnaître dans cette figure celle de la Pucelle d'Orléans. Mais l'écusson de cette héroïne porte une épée en pal, la garde en pointe, soutenant une couronne et accostée de deux fleurs de lys, tandis que l'écusson des trois lys, deux et un, est celui de France.

On trouve encore plusieurs petites gravures, principalement des images de la Vierge et des Saints, collées dans les livres de prières et de légendes du XVe. siècle et qui appartiennent, pour la plupart, à l'école du maître de 1466; ainsi qu'on le voit dans un livre de prières in-12° (No. 1734) du Musée Germanique à Nuremberg avec 33 gravures de ce genre. Cela nous porterait trop loin si nous voulions décrire ici en détail toutes ces petites pièces qui ont fort peu d'intérêt pour l'art. Nous avons voulu cependant en faire mention comme une preuve ultérieure que le maître de 1466 a travaillé principalement dans la haute Allemagne. Les manuscrits néerlandais avec des gravures collées sur les feuilles, comme, par exemple, ceux qui se conservent dans la bibliothèque de Liége, ne contiennent aucune gravure de ce maître ou de son école.

Enfin il faut remarquer que nous trouvons souvent des copies d'anciennes gravures du maître de 1466 ou de ses élèves dont les originaux nous sont inconnus. A ces copies appartient la pièce suivante qui, dans la composition, et les détails indique, à n'en pas douter, cette école, mais qui est exécutée d'une façon si maladroite et avec si peu de connaissance de dessin et de gravure, que nous pouvons tout au plus la considérer comme un essai de quelque apprenti artiste; le sujet est le suivant:

106. La sainte famille. Devant un tapis suspendu est assise, à gauche, la Ste. Vierge tenant, en compagnie de Ste. Anne, l'enfant Jésus nu et debout devant elles. A la gauche on voit St. Joseph portant une tige de lys à la main et représenté comme Saint tutélaire du Chartreux à genoux devant lui et d'une plus petite proportion que les autres figures. A droite se trouve St. Joachim derrière un religieux à longue

barbe, pareillement à genoux et de plus petite proportion, priant avec un rosaire à la main. Sur le terrain couvert de plantes on voit, au milieu sur le devant, deux oiseaux avec de longues queues. Deux arcs sont soutenus par des colonnes torses et, dans les encoignures formées par l'architecture, trois petits anges font de la musique, tandis que deux autres se voient aux côtés du tapis. Dans le fond de paysage, à gauche, s'élève un château du moyen-âge et, à droite, des édifices dans le goût oriental. Au bas des colonnes et, de chaque côté, un petit écusson-vide. H. 6 p. 5 l. L. 5 p. 10 l. Collection Heimfarth à Bonn.

Martin Schongauer et son école.

M ⚓ S

Martin Schongauer.
(Bartsch VI. p. 103.)

Nous n'avons que des données très-incomplètes sur la vie de cet artiste allemand, peintre et graveur distingué, en même temps. Il devait son origine à une des bonnes familles d'Augsbourg, comme l'indiquent les armoiries sur son portrait dont un exemplaire, qui se trouvait anciennement dans le Cabinet Praun de Nuremberg, se conserve actuellement dans la Pinacothèque de Munich, un second dans la Collection de l'Académie de Sienne et un troisième à Colmar. Tous portent l'inscription: HIPSCH MARTIN SCHONGAVER MALER 1₰53. Comme il a dans ce portrait l'apparence d'un jeune homme de trente ans environ, on pourrait en conséquence placer sa naissance vers 1420.

Selon quelques écrivains il serait né à Colmar et ils appuient cette opinion sur le témoignage d'un ancien écriteau, assez endommagé, qui se trouve au revers du portrait de Munich et qui contient ce qui suit:

„Maister Martin Schongawer Maler genannt hipsch Martin von wegen seiner Kunst, geboren zu Kolmar Aber von seinen Öltern ain augspurger bu(rger) des geschlects vō hr̄r̄, geporn, und (gesto)rben zu Kolmar anno 1499 .... 2ᵗᵉⁿ .... hornungs dem got genad.

Ich sein junger hans burgkmair im jar 1488."

(Maître Martin Schongawer nommé Beau Martin à cause de son

art, né à Colmar, mais par ses ancêtres citoyen d'Augsbourg, né de
famille de patriciens, décédé à Colmar l'an 1499 .... le 2. ....
Février, à qui Dieu fasse grâce.

Moi son élève Hans Burgkmair dans l'année 1488.)

Les deux premières lettres du nom de l'élève sont écrites d'une
manière un peu indistincte de sorte qu'on a cru y voir anciennement
„Largkmair" quoique l'on ne connaisse aucun peintre de ce nom. Par
la comparaison faite avec d'autres autographes de Hans Burgkmair, le
docteur E. Foerster a cherché à prouver que ce peintre est celui qui
a signé l'écriteau. [21]) Les caractères ont, dans l'ensemble, beaucoup
d'analogie avec ceux de ce maître si l'on en excepte pourtant la première lettre de son nom de famille, mais comme cette lettre diffère
pareillement dans deux autres signatures incontestablement de lui, on
peut en admettre une troisième variante et considérer comme admissible
l'opinion du docteur Foerster.

Il existe pourtant un autre doute sur l'authenticité de l'écriteau que
nous ne pouvons passer sous silence, c'est celui que fait naître l'assertion que Martin Schongauer est mort le 2. février 1499, tandis que,
si l'on doit s'en rapporter à l'extrait des régistres mortuaires de l'église
de Colmar, la mort du maître aurait eu lieu le 2. février 1488. [22])

Cette dernière assertion semble encore être confirmée par le fait que
Albert Durer, dans le voyage en Allemagne qu'il entreprit en 1490, étant
arrivé en 1492 à Colmar, n'y trouva que les frères de Martin Schongauer,
mais qu'à son grand regret il ne vit jamais le maître lui-même. Jean
Neudorffer dit à ce propos dans ses „Nouvelles des artistes de Nuremberg" écrites en 1546: „Anno 1490 après Pâques, il (Albert Durer)
partit d'ici pour voyager à travers l'Allemagne et il alla à Colmar
trouver Gaspard, George et Paul, orfèvres, et Louis le peintre, tous

---

21) Deutsches Kunstblatt, 1852, p. 382. Bartsch, dans le VIe. volume de son
Peintre-Graveur, donne un facsimile de cet écriteau, mais dans lequel la signature
n'est pas reproduite assez exactement. De plus, il a lu sur le portrait cité de
Martin Schongauer le millésime 1ℛ83 au lieu de 1ℛ53, erreur à laquelle il a été
induit par la forme du 5 ressemblant à un S.

22) Kunstblatt 1841, p. 59. L'archiviste M. Hugot de Colmar trouva dans les
régistres de l'église de St. Martin de cette ville, établis, en 1507, sur les anciens
documents originaux de la paroisse et continués jusqu'en 1539 après avoir commencé à la date de 1391, la notice suivante:

„Martinus schongawer, Pictorum gloria le. V S. (legavit quinque solidos) pro
anniversario suo et addidit 1 solidum 1 d. ad aniversarium paternum a quo habuit
minus aniversarium. Obiit die purificationis Mariæ etc. LXXXVIII."

quatre frères de Martin Schoen ci-dessus nommé, et il fut reçu hono-
rablement et hébergé amicalement par eux."[23])

. · Cependant nous avons, contre l'opinion qui fait mourir Martin
Schongauer en 1488, un autre témoignage dans un document de Colmar même, le livre des redevances de l'église de St. Martin de cette
ville, qui nous informe que Martin Schongauer en compagnie de son
ami Muntpur paya, en 1490, une redevance de 32 Schilling, pour une
maison occupée par eux deux; il était donc encore vivant à cette
époque.[24]) Nous serions porté à croire, afin de concilier ces contra-
dictions, que le rédacteur de la notice nécrologique aura omis, en l'écrivant, un chiffre (X) et si l'on ajoute que le jour de la mort de notre
maître étant indiqué comme celui de la Chandeleur (2. Février) 1498,
selon l'usage du diocèse de Bâle auquel appartenait Colmar et qui

23) Ces détails sont empruntés à CHR. SCHEURL dans son livre intitulé : „Comment. de vita et obitu Ant. Kressi. T. v. D. Norimb. 1515. in-4°," ouvrage ré-
imprimé ensuite dans les Oeuvres de Pirckheimer. Frankfurt 1610. in-fol.
(Voyez Kunstblatt 1822, p. 229.)

Voici le passage de SCHEURL : „Itaque unum præterire nequeo; Jacobus Wim-
phelingus, nunquam a me sine honoris præfatione nominandus, Capite LXVIII Epi-
tomatis Germanorum tradit, Albertum nostrum usum esse præceptore Martino Schoen
Columbariensi: cæterum Albertus ad me hoc significantem scribit, sæpe etiam coram
testatur, patrem Albertum qui prope Varadium civitatem Hungariæ natus erat, desti-
nasse quidem se adolescentulum tertium decimum annum natum, Martino Schoen,
ob celebrem famam, in disciplinam traditurum fuisse et ad eum, ejus rei gratia,
dedisse etiam literas; qui tamen sub id tempus excesserit, unde ipse in gymnasio
utriusque nostrum vicini et municipis Michaelis Wolgemut, triennio profecerit; tandem,
peragrata Germania, quum anno nonagesimo secundo Colmariam venisset a Caspare
et Paulo aurifab. et Ludovico pictore, item etiam Basileæ a Georgio aurifabro, Mar-
tini fratribus, susceptus quidem sit benigne atque humane tractatus: cæterum Mar-
tini discipulum minime fuisse, immo ne vidisse quidem; attamen videre desiderasse
vehementer. Sed de Alberto alias plura."

Dans la plupart des anciens documents de Colmar le nom de Martin et de ses
frères est écrit „Schongawer" et seulement dans une circonstance „Schöngauer".
Tous les écrivains allemands du XVIe. siècle l'on appelé invariablement „Martin
Schoen" et les italiens, en traduisant littéralement le nom de hübsch Martin,
„Bel Martino."

24) Nous devons cette notice à Mr. l'archiviste HUGOT de Colmar. Il la trouva
dans le registre de redevances de l'église collégiale de St. Martin de Colmar connu
sous le nom de „Wickrams Urbar.", où l'on voit écrit en allemand à fol. LVIIIa sous
la date de 1490: „In Rûster gassen. Item aux heritiers de feu Werlin de Limperg
(famille noble d'Alsace) pour leur maison située dans le Schedelgasz XXXII sch.
donnés moitié par Muntpur (que l'on trouve souvent cité comme un ami de la
famille Schongauer) et l'autre moitié par Martin Schongawer."

datait de Pâques le commencement de l'année, mais en 1499 selon
la coutume de celui d'Augsbourg qui commençait l'année au premier
de Janvier, nous trouverons ainsi la raison de ces variantes et nous
pouvons établir avec toute vraisemblance que Martin Schongauer est
mort le 2. Février 1499.

Pour en venir à présent à la question du lieu de la naissance de
Martin Schongauer, il est très-probable qu'il naquit, comme son frère
Louis, à Augsbourg et qu'il ne vint à Colmar qu'après 1462, puisque
dans cette année les peintures du maître-autel de l'église de St. Martin de
cette ville furent confiées à un peintre peu distingué, Gaspard Isenman,
citoyen de Colmar, au prix de 500 florins du Rhin [25]), ce qui n'aurait
probablement pas été le cas si un maître aussi renommé comme l'était
alors Martin Schongauer s'y était déjà trouvé. Ce ne fut qu'en 1473
qu'il peignit pour l'église de St. Martin sa célèbre Vierge, à la haie de
roses, qui en forme encore aujourd'hui le principal ornement. Une
preuve de la considération et de l'aisance dont il parvint à jouir à
Colmar, c'est de le voir plus tard possesseur de trois belles maisons
dans cette ville.

Le premier des Schongauer que nous y rencontrons est Gaspard
l'orfèvre, puisque nous le trouvons en 1445 déjà inscrit au nombre des
bourgeois de cette ville où il mourut en 1468. [26]) Si Albert Durer a
pu encore, en 1492, y voir un autre Gaspar, frère de Martin Schongauer, il ne peut s'agir évidemment de celui dont nous venons de faire
mention qui peut-être était le père de ces cinq frères et qui s'était
transféré d'Augsbourg à Colmar en 1445. Ludwig, le peintre, paraît
avoir résidé dans la première de ces deux villes jusqu'en 1490 et nous
le voyons acquérir, en 1493, le droit de bourgeoisie dans la dernière
comme son frère Paul, l'orfèvre, en 1494. Ce dernier y mourut en 1516.

L'opinion de Weyermann [27]) que les Schongauer étaient originaires
d'Ulm n'a pas le moindre fondement, bien que les régistres de cette

---

25) De ces tableaux, sept qui représentent les événements de la passion de
Jésus Christ, figures d'un tiers de nature environ, ont survécu à la destruction et
se voient actuellement dans le Musée de Colmar.

26) D'après les renseignements fournis par Mr. Hugot on trouve porté dans
les régistres de Colmar, entre les années 1372 à 1390, un citoyen nommé Schöne,
mais aucun avec le nom de Schöngauer avant Gaspar en 1445. Voyez aussi Kunstblatt 1841, p. 59.

27) A. Weyermann, Neue hist. biogr. artistische Nachrichten von Gelehrten und
Künstlern (Nouvelles recherches historiques, biographiques et artistiques sur les sa-
vants et les artistes), Ulm 1829, et Kunstblatt 1830. Grueneisen et Mauch, dans

ville et, les extraits qu'en a fait le directeur d'hôpital, Neubrunner, avec des observations du prélat Schmidt, soient mis en avant pour le prouver. On y trouve, il est vrai, comme nous avons pu nous en assurer nous-même par les communications de Mr. le professeur Hassler, mentionnés souvent les noms des peintres Martin, Ludwig et Barthel, mais jamais avec l'adjoint de Schön ou de Schongauer, si nous en exceptons pourtant un „Ludwig Schongauer d'Augsbourg" qui épousa une fille du peintre Stäbler d'Ulm et reçut, en conséquence, le droit de bourgeoisie dans cette ville, et un certain vitrier, Hans Schongau, qui se voit, en 1503 et 1513, porté sur les régistres de cette ville.

Cependant l'on doit admettre comme probable que Martin Schongauer a dû séjourner quelquefois dans cette ville à l'occasion de ses travaux, comme on pourrait le conclure d'après une lettre, écrite vers 1470 par un moine de Strasbourg à une religieuse du couvent des Clarisses de Soeflingen près d'Ulm et où il la charge d'annoncer à son abbesse qu'ayant vu à Colmar maître Martin, celui-ci lui avait dit qu'il se rendrait bien vite à Soeflingen afin de terminer son travail pour le cloître.

Quant à l'éducation artistique de notre maître nous en trouvons quelque indication dans une lettre de Lambert Lombard écrite à Giorgio Vasari, en date du 27 Avril 1565. „En Allemagne," dit-il, „se fit remarquer le graveur Bel Martino qui n'abandonna jamais la manière de Roger, son maître. Cependant il n'atteignit jamais l'excellence de celui-ci dans l'art de colorier (de peindre), puisqu'il s'occupa plus particulièrement de l'art de graver au burin. Ces gravures parurent alors merveilleuses et se maintiennent encore en considération auprès de nos artistes actuels, car bien que ses choses soient un peu sèches, elles ne manquent pas d'une certaine excellence."[28]) Si, d'un autre côté, nous considérons ses gravures, on ne peut y méconnaître l'influence de l'école de Van Eyck et cela est surtout le cas pour quelques pièces qui portent tout-à-fait l'empreinte de la manière de Roger van der Weyden le vieux qui mourut, en 1464, à Bruxelles. A celles-ci appartient, entre autres, l'estampe de la Ste. Vierge au perroquet (Bartsch No. 29) qui semble être en même temps une des premières gravures de Schongauer, car malgré qu'elle soit d'une grande finesse de

l'ouvrage intitulé: Ulms Kunstleben im Mittelalter, Ulm 1840, ont suivi les données fautives de WEYERMANN.

28) GAYE, Carteggio III. p. 177.

travail, elle ne montre pas encore cette force et cette liberté dans la
conduite du burin que nous rencontrons par la suite dans presque
tous ses autres ouvrages.

Bien que Martin Schongauer eut l'habitude de signer ses gravures
de son monogramme, nous ne trouvons jamais qu'il y ait ajouté une
date qui puisse nous indiquer vers quel temps il commença à exercer
cet art. A en juger d'après ses gravures, on n'en trouve aucune qui
révèle un commençant dans l'art, mais elles annoncent toutes un
artiste déjà formé qui a traduit avec la plus grande franchise, sur
le cuivre, ses compositions dans le genre de ses dessins à la plume,
et puisque nous pouvons assurer qu'il est né vers 1420, l'on ne doit
admettre ce degré d'excellence dans ses gravures que vers la date de
1450. Et même, si nous tenons compte de la circonstance que ses gravures sont imprimées avec une belle encre noire et au moyen de la
presse, il paraîtra difficile qu'il ait pu tirer ses premières épreuves
beaucoup avant 1460.

Nous n'avons point trouvé d'autres gravures au burin sur cuivre
qui lui soient attribuées avec certitude au-delà des 116 pièces indiquées
par Bartsch, à moins qu'on ne veuille lui donner la gravure sans
marque, représentant „le mari subjugué par sa femme" (Bartsch X.
p. 52. No. 27) dont nous parlerons plus amplement à page 114, et celle
de „la décollation de Ste. Catherine" qui se trouve collée dans un manuscrit de 1458 dans la bibliothèque de Danzig et dont nous avons
déjà fait mention au premier volume de cet ouvrage à page 201.

F. de Bartsch, dans son Catalogue des gravures de la Bibliothèque
impériale de Vienne, décrit, il est vrai, sous les Nos. 1396 et 1397
une Madeleine et une Marthe qu'il considère comme des originaux de
Schongauer, mais ces deux pièces sans signature, qu'on rencontre
également dans plusieurs autres collections, sont généralement attribuées
à Franz von Bocholt, opinion à laquelle nous nous rallions tout-à-fait.

Si nous n'avons, par conséquent, à ajouter au Catalogue de Bartsch
que quelques observations, mais aucune gravure du maître, nous pouvons néanmoins y joindre, comme appendice, la description de certaines
gravures sur argent qui, en partie, semblent appartenir au maître lui-
même ou ont été, du moins, faites dans son atelier d'après ses dessins
et sous sa direction. Ces gravures sont exécutées sur dix-neuf planches
de forme ronde, deux grandes et dix-sept petites, qui se trouvent
actuellement dans la Collection de Bâle et dont on a tiré quelques
épreuves à une époque très-récente.

Appendice.

Épreuves modernes de gravures en argent qui se trouvent dans la Collection de la ville de Bâle.

Deux estampes de forme ronde, Diamètre 4 p.

118. Jésus sur la montagne des oliviers. Copic, en sens inverse, du No. 9 du Cat. de Bartsch.

119. La prise de Jésus Christ. Copie également en sens inverse du No. 10 du même Catalogue.

Ces gravures se trouvent sur les deux côtés d'un médaillon en argent qui aurait contenu le sceau de la ville de Colmar, ainsi que le rapporte Mr. F. de Bartsch dans sa collection d'estampes de la bibliothèque de Vienne; mais ce médaillon ne forme point une boîte; ce sont deux plaques jointes par un cercle orné et qui parait avoir été suspendu à un ostensoir, comme on le fait encore de nos jours avec des médailles. Les compositions de Martin Schongauer doivent avoir été gravées dans son atelier et sous sa direction ou bien, comme le croirait le Prof. Hassler, par l'orfèvre George Schongauer de Bâle, frère de Martin.

120—139. Vingt médaillons. H. 8 l. L. 7½ l.

Cette série de 17 petites plaques ou médaillons d'argent gravées sortent de l'atelier de M. Schongauer. Il y en a neuf qui représentent des scènes tirées de la vie de la Vierge et de Jésus Christ et huit des apôtres. Chaque plaque montre au revers une gracieuse rosette et trois d'entre elles sont dorées. Elles sont de forme ronde, un peu allongées par le haut, où elles sont percées d'une petite ouverture ou plutôt d'une fente; il devait y en avoir dans l'origine un plus grand nombre puisqu'il y manque quatre des apôtres et elles se trouvaient probablement attachées ensemble de manière à être visibles des deux côtés. Comme elles ne sont pas en forme de boules, mais plates, elles n'ont point dû servir à un rosaire, mais bien à orner un ostensoir, et peut-être le même auquel était suspendu le grand médaillon décrit ci-dessus.

Le style du dessin et de la composition, ainsi que le gracieux caractère des têtes de Vierge, ne laissent aucun doute qu'elles ne proviennent de l'atelier de Martin Schongauer, qu'elles n'aient été gravées d'après ses dessins et peut-être en partie par le maître lui-même.

Au commencement de l'année 1858, la direction de la collection de la ville a fait tirer, sur papier de Chine, dix-huit exemplaires d'épreuves de ces plaques; c'est-à-dire dix-sept contenant les sujets et trois les rosettes et formant ainsi une série de vingt pièces. La direction n'ayant point l'intention d'en faire tirer d'autres et ayant destiné les dix-huit exemplaires au principales collections de gravures en Europe, aucun d'eux ne passera dans le commerce ou ne pourra devenir la propriété de particuliers; elles resteront toujours ainsi de la plus grande rareté. H. 8 l. L. 7½ l. Collection de Francfort s. M.

120. L'Annonciation. La Vierge est agenouillée à droite. Comme la planche a été dorée après la gravure, l'impression n'est pas aussi nette que dans celles qui ne l'ont pas été.

121. La Visitation. La Vierge est à gauche, Ste. Élisabeth à droite; elles se donnent les mains.

122. La Nativité. Marie est agenouillée, au milieu, devant l'enfant couché à droite. St. Joseph est à genoux, à gauche.

123. La Cène. Jésus est assis derrière la table. Planche dorée.

124. Le Christ au jardin des oliviers. Il est agenouillé, tourné vers la droite. Les trois disciples sont couchés, endormis, sur le devant; dans le fond Judas avec les soldats.

125. Jésus arrêté par les Juifs. Il guérit l'oreille à Malchus. St. Pierre remet l'épée dans le fourreau.

126. Le Christ devant Caïphe. Ce dernier est assis à gauche. Cinq figures en tout.

127. Le Christ devant Hérode. Le tétrarque est assis à gauche. Cinq figures.

128. La Flagellation. Le Christ est attaché à la colonne. Deux bourreaux, à ses côtés, le frappent avec des verges et un martinet.

129. St. André. Il est un peu tourné vers la droite et regarde à gauche.

130. St. Jacques le majeur, vu de face. Planche dorée.

131. St. Barthélemi. Il est vu de face et tient le couteau de la main droite.

132. St. Jacques le mineur. Il est tourné vers la droite et tient un foulon de la main.

133. St. Thadée. Il est tourné vers la gauche et tient devant lui une massue.

134. St. Simon. Il est vu de face et tient une scie, tournée vers le bas.

135. St. Mathieu. Il est tourné vers la droite et tient une hallebarde.

136. St. Thomas. Il est tourné vers la droite et tient une équerre.

137. Rosette en forme de rose.

138. Rosette. Un œillet sur sa tige.

139. Rosette. Fleur, à longues feuilles fendues, sur sa tige.

Observations sur le Catalogue de Bartsch
Vol. VI. p. 119 à 166.

3. L'annonciation. On trouve une copie en sens inverse de cette pièce avec la date de 1485 à rebours et, sur le vase avec le lys, les lettres NOE. H. 3 p. 5 l. L. 2 p. 4 l. Musée Britannique. Voyez aussi Duchesne, Voyage etc., où la date est faussement donnée comme celle de 1482. Cette copie serait-elle de Noé Garnier qui a quelquefois signé ses gravures de ce seul nom?

4. La Nativité. Copie, en sens inverse, avec la date de 1529 au-dessous et la marque ⧓. H. 9 p. L. 6 p. 3 l. Bibliothèque de Liége.

21. Le portement de croix. Petite copie dans le sens de l'original; travail anonyme médiocre. H. 4 p. 6 l. L. 6 p. 6 l. Musée Britannique.

22. Le Christ en croix. Copie de Wenceslaus d'Olmutz. Au milieu du bas, l'initiale W. Dresde.

25. Le Christ en croix. Copie dans le sens de l'original par Jacob Binck. En bas, au milieu, sa marque. H. 7 p. 1 l. L. 5 p. 6 l. Berlin.

27. La Vierge debout. Copie en sens inverse. H. 3 p. 3 l. L. 2 p. 2 l. Munich.

32. La Vierge assise dans une cour. Copie en sens in-verse, du maître *ℨℨ*. H. 6 p. 2 l. L. 4 p. 4 l. Musée Britannique.

46. St. Antoine. Copie, en sens inverse, signée ɪ ꝺ près de la tête du Saint. H. 3 p. 3 l. L. 2 p. 3 l. Cobourg.

47. La tentation de St. Antoine. Copie de Franz von Bocholt avec sa marque FVB+. Paris. Une belle et ancienne copie dans le sens de l'original, et signée de la marque de Martin Schongauer, ne se distingue que par ce qu'elle est plus faible de gravure. Bibliothèque de Vienne.

48. St. Christophe. Copie en sens inverse. Signée en bas V⊏M. Imprimée d'une encre très-pâle. H. 5 p. 11 l. L. 4 p. 2 l. Cat. Weber No. 17.

51. St. George. On en trouve une copie en petit et en sens inverse, probablement l'épreuve d'une nielle. Pièce ronde. Diamètre 1 p. 7 l.

52. St. George. Cette pièce, non signée, a été exécutée d'après un dessin de Martin Schongauer, mais n'a point été gravée par lui. Le paysage, et particulièrement les arbres, sont traités dans un style différent du sien. Bibliothèque de Vienne.

53. Le combat de St. Jacques. Des épreuves postérieures portent, au milieu du haut, une tablette ornée, gravée par une autre main.

61. L'évêque représenté est St. Hubert ou St. Eustache.

68. Le Sauveur. Copie par Wenceslaus von Olmutz. Sa marque se voit au bas. Dresde.

73—76. Les symboles des quatre évangélistes. Il s'en trouve des copies d'un travail grossier sans marque; pièces rondes. Diamètre 1 p. 7 l.

Copie du symbole de St. Jean. La banderole contient les lettres S. E. I. à rebours et M B avec une croix dans un cercle, au milieu. Diamètre 3 p. 2 l. Brulliot, Dict. II. No. 2893.

96. Un ange tenant un écusson d'armoiries. Copie, en sens contraire, d'un travail inférieur et marquée au bas ⟨⟩. Pièce ronde. Diamètre 2 p. 9 l.

107. L'encensoir. Copie du maître I. C. dans le sens de l'original. La marque au bas du milieu. Dresde et Oxford dans la bibliothèque Bodléienne.

Une autre copie de Israhel van Meckenen, signée I. V. M., au Musée Britannique et Francfort s. M.

114. Rinceau d'ornement aux perroquets. Copie, en sens inverse, d'Israhel van Meckenen. En bas, au milieu, signée I. M. H. 3 p. 8 l. L. 6 p. Bartsch No. 198.

Copie de Franz von Bocholt, en contrepartie.

Copie d'un anonyme, aussi en sens inverse.

Ces trois copies se trouvent à la bibliothèque de Vienne.

Appendice et remarques à la section VII. p. 166—177 ou aux gravures qui portent faussement la marque de Martin Schongauer.

(Les pièces A, B, C ne se trouvent point dans le catalogue de Bartsch.)

A. Le Christ en croix. Il a la tête penchée vers la gauche, la draperie qui lui ceint les reins flotte de chaque côté. A droite et à gauche, un ange qui prie. La Vierge, enveloppée d'un manteau et la tête couverte d'un voile, tient les mains croisées devant elle. St. Jean, à droite, lève la main gauche et tient son vête- ment de la main droite. Au pied de la croix on voit une tête de mort. Dans le paysage, très-riche, une route mène vers une ville. A droite, une élevation avec des édifices et des rochers, au pied de laquelle coule une source. Bordure formée d'un double trait. H. 10 p. 3 l. L. 6 p. 11 l. Les premières épreuves de cette belle pièce, traitée dans la manière néerlandaise, ne portent point de signa- ture; ce ne fut que plus tard que l'on ajouta sur la planche la marque de Martin Schongauer, un peu à gauche du crâne, et la planche elle- même semble avoir été retouchée.

3. La descente de croix. Cette pièce est une copie de l'es- tampe originale du maître B. M., inconnue à Bartsch.

B. Quatre saintes femmes au tombeau de Jésus. Elles sont debout, à droite. Dans le sarcophage se tient un ange qui in- dique le linceuil du Sauveur. Sur le sarcophage on voit quelques lettres écrites d'une manière illisible et que l'on pourrait prendre pour CA.V. En bas, à gauche, la marque de Schongauer. Pièce à l'eau forte d'une exécution inférieure. H. 4 p. 5 l. L. 3 p. 9 l. Berlin.

6. Le Christ debout au milieu de six anges. Cette belle pièce, portant la marque de Schongauer, est décidemment, à première vue, un travail italien, mais exécuté d'après un dessin du maître alle- mand et qui, selon nous, aurait été gravé par maître Gherardo de Florence, comme nous aurons occasion de le faire voir plus loin en parlant de l'école italienne.

7. La Vierge debout. La marque M S se trouve à droite du croissant. Imitation médiocre de la pièce No. 27. H. 3 p. 10 l. L. 2 p. 10 l. Francfort s. M.

10. St. George. On en trouve encore une imitation, en sens inverse de la pièce No. 50, et dans laquelle la composition est resserrée dans un plus petit espace. Pièce ronde; diamètre 1 p. 3 l. Musée Britannique.

11. St. Catherine. Cette pièce parait appartenir au XVIe. siècle et diffère beaucoup, dans la manière, de celle de Schongauer.

14. Une des vierges sages. Cette estampe parait avoir été exécutée d'après un dessin de M. Schongauer. L'exemplaire de Munich porte en haut, à droite, le monogramme 𝕊𝕂 exc.

C. Un reliquaire. C'est la partie supérieure seule qui con- siste d'un cylindre de cristal terminé par des flèches gothiques dont celle du milieu est ornée d'une fleur. On y voit aussi deux petits animaux qui dégorgent de l'eau. Au côté, se trouve le signe M⁹꜔. Gravé probablement d'après un dessin du maître. H. 9 p. 11 l., la partie terminant en pointe est large de 4 p. Musée Britannique.

68ᵉ. p. 181. Une jeune femme, nue, tenant un écusson aux armes du Palatinat du Rhin ou de Bavière. Cette gravure est une copie d'après le maître ℰ ℌ 1466. Voyez le No. 196 de notre catalogue. Pièce ronde. Diamètre 2 p. 5 l.

89. p. 183. St. Marie Madeleine. Cette pièce mesure H. 8 p. L. 4 p. 6 l. Elle n'est pas signée, mais elle est gravée dans la manière de F. von Bocholt.

90. p. 183. Un ostensoir. Sur un pied très-riche, orné d'une guirlande de feuillages et terminé par quatre grosses pointes, s'élève la tige entourée de quatre branches et d'un anneau avec trois grosses perles; au-dessus se trouve un petit ange agenouillé qui tient un écusson vide; celui-ci est surmonté d'un compartiment carré dans le bas duquel, sur une perle, se voit le croissant destiné à soutenir l'hostie qui est ici indiqué par un cercle. Debout, à gauche, se trouve un petit ange tenant le roseau avec l'éponge et un second, à droite, avec la lance. Au-dessus du compartiment, s'élève un ornement gothique avec cinq flèches principales. Au milieu, et dans le haut, on voit le Christ tenant un fouet et des verges sous un baldaquin et aux côtés, un peu plus bas, la Vierge et St. Jean. Comme l'exemplaire du Musée Britannique, le seul que nous connaissions, est rogné et collé sur un autre papier, il nous est impossible de savoir s'il portait la marque de Schongauer. H. 16 p. 3 l.

Copie en sens inverse. L'écusson est blasonné ainsi comme nous le trouvons sur plusieurs autres gravures et ce sont les armoiries de la famille Van Meckenen de Bocholt. Cette copie serait ainsi d'Israhel van Meckenen. Musée Britannique et de Berlin.

Bartsch (Vol. X. p. 52. No. 27) fait mention de la gravure suivante:

L'homme chevauché par sa femme, H. 4 p. 4 l. L. 3 p., pièce non signée, mais tellement dans la manière de M. Schongauer qu'il penche à l'attribuer à ce maître, opinion à laquelle nous adhérons volontiers. Quant au sujet, qui a été souvent traité par les graveurs allemands, il a été le plus souvent décrit comme représentant Socrate et Xantippe. Mr. Sotzmann de Berlin croit, d'après Murr, que l'on doit y voir Aristote subjugué par Phyllis, selon les données de

la légende allemande (Von der Hagen, Gesammtabentheuer etc. I. 17),
où l'on trouve que le jeune Alexandre ayant été confié pour son éducation à Aristote, s'amouracha d'une des filles d'honneur de sa mère
et que le philosophe chercha à le détourner d'une telle passion. Mais
celui-ci fut tellement subjugué lui-même par les charmes de la jeune
fille, qu'il se laissa mettre par elle une bride et la porta ainsi sur son
dos dans le jardin. Mais la mère d'Alexandre avait vu en cachette
toute cette scène et se moqua tellement d'Aristote que celui-ci fut contraint de se réfugier dans une île où il écrivit un gros livre des „As-
tuces des femmes". Voyez Deutsches Kunstblatt, 1851, p. 302.

L✝ઽ

Ludwig Schongauer.

Ce frère de Martin Schongauer naquit à Augsbourg et, comme lui,
était peintre. Il vécut dans sa jeunesse à Ulm, plus tard à Augsbourg
et se fixa enfin à Colmar. Il dut, pour obéir aux exigences des cor-
porations de métiers, acquérir le droit de bourgeoisie dans toutes ces
villes.

Dans les années 1441, 1476 et 1481 on trouve inscrit sur les
régistres de la ville d'Ulm un peintre Ludwig, mais il est douteux qu'il
s'agisse, pour toutes ces années, de notre artiste, tandis qu'en 1484
il est mentionné comme Ludwig Schongauer d'Augsbourg et que déjà
en 1479 on lui octroya le droit de bourgeoisie [29]), s'étant, à ce qu'il
paraît, marié à cette époque avec Anna, fille du peintre Staebler d'Ulm. [30])

---

29) „1479. Anno dm. etc. ꝼꝛꝣꝏꝳꝗ Vff. Cunradi eodem anno etc. hat ain ratt
Ludwig schongauer maller das Burgrecht geschenkt allso das er wird furo unsr
vnd Ingesessner Burg sein vnd vns furo stvren dinen vnd alles and Vbott vnd gebott
vnd orts sachen gehorsam vnd gewartig und vbunden sein sol and uns burg vn-
gefasligen." — Extrait du livre de bourgeoisie de la ville d'Ulm.

30) „1490. Fr. Margr. vermacht hans Lynndenmayer Maler, 100 fl. zu einem
silbern bild auf den fronaltar in der Pfarrkirche, den Johannes mit dem Lamm in
der Hand vorstellend; das ubrige seinem Vater Crafft und seiner Mutter Anna Fri-
sin zu lebenslänglicher Nutzung; nach ihrem tod aber seiner Schwester Anna Stä-
blerin, Ludwig Schongauers hausfrau. Gesigelt von Jorg Lieber und Conrad Lins,
beide Richter und burger zu Ulm." — Note du prélat Schmidt aux extraits manuscrits des régistres d'Ulm, de Neubrunner.

Il ne devint bourgeois d'Augsbourg [31]) qu'en 1486, ayant eu dans cette ville jusqu'en 1490 plusieurs jeunes gens en apprentissage. [32]) Il parait néanmoins s'être transféré peu de temps après à Colmar, puisque, d'après les notices de Scheurl et de Neudorffer, Albert Durer le rencontra en 1492 dans cette ville avec deux autres de ses frères. [33]) Ludwig Schongauer acquit en 1493 le droit de bourgeoisie à Colmar [34]), sans pourtant, à ce qu'il parait, avoir abandonné celui qu'il avait eu à Augsbourg, puisque nous voyons qu'en 1497 ses deux enfants, c'est-à-dire son fils Martin et sa fille Susanne, y avaient le droit de maitrise. [35])

Aucun des anciens écrivains ne mentionne qu'il ait exécuté aussi des gravures et, autant que nous le sachions, le rédacteur du Catalogue de E. Durand est le premier qui ait attribué à ce maître la marque que nous avons donnée plus haut. Comme ce mono-gramme a une certaine analogie avec celui de Martin Schongauer et comme les gravures qui le portent indiquent l'école de ce dernier, nous n'hésitons pas à attribuer les pièces que nous allons décrire à Lud-wig Schongauer.

Heinecken (Nouvelles recherches p. 378) ne donne de notre maitre

---

31) „1486. Am freytag vor palmarum hat maister Ludwig Schongawer Maler das burgerrecht erkauft obgess. mass." — Extrait du plus ancien régistre de bour-geoisie d'Augsbourg dans les archives de cette ville.

32) „1486. Maister Ludwig Schongauer hat einen Jungen fürgestellt am Sund-tag vor dem neu Jar, mit namen petter Gessler und ein handwerks hat geniegen gehabt 1486. jar." (La corporation y donna son approbation.) — Extrait du ré-gistre de la corporation des peintres d'Augsbourg f. 72ª.

„1488. Item. Maister Ludwig hat ein Jungen fürgestellt mit namen Vlrich Dichman am sundtag vor sanct Affra vnd ein Erbar handwerk hat ein gonigen gehabt. 1488 Jar." — Extrait du même livre.

„1490. Item. Maister Ludwig Schennauer hat ein jungen fürgestellt mit namen hanns Geslar vnd hat ein handwerk ein gut genuegen gehabt. 1490 Jar." — Extrait du même régistre p. 73ᵇ.

33) Nous avons déjà donné ce passage dans la notice sur Martin Schongauer.

34) „1493. Eodem die (uff sonnentag die alt fastnacht) so sind diese nach-geschrieben personen burger worden:"

„Meister Ludwig Schongauer ff. c. (factus civis) uff sinem huse in Augustiner-gasse, genant zum schwanen. Walther hᵗ. X. s. (habet decem solidos). — Extrait du régistre de bourgeoisie de Colmar.

35) „1497. Item. Maister Ludwig Schonauer der Maller hat gehabt zwai Kinder die haben die Zunftgerechtigkeit mit namen Martin und die Tochter Zusana. 1497." — Extrait du régistre de la corporation des peintres d'Augsbourg f. 78ª.

que la pièce avec les deux chiens, à laquelle Brulliot (Dict. II. No. 2888) ajoute celle du conducteur d'éléphant, autrefois dans le Cabinet Durand. Il nous a été donné de découvrir quelques autres gravures de ce maître. Elles portent toutes, dans le maniement du burin, l'empreinte incontestable de l'école de son frère Martin Schongauer, mais elle sont traitées d'une manière un peu plus rude et, à l'exception de la déposition de croix, d'une taille assez maigre, semblable à celle du maître ᛡꙨ de la même école.

1. La déposition de croix. La croix a la forme d'un **T**. Un homme, coiffé d'une espèce de turban, se tient sur une échelle et descend, au moyen d'un drap, le corps du Christ qui est reçu par la Vierge debout vers la droite. St. Jean la soutient. A gauche, s'approche une des saintes femmes qui essuie ses pleurs avec un des pans de son manteau. Un homme est agenouillé près de la croix, occupé à retirer les clous des pieds du Christ. La marque se trouve au bas de la croix, à côté d'un os. H. 5 p. L. 3 p. 9 l. Cette pièce passa de la Collection Ottley dans l'Albertine de Vienne.

Les têtes ont quelque chose de fin qui rappellent Martin Schongauer; les mains bien mouvementées ne sont pas du meilleur dessin. Les draperies, disposées à belles masses larges, ont des plis angulaires.

2. Le conducteur d'éléphant. L'animal est vu sur une hauteur chargé d'une balle et mené vers la droite, au moyen d'une longe, tenue par un homme barbu. Celui-ci a un bonnet pointu avec un bandeau sur la tête et porte une bourse au côté. Près de son pied droit, sur le terrain, on voit le monogramme. H. 3 p. 9 l. L. 5 p. 6 l. Collection Albertine de Vienne, provenant du Cabinet Durand.

3. Une vache couchée. Elle est couchée sur sa litière, un peu tournée vers la gauche. La marque se trouve au milieu du bas. H. 2 p. 1 l. L. 2 p. 8 l. Bâle, dans la collection de gravures.

4. Deux chiens, l'un courant derrière l'autre; le premier, à gauche, tourne la tête vers celui de droite. A gauche, un petit arbuste sec et en bas, vers le milieu, la marque du maître. H. 3 p. 7 l. L. 5 p. 6 l., mais rognée. Brulliot, Dict. II. No. 2888. Dresde.

———————

Appendice.

Dans la collection du château princier de Wolfegg, près de Ravensburg, se trouvent deux petites pièces exécutées absolument dans la

manière de notre maître, mais qui ne portent pas sa signature, ce
sont les suivantes:

    5. **Deux cochons de lait.** Ils se tiennent tous deux près d'un
baquet, le premier vu de côté, le second presque par derrière.
H. 1 p. 8 l. L. 2 p. 10 l. Bartsch X. p. 61. No. 43. Dresde et
Wolfegg.

    6. **Un hérisson.** Il court, tourné vers la droite. H. 1 p. 6 l. L. 2 p. 3 l.
Wolfegg.

Barthel Schön?

(Bartsch VI. p. 68.)

    Sandrart est le premier écrivain qui fait mention de l'artiste
au monogramme ci-dessus. Il dit dans son ouvrage: „Die Teutsche
Academie“ p. 220: „On trouve encore des gravures qui sont signées
B. S., ce qui doit signifier Barthel Schön.“ Christ reproduit ce passage, en ajoutant que ce Barthel était frère de Martin Schongauer. Il
ne dit point d'où il a tiré une pareille notice et le passage de Scheurl,
que nous avons cité plus haut, ne peut nous faire conclure que Martin
ait encore eu un frère qui s'appelait Barthélemi; il faut cependant remarquer qu'il ne parle que de ceux qu'Albert Durer rencontra à Colmar, tandis que Barthel aurait pu se trouver ailleurs, comme son séjour à Francfort sur le Mein pourrait nous en fournir une preuve.
L'assertion de Weyermann [36]) quand il donne, comme un membre de la
famille Schongauer, un peintre Barthel qui se trouve inscrit dans les
régistres de la ville d'Ulm vers 1471, est très-hasardée puisque nous
nous sommes convaincu, par nos propres yeux, que dans ces régistres
le nom de Martin et de Barthel ne sont jamais accompagnés des noms
de famille Schongauer ou Schön, ni même d'aucun autre nom quelconque.

    La pièce, que nous décrivons dans notre catalogue sous le No. 40,
est d'un intérêt tout particulier pour nos recherches. Elle représente

---

    36) A. WEYERMANN dans le Kunstblatt de 1830 p. 254 et d'après lui GRÜNEISEN
dans „Ulms Kunstleben“ etc. p. 35.

les armoiries des familles de Rohrbach et de Holzhausen. D'après la généalogie et les documents contemporains, qui existent encore aujourd'hui, de cette dernière famille patricienne de Francfort sur le Mein, l'alliance matrimoniale entre les deux familles n'a eu lieu qu'une seule fois, c'est-à-dire le 19 Septembre 1466 [37]), quand Bernard de Rohrbach, fils de Henri du même nom et de Guda de Werstatt, épousa Eilge, fille de Conrad de Holzhausen. Bernard mourut, en 1482, à Gelnhausen et Eilge le 19 Septembre 1501. En 1467 il leur naquit un fils qui fut également appelé Bernard. Celui-ci épousa, en 1501, Ursule de Melem et mourut en 1515. La famille de Rohrbach s'éteignit en 1572. Celle des Holzhausen existe encore à Francfort sur le Mein, où elle compte plusieurs membres.

Comme la planche de la gravure des armoiries, soutenues par un seigneur et une dame, s'est trouvée dans les archives des Holzhausen, enveloppée dans un papier portant la date de 1467, il devient très-vraisemblable qu'elle a été exécutée à l'occasion de quelque événement de famille, comme serait, par exemple, la naissance du premier fils de ce mariage, en 1467. Si l'on ajoute à cela que les deux figures qui soutiennent les armoiries sont des portraits dans le costume de l'époque, que l'habillement de l'homme correspond exactement à la description que nous donne Bernard de Rohrbach lui-même d'un habillement fait pour lui en 1467 [38]) et que même les traits et l'air de la jeune femme ressemblent beaucoup à ceux d'une dame, actuellement vivante, de la famille de Holzhausen, il ne restera aucun doute que l'on ne doive voir, dans les deux personnages qui soutiennent les armoiries, les portraits des époux de Rohrbach. On paraît n'avoir tiré que fort peu d'épreuves de la planche qui se trouve encore dans un état de grande fraîcheur. Il est démontré qu'elle n'a pu servir à donner des impressions pour être collées dans des livres, usage qui devint commun pour les bibliothèques privées au commencement du XVIe.

---

37) LERSNER, dans sa Chronique de Francfort I. p. 302, rapporte le passage suivant, extrait des notices de familles écrites par Bernard de Rohrbach:

„Anno 1466 den 19. Sept. auf Freytag wurde ich eingesegnet in der Pfarrkirche mit Eilchen von Holzhausen: den Montag hernach hielt ich hochzeit und beylager zum kleinen Falkenstein; den Sonntag nach Frantz fuhrt man mir meine braut nach hause in Wiphäuser hof welcher mein war und alle hochzeitsgäste waren gebetten; Nachmittags sind wir in unsere garten auf der breydengassen gelegen, gangen und lebendige hasen aldar von der Frauen und Jungfrauen gehetzet und Malzeit gehalten" etc.

38) Chronique de LERSNER I. p. 313.

siècle, puisque l'on n'en a trouvé aucune qui ait été employée à cet effet dans les livres anciens de la famille.

Il est également important pour nos recherches, et pour déterminer dans quel endroit de l'Allemagne le maître ♄ ∝ S a pu se trouver, de savoir que, selon toute probabilité, cette gravure exécutée pour un patricien de Francfort, l'a été à Francfort même et que l'artiste a demeuré dans cette ville, ne serait-ce même que de passage.

Bartsch décrit de ce maître 22 pièces, auxquelles nous en pouvons ajouter encore 18, vues par nous. Heinecken en signale encore 6, mais comme il ne nous a point été donné de les voir, nous les avons ajoutées dans une Appendice, de manière que l'œuvre complet de notre artiste, connu jusqu'ici, se monte à 46 pièces. Ses gravures montrent, dans le dessin et dans le maniement du burin, une grande analogie avec celles de Martin Schongauer de manière à ne pouvoir laisser le moindre doute qu'il ne soit sorti de l'école de ce dernier. Plusieurs de ses pièces, en particulier les douze sujets de la Passion, sont même des reproductions de celles du maître de Colmar. Il en a copié d'autres d'un excellent maître néerlandais de l'école de Van Eyck, communément appelé le maître de 1480, entre autres le paysan avec la massue, Bartsch No. 14; les amoureux, Bartsch No. 21; le jeune homme et son hôtesse, No. 25; le couple de village, No. 29. La marque du maître se trouve toujours en bas vers le milieu.

Additions à Bartsch VI. p. 69 — 76.

23. St. Antoine et St. Paul. Les saints anachorètes sont assis ensemble dans un paysage; le second lève la main gauche dans l'action de parler. Un corbeau portant dans son bec un pain divisé en deux descend des airs vers le milieu. A gauche un palmier; à droite une caverne avec une table. H. 5 p. 10 l. L. 4 p. Dresde.

24. Le couple mendiant. Un pauvre, à la jambe de bois, s'appuie sur un bâton et porte une cruche; une vieille femme le suit avec un panier à pain sur les épaules, elle semble le pousser en avant. Ils se dirigent vers la gauche. H. 3 p. 4 l. L. 2 p. 11. Munich.

25. Le jeune homme et son hôtesse. A gauche un jeune homme de condition s'appuie sur une table ronde, sur laquelle on voit une assiette. L'hôtesse, debout à droite, lui offre un gobelet. Le jardin dans lequel ils se trouvent est entouré d'un mur où l'on

voit une entrée à droite. Sur le terrain couvert d'herbe et de plantes on voit un baquet dans lequel se trouve une cruche à vin. Cette pièce, ainsi que la précédente, est probablement copiée du maître néerlandais que nous avons déjà mentionné. Pièce ronde, diamètre 3 p. 4 l. Munich et Paris.

26. **La vieille femme et le cuisinier.** Demi-figures. Une vieille femme, la tête couverte d'une draperie, ayant devant elle une tasse et un morceau de pain, se tourne vers la gauche; devant elle, à droite, se tient, en riant, un homme très-laid avec des tumeurs sur sa tête presque chauve, portant de la main gauche une écumoire et de la droite un pot. Un cintre à ogive, terminé par un ornement de feuillage, forme une bordure à guise de fenêtre. H. 6 p. 8 l. L. 6 p. Bibliothèque de Vienne. Oxford.

27. **Le bouffon et la cuisinière.** Une vieille femme s'avance vers la droite tenant d'une main un pot et de la gauche une cuillière à pot. Un bouffon très-laid se tient devant elle à droite, jouant du luth et avance la langue, comme pour un baiser, vers la bouche de la vieille femme. H. 3 p. 2 l. L. 2 p. 2 l. (Heinecken No. 22?) A Oxford, ce sujet ainsi que le précédent sont indiqués sous le nom de „Markolfus et Policana, sa femme,“ et non sans raison, puisqu'une vieille gravure sur bois qui représente un bouffon dansant avec une femme, porte ces noms écrits au-dessus. A Wolfegg et Berlin. L'épreuve dans ce dernier cabinet n'a pas le monogramme qui probablement aura été enlevé par la rognure.

28. **La brouette.** Un homme barbu, de vile condition, pousse vers la droite une brouette chargée de sa vieille femme; celle-ci tient devant lui un flacon et dans la gauche une branche sèche. Cette pièce, d'un travail un peu rude, forme le pendant de celle décrite par Bartsch No. 20. H. 3 p. 5 l. L. 5 p. 10 l. On en trouve un facsimile dans Ottley, „A Collection of 129“ etc. Dresde.

29. **Le couple de village.** Ils s'avancent vers la gauche. Le paysan porte, suspendu à une courroie qui lui passe sur l'épaule, une corbeille avec des œufs. La paysanne, qui s'appuie sur lui en marchant, tient une oie sous le bras gauche. Les coins de la planche sont arrondis. Copie d'après le maître néerlandais de 1480. H. 3 p. 1 l. L. 2 p. 3 l. Chez Mr. Schreiber à Nuremberg.

30. **La paysanne tenant un verre.** Elle est assise, tournée vers la gauche, tenant un écusson entre les jambes et porte, de la main droite, un verre de vin en appuyant la gauche sur la hanche. Pièce

ronde, 3 p. 4 l. de diamètre. Cette estampe forme le pendant du
paysan, Bartsch No. 17. Francfort s. M. Heinecken No. 9.

31. La partie de cartes. Une jeune femme, vue de profil,
est assise à gauche près d'une table et tient à la main des cartes à
jouer. Elle semble parler au jeune homme qui se trouve devant elle
sur le point de jouer une carte. A terre, sur le devant, on voit
un baquet contenant un pot et un verre. La marque se trouve en bas.
Pièce ronde, diamètre 3 p. 3½ l. Munich.

32. Le vieil amoureux. A gauche une vieille femme, tenant
de la main droite un bâton et paraissant vouloir saisir une bourse qu'un
vieillard à droite tient de la main droite, tandis qu'il porte la gauche
sur le sein de la femme. La marque se trouve sur un tertre, en bas
à gauche. H. 3 p. 5 l. L. 1 p. 11 l. Cat. Evans de Londres 1857.
No. 282.

33. Une mère tenant un écusson. Elle est assise, tournée
vers la gauche, la tête entourée d'un bourrelet à guise de turban et appuie la main droite sur un écusson vide. Elle embrasse de l'autre
deux enfants habillés et debout à côté d'elle; l'un d'eux, un petit garçon,
présente à sa sœur une pomme à gouter. H. 3 p. 7 l. L. 2 p. 11 l.
(Heinecken, Nouv. rech. p. 366. No. 6.) On en trouve, dans le Cabinet
de Paris, une épreuve rognée.

34. Enfants qui jouent. Un petit garçon, couché à gauche,
élève bras et jambes en l'air; un second, agenouillé à droite et vu de
dos, semble le contempler avec surprise. Sur le devant on voit une
rose. H. 3 p. 3 l. L. 2 p. 8 l. Dresde.

35. Enfants qui jouent. Entre deux pierres, un enfant nu
s'appuie sur le dos d'un autre qui lève le bras gauche. H. 3 p. 3 l. L. 2 p. 8 l.
Dresde.

36. Enfants qui jouent. A gauche est assis un enfant nu,
vu de profil. Un autre, à droite, vu de dos, fait la culbute en se plaçant la tête entre les jambes. H. 2 p. 4 l. L. 2 p. 11 l. Dresde et Paris.

37. Enfants qui jouent. A droite un enfant assis, vu de
profil, se tient le pied gauche. Un autre, à gauche, vu de dos, fait
la culbute. H. 2 p. 4 l. L. 2 p. 11 l. Dresde, Paris et Munich.

38. Ornement à l'homme sauvage. Sur un rinceau contourné à droite, pousse un chardon et une plante riche en fleurs qui
remplit toute la partie supérieure de l'estampe. A gauche un homme
sauvage, tenant un oiseau par le cou, grimpe le long du feuillage.
H. 4 p. 6 l. L. 2 p. 11 l. Berlin, Paris, Oxford.

39. Ornement de feuillage. D'une tige, à gauche, sort vers la droite une branche sèche, un riche ornement de feuillage remplit la partie supérieure de la pièce. H. 4 p. 4 l. L. 2 p. 11 l. Musée Britannique.

40. Les armoiries des Rohrbach et Holzhausen. A gauche un jeune homme de condition, debout, tient un écusson avec les armoiries des Rohrbach, deux bras affrontés tenant les anneaux d'une chaîne; à droite une jeune dame avec l'écusson des armoiries des Holzhausen, trois roses. Les deux écussons sont surmontés d'un heaume fermé et couronné, avec le cimier des Rohrbach, une des familles patriciennes de Francfort sur le Mein. Les personnages représentés paraissent être Bernard de Rohrbach et sa femme Eilge de Holzhausen qu'il épousa en 1466. Le chiffre du maître se trouve vers le milieu et au bas de l'estampe. H. 3 p. 7 l. L. 3 p. 5 l. Francfort s. M.

Heinecken mentionne dans ses „Nouvelles recherches" etc. p. 368 les quatre pièces suivantes inconnues à Bartsch et que nous n'avons point rencontrées nous-même.

41. Un jeune homme et une jeune fille couronnés de guirlandes de fleurs. H. 5 p. 9 l. L. 5 p. Heinecken No. 19.

42. Un paysan avec des œufs accompagné de sa femme qui porte sur la tête une corbeille avec des canards. En haut deux banderoles vides. Pièce in-8°. Heinecken No. 20.

43. Un soldat conduisant un petit enfant par la main, accompagné de sa femme qui en porte un autre sur son dos. H. 3 p. 2 l. L. 2 p. 2 l. Heinecken No. 23.

44. Un homme dansant avec sa femme. Au-dessus de leurs têtes deux banderoles. H. 7 p. 8 l. L. 6 p. 6 l. Heinecken No. 25.

Le même auteur ajoute encore à son catalogue deux pièces qu'il croit être du même maître, quoiqu'elles ne portent pas sa marque. Ce sont les suivantes:

45. Une vieille femme qui bat son mari avec sa quenouille. In-12°. Heinecken No. 26.

46. Un homme à tête d'oiseau conduit sa femme et son enfant sur un chameau. Heinecken No. 27.

$$\mathcal{BM}, \mathcal{B}\text{\#}\mathcal{M}, \text{B} \wedge \!\!\!\wedge, \mathcal{M}$$

(Bartsch VI. p. 392.)

Nous n'avons point de notices anciennes sur ce graveur dont le style artistique et le faire technique indiquent l'école de Martin Schongauer. Il a même gravé d'après ce maître la Vierge debout avec deux anges (Bartsch No. 28), tandis que la Vierge couronnée (No. 13) s'approche de la manière du maître **M 3** de Munich.

Le Cabinet de Berlin possède de lui un très-beau dessin à la plume, signé B. M., dont le sujet est le suivant: Une jeune femme, avec un petit chien de Malte sur les genoux, est assise à côté d'un homme agé qui lui offre de l'argent dans une bourse; un jeune homme qui se trouve derrière elle l'embrasse. A gauche, on voit deux hommes et une femme nue qui se tournent vers elle. Le paysage dans ce dessin, exécuté avec une encre brunâtre, est d'une date plus récente et l'encre en est plus noire; in-folio oblong. Un second dessin, dans le même cabinet, tracé au crayon et lavé au bistre n'est point original; c'est une copie des „lamentations sur la mort du Christ" mentionné dans notre Supplément sous le No. 5. Bartsch décrit 4 gravures de ce maître, auxquelles nous pouvons en ajouter plusieurs autres pièces.

Remarques sur le Catalogue de Bartsch VI. p. 392—394.

1. **Le jugement de Salomon.** Dans cette pièce capitale du maître, plusieurs têtes d'hommes très-expressives et quelques belles têtes de femme rappellent évidemment le style et la manière de Martin Schongauer. Les premières épreuves ont dans le haut, à gauche, un petit nuage qui manque dans les exemplaires d'un tirage postérieur. H. 15 p. 7 l. L. 10 p. 10 l.

2. **Le repos en Égypte.** L'exemplaire dans la bibliothèque de Vienne est imprimé avec une encre brune, ce qui lui donne l'apparence d'un dessin à la plume. Cette pièce parait être un des premiers travaux du maître et, si l'on devait en juger d'après le maniement du burin, pourrait être attribuée à un orfèvre. On trouve une photographie de l'exemplaire de Munich dans l'ouvrage de Robert Brulliot.

Additions à Bartsch.

5. **Le corps de Jésus Christ descendu de la croix.** Il est étendu sur les genoux de la Vierge et sa tête est soutenue par St. Jean, debout à gauche, tandis que la Madeleine lui baise la main droite; derrière elle se trouve une autre femme et, vis-à-vis, une troisième les mains jointes. Le fond offre un paysage plein de rochers, avec un fleuve et une ville. Un crane et la couronne d'épines sont à terre et au-dessous se trouve la marque. H. 8 p. 4 l. L. 6 p. 1 l. Bibliothèque et Coll. Albertine à Vienne.

Cette belle gravure a été copiée en contrepartie et munie de la marque de Martin Schongauer. Voyez Bartsch VI. p. 167. No. 3.

6. **St. Jean dans l'île de Patmos.** Il est assis, tourné vers la droite, et regarde le parchemin sur lequel il est occupé à écrire. On voit l'aigle un peu vers la droite et, au-dessus de l'évangéliste, la Vierge immaculée. Derrière le Saint un arbre sec. La signature est en bas au milieu de la pièce. H. 8 p. 6 l. L. 5 p. 6 l. Bibliothèque de Vienne, Collection Albertine et Musée Britannique.

7. **La Vierge assise.** Elle est assise, tournée vers la droite, sur un banc de gazon sur lequel est étendu son manteau. L'enfant Jésus, vu de face, est sur les genoux de sa mère. Au milieu du bas et près d'une plante se voit la signature. H. 6 p. 8 l. L. 5 p. 4 l. Berlin. Musée Britannique. Francfort s. M.

8. **La Vierge debout.** Marie, debout entre deux plantes, tient l'enfant Jésus sur le bras droit. Celui-ci regarde de côté et tient une pomme dans la main droite. En haut, vers les angles, planent deux anges tenant des banderoles dont une porte l'inscription: „Ave Maria gratia" etc. Sans signature et d'après Martin Schongauer. Bartsch No. 28. En sens inverse. H. 6 p. 3 l. L. 4 p. 8 l. Berlin.

9. **Le couronnement de la Vierge.** Elle est agenouillée, vue de face, au milieu de l'estampe. Dieu le Père et le Christ tiennent la couronne au-dessus de sa tête. Ils se ressemblent beaucoup et tiennent chacun le globe du monde de la gauche appuyée sur le genou. En haut, dans une gloire circulaire, le St. Esprit et aux côtés dans les nuages quatre petits anges dont trois font de la musique, tandis que le quatrième tient une banderole vide. Pièce non signée. D'après l'exemplaire du Musée Britannique la planche n'aurait pas été terminée, le côté vers la droite n'étant qu'ébauché. C'est, du reste, un excellent travail et sans aucun doute du maître. H. 7 p. 8 l. L. 5 p. 9 l.

Appendice.

Une pièce que nous croyons pouvoir attribuer à notre maître, bien qu'elle ne porte que la marque ⋏⋎, est la suivante de la Vierge couronnée par deux anges, traitée absolument dans sa manière et qui appartient incontestablement à l'école de Martin Schongauer.

10. La Vierge couronnée. Elle est assise, avec un manteau largement ouvert, sur un terrain couvert d'herbe et tient l'enfant Jésus sur le genou droit. Elle cueille de la droite une fleur qui se trouve près d'elle. Deux petits anges, tenant une couronne, planent au-dessus d'elle. Le monogramme M est au milieu en bas. Très-belle pièce et traitée d'une manière large. H. 7 p. 10 l. L. 5 p. 6 l. Paris.

11. Un ostensoir, d'une riche architecture gothique. Le piédestal repose sur huit cintres ornés. Au pied, près du plan horizontal du vase sacré, le monogramme ci-contre. Deux planches réunies. H. 17 p. 7 l. L. 4 p. 2 l. Très-rognée vers le haut. Cette pièce a beaucoup de ressemblance avec celle de Wenceslaus d'Olmutz, Bartsch No. 56. Cat. Sternberg II. No. 172.

Albrecht Glockenton?
(Bartsch VI. p. 344.)

Nous n'avons du maître connu par ces initiales aucune notice plus ancienne que celle que nous en donne Sandrart dans sa „Teutsche Academie" p. 220, où il dit que l'on trouve des gravures signées A G, ce qui doit signifier Albert Glockenton. Nagler, dans son Dictionnaire des Artistes, dit que ce maître naquit en 1432 à Nuremberg et qu'il fut graveur, tandis que Heller, dans son Lexicon pour les amateurs de gravures, fixe sa naissance à 1450, sans pourtant donner, l'un ou l'autre, une raison de leur assertion ou citer aucun document à l'appui. Néanmoins comme on trouve dans le XVe. et XVIe. siècle une famille d'artistes du nom de Glockendon, établie à Nuremberg, à laquelle appartenait un graveur sur bois, George, et un autre plus jeune portant le même nom, en même temps qu'un Nicolas et un Albert [39]), tous deux enlumineurs, et que nous avons encore d'eux plu-

---

39) Dans le Cabinet de Dresde on trouve de ce dernier une gravure sur bois,

sieurs travaux, il devient probable que notre maître ait pu s'appeler Albert Glockenton et qu'il ait été originaire de Nuremberg. Il a copié plusieurs pièces de Martin Schongauer, et comme ses propres compositions sont tout-à-fait dans le style de ce maître, mais d'un burin un peu plus maigre, on pourrait croire qu'il eût été orfèvre et qu'il ait appartenu à l'école du maître de Colmar. On a aussi de lui l'épreuve d'un nielle, ce qui pourrait confirmer cette supposition. Cette pièce se trouve dans la Collection de Bâle où l'on conserve, de plus, quelques épreuves de première fraicheur du maître, ce qui semblerait faire croire qu'il ait aussi demeuré dans cette ville. Aucune de ses gravures ne porte une date, cependant il exécuta celle des armoiries de Rodolphe de Scherenberg, évêque de Wurzbourg (1466—1495), ainsi que celles de l'évêché de cette ville, qui se voient l'une à côté de l'autre sur la même feuille dans le livre intitulé: „Ordo divinorum secundum chorum Herbipolensem." A°. 1479. et, de nouveau, d'une plus grande dimension, dans le Missel de Wurzbourg de 1484, auquel appartient encore le Christ en croix exécuté pour ce livre. Ces gravures sont au nombre des premières qui, en Allemagne, aient été destinées à l'ornement des livres. [40])

Bartsch décrit dans son ouvrage 27 pièces du maître et deux des armoiries mentionnées ci-dessus, mais celles-ci sous les anonymes allemands, puisqu'elles ne portent aucune signature. C'est pour cette raison qu'il nous a paru devoir les décrire plus particulièrement, en y ajoutant encore une couple d'autres gravures du maître.

Additions à Bartsch.

28. Le Christ en croix entre deux petits anges. La Vierge, vue de trois quarts, est debout à gauche, les mains croisées l'une sur l'autre. St. Jean, à droite, a les yeux dirigés vers le haut, la main gauche un peu élevée et soutient son manteau de la droite. Dans le paysage se voit la ville de Wurzbourg et à droite le Marienberg fortifié. Pièce non signée. H. 9 p. 9 l. L. 6 p. 6 l. Cette gravure se trouve dans le Missel de Wurzbourg de 1481 et se voit presque toujours imprimée

très-bien exécutée, qui représente deux femmes de Nuremberg tenant des rosaires et allant vers la gauche. Au bas on lit une inscription de six vers en deux colonnes: Schwester wie gefelt dir praut etc. Puis au-dessous: Albrecht Glockendon Illuminist 1531. In-folio.

40) Voyez à ce sujet C. Becker, Kunstblatt 1845, No. 82, et 1851, No. 2.

sur parchemin. (Voyez Becker dans les Archives de Naumann II. p. 184.) Elle n'est, dans ses principaux détails, qu'une copie de la belle gravure néerlandaise du maître de l'histoire de Boccace. Des épreuves postérieures, tirées sur papier, paraissent beaucoup plus grossières et ont été, plus tard, signées du monogramme de Martin Schongauer. Berlin.

29. Le Crucifiement. A gauche le centurion et des soldats, à droite la Vierge debout soutenue par St. Jean. En haut planent deux anges en larmes. Sur la tablette de la croix l'inscription I N R I à rebours, sur fond noir. La signature est au bas vers le milieu. Pièce ovale. H. 2 p. L. 1 p. 5 l. Berlin. Zani décrit cette pièce dans son „Enciclopedia" II. 8. p. 52, mais l'attribue au maître florentin Gherardo d'après l'estampe No. 22 de Martin Schongauer. Il est tombé sur cela dans une double méprise.

30. Les armoiries de l'évêché de Wurzbourg. Ce sont deux écussons placés l'un à côté de l'autre. Celui de gauche porte les armoiries de Rodolphe de Scherenberg, évêque de Wurzbourg de 1466 à 1495, écartelé au 1er au chef emmanché de quatre pièces (Franconie), au second et au 3e des ciseaux en sautoir (Scherenberg), au 4e un gonfanon (Wurzbourg). Comme cimier du heaume un demi-lion couronné entre deux trompes d'éléphant tenant des guidons. L'écusson de droite porte les armoiries de Wurzbourg (évêché). L'écu, au chef emmanché de quatre pièces, a pour support deux anges; il est surmonté de la demi-figure du prince-évêque, tenant d'une main l'épée, de l'autre la crosse. La gravure est presque au simple contour. H. 4 p. 10 l. L. 4 p. 7 l. Bartsch X. p. 57. No. 35. Comme nous l'avons déjà dit, cette gravure a servi pour le livre intitulé: „Ordo divinorum secundum chorum herbipolensem," in-fol., avec un privilège d'impression de l'évêque, daté du 20. Septembre 1479.

31. Les mêmes armoiries. Épreuves d'une planche plus petite employées par George Ryser, en 1480 et 1482, dans l'ouvrage intitulé: „Agenda ecclesiastica diœcesis Herbipolensis." In-4°. 3 p. 4 l. en carré. Bamberg. Voyez aussi C. Becker, Kunstblatt 1845, p. 342 et Catalogue d'art de Rudolph Weigel No. 10,124, mais celles-ci données comme appartenant à un Missel de Wurzbourg de 1485.

32. Les mêmes armoiries. Grande et belle pièce employée pour le Missel de Wurzbourg, imprimé en 1484 par George Ryser, in-fol. H. 6 p. 5 l. L. 7 p. 2 l. Bartsch X. p. 56. No. 34. Voyez aussi C. Becker, Kunstblatt 1845, p. 342.

33. **Ornement de feuillage avec deux singes.** Épreuve de nielle. Dans un feuillage contourné, sur fond noir, on voit assis, en bas de chaque côté, un singe et vers le milieu, en haut, un oiseau. Dans le centre, un homme sauvage dans l'action de combattre. La marque se trouve au milieu du bas. Belle pièce et d'un bon travail; l'impression est un peu sale et semble avoir été prise d'une garniture un peu plus étroite en bas que dans la partie supérieure. H. 4 p. 8 l. L. en haut 2 p. 9 l. Collection de Bâle. Voyez aussi notre catalogue des nielles No. 763.

W∧H. – ∀✕H

Wolf Hammer de Munich.
(Bartsch VI. p. 400.)

D'après les communications du Dr. Nagler (Deutsches Kunstblatt de 1853, p. 78) le maître connu sous ce monogramme était un graveur nommé Wolf Hammer demeurant à Munich et qui vécut dans les dernières 25 années du XVe. siècle. Nous attendons de cet auteur de nouveaux détails à ce sujet dans son ouvrage sur les Monogrammistes. Dans le dessin et dans le maniement du burin, ce maître se rapproche de Martin Schongauer, mais il a une manière un peu raide. Il a copié plusieurs pièces de ce graveur et aussi quelques-unes d'après la passion d'Albert Glockenton, ce qui nous a porté à le placer dans ce groupe et comme appartenant à cette école. D'après des renseignements que M. C. Becker nous a communiqués par écrit, notre maître a exécuté plusieurs de ses gravures, déjà connues, pour les Missels d'Eichstädt de 1483 à 1497.

Remarques sur le Catalogue de Bartsch VI. p. 400—405.

Les pièces suivantes des douze Apôtres d'après Martin Schongauer (No. 13—24) n'ont pas été décrites par Bartsch. H. 3 p. 4 l. L. 2 p.

13. **St. Pierre.** Il est debout, tourné vers la gauche et tenant des deux mains un livre ouvert et une grande clé. La marque se trouve au bas à droite. Dresde.

14. St. André. Il est placé devant sa croix, tourné vers la droite et lit dans un livre. La marque est au bas. Paris, Dresde.

19. St. Jacques le mineur. Il est tourné un peu vers la gauche et tient de la main gauche un livre, appuyant le bras droit sur une perche de foulon. La marque est au bas à gauche. Dresde.

22. St. Simon. Il est debout, tourné vers la droite et lit dans un livre; la main droite est appuyée sur une scie. Au bas la marque. On rencontre assez fréquemment des épreuves d'une date récente et avec des taches de la planche.

23. St. Thomas. Il est vu de face et tient de la main gauche un parchemin roulé et de la main droite une lance. Au bas se trouve la marque. Dresde.

24. St. Paul. Il est tourné vers la droite, tenant un glaive de la main gauche et sous le bras un livre. Au bas, à droite, la marque. Dresde.

25. Quatre Saintes dans des médaillons. Pour deux d'entre elles il a imité, d'une manière maladroite, Martin Schongauer.

26. Armoiries de l'évéché de Eichstädt. Pièce qui est une imitation d'une plus ancienne gravure d'un élève du maître ℰ ƺ 1466. (Voyez Bartsch X. p. 58. No. 37. Pièce ronde. Diamètre 5 p. 4 l.)

Cette gravure exécutée par notre maître d'une manière un peu raide mesure H. 6 p. L. 7 p. 3 l. Elle se trouve de premier tirage, avant le monogramme, dans les „Statuten der Diocäse Eichstädt", imprimés par Keyser en 1483. On en a une copie sur bois avec des changements de peu d'importance dont le principal est que, sur les premières armoiries, se trouve la mitre et, dans celles-ci, la demi-figure de l'évêque tenant sa crosse et un livre; les secondes armoiries, à droite, sont en sens inverse. Cette feuille a la souscription suivante: hoc opus impssum est Eystet opā ⁊ impensa Reucrendissimi in Xpo prïs ⁊ dñi Guilhelmi de Reichenau Ept Eysteten dignissimi. Anno Salut. m.cccc.Lxxxxiiij. (1494) Jdus Julii per mgrīm Michael Keyser etc. Voyez aussi dans les Additions No. 33 où il est fait mention d'une copie en petit de cette pièce.

Additions à Bartsch.

27. David. Il est agenouillé, pleurant son péché du recensement du peuple, dans un jardin où l'on voit une fontaine. Sa

rpe est par terre et dans les nuages on aperçoit Dieu le Père.
3 p. 10 l. L. 2 p. 8 l. Dresde. (Zani, Enc. II. 3. p. 332. Hei-
cken, Nouv. Rech. p. 387.)

28. Le portement de croix. Copie de la grande estampe de
artin Schongauer, Bartsch No. 21, dans le même sens. H. 11 p. L. 14 p. 3 l.

29. Le Christ en croix. Aux côtés de la croix, à gauche la
ierge et St. Jean, à droite trois soldats. Copie d'après Martin Schonauer (Bartsch No. 22).

30. Le Christ en croix. Il penche la tête à gauche et la
raperie qui le recouvre flotte du même côté. A gauche se tient la
ierge, levant vers le visage sa main gauche cachée sous son manteau.
is-à-vis d'elle est St. Jean tenant un livre devant lui et ayant la main
roite appuyée sur la croix. Au milieu du bas, le monogramme. Pièce
raitée dans la manière de Martin Schongauer. H. 3 p. 11 l. L. 2 p. 8 l.
Munich.

31. Ste. Véronique. Elle est debout au milieu de l'estampe,
ue de face et tenant le voile des deux mains. En bas, à gauche, la
signature $\bigvee\!\!\bigvee\!\!\times\!\!\vdash\!\vdash$. H. 3 p. 2 l. L. 2 p. 2 l. Paris.

32. Le jardin d'amour. A une table, chargée de fruits et
placée à gauche, sont assis deux jeunes gens à côté de deux jeunes
femmes. Celui qui est sur le devant joue du luth, tandis que le second
tient le doigt de la main droite de sa voisine et lui offre un verre.
Tout-à-fait sur le devant, un autre jeune homme remplit son flacon de
l'eau d'une source. A droite, un autre couple est assis sur un tertre,
tandis qu'un second couple cause debout devant eux. A la sortie du
jardin une femme tient un bouffon par l'oreille et lui fouille dans la
poche. Dans le fond, à gauche, s'élève un gros rocher, surmonté
d'un château; un couple galoppe sur le chemin qui en vient. A droite,
dans le fond, se trouve une maison avec deux tours près d'une pièce
d'eau où se baigne une femme avec sept enfants. Vers le milieu
du fond, près des montagnes, est placé un camp avec cinq tentes.
On voit, tout près, un tournoi et quelques cavaliers traversant le
fleuve qui porte trois vaisseaux. Dans les airs, à gauche, un faucon
s'est abattu sur un héron. Le monogramme est en bas, au milieu.
H. 14 p. L. 10 p. 1 l. Musée Britannique.

33. Les armoiries de l'évêque et de l'évêché d'Eichstädt. Cette pièce est une répétition en petit de l'estampe citée par
Bartsch VI. p. 405. No. 26, mais sans la signature du maître. On
les trouve imprimées dans le Missel d'Eichstädt, petit in-fol., imprimé

9 *

par Michel Keyser à Eichstädt en 1484. H. 3 p. 4 l. L. 3 p. 7 l.
Institut de Francfort, R. Weigel.

W

Wenceslaus von Olmutz.
(Bartsch VI. p. 317.)

Il était orfèvre et graveur en même temps, comme il ressort d'une
notice contemporaine manuscrite sur une de ses gravures „l'homme
de douleurs" (Bartsch No. 17), et qui a déjà été rapportée par Bartsch.
A l'exception de cette notice nous n'avons sur lui aucun renseignement
plus ancien et nous ne le trouvons qu'une fois indiqué par son nom
en entier et le millésime de 1481 sur une de ses gravures, la copie
de la Mort de la Vierge d'après Martin Schongauer. Cette circonstance jointe à celle qu'il copia principalement les gravures de ce maître, et
cela dans un temps où celui-ci vivait encore, nous porte à croire qu'il se
soit trouvé attaché à son école à Colmar. Il est hors de doute qu'il
a vécu, au moins quelque temps, près du Rhin puisque deux de ses
gravures, la mort de St. André (Bartsch No. 23) et celle du martyre de St. Barthélemi (B. No. 25), ont été exécutées d'après des
tableaux du maître Étienne Lothener, nommé aussi le maître du
tableau du dôme de Cologne. Ces tableaux se trouvaient alors dans
cette ville et ne sont parvenus qu'à une époque récente dans l'Institut de Francfort avec ceux qui représentent les martyres des autres apôtres; il a dû, par conséquent, en exécuter les dessins à Cologne même.

A en juger d'après plusieurs copies des estampes d'Albert Durer,
mais qui appartiennent aux premiers ouvrages de ce dernier, on doit
conclure que Venceslas d'Olmutz vivait encore au commencement du
XVI°. siècle; mais qu'il est mort vers cette époque. Ces copies
d'après Durer ont été souvent attribuées à Michel Wohlgemuth, le
maître de Durer, opinion déjà émise par Paul Behaim dans le Catalogue de ses gravures, en 1618, puisqu'il indique le sujet du songe,
signé W, comme un ouvrage de Wohlgemuth, avec la remarque: „comme
Durer l'a depuis gravé sur cuivre." Mais l'erreur est d'autant plus pal-
pable que ces gravures n'indiquent en aucune façon le style et la manière

e Wohlgemuth, mais bien celle de son célèbre élève, et que les estampes
e Durer sont exécutées avec plus de maîtrise et de finesse que celles
ui sont signées W. Il est également contraire à l'expérience qu'une
opie soit exécutée mieux que l'original et il est plus naturel de croire
ue la première reste beaucoup au-dessous du second.

On trouve aussi quelques gravures marquées d'un W qui, bien qu'elles
'appartiennent point à Venceslas d'Olmutz, lui ont été souvent attribuées.
Nous les décrirons à la suite du catalogue que nous donnons des œuvres
u maître.

Observations à Bartsch VI. p. 319—343.

2. L'annonciation. Venceslas d'Olmutz a copié une seconde
ois cette pièce dans la même dimension et en sens inverse, en la
ignant de son monogramme W.

7. La flagellation de Jésus Christ. On en trouve un
xemplaire dans le Cabinet de Munich imprimé d'un ton verdâtre.

16. La Cène. Il est douteux que cette pièce soit de Venceslas
l'Olmutz, le dessin et le style indiquent le commencement du XVIᵉ.
siècle, tandis que notre artiste appartenait au XVᵉ.

23. Le martyre de St. André. Pièce exécutée d'après un
tableau du maître Étienne Lothener ou comme il est souvent désigné,
le maître du tableau du dôme de Cologne.

24. St. Augustin. Dans les premières épreuves, le Saint
bénit de la main droite, comme dans l'original de Martin Schongauer.
Dans les épreuves postérieures, il tient, de la même main, un cœur
percé d'une flèche.

25. Le martyre de St. Barthélemi. Gravé, comme le No. 23,
d'après un tableau du maître Étienne de Cologne qui, ainsi que ceux
représentant le martyre des autres apôtres, se trouve dans l'Institut
des Arts de Francfort sur le Mein.

31—42. Le Christ dans l'action de bénir, qui appartient
à cette suite d'apôtres et qui est entouré d'une banderole, se trouve
dans le Cabinet de Paris. L'apôtre St. Paul, que Bartsch n'a point
vu, est représenté de face et diffère un peu de celui de Martin Schongauer qui est tourné vers la gauche.

43. L'homme sauvage avec l'écusson. Le maniement du
burin dans cette pièce est très-différent de celui qui est propre à
notre maître; il est donc douteux qu'elle lui appartienne.

44. La femme avec l'écusson chargé d'un butor. Cette gravure est exécutée dans le même style que la précédente. On trouve dans le Cabinet de Paris une estampe carrée avec le même sujet. H. 2 p. 5 l. L. 1 p. 10 l. Pièce non signée, mais attribuée aussi à notre maître.

48. Les deux amants. Copie d'après une très-belle gravure du maître néerlandais, dit de 1480. On voit un exemplaire de cette dernière pièce dans la bibliothèque de Vienne qui a été estampillée postérieurement d'un W.

Bartsch p. 343. Une femme jouant du luth. Pièce ronde. La gravure de cette estampe au Cabinet de Berlin n'est guère autre chose qu'un contour très-fin dans la manière néerlandaise. Il paraît que c'est une copie de Venceslas d'Olmutz d'après une gravure d'un excellent maître des Pays-Bas et dont l'original a été perdu.

Additions à Bartsch.

58. Le Christ en croix. D'un côté la Vierge soutenue par St. Jean; de l'autre Pilate (?) et un soldat. Au milieu du bas, le monogramme W. Copie d'après Martin Schongauer (Bartsch No. 22). H. 3 p. 11 l. L. 2 p. 8 l. Dresde.

59. Le Christ en croix. Les deux bouts de la draperie qui couvre les hanches du Christ flottent vers la gauche. La Vierge, enveloppée dans un manteau, porte la gauche vers la tête. St. Jean, à droite, tient un livre et étend la main droite. En bas, au milieu, le W. H. 3 p. 11 l. L. 2 p. 9 l. Berlin.

60. Le Christ pleuré par les siens. Le corps du Christ est soutenu par Joseph d'Arimathie, agenouillé à droite. St. Jean appuie la main droite sur l'épaule de la Vierge. Aux pieds du Christ une sainte femme et la Madeleine qui tient le vase de parfums. On voit Nicodème à gauche. Une échelle est appuyée à la croix. Dans le fond, à gauche, un rocher surmonté d'un château. Le monogramme W se trouve en bas, au milieu. H. 5 p. 4 l. L. 3 p. 7 l. Oxford. Heberle à Cologne (coloriée et avec des auréoles dorées) et actuellement à Berlin.

61. Le Sauveur. Il est vu de face, donnant la bénédiction. Au-dessus de lui une banderole à enroulements. En bas le W. Copie d'après M. Schongauer (Bartsch No. 68). H. 3 p. 2 l. L. 2 p. 2 l. Dresde.

62. **La Vierge.** Elle est assise sur un terrain couvert de gazon et donne le sein à l'enfant Jésus nu. Deux anges, planant au-dessus d'elle, tiennent une couronne. En bas le W. Pièce ronde. Diamètre 3 p. 4 l. Paris.

63. **La Vierge debout.** Copie d'après M. Schongauer (Bartsch No. 28), mais entourée d'une auréole flamboyante et d'une guirlande de roses. En bas, au milieu, le monogramme W. L'exemplaire que nous avons sous les yeux est sur parchemin et se trouvait imprimé dans un manuscrit. H. 6 p. 1 l. L. 4 p. 4 l. R. Weigel.

64. **St. Pierre et St. Jean.** Ils guérissent un perclus, sous le vestibule du temple. Celui-ci est assis à droite, derrière lui des Scribes et des Pharisiens. En haut vers le milieu le W. Imitation de la composition d'Albert Durer No. 18. Pièce ronde. Diamètre 1 p. 10 l. Oxford.

65. **St. Philippe.** Copie d'après M. Schongauer (Bartsch No. 38). En bas le W. H. 3 p. 5 l. L. 2 p. Dresde.

66. **St. Sébastien.** Il est attaché à un arbre, le bras élevé et percé de flèches. Une autre flèche est fixée dans la branche à gauche. En bas, près du pied gauche du Saint, le W. H. 2 p. 7 l. L. 1 p. 6 l. Musée Britannique.

67. **St. George.** Il s'élance vers la droite où l'on voit le dragon près d'une caverne. Dans le fond, à droite, la princesse. En bas le W. Imitation de la pièce de M. Schongauer (Bartsch No. 51). Pièce ronde. Diamètre 2 p. 2 l. Chez le conseiller intime, Mr. Liel à Berlin.

68. **Ste. Catherine.** Elle est couronnée et debout sur une roue brisée. H. 3 p. 9 l. L. 2 p. 2 l. mesure anglaise. Voyez Cat. Wilson p. 99. No. 246.

69. **Ste. Barbe.** Elle est tournée vers la droite et lit dans un livre. A droite, dans le fond, une petite tour. Le monogramme en bas, au milieu. Travail très-fin. H. 3 p. 6 l. L. 2 p. Musée Britannique.

70. **Ste. Ursule.** Elle est debout tenant une flèche et une palme. Au-dessous de son manteau se voient, à gauche, six jeunes filles de petite proportion et quatre à droite. Le monogramme W se trouve au milieu du terrain carrelé. H. 4 p. 9 l. L. 2 p. 11 l. Bibliothèque de Vienne.

71. **ROMA CAPVT MVNDI.** Telle est l'inscription qui se trouve au-dessus d'un monstre à corps de femme avec une tête d'âne, un pied

de chèvre et l'autre avec des griffes. Sur le derrière se trouve un masque et la queue termine par une tête de serpent. Le bras droit est perclus et enveloppé de bandes. Le corps est couvert, presque en entier, d'écailles. Dans le fond, à gauche, est le château St. Ange indiqué par les mots: 𝕮𝖆𝖘𝖙𝖊𝖑𝖎𝖘 𝖆𝖓𝖌. A droite, une porte à créneaux avec l'inscription: TORE DI NONA. Entre ces deux édifices coule le TEVERE. En bas, à gauche, on lit: JANVARII 1496, et, près des griffes, le W. A droite une urne. Estampe à l'eau forte. H. 4 p. 7 l. L. 3 p. 9 l. Dresde. Bibliothèque de la ville, à Francfort s. M. Musée Britannique.

On en trouve une copie sur bois dans le livre nommé „Papstesel“, avec le titre suivant: „Figur des antichristlichen Bapst und seiner Synagog.“ H. 5 p. 3 l. L. 3 p. 6 l.

72. La peseuse d'or. Demi-figure avec une haute coiffe à la néerlandaise. Elle est debout derrière une table avec des monnaies, des anneaux et des ornements en corail, tenant une balance de la main droite et pesant une pièce d'or. A gauche une petite caisse où sur un banc sont posés deux pots, un gobelet et des assiettes. En bas, au milieu, le W. H. 3 p. 2 l. L. 2 p. 1 l. Paris.

73. L'Oriental. Il s'avance vers la droite, conduisant son enfant par la main; dans la gauche il tient un arc. Derrière lui marche sa femme avec un enfant sur le dos. En bas, au milieu, le W. Copie en contrepartie d'après le maître de 1480. H. 3 p. L. 2 p. 3 l. Collection Albertine à Vienne. Francfort s. M.

74. L'homme subjugué. Une jeune femme, coiffée d'un bonnet élevé, chevauche vers la gauche sur le dos d'un vieillard richement vêtu. Elle tient la bride dans la gauche et lève un fouet de la droite. Sur la cuisse de l'homme les lettres ᴎE2EL. Au bas le W. Belle pièce imitée de celle du maître néerlandais de 1480. Bartsch X. p. 52. No. 27. Le sujet est aussi désigné sous le nom d'Aristote et Phyllis. H. 4 p. 2 l. L. 3 p. 1 l. Cobourg. Oxford.

75. La joueuse de luth. Assise sur un terrain couvert de gazon, elle est coiffée d'un bonnet élevé et joue du luth. A gauche, on voit un perroquet perché sur une branche. Au-dessus d'elle, une banderole sur laquelle on lit: 𝕺𝖈𝖍 𝖒𝖎𝖈𝖍 𝖛𝖊𝖗𝖑𝖆(𝖓)𝖌𝖊𝖙 𝖟𝖎𝖗 𝖉𝖚 𝖌𝖗𝖔𝖘 𝖒𝖊𝖎𝖓 𝖑𝖎𝖊𝖻𝖊𝖘 𝖑𝖎𝖇 𝖓𝖔𝖈𝖍 𝖉𝖎𝖗 𝖉𝖔𝖘 𝖌𝖊𝖑𝖆𝖚𝖇 𝖒𝖗 𝖛𝖔𝖗 𝖚𝖓𝖘. En bas, au milieu, le W. H. 5 p. 2 l. L. 3 p. 6 l. Berlin et Paris.

Bartsch VI. p. 343 croit que cette pièce n'est point de Venceslas d'Olmutz puisque le maniement du burin diffère beaucoup du sien; mais cette différence résulte probablement de ce que cette estampe étant une copie d'après un graveur néerlandais, il a voulu également en imiter le style de gravure.

76. **L'hôtesse et le cuisinier.** Copie en sens inverse d'après l'estampe d'Albert Durer No. 84. En bas le monogramme W. H. 4 p. L. 2 p. 11 l. Oxford.

77. **Femme tenant un bouclier.** Une femme sauvage, allaitant son enfant, tient de la main gauche un écusson avec une tête de lion. Copie en sens inverse d'après l'estampe de Martin Schongauer (Bartsch No. 100). Pièce ronde. Diamètre 2 p. 9 l. Paris. Musée Britannique.

78. **Tête d'un homme maigre.** Il est tourné vers la droite et porte une longue barbe avec une draperie sur la tête. En bas, à gauche, le monogramme W. Les coins sont arrondis. H. 2 p. 7 l. L. 1 p. 10 l. (Voyez Kunstcatalog de R. Weigel No. 20262.)

79. **Un bocal.** Sur un pied, orné de bossettes, s'élève un bocal en forme de poire. Le couvercle est entouré d'une guirlande de feuillage couronnée d'un fruit fantastique. Au-dessous le W. H. 9 p. 2 l. L. 4 p. 9 l. Paris. Dresde.

80. **Partie supérieure d'un ostensoir.** Elle est d'architecture gothique, en forme de clocher d'église. Des trois divisions dont elle se compose, on ne voit en entier que les deux supérieures, tandis que celle d'en bas ne présente que les pignons. Sans marque. H. 12 p. 9 l. La largeur en bas est de 5 p. 6 l. Le dessin du plan est imprimé sur une feuille à part. Dresde.

81. **Autre dessin semblable.** Il a beaucoup d'analogie avec le No. 55 de Bartsch. Comme dans celui-ci, le tabernacle est divisé en trois parties, dont la seconde est flanquée de contre-forts à arcs boutants et termine en pignons. La pointe ou partie supérieure n'est pas travaillée à jour, mais elle est massive et finit en panache. Sans marque. H. 21 p. 3 l. La largeur en bas est de 4 p. 2 l. En haut la planche n'a que 10 l. Collection de Mr. T. O. Weigel à Leipsic.

82. **Autre dessin semblable.** Il a également beaucoup d'analogie avec le No. 55 de Bartsch, mais il est moins haut, à ce qu'il paraît. (La pointe manque au seul exemplaire que nous connaissons.) La largeur en bas a 4 p. 11 l. La planche du plan porte, à droite, 4 p. 5 l. de hauteur, à gauche 4 p. 6 l. et de largeur 4 p. 9 l. Sans marque. Musée Germanique à Nuremberg.

Appendice.

On attribue encore à Venceslas d'Olmutz quelques estampes marquées d'un W, mais qui diffèrent tellement des siennes dans le maniement du burin et sont si médiocres que nous ne pouvons croire qu'elles
aient été exécutées par lui; de plus, l'une d'elles porte la date de 1527,
époque à laquelle le maître devait déjà être mort depuis longtemps;
ce sont les suivantes:

1. Ste. Barbe. Elle est debout, vêtue d'une ample robe et
tournée vers la gauche; sur ses longs cheveux épars elle porte une
couronne et tient des deux mains le livre où elle lit.   A gauche,
dans le fond, une tour.   En bas, à droite, la signature W ᴍᴅ; ces
deux dernières lettres indiquent probablement le millésime 1500.   Eau
forte moderne et d'un dessin exécrable.   H. 4 p. 2 l. L. 2 p. 6 l.
Berlin, Francfort etc.

2. Portrait viril en buste. Il est vu de profil, tourné vers
la droite et porte sur la tête une grande toque ronde.   Sa main gauche,
qui est trop petite, sort de son manteau.   En haut, vers les coins, on lit
$\frac{15}{W}$——$\Sigma 7$ (W. 1527). Eau forte très-médiocre. H. 3 p. 4 l. L. 2 p. 10 l.
Paris.

Ces deux eaux fortes diffèrent beaucoup, dans la manière, des deux
pièces rondes avec les écussons Nos. 43 et 44, comme aussi de celle
de la joueuse de luth No. 75 qui rappelle la manière du maître
des cartes à jouer.

I C. — I ⊡ C
(Bartsch VI. p. 382.)

On a souvent donné par erreur le monogramme de ce maître comme
étant celui de Jean de Culmbach, tandis que ce dernier (Hans von
Kulmbach) a toujours signé ses tableaux et ses dessins 𝕂 ou 𝕳𝕂
et appartenait au XVIᵉ. siècle, puisqu'il était élève d'Albert Dürer dont
il a suivi la direction dans son art.   L'attribution de cette signature à
Jean Clein de Nuremberg, éditeur de Leyde vers 1511, est aussi peu
tenable.   Brulliot nous a donné sa marque d'imprimeur (Dict. II.

No. 2862), qui diffère beaucoup du monogramme de notre maître. L'opinion que les initiales I C. signifient Johannes Coloniensis, est plus vraisemblable, puisque l'écusson avec les trois couronnes qu'il ajoute quelquefois à ses initiales, indique au moins la ville de Cologne. Notre artiste n'est pas un maître original, n'ayant fait que des copies d'après les gravures de Martin Schongauer et dont les contours sont durs et raides. Bartsch donne quatorze pièces de son œuvre, auxquelles nous pouvons encore ajouter les deux suivantes.

Additions à Bartsch.

15. Le Christ en croix. A gauche la Vierge, à droite St. Jean tenant un livre; tous deux ont la tête entourée de rayons. En bas les initiales I C. H. 4 p. L. 2 p. 9 l. Copie d'après M. Schongauer (Bartsch No. 23). Dresde. Munich.

16. Un encensoir. Copie, dans le même sens, d'après Martin Schongauer (Bartsch No. 107). Signée I C. Dresde.

Dessinateur et graveur.
(Bartsch VI. p. 390 et VII. p. 456.)

Nous n'avons point sur le maître qui s'est servi de ces initiales des notices anciennes ou qui s'appuient sur un document quelconque. Bartsch les attribue, ainsi que le monogramme composé de V. G. entrelacés, à Urse Graf, ce que de Murr et d'Annone de Bâle, avec beaucoup de raison comme on l'a déjà remarqué, ne peuvent admettre puisque le monogramme composé des lettres divisées appartient à un autre graveur plus ancien dont la manière est très-différente de celle d'Urse Graf et révèle un élève ou un imitateur de Martin Schongauer. Deux de ses pièces sont même des copies d'après les compositions de ce maître. On trouve encore des gravures sur métal avec les mêmes initiales dans des éditions de Strasbourg des premières dix années du XVIᵉ siècle, et nous les croyons exécutées d'après des dessins du même maître. D'après des renseignements qui nous sont venus de Bâle, nous trouvons que, déjà en 1485, un graveur nommé Urs Gemberlein s'occupait de son art dans cette ville, mais nous n'avons pu apprendre sur quelles données se base cette assertion. Du reste, le catalogue de l'œuvre d'Urse Graf, donné par Bartsch, contient des pièces appartenant aux deux maîtres et qu'il est nécessaire de séparer; nous sommes également à même d'augmenter son catalogue en ce qui regarde les deux.

Gravures au burin.

1. **Le baptême de Jésus Christ.** Copie en sens inverse d'après M. Schongauer Bartsch No. 8, à laquelle cependant on a ajouté Dieu le Père dans une gloire dont les rayons descendent vers le Christ. La copie est aussi d'une plus grande dimension et porte en bas, au milieu, le second des trois monogrammes que nous avons donnés plus haut. H 7 p. 11 l. L. 5 p. 2 l. Bâle. Musée Britannique.

2. **Le Christ en croix.** A gauche la Vierge tombe évanouie, soutenue par St. Jean; à côté d'eux est une sainte femme, vue de profil, à droite, et deux soldats. Au bas, à côté du crâne et des ossements, la seconde signature. Belle pièce, mais maigre et raide de dessin et de burin. H. 5 p. 6 l. L. 3 p. 7 l. Cobourg. Voyez aussi Bartsch VII. p. 458. No. 1.

3. **St. Christophe.** Il porte l'enfant Jésus à travers l'eau, la droite appuyée sur la hanche et tenant de la gauche un tronc d'arbre avec deux branches à guise de fourche. A ses pieds nagent deux poissons, un cygne et une sirène. L'hermite avec sa lanterne se trouve à gauche près d'un rocher. Dans le lointain la mer avec un vaisseau à pleines voiles. Le monogramme est au bas près de la bordure. Travail un peu rude. H. 4 p. 5 l. L. 3 p. 6 l. Bibliothèque de Vienne.

4. **Une des vierges folles.** Demi-figure, vue de face. Copie d'après Martin Schongauer No. 87. La troisième des marques est vers le milieu. H. 5 p. 8 l. L. 3 p. 8 l. Voyez Bartsch VI. p. 390. On en a des épreuves modernes.

Gravures sur bois ou sur métal.

1—25. **La passion de Jésus Christ en vingt-cinq feuilles.** H. 8 p. L. 5 p. 9—10 l. Bartsch VII. p. 459. No. 2.

1. Jésus devant le temple.

2. La résurrection de Lazare. Sans signature, mais d'un meilleur travail que la plupart des autres pièces.

3. Conseil des prêtres et des pharisiens.

4. La Madeleine essuyant les pieds du Sauveur qu'elle soutient; sans signature.

5. L'entrée dans Jérusalem.

6. Le figuier sec.

7. Le Christ enseigne dans le temple.

8. Judas chez les docteurs de la loi; il tient les trente pièces d'argent.

9. La Cène et le lavement des pieds. Pièce non signée.

10. Le Christ au jardin des oliviers.

11. Le Christ devant Anne.

12. Le Christ devant Caïphe. Bartsch VII. p. 491. No. 6.

13. Judas rend les trente pièces d'argent.

14. Le Christ devant Pilate.

15. Jésus devant Hérode.

16. Jésus Christ de nouveau devant Pilate.

17. Le Christ montré aux Juifs.

18. Pilate se lave les mains.

19. Le portement de croix. Gravure sur métal, très-raide.

20. Le Christ en croix, gravé comme la précédente.

21. Longin perce le Christ au côté. [41])

22. La déposition de croix.

23. Les saintes femmes allant au tombeau.

24. La résurrection. Pièce non signée. [42])

De ces gravures sur métal trois ne portent point de signature, tandis que 20 d'entre elles portent les initiales V. G. du maître. Elles ont été soit publiées, soit employées à diverses occasions et seulement en partie. L'édition la plus ancienne avec date où nous les trouvons est celle du livre, publié en 1506, intitulé: „Der text des passions oder leidens christi, uss den vier evangelisten zusammen in eyn syn bracht mitt

---

41) Dans le Cabinet de Munich on trouve parmi cinq pièces une qui représente le crucifiement et où, à côté du cavalier, se trouve un écriteau avec l'inscription: „vere filius dei erat iste“ et au-dessous les initiales V𝒢; il se pourrait donc qu'il existât des éditions avec 26 gravures sur métal.

42) Cette pièce est, dans le dessin et le faire, différente des autres et paraît être gravée sur bois. Comme elle se trouve également dans le livre intitulé: „Passio Jesu Christi etc. cum figuris artificiosissimis Joannis Vuechtlin,“ sans lieu ni date, on ne peut douter qu'elle n'appartienne à cet artiste de Strasbourg. Voyez aussi DRONKE, Kunstblatt 1823. p. 352.

schönen figüren; — in fine: gedruckt von Johannes Knoblouch zu Strassburg, anno millesimo quingentesimo sexto." In-fol.

Au revers du dernier feuillet dans cette édition se trouve la gravure sur métal suivante:

    25. L'homme de douleur, entouré des instruments de la passion. Bartsch VII. p. 462. No. 8.

La seconde édition, en allemand, chez le même éditeur et ne contenant que 24 gravures, est de 1507 et porte le titre latin suivant: „Passio Domini nostri Jesu Christi ex evangelistarum textu etc. — in fine: Johannes Knoblouchus imprimebat Argent. Anno 1507." In-fol. La quatrième édition, en latin, parut en 1508 in-fol.

Dans le Musée de Berlin se trouve un exemplaire sans date et qui est probablement de la première édition de toutes.

Ces gravures sur métal diffèrent beaucoup entr'elles dans le style de gravure de manière qu'il n'y a aucun doute qu'elles n'aient été exécutées par plusieurs artistes, quoiqu'elles soient toutes signées du même monogramme qui est celui du dessinateur.

× I × H × G ×

(Voyez Brulliot Dict. II. No. 1523.)

    1. Le cœur consacré à Dieu. Deux anges, à grandes ailes, tiennent un cœur. Au-dessus, Dieu le Père est assis tenant de la main droite une flèche et de la gauche le globe du monde. En bas, à gauche, est agenouillé un moine de petites proportions portant une banderole avec les mots: MISERERE MEI DEVS. Les initiales sont au milieu du bas. Brulliot remarque que l'on peut prendre aussi la dernière lettre de la signature pour un C. L'estampe est entourée d'un double trait qui touche l'auréole du Père éternel. H. 3 p. 8 l., bordure comprise. L. 3 p. La manière de la gravure indique l'école de M. Schongauer.

$$\boxed{\mathsf{P\,b\,R}}$$

1. **La reine du ciel.** La Vierge est debout sur le croissant, et tient l'enfant Jésus, nu, sur le bras droit en lui offrant deux œillets. Elle porte une couronne composée d'un double rang d'étoiles et se voit entourée de rayons à guise de flammes. Les coins supérieurs de la gravure sont remplis par un ornement gothique. En bas, à droite, la tablette avec le monogramme et à gauche les lettres M K ou M R, comme le dit Brulliot, Dict. II. No. 2221, et qui semblent signifier **Maria Königin** ou **Maria Regina**. H. 4 p. L. 2 p. 10 l. Paris. Cette gravure médiocre est traitée dans le style de Martin Schongauer.

$$\dot{\mathsf{x}}\!\!\mathsf{x}$$

(Bartsch VI. p. 397.)

1. **St. Jean l'évangéliste à Patmos.** Bartsch No. 1. Copie en sens inverse d'après M. Schongauer Bartsch No. 55.

2. **Un ange tenant un écusson.** Copie en sens inverse d'après M. Schongauer Bartsch No. 96, avec bordure formée d'une triple ligne. En bas, au milieu, le monogramme. Pièce ronde; diamètre 2 p. 11 l. Coll. Meyer. T. O. Weigel à Leipsic.

3. **L'homme à genoux tenant un écusson.** Copie d'après M. Schongauer Bartsch No. 101. Bibliothèque Bodléienne à Oxford.

$$\circ\mathsf{L}\cdot\mathsf{3}\circ\;\; \mathsf{l}\cdot\mathsf{2}\cdot\mathsf{9}\cdot\wedge\cdot$$

1. **Le voile de la Véronique.** St. Pierre et St. Paul tiennent le voile avec le **vera icon** ou la sainte face. Au-dessus on voit les clés en sautoir et la tiare. Aux côtés s'élèvent des colonnes ornées qui soutiennent, dans l'exemplaire de Paris, le commencement d'un arc

non fermé. Le jet des draperies est tout-à-fait dans le style de M.
Schongauer, les têtes des apôtres sont un peu fortes, les veines des
mains et des pieds très-marquées. En bas, au milieu, le monogramme.
H. 10 p. 6 l. L. 7 p. 8 l. Paris.

·H ✚ B· , Ӈ · B·

1. Le Christ en croix. La draperie, autour des reins, flotte
des deux côtés. La Vierge, debout à gauche, lève son manteau vers
le visage. A droite, St. Jean, tenant un livre de la main gauche, étend
la droite jusqu'à la croix et regarde le Sauveur. Au milieu du bas,
le premier des deux monogrammes ci-dessus. Très-bonne gravure dans
le style de M. Schongauer et qui se trouve imprimée dans un manuscrit du XVᵉ. siècle. H. 3 p. 10 l. L. 2 p. 9 l. Paris. Brulliot,
dans sa Table gén. des Monogrammes No. 996, ne donne pas exactement celui-ci.

2. Le Sauveur. Il est vu de face, donnant la bénédiction.
Le fond est couvert par un tapis et les côtés sont fermés par des colonnes soutenant un arc orné. En bas, à droite, le second des deux
monogrammes ci-dessus. Cette pièce est une imitation du Christ, avec
une inscription en bas allemand, d'un élève du maître de 1466 et dont
nous avons déjà donné la description page 90 No. 41 dans le catalogue de l'œuvre de ce maître. H. 3 p. 7 l. L. 2 p. 4 l. Berlin.

3. La messe de St. Grégoire. Il est agenouillé au milieu
de l'estampe devant l'autel, sur lequel apparaît le Christ. A gauche
est un cardinal tenant une croix; à droite se trouvent deux évêques.
Sur le devant, à gauche, on voit St. Jean Baptiste debout, à droite
l'apôtre St. André. Dans le fond, à gauche, encore trois autres figures.
En bas et au milieu le monogramme. H. 3 p. 6 l. L. 2 p. 6 l.
Dresde.

B J R
(Bartsch VI. p. 394.)

Ce maître original s'approche beaucoup de Martin Schongauer dans quelques-unes de ses gravures et surtout dans celle de l'Adoration des Mages No. 1 et de la Vierge No. 3. C'est pourquoi nous l'avons placé dans son école. Bartsch décrit cinq pièces de ce maître; nous remarquerons seulement que l'estampe de la Vierge No. 3 mesure, quand elle est entière, H. 5 p. 11 l. L. 5 p. Paris.

Addition à Bartsch.

6. Le Christ en croix. A ses côtés, se trouvent les deux larrons attachés à leurs croix par les jambes et les bras liés avec des côrdes. Au bas, un peu de terrain sans paysage avec le monogramme. La planche est rognée dans le coin à gauche. Gravure d'un style archaïque, mais traitée avec vigueur; le dessin est plein. H. 9 p. L. 6 p. 1 l. Paris, provenant du Cabinet Dubois.

Appendice.

Dans la collection de Bâle se trouve une épreuve de la gravure néerlandaise „Échec au roi" (Bartsch X. p. 55. No. 32), sur laquelle le monogramme de notre maître avec l'ancre se trouve estampillé. Mais comme cette gravure, très-bien traitée, n'offre pas la moindre trace de ressemblance avec la manière de notre artiste, il est plus probable que la planche lui ait appartenu et qu'il ait mis son monogramme sur les épreuves, en guise d'adresse. On trouve des exemples de cet usage chez plusieurs graveurs contemporains, chez Israhel de Meckenen et chez le maître ⌶⌷⌶, par exemple, qui ont apposé leur marque sur des gravures de Franz von Bocholt et du maître H avec le couteau.

HTV⅄

La seule gravure que nous connaissions de ce maître est d'un travail assez rude, cependant le maniement du burin et le style du dessin annoncent un élève ou un imitateur de Martin Schongauer.

1. **Tête virile.** L'homme est fortement tourné vers la droite, la tête entourée d'une draperie étroite. Le caractère et l'expression des traits ont quelque chose de vulgaire. En bas, au milieu, se trouve la signature. H. 4 p. 3 l. L. 2 p. 10 l. Catalogue Weber No. 18.

♂ ✕ ⅄

(Brulliot, Dict. II. N. 2838.)

Le monogramme de ce maître paraît composé d'un G et d'un I séparés par un instrument de graveur. Sa taille très-légère est un peu indécise. Deux de ses pièces sont des copies d'après Martin Schongauer; la troisième, celle du St. Christophe, rappelle la manière du maître de 1466.

1. **Le Christ en croix** entre la Vierge et St. Jean. Au milieu la signature. Copie d'après la grande estampe de M. Schongauer No. 25. Dresde.

2. **St. Christophe.** Il porte l'enfant Jésus sur les épaules, tient de la droite un gros bâton et appuie la gauche sur sa hanche. A gauche quelques rochers où se voit l'hermite avec sa lanterne; à droite des roseaux. Au milieu une colline sur laquelle se trouve la signature. H. 6 p. L. 4 p. 1 l.?

3. **St. Sébastien.** Copie en sens inverse d'après M. Schongauer (Bartsch No. 59). Berlin.

Ce maître, avec la date de 1501, semble être sorti de l'atelier de Martin Schongauer et, à tout événement, doit être compté parmi ses imitateurs. La date, en sens inverse, paraît indiquer une épreuve de nielle.

1. La Vierge. Elle est assise, sa draperie largement étendue sur le terrain et tient, sur le genou droit, l'enfant Jésus couché qui tient l'index dans la bouche. Elle est entourée de rayons. Au bas, en dehors de la bordure linéaire, la marque ci-dessus. Pièce ronde. Diamètre 2 p. 7 l. Dresde. (Heinecken, Nouv. rech. p. 397, avait lu le millésime ci-dessus 1871.)

La seule pièce que nous connaissons de ce maître est traitée dans la manière du maître **A O**, mais d'une exécution inférieure. C'est probablement le coup d'essai d'un orfèvre.

1. Ecce homo. Le Christ est debout au-dessous d'un arc, Pilate et un soldat tiennent son manteau entr'ouvert. A gauche, le peuple au milieu duquel on voit deux individus portant des croix. En bas, au milieu, le monogramme. H. 5 p. 5 l. L. 3 p. 11 l. Dresde.

1. St. Jacques le mineur. Copie en sens inverse d'après Martin Schongauer No. 40. H. 3 p. 1 l. L. 1 p. 8 l. Collection privée de feu le roi de Saxe à Dresde. C'est peut-être l'épreuve d'un nielle.

Gravures au burin non signées de l'école de Martin Schongauer.

1. **L'adoration des rois.** A droite, devant une porte cintrée, est assise la Vierge tournée vers la gauche et tenant devant elle l'enfant Jésus dont l'un des rois agenouillés baise les pieds, tandis que l'autre tient une coupe. Un serviteur présente une autre coupe gothique au plus jeune des rois dans le fond, à côté duquel se trouve un vieillard. St. Joseph, vu en partie seulement et de profil, est debout derrière la Vierge. Au milieu du haut, l'étoile. Gravure médiocre de l'école de Martin Schongauer. **H. 7 p. 7 l. L. 5 p.** Berlin.

2—5. **Quatre sujets de la vie de Jésus Christ.** Pièces rondes de 1 p. 10 l. de diamètre.

2. **La visitation.** Marie à droite.

3. **La présentation au temple.** L'enfant Jésus, vêtu, est debout sur l'autel, tenu par le grand prêtre.

4. **La déposition de croix.** Le corps du Christ est descendu au moyen d'un drap et reçu par un homme qui se tient derrière St. Jean. A droite quatre saintes femmes assises.

5. **Le Christ et la Ste. Vierge.** Il est assis, donnant la bénédiction, et tient le globe du monde; à droite et à côté de lui la Vierge. Le banc a un dossier gothique orné. Au-dessus et à côté d'eux des nuages de style conventionnel.

La manière, dans ces gravures, ressemble à celle du maître B. M. sans pourtant la reproduire tout-à-fait et n'est pas assez bonne pour lui appartenir. Berlin.

6—23. **18 estampes de la passion. H. 1 p. 3 l. L. 1 p.** Cette série d'estampes se trouve dans la Collection de Munich. La gravure en est assez belle, dans la manière de Martin Schongauer, et le crucifiement est même une copie d'après ce maître. Ce sont les suivantes:

6. L'entrée à Jérusalem.

7. Jésus chasse les vendeurs du temple.

8. La Cène.

9. Le lavement des pieds.

10. Jésus au jardin des oliviers.

11. Trahison de Judas.

12. Jésus devant Caïphe.

13. Jésus devant Pilate.

14. Jésus devant Hérode.

15. Le Christ de nouveau devant Caïphe.

16. Le Christ encore devant Pilate.

17. Le couronnement d'épines.

18. La flagellation.

19. Jésus présenté aux juifs.

20. Le portement de croix.

21. Le Christ attaché à la croix.

22. Le crucifiement, copie d'après M. Schongauer (Bartsch No. 22).

23. La déposition de croix.

24. **Le portement de croix.** H. 4 p. 3 l. L. 4 p. 5 l. Bartsch X. p. 4. No. 8. Pièce peu importante.

25. **Le Christ en croix.** Aux côtés la Vierge et St. Jean. H. 3 p. 9 l. L. 2 p. 7 l. Bartsch X. p. 6. No. 12. Pièce médiocre.

26. **Le Sauveur.** Le Christ, tenant le globe du monde, bénit de la main gauche. Figure sans les pieds, sur fond noir. H. 5 p. 8 l. L. 2 p. 8 l. Munich. Cette pièce paraît être un travail d'essai de quelque jeune orfèvre de l'école de M. Schongauer qui a pris pour modèle l'estampe du maître de 1466, Bartsch No. 50.

27. **Le Christ tenant un écusson avec les instruments de la passion.** Il est debout à gauche, les reins seuls couverts, et tient la croix de la main droite avec l'écusson devant lui. On voit sur ce dernier un cercueil avec les instruments de la passion. Sur le heaume, entouré de la couronne d'épines, s'élève la main divine qui bénit. Les lambrequins du heaume, découpés à feuilles de chardon, remplissent le reste de l'espace. En bas sur un listel on lit: „𝕴𝔫 𝔠𝔯𝔲𝔠𝔢 𝔭𝔲𝔤𝔫𝔞𝔳𝔦 𝔪𝔬𝔯𝔦𝔢𝔫𝔰, 𝔪𝔬𝔯𝔱𝔢𝔪 𝔰𝔲𝔭𝔢𝔯𝔞𝔳𝔦" etc. H. 3 p. 11 l. L. 2 p. 6 l. Bibliothèque de Liége.

28—39. **Jésus Christ et onze apôtres.** H. 7 p. 6 l. L. 3 p. 9 l.

28. **Le Christ.** Il est vu de face, dans l'action de bénir, debout sur le terrain qui est un peu arrondi vers les côtés.

29. **St. Pierre.** Il est tourné vers la gauche, tenant un livre et les clés.

30. **St. André.** Il est tourné vers la gauche, tenant un livre et devant lui sa croix.

31. **St. Jacques le majeur.** Il s'avance vers la gauche, tenant un bâton. Sur son manteau de pèlerin une coquille.

32. St. Jean. Il est vu de face et prononce la bénédiction sur un calice d'où sort un serpent.

33. St. Barthélemi. Il s'avance vers la droite, tenant de la main droite le couteau, de la gauche un livre.

34. St. Thomas. Il est tourné vers la droite et tient une lance.

35. St. Jacques le mineur. Il s'avance vers la gauche en tournant la tête vers le spectateur; sur le bras gauche il tient un livre et appuie son épée par. terre.

36. St. Mathias. Il est vu de face et appuie la gauche sur une perche de foulon.

37. St. Simon. Il s'avance vers la gauche tenant une scie et lit dans un livre qu'il tient devant lui de la main droite.

38. St. Judes Thaddée. Il est vu de face et tient de la main gauche, cachée sous son manteau, une massue qui est appuyée sur le terrain.

39. St. Paul. Il s'avance vers la droite, tenant un livre de la main droite et la gauche sur son épée appuyée sur le terrain.

A cette suite appartiennent sans doute les apôtres St. Philippe et St. Mathieu qui manquent ici; le travail en est excellent, dans le style de M. Schongauer, mais les draperies sont jetées en masses d'un style un peu plus large. Bâle.

40. La Vierge. Elle est assise, vue de face, sous un tabernacle richement orné de cinq flèches gothiques, et présente à l'enfant Jésus, nu, qu'elle porte sur le bras droit, une pomme vers laquelle celui-ci porte les deux mains. Derrière le siége s'étend un tapis; le terrain est carrelé en lignes diagonales. Jolie pièce. H. 4 p. 6 l. L. 2 p. 9 l. Musée Britannique.

41. La Vierge. Elle est assise sur un tertre, tenant un livre et regardant, couché devant elle, l'enfant Jésus qui tient un petit pot et une cuillière. Celui-ci regarde trois petits anges, placés à droite, dont un joue de l'orgue, tandis que les deux autres chantent. Le fond est un paysage où l'on voit à gauche une ville près d'un lac et à droite, au-dessus d'un petit chêne, un château sur un rocher. H. 7 p. 9 l. L. 10 p. 4 l. Paris. Bâle.

42. St. Jean dans l'île de Patmos. Il est agenouillé, tourné vers la gauche, tenant devant lui un livre et trempant sa plume dans l'encrier, tandis qu'il lève les regards vers la Vierge et l'enfant Jésus, demi-figures dans les nuages. Devant lui, à gauche, se tient

l'aigle, posé sur une pierre plate.   A droite se trouve un livre à terre.
On voit à gauche, sur un rocher, trois oiseaux et dans le paysage,
au-dessus de la tête de l'apôtre, une biche.   Dans le fond la mer avec
une île et une ville.   H. 6 p. 9 l. L. 5 p. 1 l.   Cobourg.

43. St. Jean dans l'île de Patmos.   Il est agenouillé,
tourné vers la droite, couvert d'un manteau volant et tient de la droite
un livre sur son genou, tandis qu'il lève la main gauche.   Au-dessus
d'un rocher à droite, apparaît, de petites proportions, la Vierge, debout
sur le croissant et tenant l'enfant Jésus dans les bras; elle est entourée de rayons.   A gauche un paysage montagneux avec une rivière.
H. 6 p. 4 l. L. 5 p.   Dresde.

44. Ste. Catherine.   Elle est à genoux, les mains jointes et
tournée vers la droite, devant la roue brisée par le feu du ciel.   Sur
le devant sont étendus six hommes renversés et quatre autres derrière la
Sainte où l'on voit encore, debout à gauche, son père, richement vêtu, avec
sept autres personnes armées d'épieux et de haches. H. 10 p. 4 l. L. 7 p. 6 l.
Musée Britannique.

45. Le vieillard et la jeune femme.   Elle est vue de face,
assise à droite sur un tertre, ayant à côté d'elle un vieillard qui l'é-
treint et veut lui donner un baiser.   Un petit chien à ses côtés saute
vers elle.   H. 4 p. 7 l. L. 3 p. 6 l.   Dresde.

46. Le voyageur.   Il s'avance vers la gauche près d'une colline et
tourne la tête vers la droite.   De la main droite il tient un rosaire en
même temps qu'un bâton léger sur lequel il appuie aussi la gauche.   Il
porte un long couteau à la ceinture et un sac pend à son côté gauche.
Son manteau est jeté vers la droite; à gauche un fragment de rocher.
Pièce d'une bonne exécution.   H. 3 p. 8 l. L. 2 p. 4 l. (?)   R. Weigel.

47. Deux écussons tenus par un ange.   Celui-ci est debout,
les ailes déployées, vêtu d'une longue tunique et tenant deux écussons;
celui de gauche porte quatre fasces, or; celui de droite écartelé, le premier et le quatrième a une double fasce, le second et le troisième a la
roue de Mayence.   H. 6 p. L. 6 p. 6 l. (?)   Dresde et Berlin.   D'après
une communication de Mr. C. Becker cette gravure a été employée
pour un Missel de Mayence de 1482.

48. Riche ornement de feuillage avec un perroquet.
La tige, située en bas à gauche, se replie vers la droite.   Au milieu
du feuillage et des fleurs fantastiques se voit un perroquet de l'espèce
des Aras.   H. 3 p. 8 l. L. 5 p. 9 l.   Dresde.

Graveurs au burin de la haute Allemagne du XVe. siècle.

ϵ ✠ S

Fitus (Veit) Stoss.

(Bartsch VI. 66.)

Voici ce que Jean Neudoerffer nous apprend sur ce maître dans ses „Notices sur les Artistes de Nuremberg":

„Veit Stoss, natif de Cracovie, n'a pas été seulement sculpteur, mais il entendait également le dessin, la gravure sur cuivre et la peinture. Il épousa la demoiselle Barbe Herz d'ici et devint aveugle dans sa vieillesse. Il parvint à l'âge de 95 ans, se priva de boire du vin et vécut très-sobrement. On trouve beaucoup de ses ouvrages dans le royaume de Pologne. Il exécuta, pour le roi de Portugal, Adam et Ève de grandeur naturelle en bois et coloriés d'une telle forme et d'une telle apparence qu'il les faisait paraître vivants de manière à étonner ceux qui les contemplaient."

Il décrit ensuite plusieurs sculptures en bois exécutées à Nuremberg depuis 1504 jusqu'à 1526 et conclut en disant qu'il mourut en 1542.

Nous devons, en outre, au libraire Ambroise Grabowski, citoyen de Cracovie, plusieurs renseignements sur la première partie de la vie de notre maître qu'il a tirés des régistres intitulés: „Acta cousularia Cracoviensia", conservés dans les archives du conseil de cette ville, et pour lesquels il faut consulter le Kunstblatt de 1847 No. 36 et 50. Nous y apprenons que le père de Veit Stoss était un Allemand qui se fixa à Cracovie, mais il est incertain si notre maître naquit dans cette dernière ville ou en Allemagne. Plusieurs documents, ainsi que divers monuments grandioses, témoignent de ses travaux comme sculpteur à Cracovie de 1472 à 1495. Depuis 1486 jusqu'en 1489 il se trouvait néanmoins absent de cette ville „pour affaires urgentes" et s'était probablement rendu à Nuremberg. Depuis 1495 on ne retrouve plus le nom de Veit Stoss dans les actes du conseil de Cracovie et c'est à cette époque qu'il dut se fixer définitivement à Nuremberg. Il mourut en 1542, et comme nous l'avons dit plus haut, aveugle, dans l'hôpital de Schwabach à l'âge de 95 ans, ce qui fixe la date de sa naissance à 1447.

Ses rares gravures sont toutes signées ſ S, entre les deux lettres une marque de tailleur de pierre; comme celle-ci se trouve également sur tous ses ouvrages de sculpteur qui se sont conservés jusqu'ici, il ne peut y avoir aucun doute sur la signification du monogramme que nous avons donné plus haut. Dans l'exécution de ses gravures il s'en tint plutôt à une manière pittoresque qu'à un maniement du burin d'après des principes sévères et réglés, cependant son exécution est fine et son dessin d'une bonne entente. Ses draperies ont souvent une ampleur exagérée, circonstance qui paraît n'avoir pas été sans quelque influence sur Albert Durer. Les épreuves de ses gravures sont maintefois sales ce qui indique que probablement elles ont été tirées au moyen d'une presse à main. Bartsch décrit seulement trois gravures de ce maître; nous pouvons en ajouter neuf autres.

Additions à Bartsch.

4. **Sainte famille.** Marie est assise à gauche et tisse le vêtement de l'enfant Jésus. Celui-ci est assis devant elle et joue avec son manteau. Joseph, à droite devant la porte de la chambre, perce des trous dans une poutre. Pièce cintrée. Le monogramme en bas à gauche. H. 6 p. 10 l. L. 5 p. 6 l. Dresde, Munich et Paris.

5. **La Vierge.** Elle est assise dans une chambre, couverte d'un manteau à riches plis et tenant l'enfant Jésus dans les bras. Celui-ci saisit de la main droite sa petite jambe gauche qu'il lève. On aperçoit un paysage à travers la fenêtre. En bas, vers la gauche, le monogramme. Les coins d'en haut sont arrondis. H. 4 p. L. 2 p. 9 l. Munich.

6. **La Vierge.** Elle est debout, vue de face, tenant l'enfant Jésus sur le bras gauche et de la droite une rose qu'elle contemple; son manteau, très-ample vers les côtés, lui cache les pieds. Comme il n'y a point d'indication de terrain, elle paraît être soutenue en l'air et probablement la gravure n'a jamais été terminée. La marque se voit à gauche. H. 7 p. 7 l. L. 5 p. 1 l. Musée Britannique. (Heinecken, Nouv. rech. p. 371. No. 1. Voyez encore Ottley p. 628.)

7. **La femme adultère.** A gauche on voit le Christ debout et à côté de lui St. Pierre. Quatre hommes, armés de pierres, entourent l'accusateur qui est placé devant l'adultère agenouillée. Deux autres s'éloignent. Le monogramme est en bas, à gauche. H. 7 p. 2 l. L. 6 p. 4 l. Munich.

8. **La décapitation d'un apôtre** (St. Paul ou St. Jacques). Il est agenouillé, les yeux bandés et tourné vers la droite. Le bourreau lève l'épée des deux mains pour lui porter le coup fatal. A droite un rocher. En bas, à droite, le monogramme. H. 5 p. L. 4 p. 2 l. Berlin, Munich. Coll. Meyer.

9. **Le martyre de Ste. Catherine.** Elle est agenouillée, tournée vers la gauche. Derrière elle le bourreau tenant l'épée baissée ou dans l'acte de la saisir. A gauche, parmi des rochers, des roues brisées. En haut, vers le milieu, se trouve le monogramme. H. 4 p. L. 2 p. 6 l. Munich.

10. **St. Geneviève.** Elle est debout, vêtue d'une longue robe et tient des deux mains, portées vers la gauche, un cierge allumé. Le monogramme est en bas, à gauche. H. 5 p. L. 3 p., marge exclue. Munich.

11. **Un masque grimacier.** Au-dessous d'un tabernacle à cinq flèches gothiques. Sans le monogramme, mais indubitablement du maître. H. 3 p. 4 l. L. 2 p. 2 l.

12. **Un chapiteau gothique.** Orné de feuillages à enroulements. Le monogramme est en bas, à gauche. H. 4 p. 1 l. L. 2 p. Musée Britannique. Munich.

Hans von Windsheim 1481.
(Bartsch VI. p. 312.)

D'après l'assertion du Dr. Nagler (Deutsches Kunstblatt 1853. p. 78) le monogramme ci-dessus indiquerait un graveur de Munich nommé Jean de Windsheim et nous attendons encore à ce sujet des preuves appuyées sur quelques documents. A en juger par sa manière de graver, un peu dure et rude, on pourrait croire qu'il a été orfèvre. Il n'a point de noblesse dans le dessin et, dans la représentation des caractères, il va quelquefois jusqu'à la charge. Deux de ses gravures portent la date de 1481 et 1482. Bartsch décrit de lui trois pièces auxquelles nous avons encore quatre à ajouter.

Additions à Bartsch.

4. **Moïse avec le peuple d'Israël dans le désert.** Il conduit avec Aaron les Israélites à travers le désert. Ceux-ci s'avancent du fond à droite, suivis de leurs troupeaux, et la marche se dirige vers la gauche. Sur le premier plan un gros griffon et un dragon s'attaquent l'un l'autre. Le millésime 1281 se voit entre les jambes de derrière du second monstre et le monogramme au-dessous du premier. Cette gravure est traitée avec beaucoup de force. H. 6 p. 8 l. L. 8 p. 10 l. Munich et photographié dans l'ouvrage de R. Brulliot.

5. **La décapitation de Ste. Barbe.** Elle est agenouillée, tournée vers la gauche; derrière elle un homme barbu coiffé d'un turban, et représentant le père de la Sainte, brandit un glaive pour la décapiter. Dans le riche paysage on voit deux personnages et à droite une petite tour. Les plantes sont traitées dans la manière du maître de 1466 ainsi que les draperies. Cette pièce est gravée avec plus de finesse que la précédente. Le monogramme est au bas. H. 7 p. 1 l. L. 5 p. 5 l. Munich. Brulliot (Dict. II. No. 1268) indique par erreur cette pièce comme représentant le martyre de Ste. Catherine.

6. **Ste. Catherine.** Elle est debout, tournée vers la gauche, dans une chambre voûtée et tient l'épée de la main droite. A gauche, sur la roue, le second des monogrammes ci-dessus. H. 4 p. L. 2 p. 5 l. Munich.

7. **St. George.** Il est agenouillé sur le dragon étendu sur le terrain et tourné vers la droite, et tient de la gauche un tronçon de la lance dont il a percé le monstre, tandis que de la droite il le frappe de son épée à la tête. Dans le fond, à gauche, la princesse agenouillée; à droite le cheval. Au milieu, et aussi dans le fond, les parents de la princesse dans le château. En bas, à droite et hors de la bordure formée par un double trait, le monogramme. Pièce ronde. Diamètre 2 p. 2 l. Berlin.

Bartsch X. p. 24. No. 43 décrit une composition semblable qui ne consiste cependant que du Saint et du dragon sans aucun fond et sans la bordure circulaire.   C'est probablement une épreuve de la planche non terminée.

MÆIR·1299.

Nicolaus Alexander Mair.

(Bartsch VI. p. 362.)

Paul Behaim, dans son catalogue de gravures rédigé en 1618, le désigne sous le nom de N. Mair 1499 de Landshut. Nous devons entendre, par là, la ville du même nom en Bavière et non celle en Moravie, comme Hawlik dans son „Histoire de l'Architecture etc. en Moravie" semble enclin à le croire, puisque le style du maître révèle claire-ment celui des graveurs au burin de la haute Allemagne vers la fin du XVe. siècle. Bartsch a donné lieu à cette opinion en attribuant les deux W qui se voient sur l'architecture de la pièce de Ste. Anne No. 8 à Venceslas d'Olmutz en ajoutant qu'il avait copié cette gravure de Mair qui probablement était son compatriote, opinion que nous devons d'autant moins adopter que cette estampe de Ste. Anne est traitée en-tièrement dans la manière de Mair lui-même. D'après une communi-cation de Mr. le curé E. Geiss de Landshut dans la Bavière inférieure au Dr. Nagler [43]), on trouve mentionné dans les archives de cette ville pendant les années 1492, 1499 et 1514, un certain „Nikel Alexander Mair Pictor", qui ne peut certainement être nul autre que notre maître. Selon Lipowski (Lexicon Bairischer Künstler I. p. 190) il mourut vers 1520. Mair a souvent couvert ses gravures d'une teinte brunâtre ou gris verdâtre pour les rehausser ensuite par des lumières au moyen de couleurs opaques, blanc ou jaune, d'une manière très-fine, imitant en cela ses propres dessins dont on peut voir un exemple dans la composition d'un „Christ présenté au peuple", conservé dans la collection de Munich, et dans les dessins de cette époque dont ces gravures ont toute l'apparence, ce qui a, peut-être, donné origine aux clairs-obscurs exécutés à la même époque dans la haute Allemagne au moyen de plusieurs planches en bois.

---

43) Dr. G. K. Nagler, Die Monogrammisten etc. I. p. 429.

Le maniement du burin chez Mair est toujours conduit avec adresse, quelquefois avec beaucoup de finesse et souvent d'une manière assez rude, de façon qu'il en résulte une certaine inégalité dans son œuvre. Bartsch décrit de lui 13 pièces sur lesquelles nous ferons quelques remarques pour en ajouter ensuite 6 autres.

Remarques au catalogue de Bartsch.

3. **Dalila et Samson.** La bibliothèque impériale de Vienne conserve une épreuve de cette pièce sur papier d'une teinte brunâtre avec des rehauts blancs, et l'Institut de Francfort s. M. une autre sur papier teinté gris verdâtre dans laquelle les rehauts de l'architecture sont en jaune, ceux des figures en blanc et dans les ciels l'horizon en orange, pour indiquer l'aurore, ce qui offre un ensemble d'un effet très-pittoresque.

4. **La Nativité.** Le Cabinet de Paris possède une épreuve de cette pièce, rehaussée avec beaucoup de finesse de blanc sur une teinte brunâtre.

On trouve aussi de cette gravure une copie en sens inverse sans date ou signature.

9. Cette pièce décrite par Bartsch sous l'indication du **martyre de St. Étienne** représente plutôt la légende dans le livre intitulé „Gesta romanorum" chap. 45 où l'on parle de quatre frères dont trois sont nés avant le mariage et le plus jeune après le mariage de la même femme. Après la mort du père ils se présentent tous comme ayant des droits égaux à l'héritage, tandis que le plus jeune, déclarant ses frères bâtards, fait valoir ses prétentions comme unique héritier. Le prince choisi comme juge, dans le but de connaître la vérité, ordonne que les prétendants tireront chacun une flèche contre le corps de leur père en assurant l'héritage à celui qui aurait fait le plus beau coup. Les trois premiers y consentent, tandis que le plus jeune, ayant en horreur un acte qui répugne à sa piété filiale, s'y refuse. Le juge, éclairé par ce moyen, le reconnait alors comme le fils véritable et l'héritier du monarque défunt.

13. **La maison gothique.** Il semble que la planche ait été perdue ou détruite peu de temps après que l'on en eut tiré les premières épreuves; du moins on ne trouve communément de cette pièce que des copies traitées d'une manière très-raide et l'unique exemplaire qui nous

soit connu de l'original se conserve dans la Collection Albertine à Vienne. Cette dernière gravure est exécutée avec finesse et se distingue par le beau caractère et le dessin des têtes; celle de la femme, en particulier, est très-belle et le mouvement de ses mains, avec le petit doigt étendu, d'un effet vraiment gracieux.

Additions à Bartsch.

14. **L'Annonciation.** La Vierge est agenouillée, à gauche, devant un prie-Dieu et se tourne vers la gauche où l'on voit l'ange agenouillé tenant une banderole vide. A gauche se trouve un vase de fleurs et en bas, dans le coin, la signature MAIR. **H. 6 p. 3 l. L. 4 p. 1 l. Gotha.**

15. **L'adoration des Mages.** La Vierge est assise au centre de l'estampe et tient, sur les genoux, l'enfant Jésus debout. Celui-ci se tourne vers la gauche où le plus vieux des rois est agenouillé avec une petite cassette qu'il indique de la main; le plus jeune et le roi maure se voient debout derrière lui et St. Joseph sous la porte de la maison, à droite. Plus en arrière, se trouvent deux bergers et, vers le milieu du haut, l'étoile. En bas, à droite, la signature MAIR. Belle pièce du maître. **H. 4 p. 5 l. L. 6 p. 9 l. Musée Britannique.**

16. **Un homme priant.** Il est agenouillé, vêtu d'une robe longue, devant l'autel d'une chapelle. De chaque côté de l'architecture, un ange dans l'attitude de la prière. En haut, dans les coins, des ornements qui se terminent par un lion. Sur la porte d'entrée se trouve le millésime 1499 et en bas, sur une tablette, le nom du maître. **H. 9 p. L. 6 p. Dresde. Gotha. Bibliothèque de Vienne.**

17. **Un jeune homme et un vieillard.** Demi-figures. Ils se trouvent sous deux arcs soutenus au milieu par une colonne. Le vieillard, portant une longue barbe, tient de la main droite son vêtement qui lui couvre la tête et place l'autre main sur un pupitre. A droite se tient le jeune homme, vu de dos et se tournant vers le vieillard, il porte un bourdon de pèlerin. En haut le millésime 1499. A gauche sur le pupitre MAIR. **H. 8 p. 2 l. L. 4 p. 3 l.** L'exemplaire du Cabinet de Dresde est imprimé sur un papier gris verdâtre et rehaussé de jaune.

18. **La jeune femme et l'adolescent,** demi-figures. Elle se voit à gauche, appuyée à un parapet et tournée de profil vers la droite où se trouve le jeune homme. Les longs cheveux de celui-ci

sont couronnés d'une guirlande et il tient une épée de la gauche. Un pilastre, avec niche ornée, divise l'estampe en deux et porte, vers le bas, le nom de MAIR. H. 3 p. 2 l. L. 5 p. Musée Britannique.

19. Femme tenant un écusson. Elle est vue de face, la tête enveloppée d'une draperie, tenant devant elle un écusson échiqueté de deux émaux et se trouve dans une petite chapelle avec deux colonnes torses et trois fenêtres. Sur les pilastres, aux côtés, se voient, sous des tentes ou petits baldaquins, deux figures de femmes et un homme agenouillé au bas entre des arabesques s'adresse à chacune d'elle. Au-dessous de la figure principale, une petite tablette avec le nom du maître. H. 8 p. 8 l. L. 5 p. 11 l. Berlin. Paris.

P P̄ W

Nous n'avons jusqu'ici trouvé aucun document ancien qui puisse nous fournir quelque renseignement sur ce graveur distingué. Ce n'est que très-récemment qu'il nous a été connu par une composition, en six grande feuilles, relative à la guerre de Souabe de 1499. Il s'y montre comme un artiste excellent et plein de fantaisie de l'école de la haute Allemagne vers la fin du XVe. siècle. Il manie le burin avec une grande finesse et en maître, et son dessin est très-caractéristique, plein de vie et de mouvement. Sa manière, tout en s'approchant de celle du maître M 3 de Munich, la surpasse en beauté.

Le seul exemplaire complet, d'une excellente impression, qui nous soit connu appartient au Baron de Aufsess et se trouve dans le Musée Germanique qu'il a fondé à Nuremberg. Dans le recueil intitulé: „Anzeiger für Kunde der Deutschen Vorzeit", 1853. p. 13 on trouve, entre autres, ce qui suit à ce sujet:

„Ce qui mérite surtout une attention particulière est une grande estampe composée de six planches jointes ensembles qui se trouve au Musée Germanique, H. 1 pied 7 pouces, L. 3 pieds 6 pouces, qui représente, moitié géographiquement, moitié historiquement, le théâtre de la guerre de 1499 entre l'empereur Maximilien I et les Suisses et signé du monogramme P P̄ W. On sait que l'empereur n'acquit point de lauriers dans cette guerre et, par conséquent, il ne faudrait pas chercher l'auteur de cette gravure parmi ses partisans, mais plutôt parmi les adhérents de la Confédération qui avaient à immortaliser leurs victoires.   Probablement l'artiste inconnu vivait en Suisse ou dans un des états limitrophes, conjecture qui est appuyée, jusqu'à un certain point, par le filigrane du papier d'impression où l'on voit, d'une manière plus ou moins claire, le lys de France."

Les six feuilles, in-folio oblong, doivent être placées trois à trois les unes à côté des autres et sur la largeur, pour avoir le tout complet. Nous décrirons d'abord les trois supérieures et ensuite les trois inférieures qui forment le premier plan.   Les noms des endroits, des villes, des villages et la désignation des événements s'y trouvent constamment ajoutés.   Chaque planche mesure H. 9 p. 4—5 l. L. 13 p. 9—10 l.

a.   Le lac de Constance forme ici l'objet principal; des hommes armés le passent sur un gros vaisseau.   Dans le fond on aperçoit le Rhin.   A gauche on lit sur un rocher: OF DISSER MALSER HEIDE WART FIL FOLK ERSLACH.   A droite on voit les villes d'Appenzell et de St. Gall.

b.   Sur cette seconde feuille on voit, à gauche, la ville de Costenitz et plus loin l'assaut de Ermalingendorf.   WART FON SWABEN GEWO. VND SWEITZ WIDER W̄O FERBR̄NT.   Dans le fond la ville de „Zurich" (Zirchs).   Cette pièce porte deux inscriptions, la latine, à gauche, est comme suit: SUPPOSITA. PICTURA. REGIE. MAIESTA-TIS. HELVETIORV'. C̄OFLICTV. INSINVAT. QVO. QUISQ'. LOCO. VICTORIA. POCIT'. SIT. QVO. Q'. TĒRGA. PREBVERIT. OCULARI. DEMŌSTRACIŌE. EDOCĒS. IN. QUA. QUICQ'. HELVECIORUM. LOCO. S. LR̄A. PPONITUR.   L'inscription allemande, à droite, est la suivante: DIS IST DER KRICH TZWISCHĒ. DEM. RVMICHSSĒ KVNICK. VND. DEN SWEITZERN. VND. GANSE. LANTSCHAFT. STET. SLOS. VND. DVRFF. IM. SWEITZ'LAND. VND. EIN. DEIL FON. SWABE-LANT. VND WAIR. EIN. S. STAIT GETZEICHNIT. DAS. IST. DEN. SWEITZ'. VND. WORFĒ. DASAND'. DĒRICH. VND. DE'. SPRVNCK. VON. REIN. VND. THONAW. BEIDE.

c.   A gauche on voit représenté l'assaut de HALLAW. EIN. DORF. VAN. SWEITZ' GEWON.   Au milieu: TINGĒ. EIN. STAT. VAN. SWITZERN. GEWONN. VND. VERBRANT.   A droite l'attaque d'une barricade de chariots.   DORNACH EIN SLOS VOM KUNICK. BELACH' VND SWEITZ' VBERFILEN SI. IEMERLICH ERSLOGEN.   On voit encore sur cette pièce la ville de Bâle sur le Rhin.

d.   En haut les villes de Lindau et de Bochhorn près du lac de

Constance. En bas, à gauche, Biwerach, tout-à-fait sur le devant des cavaliers armés de toutes pièces deux à deux et accompagnés par des hallebardiers.

e. Continuation de la marche des cavaliers ci-dessus par un chemin creux; tout auprès on lit: SALMVCHSWILER. EIN. CLOST'. A côté du cloître se tiennent deux moines et un homme. Plus vers la droite, et tout-à-fait sur le devant, on voit trois lansquenets près d'une jeune femme coiffée d'une espèce de turban et tenant une baguette; au-dessous et à côté, le monogramme du maître. A travers un second chemin creux s'avance une autre marche de cavaliers. Près du lac on voit les villes de MERSPVRCH et de VEBERLLINGEN. Dans le lac même, la partie inférieure de l'île MAIGNO dont la partie supérieure se trouve sur la feuille *b.*

f. Près du Danube qui coule en venant de la gauche, on voit un homme vêtu d'un manteau court et couvert d'un chapeau à plumes. Dans le même fleuve, à droite, deux daims, trois autres se trouvent sur le rivage et un cerf est couché tout-à-fait sur la droite. Un peu plus loin un hallebardier gigantesque enfonce son arme dans le corps d'un soldat renversé, tandis qu'un lansquenet en perce un autre à travers le cou. Dans le fond plusieurs villes, comme STOCKART. ACH. ENGEN. ROTWIL. FILINGEN etc.

La bibliothèque impériale de Vienne possède un autre exemplaire des six feuilles restaurées, trouvées en Suisse par Mr. Butsch d'Augsbourg. On conserve à Munich les feuilles *b* et *c,* dans la Bodléienne d'Oxford quatre fragments de la dernière feuille et, dans la bibliothèque royale de Bruxelles, une partie de la feuille *f.*

Pw. — PW.
(Bartsch VI. p. 309.)

Nous manquons également de renseignements sur ce graveur de la haute Allemagne dont les travaux sont fort différents et beaucoup plus médiocres que ceux de l'artiste que nous venons de citer. Christ, dans son Dictionnaire des monogrammes p. 345, croit reconnaître dans cette signature celle de Guillaume Pleydenwurf, peintre (?) de Nuremberg que nous savons avoir „orné de figures" (mit figuren werklich.

geziert hat), en compagnie de Michel Wohlgemuth, la Chronique de Schedel en 1493. Mais non seulement les gravures sur bois de cette chronique diffèrent beaucoup dans le dessin de celui du maître Pw, mais il est tout-à-fait contre l'usage des monogrammistes de placer l'initiale du nom de baptême après celui de famille ou de se servir de deux lettres pour indiquer ce dernier. L'opinion de Christ, par conséquent, ne nous paraît point fondée.

Notre maître n'appartient pas, comme nous l'avons dit plus haut, aux meilleurs artistes du genre. Il est faible de dessin, ses figures allongées, avec des jambes à fuseaux, ont des formes singulières; ses têtes, néanmoins, sont souvent très-expressives. Il s'approche assez de Mair dans le maniement du burin. Bartsch décrit de lui trois pièces, auxquelles il nous est donné d'ajouter encore six.

Additions à Bartsch.

4. **Samson et Dalila.** Elle est agenouillée, tournée vers la droite, derrière le héros endormi et lui coupe la chevelure. Celui-ci est vêtu d'un riche costume selon la mode de la fin du XV°. siècle. Elle porte une coiffe dont les barbes flottent de chaque côté. Terrain couvert de gazon. Au milieu du bas la signature. H. 3 p. 6 l. L. 2 p. 5 l. (?) Paris.

5. **St. George.** Le Saint à cheval, armé de toutes pièces, le cimier du casque orné d'une grande plume, enfonce sa lance dans le corps du dragon renversé sur le dos à gauche. Le monogramme est au bas. H. 3 p. 6 l. L. 2 p. 1 l. (?) Paris.

6. **St. Jérôme.** Il est à genoux devant un crucifix, tourné vers la droite et se frappe la poitrine avec une pierre. Devant lui, à droite repose le lion. Dans le fond d'une caverne, on voit le Saint assis et parlant avec deux nonnes. A gauche, dans le riche paysage, se trouve un couvent et son église, vers laquelle s'avancent six chameaux et des chevaux suivis du lion qui, selon la légende, força les marchands de la caravane à rendre l'âne volé aux moines. Le paysage présente encore quelques autres sujets. Au milieu du bas, la marque. H. 8 p. 6 l. L. 12 p. 3 l. Dresde. (Heinecken, Nouv. rech. p. 382.)

7. **La joueuse de luth et le chanteur.** Une jeune dame jouant du luth est assise sur un tertre, à côté d'un jeune cavalier qui chante sur un papier de musique et lève la main droite en l'air. Il

st coiffé d'un chapeau orné de trois grandes plumes. A gauche, dans la muraille, se trouve une cruche. La signature est placée aux pieds de l'homme. H. 4 p. 2 l. L. 3 p. 3 l. Berlin.

8. **Deux lansquenets.** Celui de gauche est vu de face, celui de droite presque de dos et semble parler avec son compagnon. Ce dernier qui appuie la droite sur une hallebarde, a la tête couverte d'un bonnet avec plusieurs plumes tombantes; ses manches sont ornées de divers rubans. La signature est au bas, vers le milieu. H. 3 p. 6 l. L. 2 p. 4 l. Musée Britannique.

Si cette pièce forme le pendant du No. 3 de Bartsch elle a, aussi bien que celle d'Oxford, la même dimension que la précédente et non point 5 p. 8 l. sur 4 p. 2 l. qui est la mesure donnée par Bartsch.

9. **Ornement avec onze petits Amours.** Dans le feuillage à enroulements sur fond noir, se jouent onze Amours. Dans le coin à gauche, deux d'entr'eux sont assis, l'un vis-à-vis de l'autre. H. 4 p. 10 l. L. 3 p. 1 l. Paris. Coll. du roi de Saxe à Dresde.

Dans le catalogue de la Collection Blücher II. p. 22 une pièce semblable du maître est décrite de la manière suivante: „Trois rangées d'ornements de feuillages entre lesquelles on voit sept génies." Voyez Brulliot, Dict. II. No. 2362.

(Bartsch VI. p. 412.)

Cette signature appartient à un maître d'un talent très-original de la fin du XVe. siècle. Le St. Christophe No. 2 de Bartsch est fortement mouvementé et frise un peu le maniérisme. Nous ajouterons encore deux autres pièces à celles décrites par Bartsch.

3. **Le Christ en croix accompagné de plusieurs Saints.** Aux côtés du Christ planent deux anges tenant la colonne et la lance. La Madeleine est agenouillée aux pieds de la croix; à gauche St. Jérôme et à droite un moine (St. Dominique?) ayant la partie supérieure du corps découverte et qui se flagelle avec une chaîne. Le monogramme est au milieu du bas. L'exécution de cette gravure rappelle la manière néerlandaise. H. 5 p. 7 l. L. 4 p. 1 l. Paris.

4. **La Trinité.** Dieu le père, assis sur un trône, tient sur les

11 *

genoux le corps de son fils. En haut, vers la gauche, le St. Esprit et aux côtés deux anges qui planent dans l'attitude de la prière. La signature est au bas, à gauche. H. 3 p. 7 l. L. 2 p. 7 l. Paris.

M R.
(Bartsch VI. p. 413.)

Ce maître de la haute Allemagne vers la fin du XVe. siècle n'était pas bon dessinateur et ses formes sont lourdes. Son estampe de la Ste. Agnès rappelle néanmoins M. Schongauer. Nous pouvons ajouter trois autres pièces à celles décrites par Bartsch.

3.   Le Christ en croix. A ses côtés se tiennent la Ste. Vierge, les mains jointes, et St. Jean, les mains élevées; tous deux regardant vers le Seigneur, Au milieu du bas la signature. H. 8 p. 3 l. L. 6 p. 3 l. Collection Keil à Leipsic.

4.   Le Christ en croix et plusieurs Saints. Deux petits anges, à côté de lui, tiennent la colonne et la lance. S. Katrin embrasse le pied de la croix. A gauche est agenouillé S. Dompnicus se flagellant avec une chaîne; à droite S. Hieronymus. Les noms se trouvent toujours à côté des figures. Au bas et à côté de la croix la signature. Imitation de la pièce No. 3 du maître /M\. H. 5 p. 5 l. L. 3 p. 6 l. Bibliothèque de Vienne.

5.   Ste. Agnès. Elle est debout, tournée vers la gauche, tenant son vêtement et porte un livre sous le bras droit et de la main une palme. Elle a le cou traversé par une épée. La signature est peu visible et on pourrait y voir également les deux lettres M B. H. 2 p. 5 l. L. 1 p. 10 l. Musée Britannique.

ZZ, SS.
(Bartsch VI. p. 408.)

Ce maître dont Bartsch ne connaissait qu'une copie de la Vierge de M. Schongauer No. 28, n'a point seulement gravé aussi la Vierge No. 32 d'après ce dernier, mais encore deux pièces d'après Albert Durer, ce qui nous indique qu'il vivait encore au commencement du XVIe.

ècle. Ces gravures nous paraissent les essais d'un artiste de talent,
ependant il a manqué le dessin de la tête de l'enfant Jésus du No. 1.

1. La Vierge, debout, avec l'enfant Jésus dans les bras. Bartsch
o. 1. L'estampe entière mesure H. 6 p. 6 l. L. 4 p. 7 l.

2. La Vierge assise avec l'enfant Jésus dans une cour. En
as, au milieu, la signature. Copie en sens inverse d'après Martin
chongauer (Bartsch No. 32). H. 6 p. 2 l. L. 4 p. 4 l. Musée Bri-
annique.

3. La Vierge au singe. Copie d'après Albert Durer. En
as et au milieu S S dans le sens ordinaire et non à rebours.
. 5 p. 7 l. L. 3 p. 7 l. Collection Albertine à Vienne.

4. Les trois génies. Copie en sens inverse d'après Albert
urer (Bartsch No. 66). En bas, à droite, S S. H. 4 p. 5 l. L. 2 p. 9 l.
erlin. Francfort s. M.

E

1. St. George. Il galoppe vers la gauche et tient de la main
gauche une lance de tournoi qui touche à terre, à côté est étendu le
dragon mort. Dans le fond, la princesse agenouillée tient un petit
agneau (?) par un cordon. En bas à gauche, sur une tablette, la signature qui est un E gothique. Pièce médiocre traitée dans la manière
d'un nielle. H. 4 p. 4 l. L. 2 p. 9 l. Musée Britannique.

Des épreuves postérieures montrent au pied du cheval un ㅗ.
(Chez le duc d'Aremberg à Bruxelles.)

GV

Nous n'avons trouvé jusqu'ici qu'une seule pièce de ce vieux maître
distingué du XVe. siècle.

1. Ste. Félicité. Elle est debout, tournée vers la droite, la
tête couverte d'un voile, tenant de la main droite une discipline et de la
gauche un livre avec des phrases imprimées avec abbréviations dont on
déchiffre les suivantes: „delicias .... animos tua." Dans les rinceaux
de feuillage qui l'entoure on voit écrit sur deux banderoles: „Stulticia

.... d i s c i p l i n e f u g a b i t e a m " et „f i l i a .... e s s a p i a." En haut un vieillard et un jeune homme qui indiquent la Sainte; en bas pendent deux écussons dont le premier, mi-parti, porte au premier une fasce et au second une croix; l'autre, coupé, porte en chef le lion de Bohème, en pointe un lys. Aux pieds de la Sainte sont assis des enfants qui étudient, trois à gauche, quatre à droite. A la marge du bas on lit: 𝔖𝔞𝔫𝔠𝔱𝔞 𝔣𝔢𝔩𝔦𝔠𝔦𝔱𝔞𝔰. La marque est à gauche. H. 7 p. 3 l. L. 4 p. 8 l. Pièce collée dans un manuscrit de la Bibliothèque de Liége.

BW

Dans le catalogue de la Collection Sprickman Kerkerinck, Leipsic 1853, on décrit sous le No. 25 une gravure dont le monogramme est donné par erreur comme formé d'un B suivi d'un papillon, tandis qu'il est composé réellement des lettres B W, imprimées très-indistinctement et d'une encre pâle. Mr. P. Sprickman a trouvé cette estampe collée dans un Missel de 1488. La pièce en elle-même est peu importante et représente:

1. L'h o m m e d e d o u l e u r s. Il est assis avec la couronne d'épines, une draperie autour des reins, sur la croix posée à terre. Il tient la main droite à son côté et lève la gauche vers la tête. A gauche on voit un homme occupé à piocher avec un hoyau. A droite une ville. Pièce médiocre et qui paraît être le premier essai d'un jeune orfèvre. Médaillon de 1 p. 7 l. de diamètre. Francfort s. M.

✠

1. L a V i e r g e. Elle n'est vue qu'aux deux tiers, tenant l'enfant Jésus couché sur ses genoux. De chaque côté se trouve un petit ange. La marque est à gauche. C'est une gravure médiocre et, à ce qu'il paraît, d'un orfèvre de la fin du XVe. siècle. Médaillon de 2 p. 8 l. de diamètre. Berlin.

-----

1. **L'homme de douleurs.** Demi-figure, debout dans un sarcophage, avec les mains croisées sur la poitrine. Derrière lui la croix
d'où pendent le fouet et les verges. Pièce ronde avec un ornement
de nuages. 1 p. 11 l. de diamètre. Berlin.

---

1. **Un ornement de feuillage.** Trois triangles allongés et
juxtaposés, les bases vers le haut, sont remplis de feuillages enroulés,
tandis que le reste de la pièce est en blanc. Le monogramme est répété,
une fois en haut, deux fois en bas. Petit in-folio. Dresde.

---

1. **St. André.** Il tient de la main gauche deux troncs d'arbres
en croix vers un donateur à genoux. Celui-ci lui présente une banderole avec l'inscription: SANTE ANDREA ORA PRO ME. Devant
lui est placé un écusson avec la marque ci-dessus, qui n'indique probablement que les initiales du nom, A. W. Gravure dans la manière
du nielle. Médaillon, 1 p. 10 l. de diamètre. Dresde.

---

1. **St. Wolfgang.** Le saint évêque, tourné vers la gauche,
est assis sur un banc. Il tient, des deux mains, sur les genoux une

petite église, dans le toit de laquelle on voit enfoncée la hache. A
droite se trouve un arbre d'où pend la marque ci-dessus et qui pourrait
peut-être indiquer simplement l'initiale du nom du Saint. L'auréole de
celui-ci dépasse la ligne d'encadrement. Le fond est blanc et le travail exécuté à guise d'un nielle. H. 2 p. 4 l. L. 2 p. Bibliothèque
de Vienne. (Voyez aussi Brulliot, Dict. App. No. 3174 bis.)

S✗H

(Bartsch VI. p. 391.)

Bartsch n'indique de ce maître qu'une copie d'après M. Schongauer et une autre d'après la Vierge au singe qui appartient à la
seconde époque des gravures d'Albert Durer. Il en est de même de
celle de la dame à cheval sous le No. 82. Mais la gravure du portement de croix, montrant la date de 1515, est traitée dans la manière
des petits maîtres. La façon dont il se signe pourrait nous faire croire
qu'il était le fils de W. ✗ H (Wolf Hammer de Munich).

Additions à Bartsch.

3. **Le portement de croix.** Sous les murs de Jérusalem on
voit le Christ succombant sous le poids de la croix que Simon le Cyrénéen cherche à soutenir. A gauche, deux docteurs de la loi dont
un à cheval, à droite, la Véronique à genoux; la foule du peuple les
entoure. Au milieu du bas, une tablette avec la marque du graveur
et le millésime 1515. Belle pièce fortement traitée dans la manière
des petits maîtres. H. 2 p. L. 1 p. 5 l. Munich.

4. **La dame à cheval.** Copie en sens inverse d'après Albert
Durer, Bartsch No. 82. (Voyez Heller, Alb. Durer II. p. 499.)

ᛏ

1. **Deux musiciens.** Celui de gauche joue du fifre, celui de droite sur un tambourin et se prépare en même temps à danser. Ils portent tous deux des bonnets à grandes plumes avec de longues épées au côté, celle du musicien de droite dépassant le trait d'encadrement. Le monogramme est au bas. Le dessin est plein, mais néanmoins participe encore du style de la fin du XVe. siècle. H. 3 p. 1 l. L. 2 p. 2 l. Munich. (Voyez aussi Brulliot I. 3188.)

Ᵽ

1. **Un Saint avec l'enfant Jésus.** Une figure encapuchonnée et la tête entourée d'une auréole tient de la main droite une pomme (?) et conduit, dirigé à droite, un petit enfant habillé, couronné également d'une auréole, en le tenant par la main. Celui-ci regarde vers la gauche et tient la main gauche élevée. La marque est à gauche. Pièce ronde, diamètre 1 p. 3 l. R. Weigel.

ᴍƷ 1500.

(Bartsch VI. p. 371.)

Il existe plusieurs opinions sur le nom de ce maître, mais elles ont toutes besoin d'être appuyées sur quelque document irréfragable pour acquérir l'autorité nécessaire. Il paraît néanmoins certain qu'il vécut à Munich vers l'an 1500, puisqu'une de ses estampes, représentant le bal donné à Munich par le duc de Bavière Albert IV, surnommé le Sage, porte cette date. De Murr, dans sa description de la ville de Nuremberg p. 523, nous dit au sujet de notre artiste: „On possède son portrait au-dessous duquel on voit écrit: M a t h æ u s Z a - s i n g e r S c u l p t o r N o r i m b. Il vivait à Nuremberg et on ne doit pas le confondre avec Mathieu Zink (qui se servait d'un monogramme identique) et qui, né en 1498, mourut en 1586.

Aretin, dans son Appendice à l'histoire de la littérature I. p. 70, indique: „*a*. Chanson de la désobéissance des Vénitiens; *b*. Proverbe de la guerre du Wurtemberg. Ces productions, ainsi que plusieurs autres que nous mentionnerons dans la suite, proviennent de deux imprimeurs de Munich presque inconnus jusqu'ici, c'est-à-dire de Hans Osterdorfner et de Mathaeus Zayssinger, orfèvre, qui ont ajouté leurs noms à l'une d'entr'elles.“ Dr. Nagler, dans le „Deutsches Kunstblatt“ opine au contraire (1853. p. 78) que le maître auquel appartient ce monogramme se nommait Mathes Zwikopf et qu'il était contemporain du vieux maître Erhard de Munich qui se trouvait être doyen en 1501, selon un billet d'invitation où se trouve son nom, et qu'il a cru être le même que le maître ℭ ⛥ de 1466 ou son fils. En attendant que nous ayons des renseignements plus clairs et plus positifs sur ce Mathes Zwikopf, nous croyons que le renseignement fourni par Aretin est d'un grand poids en faveur de Mathieu Zayssinger.

Remarques au Catalogue de Bartsch.

4. Le prétendu Martyre de St. Sébastien. Cette pièce représente plutôt un fait tiré du livre intitulé Gesta romanorum où l'on parle d'un roi qui eut avec sa femme trois fils avant et un autre après son mariage avec elle. Après la mort du roi les frères se disputèrent le royaume et s'adressèrent, chacun avec ses prétentions, au secrétaire du défunt qui pour aplanir la difficulté leur proposa d'enlever le corps du vieux roi de la bière, de le prendre pour but de leurs flèches, adjugeant la couronne à celui qui ferait le plus beau coup. Les trois aînés ne firent aucune difficulté de tirer sur le corps, mais le plus jeune s'y refusa par piété filiale envers un père chéri. Les princes et le peuple, honorant en lui cette noblesse de sentiments, le choisirent immédiatement pour leur roi. H. 6 p. 5 l. L. 9 p. 1 l.

Il existe de cette pièce une copie assez fidèle avec le monogramme du maître. H. 6 p. 3 l. L. 9 p.

10. Ste. Ursule. Il se trouve encore de cette pièce une copie excessivement trompeuse dans le même sens que l'original et avec la signature du maître. Elle est d'un ton un peu plus chargé et on la reconnait en ce que le buisson derrière la colline est ici conique, tandis que dans l'original il a une forme arrondie.

16. **Les deux amoureux.** On en connait une copie en sens inverse qui porte cette marque ꜱᴏ◌ᴧ◌ (J. 1502). Le Dr. Nagler donne, avec assez de vraisemblance, cette signature à un artiste néerlandais du nom de Jan, établi à Munich, et qui dans les régistres de cette ville, de 1501 à 1511, est désigné sous le nom de Jean de Munich. (Voyez Deutsches Kunstblatt 1853. p. 76. Brulliot, Dict. III. App. III. No. 146 croit cette copie d'Israhel van Meckenen.)

18. **L'homme subjugué.** Cette composition qui est souvent reproduite par les anciens maîtres, est encore désignée comme représentant Aristote subjugué par Phyllis.

21. **La lumière et les ténèbres.** Le sens de cette composition n'a pas encore été suffisamment éclairci. On distingue une assez bonne copie, qui en a été faite dans le même sens, en ce que le 3 des initiales est beaucoup plus bas que la partie supérieure du M et que la partie inférieure de cette seconde lettre touche au trait inférieur de la première.

Addition à Bartsch.

22. **Le jeune couple.** A droite un jeune homme debout, coiffé d'une barrette et couvert d'un manteau court avec l'épée au côté, présente la main droite à une jeune femme debout vis-à-vis de lui. Celle-ci tient la main gauche sur sa taille. Au-dessus une banderole vide à enroulements. Au milieu du bas, la signature. Cette pièce est exécutée légèrement. H. 3 p. 2 l. L. 2 p. 9 l. Munich, Bâle, Paris, Oxford.

Appendice.

On attribue encore à ce maître les pièces suivantes, ce qu'il est néanmoins nécessaire de constater par des recherches ultérieures:

23. **Le martyre de Ste. Barbe.** Elle est agenouillée, tournée vers la gauche, les mains jointes et les yeux dirigés vers le haut où la demi-figure du Christ, sortant des nuages, se montre dans l'action de bénir. Derrière elle, à droite, son père, coiffé d'un turban, la saisit de la droite, tandis qu'il lève de la gauche son cimeterre pour la frapper. Dans le fond un paysage rocailleux. Cette pièce, traitée à

guise d'un nielle, est exécutée tout-à-fait dans la manière du maître. Pièce ronde; diamètre 1 p. 9 l. Berlin.

24. Gens de guerre. Copie d'après l'estampe d'Albert Durer No. 88 en sens inverse, sans signature, mais traitée dans la manière du maître M 5 quant au maniement du burin. H. 4 p. 11 l. L. 5 p. 5 l. Musée Britannique.

Gravures sur bois (?).

1. Artémise. Elle est assise près de son palais et boit les cendres de Mausole qu'un de ses serviteurs a recueillies par son ordre. Au bas la signature. H. 4 p. 5 l. L. 2 p. 9 l. Catalogue Malaspina de Sannazzaro I. p. 18.

2. Une reine agenouillée devant un roi. Il est debout, tourné vers la droite; une nombreuse suite les entoure. H. 4 p. 5 l. L. 5 p. 4 !. D'après le texte allemand imprimé au revers de cette estampe elle appartiendrait à une chronique ou à une traduction de Salluste. Voyez Brulliot, Dict. II. No. 2082.

La dernière de ces deux pièces, qui est décidemment une gravure sur métal et se trouve dans le Cabinet de Munich, est un ouvrage médiocre qui s'éloigne beaucoup du faire de notre maître et paraîtrait plutôt appartenir au graveur 𝕏 3.

ᴧ 3

Le maniement du burin chez ce maître est fort différent de celui du graveur dont nous venons de parler. Nous l'avons déjà cité à page 95 à l'occasion des 11 pièces d'après l'Ars moriendi gravées par un élève du maître ℭ 5 1466 et copiées par lui. Peut-être est-ce le même maître mentionné par de Murr dans sa description de la ville de Nuremberg p. 523 sous le nom de Matthieu Zink, né en 1498, mort en 1586, et qu'il avertit de ne point confondre avec Mathieu Zasinger. Comme ses gravures appartiennent au XVIᵉ siècle, cette opinion offre beaucoup de probabilité.

1—13. Ars moriendi ou l'art de bien mourir. Ces copies des gravures de l'école du maître de 1466 sont dans le même sens que l'original, mais exécutées avec fort peu d'habilité et portent toutes les initiales ci-dessus. Le texte, en haut allemand, imprimé au revers des gravures dans l'exemplaire du Musée Britannique, appartient au XVIᵉ. siècle. Un second exemplaire, probablement de la même édition, se conserve dans le Musée de Berlin. Chaque pièce mesure H. 3 p. 3 l. L. 2 p. 6 l.

On conserve encore, dans cette dernière collection, une édition postérieure, imprimée à Munich en 1623, mais qui contient 13 gravures, par la raison que l'on y a ajouté, en les plaçant en tête des autres, deux gravures très-mal exécutées et qui ne portent aucune signature. Ce petit livre a le titre suivant: „Letzter kampf des menschen, das ist ein kurzer begriff der fürnemsten versuchungen mit welchen der leidige sathan den sterbenden menschen gemänniglich anfechten thut etc. Sup. permissu. München bei Peter König." On lit sur le dernier feuillet: „Gedruckt zu München bei Anna Borgin Wittib im Jahr MDCXXIII, In Verlegung Peter König Kunstführer." In-12°, avec 177 pages de texte. On trouve, à la fin de chaque chapitre, la gravure correspondante dans l'ordre suivant:

1. Page 9. Première tentation du démon contre l'assurance ou l'espoir d'une plus longue vie. La composition représente un démon qui tourmente le malade; à gauche s'ouvre une gueule d'enfer. Dans le lointain une porte vers laquelle conduit un chemin très-large. Pièce non signée.

2. p. 13. Consolation du bon ange contre la première tentation. Celui-ci réconforte le mourant et lui montre la porte à laquelle conduit une voie étroite. Pièce non signée.

3. p. 21. Seconde tentation du démon contre la foi.

4. p. 31. Consolation contre cette tentation.

5. p. 63. Troisième tentation; du desespoir.

6. p. 67. Refuge contre la même.

7. p. 83. Quatrième tentation; l'impatience.

8. p. 85. Conseils contre cette tentation.

9. p. 95. Cinquième tentation; sur le faux honneur, la superbe du cœur, l'estime de soi et la propre réputation.

10. p. 99. Moyens de résister à cette tentation.

11. p. 107. Sixième tentation; sur l'avarice et les soucis pour les choses terrestres.

12. p. 111. Conseils pour la vaincre.

13. p. 177. Triomphe de l'homme combattu, au moyen d'une bonne mort.

14. **Un homme qui se promène.** Il est vêtu d'une longue robe et porte une barrette à plumes. En s'avançant vers la gauche il lève les deux mains comme pour parler. A gauche une fleur, à droite une plante. Dans le coin supérieur, à droite, un nuage. Pièce à l'eau forte dans le Musée Britannique.

XX 3

L'artiste qui se signe avec ce monogramme appartient à la fin du XVe. siècle et travaillait dans la manière des maîtres du haut Rhin de cette époque. Nous ne connaissons de lui qu'une seule gravure sur métal tirée d'un livre du XVIe. siècle et dont le revers porte le fragment d'une autre gravure sur métal de l'école de Bâle, dans le genre d'Ambroise Holbein, mais d'une époque fort postérieure à celle de la pièce qui nous occupe. Dans le fragment l'on voit, à droite, un juge devant lequel des soldats entraînent trois femmes qui leur résistent, pendant qu'un tournoi a lieu à l'arrière plan. Le sujet de la gravure sur métal de notre maître est le suivant:

1. **Les chagrins causés aux femmes par les hommes.** Au milieu de l'estampe un jeune homme prend amoureusement par la main une jeune femme richement habillée. A droite, une jeune mère est assise et donne le sein à son enfant, tandis que devant la porte de la ville une vieille femme bat avec une cuillière un homme bien vêtu. A gauche s'échappent, en riant, un lansquenet, un fiffre et un tambour poursuivis par une jeune femme éplorée. Dans le lointain un port de mer. La signature est au bas, à gauche. H. 4 p. 5 l. L. 5 p. 6 l. Francfort s. M.

Cette gravure sur métal a été employée plus tard après en avoir enlevé le monogramme dans une édition des „Römische historien Titi Livij" avec une dédicace à l'empereur Maximilien datée de 1518 et l'on y trouve l'explication suivante donnée à cette composition: „Wie sich eyn ferlicher Krieg zwsychen den Römernn und den Sabinern und jren nachbauren erhub von des raubss wegen der frawen und junkfrowen durch die doch zuletzt der unwill gestilt wardt." — „Comment une guerre terrible s'éleva entre les Romains et les Sabins ainsi que leurs voisins

causée par l'enlèvement des femmes et des jeunes filles par lesquelles,
cependant, ces troubles furent ensuite appaisés." Nous voyons souvent, avec un égal à-propos, cette gravure sur métal, ainsi que plusieurs autres estampes plus anciennes du XVᵉ siècle, appliquée aux
sujets les plus variés dans les livres imprimés plus tard. Aucune de
ces gravures n'est ordinairement signée. Le second livre de l'ouvrage
ci-dessus porte la date de 1522. Cabinet de Munich.

LAN

Bartsch (X. p. 24. No. 44) ne connaissait qu'une épreuve postérieure de la gravure de ce maître et dans laquelle la signature, qui
est indiquée très-faiblement même dans les premières épreuves, n'était
plus visible. Le travail de cette pièce est très-primitif et rude et semble
être celui d'un orfèvre.

1. St. George. Il est en armure complète et galoppe vers la
gauche contre le dragon qu'il perce de sa lance. La princesse est
debout au milieu du paysage et au pied d'une montagne sur laquelle
on aperçoit quelques édifices. Dans le fond, à gauche, un loup dévore
un cadavre. La signature est au milieu du bas. H. 9 p. 11 l. L. 6 p. 7 l.
Berlin.

R.

Nous ne connaissons de ce vieux maître allemand qu'une série
des douze apôtres disposés sur une seule feuille en deux files, l'une
au-dessus de l'autre, et chacun d'eux tenant une bande avec une partie
du credo. Au commencement de celle tenue par St. Philippe on voit
un petit n et entre St. Jean et St. Jacques, au-dessus des deux, le
St. Esprit également avec une bande écrite. Les apôtres sont disposés
dans l'ordre suivant:

1. St. Jacques le mineur avec une massue. 2. St. Thomas avec
l'équerre. 3. St. Jean avec le calice. 4. St. Jacques le majeur avec

le bourdon. 5. St. André avec sa croix. 6. St. Pierre avec les clés.
7. St. Mathias avec une hallebarde. 8. St. Judes Thaddée avec une
scie. 9. St. Simon avec un cimeterre. 10. St. Mathieu avec une lance.
11. St. Barthélemi avec le couteau. 12. St. Philippe avec un bâton
terminé par une croix.

Les contours, mal dessinés, sont accompagnés de quelques hachures
croisées. Dans le Cabinet de Paris provenant de la Collection Révil.

Graveurs de la basse Allemagne du XVe. siècle.

Le maître des cartes à jouer de forme ronde.
(Bartsch X. p. 70—76.)

Les originaux de ces cartes appartiennent à ce que nous avons
de plus beau et de plus fin dans les gravures au burin du XVe. siècle.
L'inscription: SALVE FELIX COLONIA, accompagnée des trois couronnes, qui se trouve sur le titre, nous indique que ces cartes ont eu
leur origine à Cologne. Nous devons admettre en même temps qu'elles
parurent entre les années 1461 et 1483, si nous acceptons la figure
du roi à cheval, avec une fleur d'ancolie, comme représentant le roi
Louis XI de France qui régnait à cette époque. On n'a pu décider
jusqu'à présent quel est le maître qui a exécuté ces gravures et il
est, en outre, presqu'impossible d'indiquer quelque autre gravure qui
puisse lui être attribuée avec certitude. Sa manière ressemble à celle
de Jean de Cologne à Zwolle, sans qu'on puisse néanmoins la considérer comme identique dans les détails. Les cinq couleurs, chacune de
treize cartes, en contiennent neuf chiffrées, un sous-valet et premier
valet (Ober et Unter), une dame et un roi, comme c'était anciennement
l'usage en Allemagne.

Observations à Bartsch.

Nous n'avons jusqu'ici qu'un petit nombre d'exemplaires incomplets
des originaux, à Oxford et à Dresde, par exemple. Ils sont d'une
grande finesse de dessin, les hachures se terminent ordinairement par
des points et quelques-unes sont imprimées d'un noir pâle.

Le titre ou plutôt la couverture porte, dans un cercle, une rosette gothique à trois compartiments dans lesquels se trouvent les trois couronnes; sur une bande volante on lit l'inscription: SALVE FELIX COLONIA. Pièce ronde de 2 p. 7 l. de diamètre. Voyez S. W. Singer, „Researches into the history of playing cards" etc. London 1816. in-4°, où l'on trouve un facsimile de cette gravure.

P. 71. No. 11.   Premier valet (Ober); c'est un Maure.

P. 71. No. 12.   La dame est une femme maure richement habillée et qui chevauche vers la droite.   En haut, à droite, le perroquet.

P. 71. No. 13.   Le roi est également un Maure.

P. 72. No. 25.   La dame monte une mule et s'avance vers la gauche; sa coiffure est relevée de chaque côté.   En haut, à droite, un pied d'alouette.

P. 72. No. 26.   Le roi représente le portrait de Louis XI de France qui régnait alors.

P. 75. No. 63.   Premier valet; il porte un long bonnet, tient une lance et court vers la gauche.   En haut, à gauche, un lièvre.

P. 75. No. 64.   La dame à cheval, richement vêtue, marche vers la gauche.   Sur la bordure de son vêtement on lit: N. MONI.   En haut, à droite, le lièvre.

Carte finale.   Une femme nue court vers la gauche en se tordant les mains; derrière elle la mort, sortant à demi d'une tombe, la saisit par les cheveux et par la jambe gauche.   Sur le devant un sablier. En haut une banderole vide.   Pièce ronde, diamètre 2 p. 6 l. Dresde.

Il y a deux copies d'après ces cartes originales.

A.   Les premières, par Telmann de Wesel, portent, sous toutes les cartes, les initiales T W.   Nous en parlerons plus en détail dans l'œuvre de ce maître.

B.   Copies d'un graveur de la haute Allemagne.   Elles sont traitées d'une manière assez raide et sont très-inférieures à celles de Telmann. Le roi, couleur œillet, (Bartsch No. 39 de l'original,) porte, sur la bride du cheval, l'inscription: DEMI. ICH. WAR. GERTEI (GETREI?). Dans la Collection Albertine.

Heinecken, Neue Nachrichten p. 353, mentionne un roi à cheval de la couleur „Oeillet" et qui porte sur son écu l'inscription: ICH. WIN etc.

Jean de Cologne à Zwolle.
(Bartsch VI. p. 90.)

Cet artiste distingué est ordinairement nommé le maître à la navette et quelquefois Zwott. Cette double dénomination est erronée, d'abord parceque l'instrument dont il accompagne souvent son monogramme sur les gravures qu'il a exécutées, n'est point une navette, mais à ce qu'il paraît, une espèce de grattoir ou brunissoir de graveur; ensuite parceque le mot Zwott doit être considéré comme l'abbréviation de Zwollensis. D'après cette dernière indication, il est clair qu'il devait être établi à Zwolle, c'est-à-dire vers la frontière de la Hollande actuelle et qui divise ce pays de la Westphalie. Sa manière de graver et le style de ses compositions, qui rappellent souvent l'influence de l'école de Van Eyck indiquent que l'époque où il travaillait se trouve vers le dernier tiers du XVᵉ. siècle. Ceci est confirmé par une notice dans un livre de mémoires de la fraternité d'Agnetenberg, près de Zwolle, durant le priorat de Théodoric Herxem. On y trouve rapporté, dans le passage où il est question du séjour de M. Wesselus à Zwolle, vers 1478, que „dans ce temps vivait encore un jeune homme très-pieux nommé Jean de Cologne et qui en même temps était peintre et orfèvre.“ [44])

Cette notice nous paraît indubitablement se rapporter à notre artiste, d'abord parcequ'à cette époque les peintres et les orfèvres s'adonnaient ordinairement à la gravure et parceque l'on trouve également des tableaux de lui. C'est ainsi que le Musée de Berlin ne possède point seulement de notre artiste un dessin à la plume d'une Adoration des rois qui, à en juger par le faire, est incontestablement de lui, mais en même temps le petit tableau à l'huile qu'il exé-

---

44) Voyez Archiv voor kerkelyke geschiedenis in zonderheid van Nederland. Te Leiden 1835. II. p. 296. „Eodem tempore aderat quidam devotissimus juvenis, dictus Johannes de Colonia, qui dum esset in sæculo pictor fuit et aurifaber.“ — Cette notice paraît susceptible de deux interprétations différentes, ou que Jean de Cologne était déjà mort à cette époque, ce que l'on pourrait déduire du passé „aderat“ et de „dum esset in sæculo“, ou bien qu'il s'était fait religieux (dans la fraternité même?), car cette locution „in sæculo“ est ordinairement employée pour marquer la vie laïque en opposition à la vie religieuse ou de communauté.

cuta d'après cette esquisse. La galerie de Paris conserve de lui un tableau de la récolte de la manne et un autre représentant les fiançailles de la Vierge, de sa main, se trouve à Madrid. Le style de ces compositions a quelque affinité avec celui de l'école de Van Eyck dont il diffère cependant en plusieurs points surtout dans ses peintures où il a employé souvent de l'or métallique dans les draperies. Le maniement du burin, bien qu'il y montre souvent plus ou moins de finesse ou de rudesse, est essentiellement le même partout; néanmoins les cinq estampes de la passion de Jésus Christ (Bartsch No. 2, 3, 4, 17 et 18) que l'on possède de lui montrent dans le style de leur composition quelque chose de fort différent de la manière des Van Eyck; cela pourrait, du reste, s'expliquer par la supposition que ces compositions ne sont point de son invention, mais qu'elles ont été copiées d'après des sculptures en bois, ce que l'on pourrait déduire des bordures architectoniques dont elles sont ornées. Bartsch décrit de notre artiste 18 gravures; nous en ajouterons quelques autres qui sont venues à notre connaissance.

Observations à Bartsch.

14. La messe de St. Grégoire. On trouve de cette gravure une copie en petit avec quelques changements consistant, entre autres, en ce que l'on ne voit, à gauche, que le cardinal qui tient la tiare et, à droite, un seul évêque accompagné d'un ecclésiastique. L'instrument de graveur se voit en bas, au milieu, ce qui pourrait faire croire que cette copie est du maître lui-même. H. 3 p. 4 l. L. 2 p. 4 l. Berlin.

Additions à Bartsch.

19. L'annonciation. La St. Vierge, vue de face et assise à gauche sur le parquet de la chambre, est occupée à lire dans un livre et reçoit le message divin en levant la main gauche en signe d'étonnement; l'ange, à demi-agenouillé à gauche, tient une longue banderole vide. A gauche, sur une chaise à trois pieds, se voit un chandelier et, dans une armoire, quelques livres. Sur le banc qui occupe presque toute la longueur du fond, se trouve un vase avec des lys; une tapisserie recouvre la muraille. Cette gravure finement traitée dans le style

de l'école de Van Eyck ne porte point la signature qui, cependant, pourrait avoir été emportée par la rognure, mais elle est exécutée entièrement
dans la manière des autres gravures du maître. H. 5 p. 7 l. L. 8 p. 8 l. (?)
Collection Albertine à Vienne.

Dans l'exemplaire, de seconde impression, qui se trouve au Cabinet
de Paris, la banderole porte l'inscription: „Ave gratia plena, dominus
tecum." Il est encore un peu plus rogné que le précédent.

20.   Le Christ montré au peuple. Très-riche composition.
Dans une salle gothique on voit le Sauveur, vêtu du manteau de pourpre
et très-abattu, à côté de Pilate qui se lave les mains. Au milieu,
un chien assis. Cette pièce n'est point un des meilleurs ouvrages du
maître et l'exemplaire de Paris, rogné du haut, ne porte point de
signature. H. 10 p. 6 l. L. 7 p. 8 l. (?)

21—73. Une suite de 53 petites pièces représentant des sujets
de la passion, la messe de St. Grégoire, le jugement dernier et la mort,
avec des inscriptions en bas allemand. Cinquante d'entre elles, coloriées à guise de miniatures, ont été trouvées collées dans un livre de
prières, en bas allemand, à l'usage des laïques et se trouvent actuellement en possession de Mr. T. O. Weigel à Leipsic. Le Musée Britannique en conserve 49. La résurrection de Lazare est la seule qui
porte les initiales du maître 𝔍𝔜 (I A). [45]) H. 2 p. 6—7 l. L. 1 p. 8—9 l.

21. Adam et Ève près de l'arbre de la science du
bien et du mal ou le premier péché. Le serpent se voit entou-
rant le tronc de l'arbre.

22. Adam et Ève chassés du Paradis terrestre.
Cette pièce manque au Musée Britannique.

23. La présentation de la Vierge au temple. A gauche
des femmes et des lévites, à droite un prêtre.

24. L'annonciation. La Vierge est assise à gauche; l'ange

---

45) On doit remarquer que parmi les gravures sur bois qui ornent un livre
de la vie de Jésus Christ, imprimé à Zwolle, il s'en trouve quelques-unes dont les
sujets sont empruntés à ces compositions. Cet ouvrage porte le titre: „Dat boeck
van den leven ons liefe heren ihesu cristi … ende merckelijck verbetert etc.," avec
la signature suivante sur le dernier feuillet: „Toe Zwoll gheprent by my Peter Os
van Breda mit die selve litter ende figuren daer sy T'antwerpē eerst mede gheprent
syn geweest etc. Geeynt Int iaer ons heeren MCCCCₒxv den twintichsten dach in
novembri. Deo gracias." In-fol. Le millésime peut être pris pour celui de 1515,
mais pourrait tout aussi bien indiquer l'année 1495. Voyez Kunstlager-Catalog von
R. Weigel No. 9966. Une édition d'Anvers, mais qui n'est pas la première, porte
le millésime 1488. Voyez R. Weigel No. 8549.

est agenouillé à droite tenant une banderole avec l'inscription: „Ave gratia plena.“

Une copie médiocre de cette gravure se trouve collée dans un manuscrit du frère Trudon de Liége du XVIᵉ. siècle et qui nous a été communiqué par Mr. R. Weigel.

25. **Mariage de la Vierge.** Au milieu le prêtre, à gauche Marie, à droite St. Joseph et, dans le fond, deux femmes.

26. **La visitation.** La Vierge vient de la gauche; à droite Ste. Élisabeth et, ·dans le fond, la porte d'une ville.

27. **La nativité.** La Vierge est assise sur un lit occupée à lire. St. Joseph, à droite, se chauffe les pieds au feu. L'enfant Jésus est couché dans une crèche à côté du bœuf et de l'âne.

28. **La circoncision.** L'enfant Jésus est assis sur l'autel, les jambes élevées.

29. **L'adoration des Mages.** La Vierge est assise à droite avec l'enfant. Sur le devant s'agenouille l'un des rois; les deux autres se tiennent debout derrière. En haut l'étoile.

30. **La fuite en Égypte.** La marche est vers la gauche.

31. **Le massacre des innocents.** Deux mères, un bourreau et deux hommes.

32. **Le Christ parmi les docteurs.** A côté de lui, à gauche, Marie et St. Joseph; sur le devant trois docteurs.

33. **Le baptême du Christ.** St. Jean Baptiste est à genoux et verse l'eau d'un vase sur la tête de Jésus qui est plongé à mi-corps dans le Jourdain. A droite, un ange tient les vêtements du Sauveur.

34. **La tentation dans le désert.** Satan, sous des traits horribles, présente deux pierres à Jésus. Dans le fond on voit le démon qui s'éloigne.

35. **Les noces de Cana.** Le Christ est assis à table avec quatre autres personnes. Un jeune homme sur le devant, à droite, verse du vin.

36. **La Samaritaine.** Elle descend un seau dans le puits. Le Christ est à gauche.

37. **Le Christ à table chez Simon.** Jésus est assis au milieu, deux hommes à côté de lui. La Madeleine est agenouillée sur le devant dans l'acte d'essuyer les pieds du Sauveur avec ses cheveux.

38. **La résurrection de Lazare.** A gauche Jésus dans l'action de bénir. St. Pierre saisit les deux mains de Lazare assis.

A droite une femme et deux hommes. Dans une niche du sépulcre la signature 𝒥𝓛 .

39. **L'entrée à Jérusalem.** Le Christ chevauche en venant de la droite ; derrière lui trois apôtres. Devant la porte, deux hommes dont l'un étend son manteau sur la route.

40. **Les vendeurs chassés du temple.** Le Christ, venant de la gauche, brandit le fouet contre les vendeurs. Le banc d'un changeur est renversé.

41. **La Cène.** Cette pièce ne se trouve point au Musée Britannique.

42. **Le lavement des pieds.** Sur le devant, à gauche, on voit St. Pierre assis et devant lui le Christ agenouillé. Un apôtre verse de l'eau dans un bassin, les autres sont dans le fond, à gauche.

43. **Jésus au jardin des oliviers.** Il est agenouillé au milieu. A gauche les trois disciples endormis. Judas se montre à la porte du jardin.

44. **Le Christ et trois soldats.** Ceux-ci sont tombés à terre devant lui. Le calice se voit sur la montagne.

45. **Trahison de Judas.** Celui-ci embrasse le Sauveur qu'un soldat s'apprête à saisir. A gauche, St. Pierre remettant l'épée dans le fourreau et Malchus étendu à terre.

46. **Première comparution.** Le Christ devant Caïphe qui, assis à gauche, déchire ses vêtements.

47. **Seconde comparution.** Le Christ devant Hérode. Le tétrarque est assis à gauche et Jésus est tenu par deux hommes.

48. **Troisième comparution.** Le Christ devant Pilate. Celui-ci est assis à gauche ; le Christ est tenu par deux soldats.

49. **Quatrième comparution.** Jésus de nouveau devant Hérode, assis à gauche et coiffé d'un chapeau entouré d'une couronne. Le Christ est maintenu par deux hommes.

50. **Cinquième comparution.** Le Christ derechef devant Pilate. Composition semblable au No. 48.

51. **Le Christ bafoué.** Il est assis, les yeux bandés, tandis que quatre bourreaux le maltraitent.

52. **La flagellation.** Le Christ, attaché à la colonne, est battu par deux bourreaux armés de fouet et de verges.

53. **Le couronnement d'épines.** Deux bourreaux pressent, avec des bâtons en croix, la couronne qui couvre la tête du Christ.

54. **Le Christ montré au peuple.** Pilate, au milieu de l'estampe, montre au peuple Jésus flagellé.

55. **Pilate se lave les mains.** Le Christ, entre deux hommes, se tient devant lui.

56. **Le portement de croix.** Jésus s'avance vers la gauche, tandis que le Cyrénéen soutient la croix. Un bourreau frappe le Christ avec une massue.

57. **Le Christ dépouillé de ses habits.** Dans le fond, à gauche, se tiennent la Vierge et St. Jean plongés dans la douleur; à droite, un soldat armé d'une lance.

58. **Le Christ attaché à la croix.** Sur le devant on voit ses habits; cinq hommes sont occupés à le lier et à le clouer sur la croix. Deux autres personnages debout à gauche.

59. **Le Christ en croix.** Aux côtés se tiennent la Vierge et St. Jean, la première les mains jointes, le second levant les bras.

60. **La déposition de croix.** Joseph d'Arimathie est monté à droite sur l'échelle et saisit le Christ penché vers lui. Un homme arrache avec des tenailles le clou qui attache les pieds du crucifié. A gauche la Vierge et St. Jean.

61. **La mise au tombeau.** Deux hommes, l'un à la tête, l'autre aux pieds, portent le corps du Sauveur. Derrière ce groupe on voit la Vierge, St. Jean et deux saintes femmes.

62. **La descente aux limbes.** Cette pièce, qui se trouve chez Mr. T. O. Weigel, manque au Musée Britannique.

63. **La résurrection.** Le Christ sort d'un sarcophage dont le couvercle porte la lettre ⚹ que l'on peut considérer comme la première des lettres sacrées, Alpha et Omega.

64. **Les trois saintes femmes au tombeau.** Un ange tient le suaire à gauche; sur le couvercle du sarcophage les lettres ⚹ ou l'Alpha et l'Omega à rebours.

65. **Le Christ apparaît à la Madeleine.** Celle-ci est agenouillée à gauche.

66. **Le Christ apparaît aux disciples.** Il lève les deux mains; on lit au bas: pax vobis. Cette pièce mesure H. 2 p. 9 l. L. 1 p. 9 l.

67. **Le Christ avec les deux disciples d'Emaüs.** Il est assis à table et rompt le pain.

68. **L'incrédulité de St. Thomas.** Celui-ci est agenouillé

vers le milieu et pose deux doigts dans la plaie du côté du Christ qui tient l'étendart de la croix.

69. L'Ascension. Le Christ s'élève à travers un nuage qui ne laisse visible qu'une partie de son vêtement et les deux pieds. Au bas se voient agenouillés la Vierge et les disciples.

70. La descente du St. Esprit. La Vierge est assise au milieu des disciples. Celle-ci et les deux apôtres sur le devant lisent dans des livres.

71. La messe de St. Grégoire. L'autel est à gauche; le pape dont un ecclésiastique tient la tiare, à droite.

72. Le jugement dernier. Cette pièce que possède Mr. T. O. Weigel, n'est point au Musée Britannique.

73. La mort. Elle marche au-dessus d'une fosse ouverte entourée de banderoles sur lesquelles on lit: 𝕯𝖎𝖈. 𝖖𝖚𝖆𝖈𝖑. 𝖍𝖎𝖗. et, au-dessous d'un socle, l'inscription:

𝕺 𝖒𝖊𝖓𝖘𝖍𝖊 𝖒𝖆𝖐𝖊𝖙 𝖉𝖞 𝖇𝖊𝖗𝖊𝖈𝖙
𝕯𝖎𝖊 𝖉𝖔𝖊𝖙 𝖘𝖆𝖑 𝖐𝖔𝖒𝖊̄ 𝖊𝖘𝖙 𝖘𝖙𝖚 𝖜𝖊𝖊𝖙.

(homme prépare toi, la mort viendra avant que tu ne le saches).

Il existe de bonnes copies anciennes de ces gravures de la même dimension que les originaux dont elles ne diffèrent que par un dessin moins bien compris et par une exécution moins fine. Elles ont en outre des hachures croisées, notamment dans le toit de l'édifice qui se voit dans la gravure de l'adoration des rois et dans les ornements de l'autel dans la présentation au temple. Mr. Drugulin à Leipsic en possède sept pièces qui toutes sont coloriées.

On trouve également des copies grossières de quelques-unes de ces estampes dans un livre de prières, bas allemand ou flamand, où elles ont été collées. Elles sont entourées d'une petite bordure ressemblant à un fil tortillé et sont un peu plus grandes que les originales, car elles mesurent H. 2 p. 11 l. L. 1 p. 11 l. et portent des inscriptions latines. Parmi les 37 gravures que contient le manuscrit en question, quelques-unes ne sont que des imitations des compositions originales, tandis que d'autres représentent des sujets tout-à-fait différents. Ce manuscrit est venu de la Collection Delbeck de Gand dans le Musée Britannique.

Un autre manuscrit de 1482, dans le Cabinet de Berlin, contient également 7 gravures imitées d'après cette passion du maître Jean de Cologne et qui portent les marques ⚛, 𝄋, ℞. Nous en donnerons a description plus loin.

74. **La Vierge**, demi-figure. Elle est tournée vers la droite, lisant dans un livre qu'elle tient de la main droite, tandis qu'elle soutient, de la gauche, l'enfant Jésus assis sur un coussin. Celui-ci tient deux cerises dans la main droite et de la gauche en présente une troisième à sa mère. Derrière la Vierge est suspendu un tapis damassé; à droite on voit une échappée de paysage où, sur la route, on a représenté la visitation à Ste. Élisabeth. Sur l'arc gothique qui encadre le tout on voit, dans des niches, les statuettes de St. Jean et de St. Agnès. Dans la bordure du bas se trouve le monogramme accompagné de Zwoll. H. 8 p. 6 l. L. 5 p. 10 l.

Un exemplaire de cette gravure, que l'on trouve collé dans un incunable provenant du cloître de Trenswegen près de Zwolle, se conserve dans le Musée de Berlin. Coll. de Paris, Musée Britannique.

75. **La Vierge**. Elle est debout sur un monstre, tournée vers la gauche et tient sur le bras l'enfant Jésus. Celui-ci tend vers elle les deux mains. La Vierge est entourée de rayons. Épreuve non signée, mais la gravure du Musée Britannique est très-rognée. Pièce d'une belle exécution. H. 8 p. 8 l. L. 4 p. 8 l. (?)

76. **La Vierge et St. Bernard**. Elle est assise sur un trône élevé, tenant l'enfant Jésus sur le genou gauche, tandis qu'elle presse d'une main le sein d'où s'élance un jet de lait sur le front de l'abbé (St. Bernard) agenouillé devant elle. A côté de Marie ces mots: Ecce herbe, et près du religieux: Monstra te ēc Matrē. On lit sur le drap qui recouvre l'autel surmonté d'une image de la Vierge: aue regina coelorum mater regis. A gauche deux portes; par l'une on voit venir un homme le chapeau à la main et, par l'autre, on aperçoit l'intérieur d'une salle avec trois autres figures. Dans le fond, derrière la Vierge, la perspective d'une église où se trouve, à l'autel, un homme lisant dans un livre et, un peu plus vers le devant, un bedeau avec un éteignoir. Dans la bordure du haut le mot Zwoll. H. 12 p. 3 l. L. 9 p. 8 l. Oxford, Amsterdam.

Appendice.

77. **Combat avec un Centaure**. Deux hommes, couverts seulement autour de la ceinture, combattent avec des haches d'armes contre un centaure abattu vers le milieu de l'estampe et blessé de cinq flèches.

Se couvrant d'un bouclier, il se défend avec une massue contre ceux qui l'attaquent de chaque côté. Sans signature. (Voyez Bartsch X p. 60. No. 42 et VI. p. 307. No. 169.) Bibliothèque de Vienne, Paris, Bâle.

Déjà Ottley avait remarqué que cette pièce, traitée absolument dans la manière du maître, lui pouvait être attribuée avec assez de certitude. A tout événement l'opinion de Heinecken qui l'avait donnée à Israhel van Meckenen, est erronée, comme l'avait déjà observé Bartsch p. 307.

F V B
Franz von Bocholt.
(Bartsch VI. p. 77.)

Nous ne pouvons ajouter que fort peu de chose à ce que Bartsch nous dit au sujet de cet artiste original. Les efforts de feu Mr. C. Becker à Bocholt, pour trouver quelques renseignements à son égard, ont été infructueux, parceque les régistres de la ville, depuis 1459 jusqu'à 1480, ont disparu et que sa période d'activité à dû tomber vers cette époque. La première explication de son monogramme paraît se trouver dans le catalogue des gravures de Paul Behaim de Nuremberg, de 1618. Ses compositions révèlent l'influence de l'école de Van Eyck qui, depuis la dernière moitié du XVe. siècle, s'était généralement répandue en Allemagne. Son maniement de burin est très-adroit et semble le désigner comme un orfèvre qui se montre en même temps dessinateur inventif et qui peut-être était aussi peintre. Il a copié quelques-unes des gravures de Martin Schongauer.

Observations à Bartsch.

31. St. Jean Baptiste. Dans les épreuves d'après la planche retouchée, le Saint a des rayons autour de la tête. Dresde.

33. St. George. Les épreuves de premier état sont marquées des initiales F V B. du maître. Israhel van Meckenen a mis ensuite sa signature sur la planche. Collection Albertine.

38. Ornement de feuillage. Il en est de cette pièce comme de la précédente. Israbel van Meckenen y a également apposé sa signature.

Additions à Bartsch.

39. La nativité. St. Joseph est agenouillé à gauche; la Vierge, à droite, est en adoration devant l'enfant couché à terre sur une draperie. Derrière celui-ci on voit une cruche brisée dans laquelle brûle un cierge. A travers deux fenêtres, et au-dessus d'un mur écroulé au fond, on aperçoit un paysage où, à gauche, l'ange annonce à un berger la naissance du Christ. Belle pièce. Dans le milieu du bas, la marque. H. 7 p. 4 l. L. 5 p. 9 l. Musée Britannique.

40. Le Christ en croix. Il penche la tête un peu vers la gauche. Au pied de la croix on voit quelques pierres et, derrière, une tête de mort. A gauche, la Vierge debout, les mains jointes; à droite, St. Jean tenant un livre de la main gauche, la droite posée sur la poitrine et les yeux dirigés en haut. Dans le fond une ville sur une montagne, à droite, des rochers perpendiculaires. La signature est au milieu du bas. Pièce finement exécutée. H. 6 p. 9 l. L. 4 p. 9 l. Collection Albertine de Vienne. Dresde. Paris. R. Weigel, Kunstlager-catalog No. 12587.

41. La Vierge, demi-figure. Elle est un peu tournée vers la gauche et contemple, assis devant elle, l'enfant Jésus qui porte la main sur le sein de sa mère. Le tout est entouré d'une gloire et termine en croissant. La signature au milieu du bas. H. 6 p. 10 l. L. 4 p. 6 l. Paris.

42. St. Martin. Il est debout, tenant de la main gauche l'épée avec laquelle il partage son manteau. A gauche, derrière lui, est assis un pauvre estropié, appuyé sur un bâton et tenant une écuelle. Devant lui se voit un autre perclus, élevant également une écuelle et se soutenant de la gauche sur une béquille. Sans signature, mais traitée avec légèreté dans la manière du maître. H. 7 p. 11 l. L. 4 p. 10 l. Bibliothèque de Vienne, Paris. (Voyez Bartsch X. p. 25. No. 45.)

43. St. Antoine. Il est tourné à droite, tenant de la main gauche un livre avec un chapelet et de la main droite, sous son manteau, un bâton. Tout autour une bordure formée de baguettes entrelacées avec des fleurs et des feuilles qui sortent de la gueule d'un animal à

longues oreilles. Pièce sans marque, mais traitée tout-à-fait dans la manière du maître. H. 8 p. 3 l. L. 5 p. 6 l. Collection Albertine à Vienne.

44. St. Antoine. Il est vu de face, tenant dans la main droite une crosse d'abbé et la clochette; à côté de lui, à gauche, le pourceau. En bas, au milieu, la signature F V B. + H. 3 p. 3 l. L. 2 p. 3 l. Copie en sens inverse d'après M. Schongauer (Bartsch No. 46). Bibliothèque de Vienne. Cat. R. Weigel No. 19589.

45. La tentation de St. Antoine. Copie en sens inverse d'après M. Schongauer (Bartsch No. 47), de la même dimension que l'original et très-soigneusement exécutée. En bas, au milieu, la signature F V B. + H. 10 p. 9 l. L. 8 p. 2 l. Paris, Dresde, Bâle.

46. St. Christophe. Il marche vers la droite à travers l'eau, s'appuyant des deux mains sur un tronc d'arbre. L'enfant Jésus, assis sur ses épaules, donne sa bénédiction et tient de la main gauche le globe du monde. Sur le devant, à gauche, l'hermite, sur le haut d'un rocher, éclaire le passage, mais on ne lui voit que la tête et un des bras. A droite une berge très-haute et dans le lointain une ville. Sur le fleuve, deux vaisseaux à voiles et une galère. Belle pièce non signée mais certainement du maître. H. 7 p. 1 l. L. 5 p. 9 l. Musée Britannique.

47. Ste. Marthe. Elle est vue de face, un peu tournée vers la gauche, coiffée d'une espèce de turban et habillée d'une large robe recouverte d'un manteau. Elle porte de la main droite une assiette contenant des raisins avec un petit pain long et de la gauche une aiguière. Pièce non signée mais vigoureusement traitée dans le style du maître. Dans la bibliothèque de Vienne on l'attribue à Martin Schongauer. H. 7 p. 9 l. L. 5 p. 1 l. Collection Albertine, Paris, Musée Britannique.

48. Ste. Marie Madeleine. Elle est debout, tournée vers la droite et tient de la main gauche un vase à parfums, tandis qu'elle pose la droite sur le couvercle. Belle pièce sans signature et finement exécutée que l'on tient dans la collection de la bibliothèque de Vienne pour être de M. Schongauer, mais qui certainement est de Franz von Bocholt. H. 8 p. L. 4 p. 6 l. (Voyez Bartsch VI. p. 183. No. 89 et X. p. 29. No. 54.) Paris.

49. La Véronique. Elle est debout, vue de face et tient devant elle le voile avec la sainte face. Elle est coiffée d'une espèce de turban. C'est un des premiers ouvrages du maître, d'une manière un

peu sèche. La signature se voit au bas. H. 3 p. 2 l. L. 2 p. 2 l.
Munich.

50. Ste. Hélène. Elle est tournée vers la gauche et tient la
croix surmontée de l'inscription I N R I. Elle porte une couronne
sur son voile. La signature est au bas. Pièce d'une belle exécution.
H. 5 p. 5 l. L. 3 p. 5 l. Dresde, Paris, Collection Meyer.

51. Ste. Catherine. Elle est vue de face, tenant de la main
gauche un livre ouvert et s'appuyant de la droite sur une épée. A
gauche une tour, à droite une roue brisée. La signature se voit à
côté des pieds de la Sainte. H. 6 p. 3 l. L. 3 p. 9 l. Dresde.

52. Un soldat combattant. Il se tient les jambes écartées,
tourné vers la gauche et presque vu de dos, avec une épée au côté.
Des deux mains il tient une lance comme pour s'apprêter au combat.
Cette pièce est le pendant de celle qui est citée par Bartsch No. 37.
Pièce ronde. 3 p. 2 l. de diamètre. Paris.

53. Ornement de feuillage avec un hibou. Au bas un
hibou déchire un oiseau. Copie en sens inverse de l'estampe de M.
Schongauer, Bartsch No. 108. Dans le milieu du bas on voit encore
les traces de la signature F V B qu'Israhel van Meckenen a effacée en
remplaçant le B par un M. H. 5 p. 2 l. L. 3 p. 8 l. Voyez Bartsch
VI. p. 304. No. 152. Bibliothèque de Vienne. Musée Britannique.
Oxford.

54. Ornement de feuillage avec un perroquet. Copie
en sens inverse de la gravure de Martin Schongauer, Bartsch No. 114.
Il n'y a point de signature, mais la manière est tout-à-fait celle de
Franz von Bocholt. Bibliothèque de Vienne.

55. Ornement de feuillage. Il s'élève du coin inférieur de
l'estampe, à droite, et porte quatre grandes fleurs et cinq plus petites. Sans signature, mais absolument dans la manière du No. 38.
H. 3 p. 6 l. L. 4 p. 10 l. Dresde.

Il en existe une copie par Israhel van Meckenen signée I v M.
Paris.

Israhel van Meckenen de Bocholt.

(Bartsch VI. p. 184—308.)

Les anciens historiens de l'art ne connaissaient qu'un seul Israhel van Meckenen. J. Wimpheling le nomme Israël l'Allemand, dont les images (icones, l'expression dont il se sert, pouvant tout aussi bien signifier des tableaux que des gravures) étaient recherchées par toute l'Europe et tenues en haute estime par les artistes [46]), et Mathieu Quadt de Kinkelbach [47]) dit, en parlant des plus anciens graveurs allemands: „Après lui (Franz von Bocholt) suivirent immédiatement Israël van Meckenich, originaire de l'Eifel, et le graveur W (Wenceslaus von Olmütz) lettre dont je n'ai pu encore apprendre la signification. Ces deux graveurs ont exécuté des planches quelquefois médiocres, mais pour la plupart excellentes au point de vue de l'art et dans lesquelles on ne peut méconnaître la manière de Franz von Bocholt.‟

Ce ne fut que plus tard, dans le siècle passé, que, d'après les assertions d'un religieux de Bocholt, Heinecken émit l'opinion qu'il y avait eu deux artistes de ce nom dont le plus vieux était peintre et le plus jeune graveur, s'appuyant en cela sur deux gravures d'Israël dont la première représente un homme et sa femme, vus en buste, avec cette inscription: „Figuracio facierum Israhelis et Ide ejus uxoris. I V M.‟, et l'autre la tête d'un homme barbu, coiffée d'un turban et portant les mots: „Israhel van Meckenen, Goltsmit.‟ Mais comme nous avons évidemment ici une tête de fantaisie, il s'ensuit que l'inscription se réfère à l'auteur de la gravure et non pas au personnage qu'elle représente, tandis qu'au contraire la première pièce nous offre le graveur-orfèvre avec sa femme, ce qui est, du reste, confirmé par des documents incontestables.

Mr. C. Becker [48]) a trouvé entre autres dans les comptes de la ville de Bocholt les indications suivantes qui se rapportent à la famille des Meckenen.

---

46) J. Wimphelingi rerum germanicarum epitome etc. Hannovre 1594. Cap. LXVII. De pictura et plastice: „Icones Iraelis alemanni per universam Europam desiderantur, habenturque a pictoribus in summo pretio.‟

47) Teutscher Nation Herlichkeit etc. Cöln 1609. p. 426.

48) Kunstblatt 1839. p. 141.

1407. It. vā Johes van Mechgele 1 guld. (payé pour expertise).

It. daer na in der weke na sīte mertyn dede my tode Kuchgen en Johan vā Mechgele uppē markede 1 rynsche guld. en xx cockart etc.

1425. It. gegevē Hinrich Mecken iiij Alb vor eyn Stucke holtes.

1455. It. helmyge den bode do he giuck van heur' hues van Mechgelen to Johan Haken hues eñ halde den vrylegs brief van unsen teygelmayster 1 kr.

1458. It. an hinrich Mecken to dren tide ij Rynsch gulden.

1482. It. desse nabescreveñ hebe oer koen upt wecel (nom d'un paturage communal) bestadt.

Meistr Israhel .... ij koen.

It. des dinxtags als men de nye Scepeñe gekoer hadde hadn die xij scepeñe Henri' Johan groneboem, Albt Wallinchoen elk 11 qr. (quart) end doe had men to gaste den Richter end Israhel vor em geguld (payé) 11 qr.

1484—86. Durant ces années Israël est un des fermiers d'un paturage communal.

1487. Wynsyse (accise du vin).

Israhel versiszet 1 Anmb bastertz (?) Rh. guld. Uytgevē van alreleye sacken.

It. gegr. Isr̄l dat he der stadz sylverñ busse had vermakt 11 alb.

1488. Même accise.

It. gegr. meister Isrēl vor 1 deel silvers dat he makede an de keten to der scepē zegel vii lichte st. fac. an zwar. gelde v alb. xi gr.

1490. Van der stad Rente end upkome.

It. ok vom Ysraels ij um ordel wille.

1492. Als mē geredde heft van der stadt halvē (Depenses de voyage).

Sabb. p' visitat etc. marc̄ wordē deputiert to mūstr (Münster). Lodde Konink, B. Rodolf tē vryhus end Johan groneboem ume ordele tusche Jacob Raesfeldt etc. end Ysrahel, vore do mede gert meyer end yede israels husfrou end werē uthe vēr nachte vyff dage end hebē verdaen xv guld. x Atb. xx gr.

1493. Geboet uthen Restande (Expertise).

It. von Israel von meckenen twelff gulden.

1494. Van Schenkewyn.

It. Israels süster (sœur) vj q. (quart).

1497. Uthgevingē van alreleyn zachen. (Dépenses de diverses choses.)

It. Israel op dēr stadz silverē roede (bâton d'argent, signe de l'autorité judiciaire) toe make geg. iij guld. iiij alb.

1498.   Même catégorie.

It. Israel vā mekenē op der statz rode to makē geg. vı guld.

La représentation de la pierre tumulaire, donnée par Ottley, porte l'inscription suivante :

„Indē. Jaer. unses heeren. m. v. en iij vp sinte mertyns. avent. starf. de. erber. meister. Israhel. vā. mecknē. sy. siele. roste. in. vrede.“

Des deux écussons sculptés sur la pierre et surmontés d'un heaume fermé et couronné, le premier contrepalé d'une seule pièce et que nous avons figuré plus haut comme se retrouvant sur plusieurs des gravures d'Israël, doit être considéré comme celui de la famille des Meckenen. Nous le voyons entre autres sur les pièces suivantes : La sainte famille B. No. 148; la crosse épiscopale B. p. 303. No. 139; la copie d'un ostensoir d'après Martin Schongauer No. 258 et dans l'ornement avec les deux enfants Jésus et St. Jean No. 260. Cette dernière pièce est néanmoins une gravure du maître néerlandais qui a exécuté plusieurs sujets pris des récits de Boccace et à laquelle Israël n'a fait qu'apposer son écusson.

Le second écusson, portant en cœur une étoile accompagnée de cinq feuilles de tilleul, trois en chef, deux en pointe, indique probablement les armoiries de famille de sa femme Ida.

On peut déduire de ces documents authentiques que la famille des Meckenen se trouvait déjà établie à Bocholt dès 1407 et que, probablement, Jean était le grand père et Henri le père de notre artiste. Aucun des deux premiers n'est donné comme peintre ou simplement comme artiste, mais nous voyons toujours Israël, surtout depuis 1482, cité comme orfèvre et travaillant pour la ville et déjà, en 1492, marié avec Ida. L'inscription sur son tombeau nous montre qu'il mourut en 1503 l'avant-veille de la Saint Martin.

Ce maître a exécuté un nombre considérable de gravures au burin qui montrent, selon l'époque de leur exécution ou selon le mérite des originaux qu'il a copiés, un travail plus ou moins artistique. Elles ont cependant toutes, dans le maniement du burin, quelque chose de conforme et nous ne pouvons admettre qu'elles soient exécutées par différents maîtres, comme on a voulu le prétendre. Il n'était point bon dessinateur et ne se distinguait nullement par sa richesse d'invention. Il exerçait plutôt sa profession comme métier que comme art, et copiait surtout les travaux des bons vieux maîtres. Nous lui sommes pour cela redevables de la conservation de plusieurs compositions désormais perdues ou dont la rareté est devenue très-grande, surtout en ce qui regarde l'école néerlandaise.

Observations à Bartsch.

1. Le portrait du maître et de sa femme Ida.

2. Tête de fantaisie. L'inscription indique le graveur.

4. Judith. On trouve une gravure sur bois, en sens inverse, des trois principales figures. Médaillon, diamètre 7 p. 5 l.

32. St. Judes Thaddée tenant une croix. Bartsch X. p. 28. No. 52 et

33. St. Simon. Ces deux figures sont gravées dans la manière du maître de 1466 et semblent avoir été copiées d'après lui.

41. Le couronnement de la Ste. Vierge. La description que donne Bartsch de cette pièce est inexacte et incomplète. Les trois personnes de la Ste. Trinité sont assises l'une à côté de l'autre. Celle à côté du Père Éternel, à droite, représente le Christ, l'autre, à gauche, le St. Esprit. En bas et au milieu on lit: Ifrahel. v. M. tʒů Bockholt. H. 9 p. 10 l. L. 6 p. 8 l. Bibliothèque de Vienne.

42. La Ste. Vierge. Zani fait au sujet de cette pièce la remarque suivante: „Le pape Sixte IV publia, le premier de Mars 1476, une bulle qui assurait à tous ceux qui célébreraient la fête de l'immaculée conception la même indulgence qui avait été concédée par les papes ses prédécesseurs pour la célébration de la fête du corpus Domini." Il croit en conséquence que cette gravure, avec l'indulgence de onze mille ans, a été exécutée à cette occasion par Israël de Meckenen.

90. St. Christophe. On trouve de cette estampe une copie fort trompeuse qui n'est, peut-être, qu'une répétition par le maître lui-même. La principale différence consiste en ce que la plante à droite, derrière le tertre le plus élevé, porte, au-dessous des fleurs, quatre feuilles au lieu de cinq qui se voient dans l'original. H. 6 p. L. 3 p. 10 l. Bibliothèque de Vienne.

107. St. Luc. La tête du Saint ressemble un peu au portrait d'Israël lui-même (No. 1). L'exemplaire de Dresde ne porte point le millésime de 1445, comme l'indique Knorr.

112. St. Sébastien. Les exemplaires de second tirage sont retouchés dans les parties d'ombre.

II.   13

122. Ste. Barbe. On en trouve une copie médiocre dans le sens de l'original. Berlin.

130. Ste. Marie l'Égyptienne et Ste. Marie Madeleine. Le Cabinet de Paris possède un exemplaire de cette pièce sans l'inscription.

142. Le Sauveur au milieu d'une patène. Bartsch s'est trompé en croyant voir ici un Sauveur. C'est un St. Jean Baptiste. Cette pièce est une copie de celle du maître ℭ ℥ 1466. (No. 165 de notre catalogue.)

145. La Vierge, un ange et un chartreux. Cette composition est une imitation d'une pièce ronde du maître ℳ ♭, en sens inverse.

147. La Vierge, St. André et Ste. Catherine. Cette estampe paraît être une copie en contrepartie d'après le maître de 1466 et dont l'original n'existe plus. Ste. Catherine tend la main gauche au lieu de la droite pour que l'enfant Jésus y place l'anneau.

148. Sainte famille. A gauche se trouve un petit écusson portant les armoiries des Meckenen. L'écusson correspondant de droite est vide.

169. La vieille et le jeune homme. Cette pièce est une copie en sens inverse d'après l'excellent maître néerlandais que Duchesne nomme le maître de 1480. (No. 54 de notre catalogue.)

180. Le vieillard avec une jeune fille. Pendant de l'estampe précédente et d'après le même maître. (No. 55.)

181. Les deux amoureux. Cette pièce est également une copie en sens inverse d'après le maître que nous venons de citer. (No. 36.)

190 et 191. Singes. Ces deux sujets sont gravés sur une même planche. Le Cabinet de Paris en possède une épreuve sur une seule feuille.

192. Les loups. Bartsch se trompe, ce sont des renards. Musée Britannique.

194. L'écusson avec l'enfant qui fait la culbute. Cette estampe est une copie d'après le maître néerlandais de 1480. (No. 62.)

198. L'ornement aux perroquets. Copie en contrepartie d'après Martin Schongauer (Bartsch No. 114).

200. Deux chevaliers joutant. Copie en sens inverse, et sans le petit chien sous le cheval, d'après le maître de 1480. (No. 31.)

201. Plante d'acanthe. On en trouve une copie en bois, de franche exécution et en sens inverse, appartenant au XVIe siècle.

On y voit, au milieu, la femme, près de la jeune fille avec une couronne de fleurs, tenir une rose au lieu d'un cœur. Au bas, à la place du chien, se trouve une banderole avec le mot Straßburg. H. 4 p. 4 l. L. 9 p. 11 l. Berlin.

225. St. François. Cette estampe, décrite par Bartsch, paraît entière; c'est une copie en contrepartie d'après un ancien maître néerlandais.

228. La messe de St. Grégoire. Rudolphe Weigel dans son „Kunstcatalog" No. 19,588 mentionne une estampe tout-à-fait semblable et signée également I. M. qu'il croit cependant avoir été exécutée par Franz von Bocholt et qui est remarquable par les diverses abbréviations qui se trouvent dans l'inscription. Ainsi au lieu de „Sancto Gregorio" on lit seulement „a bto Gregorio". H. 7 p. 6 l. L. 5 p. 2½ l.

Additions à Bartsch.

237. L'annonciation. La Vierge est agenouillée devant un large prie-Dieu dans une chambre fermée par un arc; le St. Esprit plane au-dessus de sa tête, tandis que l'ange, derrière elle, tient une banderole avec les mots: ave gratia. Copie d'après le maître de 1466. H. 5 p. 7 l. L. 4 p. 1 l. Paris.

238. Même sujet. A droite est agenouillée Marie devant un banc qui porte les initiales I. V. M. Elle regarde, étonnée, l'ange qui plane à gauche, tenant un sceptre dans la main droite et dans l'autre une banderole avec les mots: AVE GRA. Belle pièce. H. 2 p. 10 l. L. 4 p. 3 l. Musée Britannique.

Copie dans le même sens, mais grossièrement exécutée. H. 2 p. 11 l. L. 4 p. 3 l. Paris. Voyez aussi Bartsch VI. p. 289. No. 9.

239. La Pentecôte. La Vierge est assise au milieu, entourée des apôtres; au-dessus d'elle plane le St. Esprit. Sur chacune des colonnes gothiques, aux côtés, on voit la figure d'un prophète et au-dessous un perroquet. Aux deux côtés de l'arc du cintre: Al. Israhel. H. 6 p. 5 l. L. 4 p. Musée Britannique. Voyez également Bartsch VI. p. 298. No. 27.

240. La sainte famille connue sous le nom de la Vierge au papillon. Copie en contrepartie d'après l'estampe d'Albert Durer No. 44. Au bas la signature Israhel v. M. H. 9 p. 3 l. L. 7 p. Berlin, Francfort s. M. Voyez aussi Bartsch VI. p. 299. No. 33.

241. La Vierge avec des anges. Elle est couronnée, debout
sur le croissant et tient l'enfant Jésus. Quatre anges la soutiennent.
Signée 𝕴𝖘𝖗𝖆𝖍𝖊𝖑 𝖛. 𝕸. Bêlle pièce. H. 10 p. L. 7 p. Berlin, Paris.
Voyez Bartsch VI. p. 300. No. 43.

242. La Vierge, St. Bernard et Ste. Catherine. La Ste.
Vierge, demi-figure, se voit au-dessous d'un tapis suspendu et presse,
de la main droite, son sein d'où sort un filet de lait qui va frapper
au front St. Bernard en adoration, à gauche. Celui-ci tient une crosse
d'abbé et on lit sur une banderole: 𝕸𝖔𝖘𝖙𝖗𝖆 𝖙𝖊 𝖊̄𝖊 𝖒𝖆𝖙𝖗̄. De la main
gauche Marie tient l'enfant Jésus qui passe un anneau au doigt de Ste.
Catherine debout, à droite. Dans le socle, en bas, les initiales I. V. M.
H. 9 p. 7 l. L. 6 p. 10 l. Musée Britannique. Cette estampe est
une imitation d'une composition semblable du maître de Zwolle No. 76.
Voyez aussi Bartsch VI. p. 300. No. 45.

243. L'homme de douleurs. Il est debout, au milieu de
l'estampe, devant un baldaquin et montre la plaie de son côté. A ses
pieds, à droite, on voit le globe du monde surmonté d'une croix. A
gauche la Vierge, les deux mains croisées sur la poitrine; à droite
St. Jean tenant une main sur la tête. Deux anges, qui tiennent les rideaux du baldaquin, portent, en même temps, l'un un lys, l'autre une
épée. Le tout est renfermé dans une simple bordure gothique arrondie
aux angles. Pièce sans signature, mais exécutée entièrement dans la
manière d'Israël. H. 14 p. 8 l. L. 9 p. 10 l. Musée Britannique.

244. Le Christ donnant sa bénédiction. Il est debout,
tenant un livre ouvert dans la main gauche. A ses pieds, à gauche,
le globe du monde avec une croix. Au milieu du bas les initiales I. M.
H. 6 p. 1 l. L. 3 p. 8 l. A Vienne dans une collection particulière.

245. L'écusson avec les instruments de la passion.
Sur le heaume on voit la main divine dans l'action de bénir. Les
figures, debout, du Sauveur et de la Vierge accompagnées des symboles
des quatre évangélistes servent de supports. En haut deux petites figures
de prophètes avec des banderoles. En bas: 𝕴𝖋𝖗𝖆𝖍𝖊𝖑. H. 6 p. 2 l. L. 4 p. 3 l.
Paris. Voyez aussi Bartsch VI. p. 302. No. 104.
Cette pièce est une copie d'après le maître de 1466 (Bartsch 88).
On en trouve également une copie en manière criblée.

246. St. Michel. En armure et couvert d'un manteau, il s'a-
vance en foulant aux pieds deux petits démons et tient une épée de
la main droite, tandis qu'il s'appuie de la gauche sur un bouclier.
H. 5 p. L. 3 p. 3 l. Paris. — Copie d'après le maître de 1466. No. 169.

247. St. Simon. Il marche vers la droite, tenant de la gauche une scie, dans la droite un livre où il lit. Pièce sans signature. H. 6 p. 6 l. L. 3 p. 4 l. Musée Britannique.

248. La Véronique. Elle penche la tête à gauche et tient le voile avec la sainte face. Dans la marge du bas on lit: „Salve sancta facies nõi redemtõis." H. 3 p. 10 l. L. 2 p. 9 l. Paris.

249. Même sujet, signé 𝕴𝖘𝖗𝖆𝖍𝖊𝖑. Voyez Bartsch VI. p. 301. No. 64. Cette pièce est plus petite que la précédente. Paris.

250. La petite Fortune. Copie en contrepartie d'après Albert Dürer No. 78, signée 𝕴. H. 4 p. 5 l. L. 2 p. 10 l. Paris.

251. Une partie de jeu. Une dame est assise à une table vis-à-vis d'un gentilhomme qui a perdu la partie. Sur la table on voit le trois de la couleur „Gland", tandis qu'elle lui montre une figure qu'elle tient à la main. Sur le devant, dans un vase à rafraichir les boissons, un pot et un flacon. A gauche I, à droite M. H. 6 p. L. 4 p. 1 l. Berlin, Stuttgart. Pièce rapportée par Singer dans son ouvrage: „Researches into the history of playing cards etc." London 1816. Voyez aussi Bartsch VI. p. 302. No. 114.

252. La méchante femme. Elle est assise à côté de son mari qui dévide du fil, tandis qu'elle relève indécemment sa robe et le frappe de sa quenouille. Au milieu du bas les initiales I. M. H. 3 p. 9 l. L. 3 p. 6 l. Paris.

253. Deux singes. Celui de gauche incline la tête que l'autre, assis vis-à-vis, lui gratte de la patte gauche. Les deux animaux sont attachés à une chaîne avec une boule. H. 2 p. 9 l. L. 4 p. 3 l. Paris, Musée Britannique.

254. Deux singes jouant. Ils tiennent un petit miroir rond dans lequel se regarde celui de gauche qui tient une brosse, tandis qu'une petite cassette, avec un peigne, est placée devant eux. H. 2 p. 7 l. L. 4 p. 1 l. (?) Paris, Brunswick. Dans le Musée Britannique on trouve les deux compositions, avec des singes, imprimées sur une seule feuille qui porte la signature 𝕴𝖘𝖗𝖆𝖍𝖊𝖑 v. M. H. 6 p. 9 l. L. 4 p. 2 l.

255. Le renard et ses petits. Le renard à droite se lèche la patte; à gauche les deux petits mordent dans une aile. Pendant de la pièce No. 192 de Bartsch. Sans signature. H. 2 p. 10 l. L. 4 p. 4 l. Paris.

256. Trois têtes de mort. Elles sont placées sous une voûte gothique. En bas les initiales I. V. M. avec l'inscription: Gloria quid vite caro tabet adite venite hic decor hec forma manet

hec lex omnibus una. H. 4 p. 10 l. L. 6 p. 2 l. Musée Britannique. Voyez aussi Bartsch VI. p. 302. No. 105.

257. Un encensoir. Copie d'après Martin Schongauer No. 107.
En bas, près de l'anneau, les initiales I. V. M. H. 10 p. 2 l. L. du
bas 7 p. 9 l, du haut 7 p. 2 l. Musée Britannique, Francfort s. M.
Voyez également Bartsch VI. p. 304. No. 141 et le catalogue de la
Collection Sprinkmann Kerkerink où s'en trouvait encore un exemplaire.

258. Un reliquaire. Le pied hexagone repose sur six petits
lions assis et dont on ne voit que quatre dans l'estampe. Un bourrelet
entoure la tige. Le corps est terminé par cinq aiguilles gothiques dont
celle du milieu porte une croix, aux côtés de laquelle se trouvent les
lettres ℑ. 𝔐. et au bas le nom ℑſraḥel. H. 10 p. 2 l. L. 3 p. 2 l.
Musée Britannique, Paris, Bibliothèque de Vienne. Voyez aussi Bartsch
VI. p. 304. No. 152.

259. Un autre reliquaire. Le pied est terminé par quatre
élévations en forme de cœur. Le corps est formé par un cylindre de
cristal, les cinq pointes du couvercle sont terminées par des croix.
En haut, à côté de la pointe la plus élevée, les initiales I. M.
H. 10 p. 3 l. L. 3 p. 2 l. Musée Britannique. Voyez également
Bartsch VI. p. 304. No. 135.

Il en existe une copie, en contrepartie, avec les ombres à droite au lieu
d'être à gauche, comme dans l'original. Elle est signée, à côté de la tige,
ⓐℑ ℍ𝕄 Les pointes se terminent par des boutons. Musée Bri-
ⓐℑ ⫟⫟ tannique.

260. Un ostensoir. Copie d'après Martin Schongauer B. p. 183.
No. 90. Au lieu de l'écusson vide, on trouve ici les armoiries des
Meckenen, comme nous l'avons déjà dit plus haut.

261. Une crosse d'évêque. Elle est d'un beau style gothique
et imprimée sur deux feuilles. En haut, dans la courbure, on voit,
sous un tabernacle, la figure de la mère de Dieu avec l'enfant Jésus
dans les bras et portant une couronne. Dans la partie la plus élevée,
St. Pierre, un évêque et un autre saint. Un petit génie tient un écusson avec les armoiries des Meckenen. En bas, de chaque côté du bâton,
ℑſraḥel — v. M. H. 28 p. 3 l. L. 7 p. 6 l. (?) Paris, Berlin,
Bâle. Voyez aussi Bartsch VI. p. 303. No. 138 et 139. Les deux ci-
tations de Heinecken se rapportent à une pièce unique; il se trompe
également en ajoutant un X aux deux initiales V. M., comme il le fait
en parlant du Ne. 139.

262. Ornement avec l'enfant Jésus et le petit St. Jean.

Au milieu d'un entrelacement de feuillage et de fleurs on voit, au centre de l'estampe, un écusson aux armes des Meckenen. Du côté gauche l'enfant Jésus, couvert seulement d'un petit manteau, est excité par un ange qui se tient derrière lui à attaquer le petit St. Jean vis-à-vis avec un moulinet, tandis que ce dernier, armé d'un jouet semblable, est poussé par un autre ange contre l'enfant Jésus. On lit dans l'auréole du petit précurseur: tohes. Fond blanc. Cette pièce, d'une exécution très-fine, semble avoir été gravée par l'excellent maître néerlandais auquel nous devons les huit estampes tirées des histoires de Boccace, Meckenen n'ayant fait qu'ajouter ses armoiries à la planche. H. 1 p. 6 l. L. 6 p. 1 l. Musée Britannique, Berlin.

263. Ornement de feuillage avec un hibou. Copie d'après Martin Schongauer, No. 108, de Franz von Bocholt dont la signature a été changée en celle de I. V. M. Oxford, Bibliothèque de Vienne. Voyez aussi Bartsch VI. p. 304. No. 152.

264. Ornement de feuillage avec cinq grosses fleurs. Copie d'après Franz von Bocholt ou peut-être, comme dans la pièce précédente, sa signature y a-t-elle été changée en celle de I. V. M. H. 3 p. 6 l. L. 4 p. 10 l. Paris.

265. Ornement avec cinq figures de femmes. Il part du bas, à droite, en tournant un peu vers la gauche du haut. Les femmes sont nues. Celle d'en haut montre son derrière, une autre, en bas, tient un miroir, celle du milieu est vue de face, la quatrième en haut, à droite, lève une jambe et la cinquième, en bas, est vue de profil. Le fond est noir. Sans la signature qui pourrait néanmoins avoir été rognée. Pièce traitée d'une manière un peu raide et probablement une copie. H. 3 p. 6 l. L. 4 p. 11 l. Gotha.

266. Deux feuilles d'acanthe. La tige d'une des deux paraît être entourée d'une plante parasite. Au milieu les initiales ℑ. 𝔐. H. 6 p. 2 l. L. 4 p. 10 l. Musée Britannique.

267. Même sujet. La feuille de droite est beaucoup plus grosse que l'autre. A côté de la petite feuille la signature ℑ. 𝔐. H. 6 p. 3 l. L. 4 p. 11 l. Musée Britannique.

(Brulliot, Dict. I. No. 10.)

Les estampes de ce maître de l'Allemagne inférieure sont traitées d'une manière maladroite et paraissent n'être que des copies de gravures d'anciens maîtres du XVᵉ. siècle. Il a copié, entre autres, une estampe du maître de Zwolle et, avec fort peu de changements, la sainte famille No. 44 d'Albert Durer, un des premiers ouvrages de celui-ci. Brulliot croit pouvoir raviser dans le monogramme ci-dessus les initiales I. A., mais, en tenant compte du style orné de ces lettres, on ne peut y voir qu'un A.

1. La Vierge. Elle est assise, couverte d'un large manteau et porte, sur le genou gauche, l'enfant Jésus. Celui-ci tient un petit oiseau, les ailes étendues. Dans le fond, à gauche, une porte avec une tour; à droite, un arbre sec. La signature se trouve au bas à gauche. Pièce médiocre, presque à simples contours, mais d'une belle composition et qui paraît être une copie d'après une gravure plus ancienne. H. 3 p. 6 l. L. 2 p. 9 l. Collection Walraff à Cologne.

2. La Vierge et les deux SS. Hugues. La Vierge, demifigure couronnée, présente à l'enfant Jésus, assis devant elle, une grappe de raisin, vers laquelle il tend la main gauche. A gauche, debout et tenant sa crosse entre les bras, le saint évêque Hugues de Gratianopolis devant lequel on voit sept étoiles avec l'inscription: ꜧugo gꞷ̄nopos. A droite se trouve: „𝔖. ꜧugo lincolinē“, le saint évêque de l'ordre des chartreux de Lincoln, tenant à la main un calice d'où s'élève la figure du Christ. Dans le socle, où se lisent leurs noms, sont représentés, dans des médaillons, les symboles des quatre évangélistes et le monogramme de l'artiste. Des banderoles volantes contiennent des inscriptions latines; le fond représente une chapelle. Le maniement du burin est inhabile et dans la manière d'Israël van Meckenen. H. 8 p. 6 l. L. 6 p. Bâle.

3. La Vierge et St. Bernard. Elle est assise à gauche, tenant l'enfant Jésus sur les genoux; celui-ci porte ses petites mains sur le sein de sa mère d'ou s'échappe un jet de lait vers le Saint agenouillé en adoration devant elle et de la bouche duquel sort une banderole avec les mots: monstra te esse matrem. Le fond est une chapelle avec trois fenêtres dont celle du milieu montre un écusson

peint portant un cœur; le tout est fermé par un arc reposant sur deux colonnes et au bas par une balustrade à jour. La marque est à droite. Cette pièce est une copie, avec quelques changements, de la gravure No. 25 de Jean de Cologne à Zwolle. Le dessin en est mauvais, les hachures dans le style ancien. H. 6 p. 2 l. L. 4 p. 4 l. Présentée par Mr. E. Hartzen de Hambourg au Musée Britannique.

4. La sainte famille. La Vierge avec l'enfant Jésus dans les bras est assise sur un tertre auquel St. Joseph s'appuie en dormant. Derrière la Ste. Vierge, un moine en adoration, les mains jointes, et vu à mi-corps. En haut, dans une gloire, Dieu le père et le St. Esprit. Une rivière arrose le paysage. La marque est en bas, à gauche. Cette pièce est une copie en contrepartie, avec quelques additions, d'après Albert Durer, No. 44. H. 8 p. 9 l. L. 6 p. 9 l.

5. Le fidèle au lit de la mort. A côté du lit, et à la tête du moribond, est un ange tenant une banderole avec ces mots: „hic homo peccavit, moriens veniam rogitavit." A ses pieds, un démon s'écrie: „hanc animam posco, quam plenam criminibus nosco." Un moine place un cierge allumé dans les mains du mourant, tandis qu'un second tient un livre. Derrière eux se trouvent huit parents éplorés, tandis qu'à droite un homme, aidé par un démon, vole de l'argent dans une armoire et au-dessus de lui on lit le mot „raptor". Le Christ en croix est suspendu, au milieu, devant le moribond qui lui adresse les mots: „in manus tuas, domine, commendo spiritum meum." En haut, à gauche, la Ste. Vierge agenouillée qui presse le lait hors de son sein et dit à son fils: „hanc quia succisti, fili, veniam promere ei." A droite St. Bernard ajoute: „O homo securum accessum habes ante deum etc." Le Sauveur posant la main droite sur la plaie de son côté prononce les mots: „Vulnera cerne, pater, fac quæ rogitat mea virtus" et Dieu le père répond: „fili, petita dabo quæ vis, tibi nulla negabo etc." En bas, à gauche, l'A majuscule gothique de la signature. Cette composition rappelle un sujet sur bois de l'Ars moriendi; le travail en est rude. H. 9 p. 8 l. L. 6 p. 10 l. Cat. Weber No. 1.

6. Une danse macabre. Trois squelettes dansent ensemble. A droite un quatrième, enveloppé dans un manteau, souffle dans un chalumeau, un cinquième sort d'un tombeau. Fond noir. Près de chacun des squelettes se voit une banderole avec des inscriptions latines; celle près des trois premiers commence ainsi: „O mors $\bar{q}$ amara $\bar{e}$ etc.", et dans la marge du bas on lit: „Gloria $\bar{q}d$ vite .... venite hic decor, hec forma .... omnib' una." Entre les deux premiers squelettes

se voit la marque.   La composition est bien agencée et le mouvement
a de la vie, mais l'exécution est mauvaise, la pièce ayant été probablement copiée d'après une bonne gravure de la basse Allemagne du XVᵉ.
siècle. H. 7 p. L. 9 p. 11 l.   Bibliothèque de Liége.

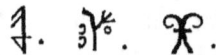

♃. ᶾⱵᵒ. ℞.

. Sept sujets de la passion. Ils se trouvent dans un livre de
prières manuscrites, petit in-8°, dans la galerie de Berlin avec la signature suivante à la fin: **Dit boerr is gheſcriven en gepndet van my
juſt gůt vogels in den iaren ons heren m.cccc.lxxxtj (1482) op ſňte
peters en pouwels aūct.** Ces gravures sont des imitations d'après
Jean de Cologne de Zwolle et leur exécution rappelle également la
manière de ce maître. Elles sont traitées avec la finesse du burin, mais
non point avec l'excellence de dessin qui distinguent les originaux. Les
contours sont accompagnés d'ombres légères et toutes les pièces sont
coloriées en violet, jaune, vert, bleu clair et un peu de rouge. Trois
d'entr'elles portent, sur des pennons, les marques ci-dessus qui ne paraissent pas, néanmoins, indiquer le nom du maître.

1. Jésus arrêté au jardin. Judas, venant de la gauche, embrasse Jésus. A droite, St. Pierre remettant son épée dans le fourreau et Malchus agenouillé devant lui auquel le Christ touche l'oreille
dans l'action de la lui guérir. En arrière, deux guerriers armés dont
l'un tient un pennon avec la marque ♃. H. 2 p. 11 l. L. 2 p. 3 l.

2. Le portement de croix. Le Christ marche courbé sous
le poids de la croix. A gauche, Simon le Cyrénéen le soulage du far-
deau. A droite, un guerrier armé et portant une bannière avec la
marque ᶾⱵᵒ, conduit le Christ par une corde. Derrière deux hommes
dont l'un frappe Jésus avec un bâton noueux. Pièce de la même dimension que la précédente.

3. Le Christ dépouillé de ses habits. Il est placé au
milieu de l'estampe. A droite, un soldat en armure lui enlève sa tunique. Derrière, un homme le saisit aux cheveux et se prépare à le
frapper. A gauche, près de la croix couchée sur le terrain, la Vierge,
debout, essuie ses larmes; derrière elle St. Jean. Au fond, sur la droite,

deux hommes dont l'un porte une bannière avec la troisième marque ✲.
Les dimensions sont les mêmes que celles des deux pièces précédentes.

4. **Le Christ attaché à la croix posée à terre.** En haut,
à gauche, un homme enfonce un clou dans la main étendue du Sauveur; à droite, un autre lui attache le bras; aux pieds du Christ un
troisième perce un trou dans le montant de la croix. Sur le devant,
à gauche, un forgeron prépare un clou sur l'enclume. Dans le paysage
une maison et une tour. De mêmes dimensions que celles que nous
venons de citer.

5. **Le Christ pleuré par les siens.** Le corps du Sauveur
est étendu sur les genoux de Marie, assise aux pieds de la croix et
tournée à droite. A gauche, Ste. Marie Madeleine lève en pleurant
les mains; à droite, St. Jean joint les siennes. H. 3 p. L. 2 p. 3 l.
Cette composition ne se trouve pas parmi celles que nous connaissons
du maître Jean de Cologne de Zwolle.

6. **La résurrection.** Le Christ, bénissant vers la droite, s'é-
lève d'un sarcophage en tenant dans la gauche la bannière de la croix.
A droite un soldat et, à gauche, deux autres qui se réveillent effrayés.
H. 2 p. 10 l. L. 2 p. 2 l.

7. **La descente aux limbes.** Le Christ s'avance à grands
pas en foulant Satan aux pieds et présente la main à Adam. Derrière
celui-ci cinq autres figures. Au bas les flammes s'élancent d'une porte
entr'ouverte et un démon cherche à frapper le Christ avec une fourche.
H. 2 p. 11 l. L. 2 p. 3 l.

TW., T⸗W., TM.W.
Telman de Wesel.
(Bartsch VI. p. 311.)

L'explication des initiales ci-dessus nous a été donnée par le maître
lui-même dans sa copie de la Nativité, d'après Albert Durer, de l'an
1504, puisqu'il signe cette pièce en toutes lettres comme suit: Telman.
op. Den. Dick. (sur la digue) To. Wesel. Brulliot (Dict. I. No. 3225)
nous assure qu'il était orfèvre, d'après l'indication qu'il dit avoir trouvée
sur une copie, d'après Albert Durer, qui n'est point venue à notre con-

naissance. Son maniement du burin est inhabile et rude et ce qu'il a fait de mieux ce sont les copies d'après le jeu de cartes rondes. Comme il a copié également quelques-unes des premières gravures d'Albert Durer, il doit avoir vécu encore dans la première dixaine du XVIe. siècle; du reste, ses gravures annoncent un maître du XVe. [49])

1. La naissance du Christ. Copie d'àprès Albert Durer Bartsch No. 2, signée comme ci-dessus: „Telman. op. Den. Dick. To. Wesel."

2. Ecce homo. En buste, vu de face. Aux côtés on lit à rebours ECCE HOMO et au bas, en dehors du trait de bordure, T W. Pièce ronde, diamètre 1 p. ¹/₂ l. Le travail est à guise de nielle et semblerait être, si nous tenons compte de l'inscription à rebours, une épreuve d'après une planche niellée. Voyez R. Weigel, Kunstcatalog No. 18946.

3. La résurrection. Le Christ ressuscité se trouve au milieu tenant l'étendart de la croix. A droite et à gauche deux soldats endormis, et trois autres qui se réveillent effrayés. L'estampe porte une petite tablette sur laquelle on a représenté quatre outils de graveur, distinction dont Telman s'est encore servi dans une autre pièce pour accompagner son monogramme. H. 2 p. 7 l. L. 1 p. 10 l. Voyez Brulliot, Dict. I. No. 3225.

4. St. George. Il s'élance vers la gauche, un cimeterre à la main droite, pour combattre le dragon qui se voit du même côté sur un rocher. A droite, dans un paysage, se trouve la princesse agenouillée. Au bas le monogramme T₃W. Travail médiocre. H. 2 p. 7 l. L. 3 p. 7 l. Berlin. Collection de feu le roi de Saxe à Dresde.

5. St. Christophe. Il porte l'enfant Jésus et s'apprête à monter sur la rive à gauche où se trouve une petite figure, en costume bourgeois, qui porte une lanterne et qui est vue de dos. Comme on voit dans le coin, près de celui-ci, un petit-écusson avec deux instruments de graveur et sur un écriteau blanc les initiales T W, on peut en déduire que l'artiste a voulu se représenter lui-même dans cette petite figure. Sur la rive droite se trouvent deux hommes avec des piques et, sur le devant à droite, un lapin au-dessous d'un arbre où perche un oiseau. H. 4 p. 6 l. L. 2 p. 10 l. Musée Britannique. Bartsch VI. p. 311. No. 1.

---

49) HELLER mentionne, dans sa vie d'Albert Durer p. 346, une copie d'Adam et Ève d'après ce maître qui est signée T. W. et qu'il croit exécutée par Telman de Wesel. Nous ne l'avons jamais vue.

6. **Réunion de gens de guerre.** Copie, en contrepartie, d'après Albert Durer Bartsch No. 88, signée au bas T ⌐ W. H. 4 p. 7 l. L. 5 p. 3 l. Brulliot, Dict. II. 2595 et Heller p. 498. Francfort s. M.

7. **Jeu de cartes rondes.** Copie, en sens inverse, d'après les originaux d'un maître de la basse Allemagne à Cologne. Bartsch X. No. 70. Ce jeu est composé de cinq couleurs ayant chacune treize cartes, c'est-à-dire de soixante-cinq cartes en tout. Mais les copies, autant qu'il est permis d'en juger par ce qui nous en reste, ne reproduisent que quatre de ces couleurs, Lièvre, Perroquet, Oeillet et Ancolie; la couleur de la Rose manque, si nous considérons comme complet l'exemplaire de Paris où se trouvent disposées, à quatre ou à six sur dix feuilles, cinquante-deux cartes rondes qui paraissent former tout le jeu. Les figures de chaque couleur sont toujours au nombre de quatre, avec le roi et la dame à cheval et le premier et le sous-valet à pied. Les autres cartes sont numérotées de l'as au neuf inclusivement et les numéros, outre la marque de la couleur, sont répétés, en chiffres arabes au haut; au bas en chiffres romains. Chacune de ces cartes rondes, de 2 p. 8 l. de diamètre, est renfermée dans une triple bordure linéaire et entre les deux traits extérieurs se trouve toujours la marque T W. On voit quelques changements dans les figures et l'as porte une banderole sur laquelle on lit, au lieu de l'inscription latine de l'original, la suivante en dialecte bas-allemand:

AVE. MI. DRINT. ME. VIN. DAEROM. MOT. IC. EN. LEPVS. SIN.

c'est-à-dire en haut-allemand:

> O weh! mich drängt man fein,
> Darum muss ich ein Hase sein.

On trouve des reproductions de ces cartes dans l'ouvrage intitulé: Jeux de cartes tarots et de cartes numérales etc. par la Société des bibliophiles français. Paris 1844. In-4°. Pl. 71—80.

H

On ne connaît jusqu'ici que deux pièces de ce maître de la basse Allemagne qui se signait d'un H accompagné d'un petit couteau; l'une d'après les quatre femmes nues d'Albert Durer, de l'an 1498, et l'autre, exécutée avec une grande finesse, qui paraît être l'original de la Vierge

à l'horloge (?) d'Israhel van Meckenen (Bartsch No. 145). L'époque
d'activité de notre maître peut être placée vers la fin du XVe. siècle.

    1. La Vierge à l'horloge. Elle est vue à mi-corps, la tête
ceinte d'une couronne et tenant sur le bras gauche l'enfant Jésus.
Celui-ci, armé d'un petit marteau, frappe sur le timbre d'une petite horloge
que tient un ange à droite. A gauche, on voit en adoration St. Bé-
noît (?) dont Marie touche amicalement le menton de la main droite.
Le premier plan est occupé par une table sur laquelle se trouve le
monogramme. Autour de la bordure on lit l'inscription: „Ave poten-
tissima et humillima virgo Maria. Ave sanctissima et humilia virgo
Maria. Ave benignissima etc." Belle pièce ronde de 3 p. 9 l. de diamètre. A Bonn chez M. Weber.

    Ce sujet rappelle le petit livre intitulé: Horologium ou „Zeit-
glöcklein" et pourrait en représenter le contenu figuré, c'est-à-dire,
les prières canoniques avec le reste des offices pour tout le cours de
l'année. Une des fréquentes éditions de ce livre porte le titre: „Horo-
logium devotionis circa vitam Christi." (Frater Bertoldus sacerdos ord.
predicatorum e ling. theutunica in Lat. transl.) Avec des gravures sur
bois in-8°, sans lieu ni année. Voyez R. Weigel, Kunstcat. No. 9965.

    Copie A. En sens inverse par Israël de Meckenen. Pièce carrée.
Bartsch No. 145.

    Copie B. Dans le même sens que l'original, sans le monogramme;
sur la table à côté du religieux on lit: St' ꝺoꞇc' (Sanctus Dominicus).
Pièce ronde. Diamètre 3 p. 10 l. Berlin.

    Copie C. Dans le même sens que l'original, avec deux bande-
roles, sur l'une desquelles on lit à rebours: O MARIA et MATER
DEI, mais, à la marge du cercle, en lettres allemandes à peine visibles;
et, dans le sens ordinaire: wcclk etc. Contours très-accusés à la manière des nielles et qui semblent révéler l'ouvrage d'un orfèvre. Pièce
ronde. Diamètre 1 p. 11 l. R. Weigel, Cat. No. 18933. T. O. Weigel à Leipsic.

    Copie D. Dans le sens de l'original, sans monogramme et sans
inscription. Gravure médiocre. Pièce ronde de 1 p. 9 l. de diamètre.
T. O. Weigel à Leipsic.

    2. Quatre femmes nues. Copie d'après l'estampe d'Albert
Durer de 1498 Bartsch No. 75. Dans les épreuves postérieures, le H
a été presqu'effacé et le monogramme du maître ⋈ fortement gravé
à côté. H. 7 p. L. 4 p. 11 l. Vienne, Berlin.

⌶⌶

(Bartsch VI. p. 386.)

Ce maître paraît avoir travaillé dans les dernières vingt-cinq années du XVe. siècle, puisqu'on trouve des copies exécutées par lui d'après les estampes de Martin Schongauer et les premiers ouvrages d'Albert Durer. Comme artiste original, il ne peut avoir aucune importance et nous avons vu plus haut qu'il a substitué son monogramme à celui du maître précédent dans la pièce des quatre femmes nues d'après Albert Durer. Zani (Materiali p. 7) croit devoir prendre ce monogramme pour celui de Hans Schäuflein, et Bartsch lui-même ne semble pas éloigné d'adopter une telle opinion. Mais comme toutes les gravures signées de ce monogramme et qui n'appartiennent point aux copies d'Albert Durer montrent, dans leur composition, une manière si différente de celle que nous connaissons à Schäuflein dans ses gravures sur bois, et comme, du reste, celui-ci n'a jamais accompagné ses premiers travaux d'une signature, il nous est impossible de partager à cet égard l'opinion de Zani.

Observations à Bartsch.

1. Le Christ en croix. Cette gravure est une imitation de la composition de Martin Schongauer, Bartsch No. 22.

2. St. Christophe. Le dessin de cette pièce est très-inférieur à la belle exécution qu'elle montre.

3. Le pèlerin. C'est un St. Roch d'un travail très-fin.

Additions à Bartsch.

6. Les Saints Sébald et Laurent. Le premier avec une crosse, à gauche, tient une église; le second, à droite, un gril. Fond de paysage. Pièce ronde. Diamètre 2 p. 1 l. Dresde.

7. Ste. Catherine et Ste. Barbe. La première est debout, à gauche, tenant de la droite une palme et s'appuie de la gauche sur une épée. Ste. Barbe est à côté d'elle, portant un calice avec l'hostie

dans la main droite et une palme de la gauche. Paysage rocailleux.
En bas le monogramme. Pièce ronde de 2 p. 1 l. de diamètre.
Dresde.

Ces deux gravures ainsi, que les trois mentionnées plus haut, paraissent appartenir à une série de pièces rondes d'un égal diamètre
entre elles.

8. Ste. Marguerite. Demi-figure tournée vers la droite. Elle
tient de la droite une croix et de la gauche un lien auquel un monstre
est attaché. Fond de paysage. Dans la marge du bas le monogramme
et l'inscription: S. MARGARETA. H. 2 p. 9 l. L. 1 p. 11 l. Berlin.

9. L'enlèvement d'Amymone. Copie, en contrepartie, d'après
Albert Durer, Bartsch No. 71. Au milieu du bas, le monogramme.
H. 9 p. L. 6 p. 10 l. Francfort s. M.

On en trouve une copie, également en sens inverse, avec le monogramme ⓗ qui pourrait être un ouvrage de la jeunesse de Hans
Sebald Beham et qui est très-maigre et très-raide d'exécution.

10. L'assemblée des gens de guerre. Copie, en sens inverse, d'après Albert Durer, Bartsch No. 88, d'un dessin médiocre. Au
milieu du bas, le monogramme. H. 4 p. 9 l. L. 5 p. 2 l. Dresde,
Musée Britannique.

Appendice.

On trouve un nombre de petites gravures de 2 p. 7 l. de hauteur sur 2 p. 1 l. de largeur, chacune avec deux sujets accouplés tirés
de l'ancien testament, et qui portent le monogramme ⓗ, mais qui appartiennent à un maître d'une date postérieure qui a travaillé dans la
manière de B. Jenichen. Sur deux de ces gravures, dans le Cabinet
de Berlin, on trouve les Nos. 49, 50 et 67, 68.

Gravures au burin des Maîtres anonymes de la haute et de la basse Allemagne, appartenants au XVe. siècle.

Il est difficile, pour ne pas dire presque impossible, d'indiquer le point de séparation quant aux travaux des artistes de ces deux parties de l'Allemagne, d'autant plus que nous avons affaire ici à des maîtres qui n'offrent point un caractère bien arrêté d'originalité. Nous avons dû, par conséquent, réunir ici leur œuvre sous une même division, nous contentant d'y ajouter, parfois, quelques remarques pour les distinguer, et surtout dans la description des gravures anonymes du XVe. siècle contenues dans Bartsch X. p. 1—68, quand nous avons pu connaître soit le maître, soit l'école dont elles proviennent, et quand elles ont déjà trouvé place dans notre catalogue ou que nous devons encore en faire mention par la suite. Les autres, décrites par Bartsch sous ce titre, seront indiquées dans un appendice qui servira à rendre notre catalogue plus complet.

Observations à Bartsch X. p. 1—68.

1. Salomon adorant les idoles. Belle gravure du maître néerlandais de l'école de Van Eyck No. 3 de notre catalogue.

2. L'annonciation. Copie d'après le maître de 1466: No. 114.

3. La visitation. De l'école néerlandaise comme au No. 1 de notre catalogue: No. 5.

8. Le portement de croix. École de M. Schongauer: No. 25.

9. Le Christ attaché à la croix. Dans la manière du maître de 1464: No. 53.

11. Le Christ en croix. École du maître de 1466: No. 5.

12. Même sujet. École de M. Schongauer: No. 26.

14. La mise au tombeau. Manière du maître du jeu de cartes. (École de ℭ 𝔖 1466 No. 1.)

6. p. 12. La Vierge debout. École du maître de 1466: No. 9.

7. p. 13. Même sujet. De la même école: No. 10.

8. La Vierge et l'enfant Jésus. Même école: No. 11.

11. p. 14. La Ste. Vierge. Même école: No. 12.

12. p. 15. Même sujet. Idem: No. 13.

14. p. 16. Les douze apôtres. Idem: No. 31.

15 à 27. p. 17. Le Christ et les douze apôtres. Idem: No. 32

28 à 39. p. 20. Les douze apôtres assis. Idem: No. 33

40. p. 22. St. Michel. Idem: No. 38.

41. p. 23. St. Jean Baptiste. Idem: No. 40.

42. p. 23. Décollation de St. Jean Baptiste. Cette gravure est de Jean Duvet.

43. St. George. De Hans von Windsheim: No. 7.

44. p. 24. Même sujet; du maître L Ɑ N.

45. p. 25. St. Martin. Du maître W ✿ .

50. p. 27. Un saint évêque. École du maître de 1466: No. 51.

52. p. 28. Un saint portant une croix. C'est le St. Judes Thaddée de la suite des apôtres, Bartsch VI. p. 297. No. 32, attribuée à Israhel van Meckenen. Ces pièces semblent néanmoins appartenir à l'école du maître de 1466.

54. p. 29. Ste. Marie Madeleine. C'est une gravure de Franz von Bocholt: No. 48.

55. p. 30. Ste. Marthe; du même maître: No. 47.

58. p. 31. Ste. Catherine. Pièce médiocre de l'école du maître de 1466: No. 53.

62. p. 33. Même sujet. Idem: No. 54.

63. p. 33. Ste. Agnès. Idem: No. 55.

64. p. 33. La Véronique. Idem: No. 56.

65. p. 34. Même sujet. Idem: No. 57.

66. p. 34. L'enfant Jésus sur une tulipe. Copie d'après le maître de 1466: No. 149.

67. p. 35. L'homme de douleurs. Copie en petit d'après le même maître: No. 151.

68. p. 35. La Trinité. De l'école du maître de 1466: No. 33.

70. p. 37. La Sibylle et Auguste. De la même école. Voyez Maître de la Sibylle No. 1.

71. p. 37. Même sujet. Copie en petit, avec quelques changements, du sujet précédent. Voyez Maître de la Sibylle No. 2.

72. L'auteur de l'histoire du premier homme. Gravure néerlandaise, d'une exécution très-fine, du maître des histoires de Boccace. No. 4 de notre catalogue.

1. Page 39. L'empereur Henri IV et le pape Grégoire VII. Cette gravure représente l'empereur Valérien et le roi persan Sapor vaincu. Elle appartient à la même suite que le No. 72.

2. p. 40. L'homme précipité dans l'abîme ou plutôt M. Manlius Capitolinus précipité dans le Tibre. Elle appartient également à la suite des histoires de Boccace, No. 7.

5. p. 41. Le jugement de Pâris. Du maître de 1464, dit aux banderoles; No. 43.

6. p. 42. Le bain de jouvence. Idem: No. 44.

7. p. 42. La salle d'escrime. Idem: No. 45.

13. p. 45. Le bouffon dansant. École du maître de 1466. No. 67.

14. p. 46. Homme nu combattant un dragon (un griffon). Même école: No. 68.

15. p. 46. Le concert. Idem: No. 69.

16. p. 46. Le paysan à la masse d'armes. Du graveur néerlandais connu sous le nom de maître de 1480. No. 46 de notre catalogue.

18. p. 48. La dame présentant une fleur à un jeune homme. École du maître de 1466: No. 70.

20. p. 49. Le baiser. Idem: No. 71.

21—23. p. 49. Trois figures dans une niche. Du maître néerlandais de 1480. Voyez les Nos. 12—15 de notre catalogue.

26. p. 51. L'homme subjugué par sa femme. Du même. No. 42.

28. p. 52. Un Turc à cheval. Du même. No. 44.

29. p. 54. Les amoureux. Du maître de la Sibylle: No. 6.

31. p. 54. Le jeu d'échecs. Du même: No. 7.

32. p. 55. Échec au roi. Du maître des histoires tirées de Boccace, No. 11 de notre catalogue.

33. p. 56. L'écusson avec les instruments de la passion. De l'école du maître de 1466, p. 99: No. 88.

34. p. 56. L'écusson d'armoiries de l'évêché de Wurzbourg. D'Albert Glockenton: No. 32.

37. p. 58. Armoiries de l'évêché d'Eichstädt. De l'école du maître de 1466, p. 99: No. 89.

38. p. 59. L'écusson au mouton. De la même école: No. 90.

39. p. 59. Le gladiateur avec un bouclier. Idem: No. 91.

40. p. 60. Un roi assis. Carte à jouer. P. 67, No. 207.

41. p. 60. Un roi à cheval. Carte à jouer. P. 102, No. 105.

42. p. 60. Deux hommes combattant un centaure. Voyez Jean de Cologne: No. 77.

43. p. 61. Deux pourceaux. De Ludwig Schongauer: No. 5.

1 à 12. p. 61. Ornements de feuillage avec figures. Du maître des sujets tirés de Boccace. Nos. 13—24.

13. p. 64. Ornements; de l'école du maître de 1466: No. 94.

15. p. 65. Ornements. Idem p. 100, No. 95.

21. p. 67. Ornements. Idem p. 100, No. 97.

14*

Maîtres anonymes du XVᵉ. siècle, de la haute et de la basse Allemagne.

Additions à Bartsch X. p. 1—68.

I. Sujets du nouveau Testament.

1. L'annonciation. La Vierge est agenouillée devant un prie-Dieu, dans un édifice avec des pilastres aux côtés, sur lesquels deux figures de prophètes debout. A droite se trouve l'ange. Le St. Esprit qui plane au-dessus de Marie, est accompagné d'un rayon de lumière dans lequel apparaît l'enfant Jésus avec une croix. Contours très-accusés. H. 5 p. L. 4 p. 6 l. Munich.

2. Même sujet. Marie est assise à gauche sur un trône devant un prie-Dieu placé sous une voûte gothique. A droite, l'ange agenouillé. Il a de grandes ailes, lève une main pour bénir et tient de l'autre une banderole. Le style des draperies rappelle encore la manière du XIVᵉ. siècle. Cette gravure, assez médiocre, a probablement été exécutée par un orfèvre d'après un ancien tableau. H. 4 p. 5 l. L. 3 p. 10 l. Berlin.

3. Même sujet. La Vierge est agenouillée en prières. Le St. Esprit entre par la fenêtre ouverte et, derrière Marie, l'ange tient une banderole. Architecture romane à voûtes cintrées. H. 6 p. 6 l. L. 4 p. 9 l. Collection v. Quandt No. 8 du catalogue.

4. Même sujet. La Vierge est agenouillée, à gauche, devant un prie-Dieu et lève les mains avec un geste d'étonnement. A droite, l'ange avec une banderole vide. L'enfant Jésus avec une croix descend par la fenêtre à gauche. Les coins supérieurs de l'estampe sont un peu arrondis. Beau travail de la basse Allemagne. H. 2 p. 7 l. L. 2 p. Musée Britannique.

5. La nativité. H. 3 p. 10 l. L. 2 p. 9 l. Bartsch X. p. 2. No. 4.

6. Même sujet. La Vierge, agenouillée sous une voûte gothique, et tournée vers la gauche, adore l'enfant Jésus couché devant elle. Dans le fond, St. Joseph avec une lanterne. Gravée d'une manière rude et à l'imitation d'une estampe de Martin Schongauer. Sans signature. H. 6 p. 3 l. L. 4 p. 7 l. Munich.

7. Adoration des Mages. H. 6 p. L. en haut 5 p. 4 l., en bas 5 p.   Pièce d'un aspect très-ancien, assez rude et avec des hachures croisées.   Munich.

8.   **Adoration des Mages.**   En haut, à gauche, Dieu le Père; à droite, un ange volant vers le bas.   Sur les banderoles, près de la première figure, on lit: ecce ancilla dm.   Pièce rude et peu importante.   H. 2 p. 11 l. L. 2 p.   Collection Albertine à Vienne.

9.   **Même sujet.**   Marie est assise, à droite, sous un hangar. Devant elle est agenouillé le plus vieux des trois· rois qui a posé sa couronne à terre et tient un riche vase vers lequel l'enfant Jésus tend les deux mains.   A gauche, le plus jeune Mage, et le troisième un peu derrière le premier.   Entre les deux se trouve l'étoile et, dans le coin, quelques nuages.   Le bord représente un fil tordu.   Au bas l'inscription: Jaspar. milchior. balthasar.   Pièce médiocre. H. 2 p. 10 l. L. 2 p. Berlin.

10.   **La présentation au temple.**   Sur l'autel est l'enfant Jésus tenu, au moyen d'une draperie, par un prêtre à gauche.   Derrière celui-ci St. Joseph, à droite Marie; devant elle, sur l'autel, on voit une corbeille avec deux colombes.   La bordure est formée par un bâton avec du feuillage.   Jolie pièce.   H. 3 p. 2 l. L. 2 p. 4 l.   Musée Britannique.

11.   **La fuite en Égypte.**   La marche se dirige vers la droite.   La Vierge est assise avec l'enfant Jésus sur un âne.   Derrière eux, St. Joseph, la tête couverte d'un capuchon, se retourne en conduisant l'âne par la bride.   Le tout est entouré d'une bordure à guise d'arabesque de feuillage et d'un double trait.   Gravure médiocre.   H. 3 p. 4 l. L. 2 p. 5 l. Berlin.

12.   **Le massacre des innocents.**   Près d'un mur assez bas, Hérode debout, avec le sceptre, montre de la droite un enfant dans les bras de sa mère; devant lui quatre enfants morts.   Un bourreau tenant élevé un enfant qu'il a saisi par une jambe, semble demander au roi s'il doit le tuer.   Au centre est agenouillée une mère baisant son enfant mourant; une autre est debout vis-à-vis du roi qu'elle regarde comme pétrifiée, une troisième s'enfuit en se couvrant les yeux avec les mains.   Les draperies sont à plis angulaires, les hachures fines et courtes.   L. 11 l.   (Rognée.)   Collection v. Quandt p. 38 du catalogue, No. 2.

13.   **Jésus parmi les docteurs.**   Il est assis sous un baldaquin, tenant de la main droite le globe du monde et indiquant de l'autre une banderole avec les mots: „Ego sum via veritas."   Dix

docteurs de la loi l'entourent; un d'entr'eux est assis au milieu et lit dans un livre. Du fond, à droite, entrent Marie et Joseph par une porte. A côté d'eux sur une banderole: „Fili, quid fecisti nobis.“ Gravure très-médiocre, presque au simple contour. Les figures sont courtes de proportions. H. 5 p. 1 l. L. 3 p. 7 l.

L'exemplaire du Musée Britannique paraît être une épreuve récente d'une planche du XVe. siècle.

14. **Jésus parmi les docteurs.** Le Christ est assis au milieu. La Vierge vient de la gauche où se voient deux docteurs. A droite un soldat et, au-dessous, trois autres docteurs assis. H. 2 p. 8 l. L. 1 p. 11 l. Dresde.

15. **Les noces de Cana.** Le Christ est assis à droite, bénissant les cruches remplies d'eau et dont cinq sont visibles. A côté de lui, la Vierge en adoration et trois disciples. Sur la table on voit deux assiettes, un verre et trois petits pains. Pièce peu importante, presque au simple contour. H. 2 p. 4 l. L. 1 p. 9 l. Collection Schreiber à Nuremberg.

16. **L'entrée dans Jérusalem.** Le Christ, monté sur un âne, s'avance en bénissant, vers la droite; devant lui un homme, coiffé d'un turban, étend son manteau par terre. Trois pharisiens, portant des branches sèches, entrent par la porte de la ville. A gauche, quatre apôtres suivent Jésus; on voit derrière eux, monté sur un arbre, un homme qui vient d'en détacher une branche. H. 5 p. 7 l. L. 4 p. Pièce d'un travail inférieur, vendue à Munich en 1857.

17—22. **Six feuilles avec sujets de la Vierge, du Sauveur et de Saints isolés.** H. 3 p. 7 l. L. 2 p. 7 l. Chaque feuille contient six médaillons de 1 p. 1 l. de diamètre, traités d'une manière fine et archaïque. Ils rappellent, jusqu'à un certain point, la manière du maître de 1466 et paraissent appartenir à la basse Allemagne. Ces feuilles, conservées au Cabinet de Dresde, contiennent les sujets suivants:

17. La visitation, la nativité, l'adoration des Mages, la présentation au temple, la mort de la Vierge et son couronnement.

18. Jésus au jardin des oliviers, la trahison de Judas, le Christ bafoué devant Pilate, la flagellation, le couronnement d'épines, Jésus dépouillé de ses habits.

19. Le portement de croix, le Christ attaché à la croix, le Christ en croix entre la Vierge et St. Jean, la déposition de croix, la mise au tombeau, la résurrection.

20. La descente aux limbes. L'ascension. Le Christ dans sa

gloire, un ange à gauche. Assomption de la Vierge. La Trinité, où le Christ est soutenu par Dieu le Père sur un trône. Le jugement dernier.

21. Les douze apôtres. Ils sont assis deux à deux dans six médaillons. Voyez école du maître de 1466, p. 88 No. 35. Gotha.

22. Deux Saints dans chaque médaillon. St. Grégoire et St. Jérôme. St. Étienne et un évêque. St. Antoine et St. Christophe. St. Laurent et un autre Saint. St. Jean Baptiste et Charlemagne. Comme ce dernier n'était considéré comme Saint qu'à Aix-la-Chapelle et à Francfort sur le Mein où on lui avait érigé des autels, il est vraisemblable que ces gravures ont été exécutées dans une de ces deux villes. Un roi assis devant lequel est une femme éplorée avec un chevalier portant un enfant embroché sur son épée.

23—25. Trois sujets de la vie de Jésus Christ. H. 2 p. 6 l. L. 1 p. 10 l.

23. Le Christ à table chez Simon. Il est assis entre deux autres personnages. La Madeleine est agenouillée devant lui et sèche, avec ses cheveux, les pieds du Christ après les avoir oints.

24. Jésus chasse les vendeurs du temple. Il frappe du fouet un des changeurs à droite dont la table est renversée; derrière celui-ci un autre s'enfuit, à côté se tient une femme avec une haute coiffure. Au milieu, deux arcs soutenus par une colonne très-svelte.

25. Le Christ devant Pilate. Ce dernier est assis à gauche; Jésus est amené devant lui par deux hommes qui le tiennent lié.

Ces trois gravures sont traitées dans le style de la basse Allemagne et se trouvent dans la bibliothèque de Liége.

26—29. Quatre pièces de la passion. H. 3 p. 6 l. L. 2 p. 5 l.

26. La trahison de Judas. Il embrasse Jésus, debout à gauche. Sur le devant, à droite, St. Pierre est dans l'acte de couper l'oreille à Malchus étendu à terre. Derrière, trois autres figures parmi lesquelles un homme avec une torche. Un facsimile de cette gravure se trouve dans le „Verzeichniss meiner Kupferstich-Sammlung etc. von J. G. von Quandt. Leipzig 1853." In-8°.

27. Le Christ devant Pilate.

28. La flagellation.

29. Le portement de croix.

Ces pièces sont entourées d'une quadruple bordure linéaire avec des hachures dans l'intervalle des lignes. Dans la collection de feu Mr. de Quandt. Cat. p. 37.

30. 31.　**D e u x　p i è c e s　d e　l a　p a s s i o n.**　H. 6 p. L. 3 p.

　30.　Le couronnement d'épines.

　31.　Le Christ montré au peuple.

Ces deux gravures sont un peu rudes. Collection v. Quandt, Catalogue p. 37.

　32—46.　**Q u i n z e　s u j e t s　d e　l a　v i e　d e　J é s u s　C h r i s t** et de la Ste. Vierge.　H. 1 p. 3 l. L. 11 l.

　32.　La visitation.

　33.　La nativité.

　34.　L'adoration des Mages.

　35.　La Cène.

　36.　Le Christ au jardin.

　37.　Jésus montré au peuple.

　38.　Le Christ en croix.

　39.　Jésus pleuré par les siens, ou la mise au tombeau.

　40.　La résurrection.

　41.　Mort de la Vierge.

　42.　La Vierge et Ste. Anne tenant entre elles l'enfant Jésus; aux deux côtés, Joseph et Zacharie, en haut quatre petits anges.

　43.　La Vierge entourée de Saints.

　44.　La séparation des apôtres qui se dirigent vers toutes les parties du monde pour prêcher l'évangile.

　45.　Apôtres, pères de l'église et St. François.

　46.　Le jugement dernier.

Travail délicat dans le style de la basse Allemagne, d'une impression pâle et ressemblant à des nielles. Dresde.

　47—49.　**T r o i s　s u j e t s　d e　l a　p a s s i o n.**　H. 2 p. 1 l. L. 1 p. 5 l.

　47.　**J é s u s　d e v a n t　C a ï p h e.**　Celui-ci est assis à droite et déchire ses vêtements. A gauche, le Christ et deux soldats. Fond blanc.

　48.　**L e　C h r i s t　d e v a n t　P i l a t e.**　Ce dernier est assis à droite. Jésus est conduit par trois soldats; fond blanc.

　49.　**L e　C h r i s t　d e v a n t　H é r o d e,** assis à gauche, la couronne en tête et une baguette à la main. Jésus est entre les mains de trois bourreaux.　Fond blanc.

Pièces médiocres au Musée Britannique.

　50—55.　**S i x　g r a v u r e s　d e　l a　p a s s i o n.**　H. 2 p. 2 l. L. 1 p. 6 l.

　50.　**J é s u s　a u　j a r d i n　d e s　o l i v i e r s.**　Il est agenouillé, tourné vers la gauche; on voit le calice sur un rocher. Sur le devant, à droite, les trois disciples endormis.

51. Trahison de Judas. Il vient de la gauche et embrasse son maître qui guérit l'oreille de Malchus. St. Pierre est à gauche avec son épée; à droite, derrière le Christ, cinq hommes armés.

52. Le portement de croix. Le Christ marche vers la droite, tandis que le jeune Simon de Cyrène l'aide à porter la croix. Cinq personnes de la suite du Sauveur l'accompagnent. On ne voit cependant que la tête de la Vierge et les auréoles des autres. A droite, un bourreau; derrière lui trois soldats.

53. Le Christ en croix; celle-ci a la forme d'un T. La Vierge, à gauche, soutient son manteau de la main gauche. St. Jean, les mains jointes, se tient à droite.

54. Le Christ à table entre les disciples à Emmaüs. Jésus rompt le pain; tous portent des chapeaux de pèlerins. On voit deux assiettes sur la table.

55. Le jugement dernier. Le Christ assis sur l'arc-en-ciel, lève les deux mains. Le lys et l'épée se trouvent aux deux côtés de sa tête. La Vierge est agenouillée à gauche, St. Jean Baptiste à droite. En bas cinq figures sortent de leurs tombeaux.

Ces petites gravures coloriées ne consistent, en partie, que de simples contours, quelques-unes portent de petites hachures horizontales dans la manière du St. Érasme (Bartsch X. p. 26. No. 48) et sont probablement exécutées par le même maître. Celui-ci devait être un Nurembergeois, puisque la planche du St. Érasme a été découverte dans cette ville, et que les six pièces précédentes ont été trouvées collées dans un manuscrit provenant également de Nuremberg. Dans la Collection Schreiber de la même ville.

56—58. Trois sujets de la vie de Jésus Christ. H. 10 p. 7 l. L. 7 p. 7—8 l.

56. L'entrée dans Jérusalem. Le Christ chevauche vers la droite. Un vieillard, parmi la foule, étend son vêtement par terre; un homme est monté sur un arbre, et trois autres, au-dessus de la porte, jettent des branches d'olivier sur la route. Dans les maisons de la ville on voit la Cène et le lavement des pieds. Musée Britannique, Berlin, Gotha, Wolfegg.

L'exécution de cette pièce est maigre, dure et conduite dans la manière d'un orfèvre. Le Christ seul est mieux gravé et rappelle le faire du maître L C₃. qui a traité le même sujet dans une estampe qui porte son monogramme. Il paraîtrait que, dans celle qui nous occupe, la figure seule du Christ ait été gravée par lui et que la planche commencée soit tombée ensuite dans les mains d'un autre graveur qui l'a terminée.

57. **Jésus montré au peuple.** Cette planche est traitée également d'une manière rude. Bartsch X. p. 4. No. 7. Paris, Musée Britannique.

58. **Le portement de croix.** Le Christ s'avance vers la droite, tandis que Simon de Cyrène l'aide à porter la croix. Une foule nombreuse, à pied et à cheval, l'entoure et au milieu un jeune homme sur un chameau souffle dans une corne. La marche est à droite dans un chemin creux, vers le mont Calvaire, où sont les deux larrons, battus par un soldat. En haut, à droite, on voit encore le Christ attaché à la croix; à gauche, il est représenté crucifié entre les deux larrons, et à côté de la croix, la Vierge évanouie est soutenue par St. Jean. A gauche plusieurs cavaliers. Paris, Musée Britannique.

Les deux pièces ci-dessus, d'un faible dessin et d'un burin très-maigre, s'approchent de la manière d'Israhel van Meckenen, mais sont d'une exécution inférieure à la sienne. Elles paraissent appartenir à un maître de la basse Allemagne.

59. **La Cène.** Jésus est assis à table, en haut et dans le fond; St. Jean est appuyé sur le sein de son maître, tandis que celui-ci présente une hostie à Judas. Sur le devant, à gauche, un des apôtres verse du vin dans une écuelle à un autre assis vis-à-vis de lui; ces deux derniers ne sont vus que jusqu'aux genoux. Travail maigre de la fin du XVe. siècle. H. 3 p. 1 l. L. 2 p. 3 l. Collection Butsch d'Augsbourg.

60. **Le lavement des pieds.** Jésus essuie les pieds de St. Pierre, assis à droite. Les autres onze apôtres sont assis vers le fond. Un des plus jeunes lit dans un livre. H. 3 p. 6 l. L. 2 p. 5 l. Berlin.

61. **Jésus au jardin des oliviers.** Il est agenouillé, au milieu de l'estampe, les mains croisées sur la poitrine. Bartsch No. 6. H. 4 p. 11 l. L. 4 p. 8 l. Pièce d'une exécution très-rude.

62. **Même sujet.** Le Christ est tourné vers la droite. Au-dessous, à gauche, les trois apôtres; hachures croisées. H. 2 p. 2 ½ l. L. 1 p. 5 ½ l. Munich.

63. **Même sujet.** Jésus est tourné vers la droite où se trouve le calice sur un rocher. A droite les trois disciples endormis. Pièce traitée d'une manière archaïque et originale. H. 3 p. 7 l. L. 2 p. 4 l. Berlin.

64. **Le portement de croix.** Jésus s'avance vers la gauche, portant la croix. Sur le devant un homme, vu de dos, frappe le Sauveur; un chien court près de lui. Dans le fond la Véronique tient le voile avec la sainte face. Au fond, à droite, une foule de cavaliers, suivis du peuple, sortent des portes de la ville. Devant, dans un chemin creux, on aperçoit les deux larrons. Cette pièce finement gravée ne consiste presque qu'en simples contours; elle est cintrée par le haut. H. 2 p. 7 l. L. 1 p. 10 l. Collection privée de feu le roi de Saxe à Dresde.

65. **Le Christ devant Anne.** Ce dernier est debout, à droite, coiffé du bonnet sacerdotal qui ressemble à une mitre épiscopale et déchire ses habits. Sept personnes l'entourent. Sur la voûte gothique on lit: **blasphemavit** et, plus à droite, sur fond blanc: **Annas.** Pièce médiocre presqu'au simple contour. H. 3 p. 4 l. L. 2 p. 9 l. Dresde. (Heinecken No. 56.)

66. **La flagellation.** Le Christ est attaché à une colonne qui supporte les diverses arêtes d'une voûte à compartiments. Deux bourreaux et un gardien. Les figures, à formes pleines, sont presqu'au simple contour, l'architecture a quelques hachures. Travail médiocre de la haute Allemagne. H. 3 p. L. 2 p. Munich. On en trouve un facsimile dans l'ouvrage de Robert Brulliot.

67. **Même sujet.** Le Christ est au milieu attaché à la colonne; de chaque côté deux bourreaux qui le flagellent et dont celui plus en arrière, à droite, est couvert d'une armure. Aux deux côtés on voit à moitié les deux colonnes qui, avec celle du milieu, aident à soutenir la voûte. Les figures sont de formes très-pleines et ont beaucoup de mouvement. Pièce de la haute Allemagne d'une exécution très-fine. H. 1 p. 3 l. L. 1 p. 8 l. Dresde.

68. **Le couronnement d'épines.** Le Christ est assis, les mains croisées, tandis que deux bourreaux pressent, avec des bâtons, la couronne sur son front. A gauche, un homme le frappe du poing. Devant lui un jeune homme agenouillé lui présente le roseau. A droite, Pilate et un autre personnage vêtu en religieux. Pièce d'une exécution un peu rude. H. 4 p. 4 l. L. 4 p. 8 l., mais rognée. Bâle.

69. **Jésus bafoué.** Composition de dix figures. Des bourreaux préparent la croix. Pièce médiocre avec des hachures obliques. H. 2 p. 8 l. L. 1 p. 11 l. Entourée d'une bordure ornée, de deux lignes de largeur. R. Weigel, Kunstcatalog No. 18932.

70. **Le Christ présenté au peuple.** Pilate montre au peuple

Jésus flagellé qui est debout, à droite, sous une voûte gothique soutenue par trois colonnes dont les chapiteaux portent des statuettes. A côté de Pilate, une banderole avec l'inscription: 𝕰𝖈𝖈𝖊 𝖍𝖔𝖒𝖔; a gauche, près du docteur de la loi et au-dessus du peuple, une autre avec les mots: 𝕿𝖔𝖑𝖑𝖊, 𝖙𝖔𝖑𝖑𝖊. 𝖈𝖗𝖚𝖈𝖎𝖋𝖎𝖌𝖊 𝖊𝖚̄. Pièce un peu rude de l'école de la basse Allemagne. H. 6 p. 5 l. L. 4 p. 10 l. Cat. Sprickmann, Leipsic 1853. No. 15.

71. Le portement de croix. Le Christ, chargé de la croix, est conduit, au moyen d'une corde, par un bourreau armé d'un marteau. Les hachures d'ombres sont un peu croisées. Pièce un peu raide de la haute Allemagne. H. 2 p. 11 l. L. 2 p. 8 l. Munich.

72. Le crucifiement. Quatre petits anges recueillent le sang qui coule des plaies du Sauveur. A gauche la Vierge, debout, à côté de St. Jean avec trois saintes femmes près desquelles on voit la Véronique avec le voile. A droite, cinq hommes avec le centurion qui montre le Sauveur et qui a au-dessus de lui une banderole avec les mots: 𝖛𝖊𝖗𝖊 𝖋𝖎𝖑𝖎𝖚𝖘 𝖉𝖊𝖎 𝖊𝖗𝖆𝖙 𝖎𝖘𝖙𝖊. Au bas, cinq hommes se disputent les vêtements du Christ; de chaque côté se trouve un petit chien. En haut le soleil et la lune. Le tout est entouré d'une inscription latine: 𝕼𝖚𝖎 𝖙𝖚𝖑𝖎𝖙 𝖎𝖓 𝖑𝖎𝖌𝖓𝖔 𝖙𝖔𝖗𝖒𝖊𝖓𝖙𝖚̄ 𝖈𝖔𝖗𝖉𝖊 𝖇𝖊𝖓𝖎𝖌𝖓𝖔, 𝖎𝖑𝖑𝖊 𝖈𝖗𝖚𝖈𝖎𝖘 𝖑𝖎𝖌𝖓𝖔 etc. L'épreuve a été tirée sur une planche rognée du bas et sur le revers de laquelle se trouve une peinture à l'huile. Pièce médiocre et raide du XVᵉ. siècle. H. 8 p. 9 l. L. 6 p. 7 l. Communiquée par Mr. Phil. Müller, peintre à Wolfegg.

73. Le Christ en croix. Figures courtes avec de grosses têtes. Un peu raide de dessin, avec de fines hachures perpendiculaires dans la manière de la basse Allemagne. H. 3 p. 2 l. L. 2 p. 4 l. (Bartsch No. 10.) Collection Albertine à Vienne.

74. Même sujet. H. 8 p. 1 l. (?) L. 5 p. 6 l. (?) Bartsch No. 13.

75. Même sujet. Aux côtés de Jésus crucifié on voit la Ste. Vierge qui étend la main droite et St. Jean, les mains pliées. Sur le terrain une tête et un os de mort. Au haut de la croix, une tablette avec les mots: I H S NASARENUᵛ REX IVDEORUM. Travail rude en imitation de la gravure du maître de 1466. H. 6 p. L. 4 p. 2 l. Dresde. Voyez aussi Zani, Enciclopedie II. 8. p. 62. No. VIII où cette pièce est attribuée à un graveur italien.

76. Même sujet. Deux petits anges planent, en adoration, aux deux côtés de la croix. Au-dessous, la Vierge à gauche et St. Jean à

roite. Fond de paysage très-riche. Belle pièce, traitée avec énergie, vec des hachures délicates. H. 10 p. L. 6 p. 8 l. Dresde.

Zani, Enc. II. 8. p. 60. No. IV décrit une pièce semblable et peut-tre la même, qu'il avait vue à Paris, mais avec une inscription au-lessous commençant: Et pacem tuam etc. et qui, par conséquent, mesurait H. 12 p. L. 6 p. 8 l.

77. Le Christ en croix. A gauche, la Vierge évanouie est outenue par St. Jean; à côté une sainte femme dans les larmes et trois hommes, parmi lesquels Longin avec une lance, indique Jésus crucifié. Pièce médiocre avec des hachures obliques. H. 3 p. 3 l. L. 2 p. 3 l. Musée Britannique.

78. Même sujet. La draperie autour des reins du Christ est peu mouvementée et pend vers la droite. Les doigts des pieds sont très-longs et tordus. La Vierge, enveloppée dans son manteau, regarde à terre et tient l'extrémité de son voile. St. Jean, avec de longs che-veux bouclés, tient de la main droite un livre et pose l'autre sur sa poitrine. Gravure traitée d'une manière archaïque et très-originale. H. 4 p. 10 l. L. 3 p. 1 l. Berlin.

79. Même sujet. Aux côtés la Vierge et St. Jean, derrière chacun desquels on voit une tête de chérubin et autour, dans un cercle, onze autres qui se touchent aux ailes. La bordure est composée de points et de flammes. Pièce ronde de 4 p. 2 l. de diamètre. Paris de la Collection Delbecq.

80. Même sujet. Le Christ est attaché à une croix formée d'un tronc d'arbre. A gauche, la Vierge debout, les mains jointes; à droite, St. Jean qui lève les siennes comme s'il parlait. Du tronc partent deux branches, ornées de fleurs, qui se plient et s'entortillent pour former autour du sujet une large bordure ronde. Pièce très-médiocre que l'on a trouvée imprimée dans un manuscrit de 1474. Médaillon de 3 p. 9 l. de diamètre. R. Weigel.

81. Même sujet. La Vierge et St. Jean se tiennent aux côtés de la croix. Le sujet est représenté sous une espèce d'arc ou de porte gothique. Le travail est tout-à-fait dans la manière du martyre de St. Érasme (Bartsch X. p. 26. No. 48). H. 3 p. 2 l. L. 2 p. 3 l. (Hei-necken No. 71.) Dresde.

82. Même sujet. La Vierge est à gauche, les mains jointes; St. Jean, à droite, tient un livre. Dans le fond, à gauche, une mon-tagne sur laquelle on voit un château entouré de murs. Cette pièce est une imitation de celle du maître 𝔸 𝔰̃, communément nommé

Albert Glockenton. H. 6 p. 9 l. L. 4 p. 9 l. Collection privée du
feu le roi de Saxe à Dresde.

83. Le Calvaire. Le Christ est au milieu sur la croix; à
gauche le bon larron dout un ange reçoit l'âme, à droite le démon
s'empare de celle du mauvais larron. Longin, à cheval, perce le
côté du Christ. La Vierge tombe évanouie dans les bras de St.
Jean et d'une autre sainte femme à gauche. La Madeleine embrasse
le pied de la croix et cinq cavaliers se tiennent à droite. Presqu'au
simple contour. H. 6 p. 1 l. L. 4 p. 3 l. Paris. Bibliothèque de
Vienne.

84. Déposition de croix. Un jeune homme, monté sur une
échelle, descend le corps du Sauveur qui est reçu par Joseph d'Arimathie. À droite, la Vierge soutenue par St. Jean; à gauche, la Madeleine agenouillée. Gravure de la haute Allemagne avec des hachures
croisées, ayant une bordure de 3 l. de largeur. H. 6 p. 7 l. L. 4 p. 7 l.
Munich.

85. Même sujet. Le corps du Sauveur est soutenu, par la poitrine et les pieds, par Nicodème et Joseph d'Arimathie. La Vierge est
agenouillée au milieu, aidée par St. Jean. Aux côtés, deux saintes
femmes et une troisième agenouillée sur le devant. Dans le fond, à
gauche, la résurrection du Christ; à droite, la descente aux limbes.
Travail un peu raide, sous l'influence de l'école de Van Eyck.
H. 10 p. 7 l. L. 7 p. 8 l. Wolfegg.

86. La mise au tombeau. Pièce d'une exécution un peu
dure, avec des hachures pour la plupart perpendiculaires, dans le style
du maître des cartes à jouer. H. 4 p. 9 l. L. 4 p. 6 l. (?) Bartsch
X. p. 8. No. 14.

87. Même sujet. La Madeleine est agenouillée sur le devant,
au milieu de l'estampe. H. 6 p. 10 l. L. 4 p. 11 l. Bartsch No. 15.

88. La résurrection. Le Christ, tenant la bannière de la
croix, sort du tombeau en bénissant, et pose le pied droit sur les bords
du sarcophage. Un des gardes a son épée posée devant lui; un second
est couché et tient sa hallebarde engagée sous le pied droit; plus vers le
fond, un troisième est couché sur un bouclier. Un petit ange est agenouillé
en prières sur le couvercle du sarcophage. H. 2 p. 9 l. L. 2 p. 4 l.
Pendant au No. 73. Les deux pièces paraissent appartenir à une
suite de sujets de la passion. Bibliothèque de Vienne (F. de Bartsch
No. 1504ª.)

89. Jésus apparaît à la Madeleine. Elle est agenouillée à

gauche, étendant le bras vers le Christ ressuscité. Celui-ci, sous l'aspect d'un jardinier, tient une houe sur l'épaule. Deux arbres du genre des palmiers se voient aux deux côtés. Travail dans la manière du St. Érasme Bartsch No. 48. H. 1 p. 10 l. L. 2 p. (?) Berlin.

90. Le Christ et la Samaritaine, près du puits. A gauche deux apôtres qui apportent du pain et des poissons. Dans la manière de Ludwig Krug, mais d'un style plus ancien. Bartsch X. p. 9. No. 16. Musée Britannique et R. Weigel.

91. La descente du St. Esprit. La Vierge est assise au milieu, entourée de dix apôtres qui sont de plus petites proportions qu'elle. Au-dessus d'eux plane le St. Esprit, de grandes dimensions, dont sortent des rayons dans la direction du bas. Les draperies ont quelques hachures croisées. Cette petite pièce de la Collection de Mr. Weber à Bonn, a le fond doré. H. 2 p. 8 l. L. 1 p. 11 l.

92. Le jugement dernier. Le Christ est assis, les bras élevés, sur l'arc-en-ciel. Aux deux côtés de sa tête, une tige fleurie et une épée. A gauche se voit la Vierge agenouillée, à droite St. Jean Baptiste. Les élus ressuscités sont gardés par un ange qui les conduit à la porte du ciel. Les damnés, au contraire, sont poussés dans l'enfer par deux démons. Cette pièce est du même maître que la précédente et le fond en est pareillement doré. H. 2 p. 8 l. L. 1 p. 11 l.

II. Images de la Vierge et des Saints.

93. La Vierge sur les genoux de Ste. Anne. Celle-ci est assise sur un tertre et tient, sur le genou droit, Marie enfant qui porte à son tour l'enfant Jésus nu. Dans le fond une large rivière avec une ville au côté droit de laquelle s'élèvent de hauts rochers. Sur le plus avancé de ces rochers on voit, de très-petites proportions, un chasseur à cheval et un hermite. Travail fin de l'école de la haute Allemagne. H. 6 p. 4 l. L. 4 p. 11 l. (?) Pièce rognée par le haut. Collection de feu le roi de Saxe à Dresde.

94. Marie assise avec l'enfant Jésus et un ange en adoration; Bartsch X. p. 10. No. 1. H. 2 p. 9 l. L. 2 p. 3 l. Pièce rude, traitée d'une manière très-archaïque, avec des hachures croisées, comme à l'adoration des rois No. 8.

95. La Vierge, demi-figure, avec l'enfant Jésus et deux anges qui tiennent les rideaux du baldaquin. Bartsch X. p. 10. No. 2. Pièce ronde de 2 p. 9 l. de diamètre. Travail rude de la fin du XVe. siècle.

96. La Vierge sur le croissant. Elle tient l'enfant Jésus

sur les bras. Bartsch X. p. 11. No. 3. H. 3 p. 4 l. L. 2 p. 3 l.
Pièce médiocre.

97. La Vierge et l'enfant Jésus. Demi-figure, sur le crois-
sant, soutenue par deux anges. B. X. p. 11. No. 4. H. 3 p. 6 l. (?) L. 2 p. 5 l. (?)

98. La Vierge assise. Elle embrasse l'enfant Jésus. A gauche
un vase avec un lys. Bartsch X. p. 12. No. 5. H. 3 p. 6 l. L. 2 p. 10 l.

99. La Vierge immaculée. Demi-figure avec l'enfant Jésus
sur un croissant. Bartsch X. p. 14. No. 9. H. 5 p. 3 l. L. 4 p. 1 l.

100. Même sujet. Marie est debout sur le croissant et tient
un rosaire. Bartsch X. p. 14. No. 10. H. 5 p. 8 l. L. 3 p. (?) Belle
pièce avec de longues hachures, mais traitée d'une manière un peu
raide.

101. La Vierge, l'enfant Jésus et un évêque. Marie est
debout; à gauche l'évêque en adoration. De l'année 1477. On en
trouve des contre-épreuves et une copie à l'eau forte en sens inverse.

102. La Vierge, demi-figure. Elle se trouve sur le croissant
et contemple l'enfant Jésus qu'elle tient dans ses bras. Celui-ci lève
la main vers la bordure du vêtement de sa mère et semble lui parler.
Elle est entourée d'une auréole flamboyante. H. 6 p. 9 l. L. 4 p. 9 l.
Pièce d'un très-beau dessin et qui pour la composition rappelle le style
de Roger van der Weyde le vieux, mais qui est traitée d'une manière
inhabile avec de petites hachures selon l'usage allemand. Paris.

103. La Vierge couronnée, demi-figure. Elle apparaît sur
des nuages conventionnels à guise d'éventail, avec l'enfant Jésus dans
les bras. Celui-ci presse une petite croix contre sa poitrine et reçoit
de sa mère une pomme qu'il veut donner à un religieux, debout, à
gauche. Au bas un paysage avec trois collines et une église sur l'une
d'elles. En haut, voltige une banderole en demi-cercle. H. 4 p. 3 l. L. 2 p. 2 l.
Bibliothèque de Vienne. (F. de Bartsch No. 1275.)

104. Marie, demi-figure. Elle porte une couronne basse et
tient sur le bras droit l'enfant Jésus, nu, qui saisit un chapelet des
deux mains. Les yeux et la bouche sont un peu grands, les formes
un peu fortes; l'épreuve découpée porte H. 6 p. 3 l. L. 4 p. 10 l. Collection Butsch d'Augsbourg.

105. La Vierge debout. Elle est couronnée et présente à
l'enfant Jésus une fleur sur laquelle est un oiseau. Des rayons entourent sa tête et la partie supérieure du corps. Très-gracieuse composition, d'une expression aimable et finement gravée dans le goût de
la basse Allemagne. H. 4 p. 1 l. L. 3 p. 9 l. Munich.

106. La Vierge assise. Elle tient l'enfant Jésus dans les bras. A droite est agenouillé un ange qui s'appuie sur un chariot d'enfant. Pièce traitée dans le même style que la précédente. H. 3 p. 3 l. L. 2 p. 7 l. Munich.

107. La Vierge assise. Elle est tournée vers la gauche et tient devant elle, des deux mains, l'enfant Jésus nu. Celui-ci a une fleur dans la main droite étendue. Dans le fond, à gauche, est assis un ange qui s'appuie sur un chariot d'enfant. A droite, le terrain est couvert de plantes. Épreuve récente d'une gravure dans le style du maître de 1466, mais exécutée avec rudesse. H. 4 p. 8 l. L. 4 p. Rud. Weigel.

108. La Vierge assise. Elle est tournée vers la droite, tenant l'enfant Jésus, nu, sur le genou droit. L'enfant regarde une branche de corail qu'il tient de la main gauche; Marie lui offre de la main droite une pomme. Épreuve sur parchemin avec fond doré et une bordure ornée en relief. H. 2 p. 3 l. L. 1 p. 6 l. Berlin.

109. La Vierge assise sur un large fauteuil avec un riche dossier gothique. Elle donne le sein à l'enfant Jésus, nu, qui repose sur le bras droit de sa mère. Celui-ci tient son pied droit de la main droite; le tout entouré d'une moulure gothique. Pièce traitée dans la manière du maître de Zwolle. H. 3 p. 9 l. L. 2 p. 10 l. Berlin.

110. La Vierge debout sur le croissant. Sa tête est entourée d'une couronne de rayons et elle tient dans les bras l'enfant Jésus. On voit agenouillé, derrière elle, un moine de petites proportions. Cette petite pièce ronde porte autour l'inscription suivante: „Dies patene hat lassen machen her Hans Alberdorffer convent bruder zum Speinshert Anno domini 1497." (Speinshart était une abbaye de l'ordre des Prémontrés dans le Haut Palatinat près du Fichtelgebirg.) Diamètre 2 p. 7 l. (Voyez Heinecken N. N. p. 399.)

111. La Vierge debout. Elle est tournée vers la droite, le front entouré d'une bandelette. L'enfant Jésus, nu, assis sur le bras gauche de sa mère, tient dans la droite étendue le globe du monde. Le large manteau de la Vierge tombe, à droite, sur un terrain parqueté. Pièce médiocre et sans caractère. H. 14 p. 1 l. L. 8 p. 9 l. Musée Britannique.

112. La Vierge assise, la tête ceinte d'une grosse couronne, sous un baldaquin gothique. L'enfant Jésus, nu, assis sur le genou gauche de sa mère, prend la pomme qu'elle lui présente. H. 5 p. L. 3 p. 6 l. Musée Britannique.

113. **La Vierge debout sur le croissant.** Elle est vu
de face, la tête un peu tournée vers la droite et porte sur le bras
gauche l'enfant Jésus, nu, dont elle tient les pieds de la main droite
Une auréole de flammes l'entoure. En haut planent deux petits anges
qui tiennent une couronne au-dessus de sa tête; au-dessous un fragment de rosace d'architecture gothique. Pièce d'un faible dessin, l'aile
de l'ange, à droite, dépasse le trait de bordure. H. 3 p. 5 l. L. 2 p. 6 l.

114. **Estampe votive en l'honneur de la Vierge**, de l'an
1488. Riche composition en 24 compartiments. En bas et au milieu,
on voit la Vierge debout sur un terrain couvert de gazon, tenant l'enfant Jésus dans les bras et entourée d'une auréole de flammes et d'un
rosaire. Dans un des compartiments de gauche est agenouillé un cardinal qui montre la Vierge et, debout derrière lui, le pape Innocent VIII,
un empereur et des rois. Vis-à-vis, à droite, un jeune homme en
habit laïque, pareillement agenouillé, de la bouche duquel sort une
fleur et, derrière lui, quatre hommes dont le plus avancé le menace
d'un poignard. Au-dessus de ce sujet est écrit: miraculum militum.
Dans le compartiment au-dessus, deux anges tiennent une couronne
de roses. Dans quatre autres compartiments, aux côtés, on voit St. Dominique, St. Thomas d'Aquin, St. Pierre le martyr et Ste. Catherine.
La moitié supérieure de l'estampe est divisée en 15 compartiments,
cinq à cinq, avec les sujets suivants: L'annonciation, la visitation, la
nativité, la circoncision et Jésus parmi les docteurs. — Jésus au jardin
des oliviers, la flagellation, le Christ bafoué, le portement de croix et
Jésus en croix. — La résurrection, l'ascension, la descente du St. Esprit, la mort de la Vierge et son couronnement. Dans la marge du
bas on lit: S. francisc' S. domenic' (A ds) 1488. Cette gravure,
presque au contour, est très-médiocre de dessin et paraît être un
travail de la basse Allemagne ou des Pays-Bas. La planche à été
apportée d'Espagne à Bruxelles par l'ingénieur allemand Mr. Meul-
hausen, et fut acquise pour la bibliothèque royale. Le revers a été
couvert d'une peinture à l'huile qui paraît être une mauvaise copie
d'après un bon original mais qui nous a conservé du moins la gravure
dont on a tiré quelques épreuves. H. 12 p. 4 l. L. 10 p.

115. **La Vierge de douleurs.** Dans un cercle, terminé en
haut par trois pignons surmontés chacun d'une flèche gothique, se
trouvent sept médaillons dont le plus grand, au milieu, représente la
mère de douleurs agenouillée devant le corps du Sauveur et le cœur
percé de sept glaives. Derrière elle deux saintes femmes. Les six

autres médaillons contiennent les sujets suivants: La présentation au temple, la fuite en Égypte, le Christ au milieu des docteurs, le portement de croix, la crucifixion et la mise au tombeau. Sur le gradin qui paraît soutenir l'ensemble, sont agenouillés; à gauche, un ecclésiastique avec un jeune homme; à droite, un homme avec sa femme. Au-dessous est écrit: 𝔖𝔦 𝔮𝔲𝔦𝔰 𝔫𝔞𝔠 ..... 𝔐𝔠𝔠𝔠 𝔭 .... Pièce médiocre dans le style bas allemand de la fin du XVe. siècle. H. 5 p. 3 l. L. 3 p. 6 l. (Heinecken No. 87.) Dresde.

116. La Vierge de douleurs. Elle est assise au pied de la croix, où l'on voit suspendus un fouet et des verges, et tient sur les genoux le corps du Sauveur fortement courbé. Cette petite pièce est traitée à l'instar d'un nielle et paraît appartenir à la fin du XVe. siècle. H. 1 p. 5 l. L. 1 p. 2 l. (Heinecken No. 88.) Dresde.

117. La mort de la Vierge. Elle est agenouillée au milieu de l'estampe, devant le prie-Dieu à côté de son lit, et St. Jean la soutient. Derrière celui-ci, on voit St. Pierre en habits pontificaux qui semble parler à un autre apôtre. A gauche, trois apôtres sont assis en conversation et six autres se tiennent à droite; l'un d'eux lit dans un livre. En haut, dans une gloire d'étoiles, le Christ reçoit l'âme de Marie; aux côtés deux petits anges dont l'un balance un encensoir. Pièce d'une bonne exécution. H. 4 p. 9 l. L. 6 p. 4 l. Bâle.

118. Le bon pasteur. Le Christ est vêtu et se voit un peu tourné vers la gauche. Beau travail, un peu plus qu'au contour. H. 2 p. 3 l. L. 1 p. 6 l. Munich.

119. Même sujet. Jésus, vêtu d'une longue robe, s'avance vers la gauche avec un agneau chargé sur ses épaules. Sur la banderole qui l'entoure on lit: 𝔡𝔬𝔲 𝔪𝔶̄ 𝔡𝔶𝔭𝔭𝔢 𝔴𝔲̄𝔫𝔡𝔢 𝔡𝔢 𝔥𝔞𝔫 𝔦𝔠𝔥 𝔡𝔦𝔱 𝔳𝔩𝔬𝔯𝔢 𝔣𝔠𝔥𝔞𝔣𝔣 𝔳𝔫̄𝔡𝔢𝔫. Deux traits de bordure. Pièce médiocre de la basse Allemagne. H. 2 p. 4 l. L. 1 p. 7 l. Berlin.

120. Le Christ sous le pressoir. Il est représenté, courbé et tourné vers la droite, debout dans la cuve et sous l'arbre du pressoir. A gauche, un ange apporte une corbeille de raisins. A droite, un agneau couché sur un livre. H. 3 p. 9 l. L. 2 p. 8 l. L'exemplaire, dans le château de Mahingen près de Nördlingen, est colorié en rouge brun et rehaussé d'or et de blanc.

121. Même sujet. Le Christ, tourné vers la droite, est courbé sous le pressoir dont il soutient la traverse sur les épaules. On lit dans la banderole près de lui: .... 𝔡𝔢 𝔤𝔢𝔫𝔱𝔦𝔟𝔲𝔰 𝔫𝔬𝔫 𝔢𝔰𝔱 𝔳𝔦𝔯 𝔪𝔢𝔠𝔲𝔪.

Près de la décharge, un calice. Pièce médiocre de la basse Allemagne
II. 2 p. 8 l. L. 1 p. 11 l. Berlin.

122. Le Christ sous le pressoir. Le Christ est courbé
sous la traverse du pressoir dont la vis est à droite et la figure est
tournée de ce côté. Dans la cuve où elle se tient, on voit cinq grappes
de raisin. Au point de décharge se trouve un calice. Deux traits de
bordure. H. 3 p. 1 l. L. 2 p. 2 l. Collection Butsch d'Augsbourg.

123. L'enfant Jésus. Il est vu de face, vêtu d'une longue
robe et la tête entourée d'une auréole, bénissant de la main droite et
tenant de l'autre le globe du monde surmonté d'une croix. Travail
fin avec des hachures croisées. La figure porte H. 3 p. 4 l. et l'exemplaire dans le Musée Britannique est découpé.

124. L'enfant Jésus dans un cœur. Il est assis, tourné
vers la droite et tient une croix, à laquelle est suspendue la couronne
d'épines. Aux quatre coins on trouve en haut deux mains, en bas
deux pieds, entourés chacun d'une auréole avec une croix. Le long
du côté droit est une banderole avec les mots: ꝺꞃꞏꝏ̈ mꝩꞃ wꝏꝺ𝖊 ꞃ
ꝺ̄ꝩ̄ ꞈꞇꞃꞇꞝꞇ etc. Pièce peu importante de la basse Allemagne. H. 2 p. 9 l. L. 2 p.
Dresde.

125. Un cœur avec le monogramme iɧꝃ. Dans le milieu
du monogramme on voit Jésus crucifié; dans le i est représentée la
Vierge; dans la partie, à droite, du ɧ St. Jean; dans le ꝃ les instruments de la passion. En haut, au milieu, la Ste. Trinité et dans les
coins les symboles des quatre évangélistes. En bas, à gauche, un ange
tient un écusson avec la lettre p. Travail médiocre. H. 3 p. 6 l. L. 2 p. 7 l.
Musée Britannique.

126. Le cœur de Jésus tenu par deux anges. Deux anges,
sur l'aile, tiennent un grand cœur avec une blessure. Au-dessus, on
voit dans les nuages la demi-figure du Christ tenant dans la main
droite une flèche dirigée vers le cœur et dans la gauche le globe du
monde. Au bas, sur un terrain carrelé, est agenouillé un évêque,
tourné vers la droite et, derrière lui, se tient un ecclésiastique. Devant
le prélat, une banderole à enroulement contient sa prière. Pièce
médiocre de la basse Allemagne. H. 4 p. L. 2 p. 11 l. Berlin.

127. Le voile de la Véronique. Le voile où se voit
la sainte face est tenu par Ste. Véronique. A gauche, St. Pierre
debout; à droite, St. Paul qui s'appuie sur son épée. Pièce ronde.
Diamètre 1 p. 6 l. Dans le style de la basse Allemagne. Musée Britannique.

128. Le Christ; sujets tirés de sa vie et Saints. Cette petite pièce est divisée en 47 compartiments disposés en sept rangées, les unes au-dessus des autres et composées, pour la plupart, de huit compartiments dont deux se trouvent quelquefois réunis. Aux quatre coins on voit les symboles des quatre évangélistes dans des médaillons et, immédiatement dans le haut, en quatre et huit compartiments, les douze apôtres. Dans la troisième rangée on trouve, disposés les uns à côté des autres, les sujets suivants: Au milieu le Christ, l'annonciation, la visitation, la Vierge, Ste. Anne et St. Joseph. Dans la quatrième rangée: au milieu, la crucifixion; aux côtés, les SS. Antoine, Catherine, Christophe, Barbe, George et Marie Madeleine. Cinquième rangée: Jésus apparaissant à la Madeleine, le couronnement de la Vierge, Ste. Marguerite, St. Michel, la Ste. Trinité et St. Laurent. Sixième rangée: les SS. Lucie, Ursule, Denis, Claire, François, une Sainte avec deux couronnes dans les mains, un saint évêque avec un marteau et Ste. Hélène. Dans la septième rangée: Ste. Apollonie, St. Jérôme, un Saint tenant un calice, un pape avec un cor de chasse. Tous ces sujets sont sur fond noir. Le travail est très-fin et l'épreuve paraît avoir été tirée d'après une planche d'argent. H. 2 p. 6 l. L. 1 p. 6 l. Berlin.

129. St. Michel. Le saint archange repousse avec un crucifix Satan qu'il foule aux pieds. Cette gravure un peu plus qu'au contour, est mal gravée et, selon toute apparence, le premier coup d'essai d'un apprenti graveur sur cuivre. H. 2 p. 7 l. L. 1 p. 10 l. Munich.

130. La décollation de St. Jean Baptiste. Pièce ronde de 2 p. 5 l. de diamètre. Bartsch X. p. 38. No. 73.

131. Même sujet. A gauche, la fille d'Hérodias détourne le visage tandis qu'elle reçoit, sur un plat, la tête du Saint qui lui est présentée par le bourreau. Au milieu Hérode et Hérodias sont assis à table. Cette dernière crève les yeux de la tête du Saint; à gauche, trois musiciens sonnent une fanfare; à droite, un serviteur verse de l'eau dans un plat. Dans le fond, à droite, on aperçoit une chambre où deux jeunes gens sont assis à table avec une femme et regardent le spectacle avec étonnement. Les femmes portent toutes de hautes coiffures. Pièce ancienne de la basse Allemagne ou peut-être des Pays-Bas. H. 5 p. 6 l. L. 7 p. 7 l. Paris.

132—137. Les apôtres, disposés deux à deux; chaque couple est debout sous un baldaquin gothique aux côtés duquel se trouvent

des banderoles où l'on a écrit à la main des versets du Credo
H. 4 p. 1 l. L. 4 p. 2—4 l. Munich.

    132. St. Pierre et St. André.

    133. St. Philippe et St. Barthélemi.

    134. St. Jacques le majeur et St. Jean.

    135. St. Thomas et St. Jacques le mineur.

    136. St. Judes Thaddée (il tient une scie) et St. Mathias avec
une croix.

    137. St. Matthieu et St. Simon avec une lance.

    Chaque figure de Saint est accompagnée du nom. L'impression
est pâle et faite au moyen du frotton. Le travail est bas allemand en
apparence, mais pourrait aussi appartenir aux Pays-Bas.

    138. St. Simon. L'apôtre est debout sous un arc, en forme de
trèfle, porté par deux petites colonnes. Sur le bras droit il porte un
livre et, de la main droite, une grande scie. Son nom est inscrit dans
l'auréole. Dans l'architecture on voit deux petites statuettes sous de
baldaquins. Vieux travail allemand. H. 6 p. 6 l. L. 3 p. 11 l.
Paris.

    139. St. Jean l'évangéliste. Il est debout, tourné vers la
gauche et bénit un calice d'où sort un serpent. Le nom du Saint est
inscrit dans l'auréole. Le terrain est parqueté de noir et de blanc.
Les hachures de cette pièce médiocre sont perpendiculaires et l'impression est d'un noir foncé. H. 5 p. L. 3 p. Berlin.

    140. St. Christophe. H. 1 p. 5 l. L. 2 p. Bartsch X. p. 26
No. 46.

    141. Même sujet. Le Saint s'avance vers la droite à travers
l'eau, s'appuyant sur un tronc d'arbre à une seule branche et porte
l'enfant Jésus qui donne sa bénédiction. A gauche, un petit aigle
est perché sur un rocher et, devant, un meunier, de très-petites proportions, s'avance monté sur son âne. Plus loin, sur la rive, l'hermite
avec sa lanterne près d'une chapelle; tout-à-fait dans le fond trois sirènes.
A gauche, un rocher élevé avec une ville sur le rivage et plus en avant
un gros vaisseau. Belle pièce d'un maître secondaire et le même qui
a gravé la Ste. Anne et la Vierge avec l'enfant Jésus sur les genoux
p. 223, No. 93. H. 6 p. 5 l. L. 4 p. 6 l. Collection privée de feu
le roi de Saxe à Dresde.

    142. Même sujet. Le Saint s'avance vers la droite à travers
l'eau, portant l'enfant Jésus sur les épaules. Son manteau flotte vers
la gauche et il tient des deux mains un tronc d'arbre surmonté d'une

branche avec ses feuilles.   Dans le lointain, quatre montagnes élevées
et dans l'eau, à gauche, un vaisseau; à droite, trois sirènes.   Devant
la chapelle, sur la rive, l'hermite avec sa lanterne et, sur le devant à
droite, un homme à cheval, le dos chargé d'un sac.   Pièce médiocre.
H. 6 p. 7 l. L. 4 p. 7 l.   Berlin.

143.   St. Antoine, hermite.   Il est houspillé par le démon.
H. 2 p. 11 l. L. 2 p.   Bartsch No. 47.   Munich.

144.   Même sujet.   Le Saint est debout, vu de face et tient de la
main gauche une croix à deux traverses.   Derrière lui, à gauche, le
pourceau.   Bonne pièce, exécutée à guise de nielle; médaillon de 2 p.
de diamètre.   Dresde.

145.   Le martyre de St. Érasme.   H. 2 p. 8 l. L. 1 p. 10 l.
Bartsch No. 48.   L'exemplaire de Berlin porte, écrite à l'encre de Chine,
la date de 1ℒℒℒ, qui est apocryphe sous tous les rapports.

146.   Même sujet.   Le Saint est étendu, dépouillé de ses habits,
sur un chevalet, tandis que deux bourreaux lui enroulent les entrailles
sur un treuil.   Un roi, avec cinq de ses courtisans, est debout en arrière
dans le fond.   En haut, à droite, la main divine dans l'acte de bénir.
Vieux travail à hachures obliques et imprimé d'un noir foncé.   On lit
au-dessous: Sanctus herasimus.   H. 4 p. 6 l. L. 7 p. 2 l.   Munich.

147.   Martyre de St. Sébastien.   Il est attaché à un arbre,
à gauche.   A droite quatre arbalétriers.   H. 5 p. 3 l. L. 7 p. 8 l.
Bartsch No. 59.

148.   Même sujet.   Le Saint est attaché à un arbre, les bras
croisés au-dessus de la tête, avec le corps percé de huit flèches et
tourné vers la gauche bien que sa tête penche vers la droite.   Les veines
des jambes sont fortement marquées, la draperie autour des reins est
traitée dans la manière de Martin Schongauer, mais les parties de chair,
d'un style beaucoup plus ancien, montrent des hachures courtes souvent
croisées, comme chez le maître de 1466.   Le terrain, où se voient trois
plantes dont l'une assez grosse, est couvert d'une manière singulière
par des traits à mailles, genre de travail que nous retrouverons
plus tard sur une pièce No. 225, représentant deux monstres.
H. 12 p. 4 l. L. p. 11 l.   Berlin, où le papier porte le filigrane du ℙ
avec une fleur sur un stèle.   Musée Britannique

149.   St. George.   Il s'élance vers la droite et enfonce sa lance
dans la gueule du dragon.   Au-dessus du monstre et en arrière, la
princesse avec un agneau; elle est à genoux.   Dans le fond, à gauche,
on aperçoit dans une forêt deux hommes dont l'un est armé d'une

lance et d'un bouclier, tandis que l'autre sonne du cor. A une lu-
carne du château, on voit le roi et la reine. Un gardien avec un
cor se tient sur les créneaux de la porte. Sur le premier plan on
trouve divers animaux : un lion, un lapin, deux ours, un chevreuil et
deux lévriers. Belle pièce d'un travail ancien, avec de longues hachures.
H. 9 p. L. 6 p. 11 l. Bâle.

150. St. George. On voit le Saint à cheval, en armure complète, qui s'élance à gauche contre le dragon mortellement blessé et
qui, couché sur le dos, lève encore la tête. A côté de lui se trouvent
sur le terrain l'os du bras et la poitrine, avec toutes les côtes, d'un
squelette. A droite, dans le fond, un rocher élevé avec une caverne
dans laquelle s'enfuit un petit dragon. Au-dessus un château fort. A
droite, la princesse, remplie d'étonnement, est agenouillée sur une colline. Gravure de la haute Allemagne vers la fin du XVe. siècle et d'une
bonne exécution. H. 4 p. 7 l. L. 3 p. 7 l. Collection privée du roi
de Saxe à Dresde.

151. St. Jérôme. Il est agenouillé, tourné vers la gauche,
devant une table sur laquelle est une tête de mort. A terre un crucifix et le lion. Fond de riche paysage. Sur les pilastres de l'appar-
tement on voit des ornements dans le style de la renaissance. Le
travail est très-ancien, mais l'impression est d'un bon noir et l'estampe
de la fin du XVe. siècle appartient probablement à la basse Allemagne.
H. 7 p. 6 l. L. 5 p. 9 l. Collection privée du roi de Saxe à Dresde.

152. Même sujet. Le Saint est assis sur un banc. Un petit
lion lui lèche la main. Pièce ronde. Collection v. Quandt, Catalogue
p. 39. No. 7.

153. St. Augustin. Il est assis sur un siège, tourné vers la
gauche et écrivant dans un livre porté par un aigle et sur la tête duquel
on voit une banderole avec le nom 𝔖. 𝔍𝔬𝔥𝔞𝔫𝔫𝔢𝔰. Au-dessus du Saint
on lit son nom 𝔖. 𝔄𝔲𝔤𝔲𝔰𝔱𝔦𝔫𝔲𝔰. Pièce de la basse Allemagne.
H. 3 p. 2 l. L. 2 p. 4 l. Paris, Berlin.

154. La messe de St. Grégoire. Le Saint est agenouillé au
milieu de l'estampe ; à droite l'autel sur lequel apparaît l'homme de douleurs ; deux diacres se tiennent à côté ; derrière le pape, un moine porte
la tiare et à côté de lui un cardinal. Pièce assez rude de la haute
Allemagne. H. 6 p. 6 l. L. 8 p. 10 l. Munich.

155. Même sujet. Dans le fond, l'autel avec la figure du Christ.
Le pape est agenouillé devant, les bras étendus. Sur le livre qui se
trouve placé à l'autel, on lit, de haut en bas et à rebours, le nom

GREGORIVS.   A gauche, un cardinal, debout, tient la tiare; à droite, un évêque avec un crucifix.   Sur le devant, et aux côtés du pape, sont agenouillés, à gauche St. Étienne, à droite St. Laurent. H. 4 p. L. 3 p. 2 l. Munich, Cobourg.

156.   La messe de St. Grégoire. Le pape est agenouillé, tourné vers la droite, et vis-à-vis un évêque; tous deux sont devant l'autel placé de face, sur lequel on voit un calice, la boîte à hosties, deux chandeliers et, plus en arrière, le sarcophage d'où sort la figure du Christ entourée des instruments de la passion.   A gauche, deux diacres dont l'un porte la tiare; derrière l'évêque, le porte-croix.   Pièce peu importante, à hachures croisées.   H. 3 p. 8 l. L. 2 p. 7½ l.   Rud. Weigel.

157.   Même sujet.   Le pape est agenouillé devant l'autel sur lequel on voit la demi-figure du Christ sortant d'un sarcophage.   Derrière le pape, deux diacres et, à gauche, un archevêque agenouillé devant un prie-Dieu.   Dans le fond, cinq autres figures et, sur le mur, les instruments de la passion.   Pièce médiocre traitée à guise de nielle et, peut-être, l'œuvre d'un orfèvre néerlandais. H. 3 p. L. 2 p. 1 l. Bruxelles.

158.   Même sujet.   Le pape, agenouillé, est tourné vers l'autel à gauche où apparaît le Christ.   A gauche, pareillement agenouillé, se trouve un diacre de petites proportions levant les mains dans son étonnement.   A droite, derrière le pape, un ecclésiastique tient une haute tiare et, au-dessus de lui, on aperçoit les têtes de cinq autres personnages; à côté d'eux, le voile de la Véronique.   Au bas l'inscription: here erbarme di unfre nac dyure grote barmhertickeit. Bon travail avec des hachures obliques.   H. 3 p. 4 l. L. 2 p. 3 l. Berlin.

159.   Même sujet.   St. Grégoire, coiffé de la tiare, est agenouillé et tourné vers la gauche où apparaît, sur l'autel, le Christ sortant à moitié d'un sarcophage.   Derrière le pape, à droite, un cardinal. Presque au contour.   H. 2 p. 7 l. L. 1 p. 10 l.   Berlin (l'exemplaire est colorié).

160.   Même sujet.   Le Saint est agenouillé, tourné vers la gauche où se trouve l'autel ayant, dessus, une petite figure du Sauveur dont le sang coule par la plaie du côté dans un calice.   A droite sont agenouillés deux religieux et derrière eux, debout, un cardinal et un ecclésiastique.   Dans le fond les instruments de la passion.   Au bas sur une légende: ao. 1QZZO Ani et 1Q0 dies.   H. 3 p. 7 l. L. 2 p. 9 l. Nous connaissons cette pièce par un facsimile avec l'inscription: „Ex

collectione illustrissimi Comitis Alexij a Razumovsky." L'inscription de l'original se réfère à une indulgence de 14220 ans et 140 jours. Cependant on a voulu y lire la date de 1422, ce que Duchesne n'a pas admis, ayant voulu cependant y voir celle de 1488. Cette opinion est erronée car les lettres d'indulgence, avec la messe de St. Grégoire, ont été souvent gravées sur cuivre, sur métal et sur bois, dans le XVe. siècle, par les soins des religieux et des ecclésiastiques, et répandues dans toute l'Allemagne, comme nous avons déjà eu occasion de le démontrer dans notre résumé historique.

161. St. Wolfgang. Il est assis sur un gradin, la crosse entre les bras et lisant dans un livre qu'il tient des deux mains. Dans le fond, à gauche, une église dans la toiture de laquelle est enfoncée une hache. A droite, des rochers avec une forêt de pins. H. 4 p. 2 l. L. 2 p. 9 l. Belle pièce ancienne. Berlin. T. O. Weigel.

162. Même sujet. Le saint évêque est debout, tourné vers la droite, tenant de la main droite la crosse et une discipline, de la gauche une église dans laquelle est enfoncée une hache. Travail à guise de nielle de la fin du XVe. siècle. H. 1 p. 8 l. L. 10 l. (Heinecken No. 210.) Dresde.

163. St. Ægidius. Il est debout, tourné vers la gauche, tient de la main gauche une crosse et étend la droite vers un chevreuil debout devant lui. Pièce traitée, comme le sujet précédent, à guise de nielle. H. 2 p. L. 1 p. 2 l. (Heinecken No. 26.) Dresde.

164. Même sujet. Il est assis dans son atelier et travaille sur une enclume. Vis-à-vis de lui deux de ses ouvriers; à gauche, le fourneau de fonderie devant lequel se tient un troisième compagnon. Sur le devant un apprenti qui paraît retirer quelque chose. Par la fenêtre, on a la vue dans une rue où se trouve une tour inachevée qui a quelque ressemblance avec celle du dôme de Cologne. Belle pièce de la basse Allemagne. H. 4 p. 5 l. L. 5 p. 9 l. Dresde.

165. St. Quirinus. Il est debout, vu de face, en partie armé et tient un étendart sur lequel on voit neuf boules. A ses pieds un roi en prières et derrière lui, à gauche, sont agenouillés un chevalier et sa femme, de petites proportions; à droite une religieuse et un perclus. En haut, à droite, un ange tient un écusson avec les neuf boules. Sur le devant, aux pieds du Saint, un agneau et un pourceau et en bas sur quatre lignes l'inscription suivante:

O marscalc sancte Quiryn martelaer groot
Bescermt ons voer den haeslighe ga dot.

Voer pestelenci en vā ip plaghe sekerlick
Als hoestmarscale vā gods wege vā hemelric.

Bonne pièce de la basse Allemagne dans la manière d'Israbel van Meckenen. H. 4 p. 10 l. L. 3 p. 6 l. Munich.

166. St. Quirinus. Il s'avance vers la gauche, vu presque de dos, et regarde vers le haut. Il est tout armé, à l'exception d'une barrette à plumes qui lui couvre la tête. Dans la droite il tient un étendart sur lequel on voit les neuf boules noires dont une est marquée d'un 🜇. Il s'appuie de la gauche sur un bouclier qui porte également les neuf boules. A gauche, un rocher sur lequel se trouve une ville. A cette composition appartient encore une autre figure, mais dont on ne voit qu'une partie de la draperie dans l'exemplaire défectueux du Musée Britannique. H. 6 p. 1 l. L. 2 p. 2 l. (?)

167. St. Maurice. Le Saint est vu debout, en armure et recouvert d'un manteau; il est tourné vers la droite et tient de la droite une lance portant une croix sur le pennon et de la gauche une longue épée à son côté. Fond de paysage. A gauche, quelques arbres sur un terrain élevé; à droite, deux montagnes près d'un lac. Le tout dans une bordure avec cette inscription: SANCTVS + ḢAVRICIVS + BIƆƆE + GOƆT + VOR + VNS + ABCƆEFGHIKLḢNOPᴑRSTVXVy. H. 4 p. 5 l. L. 3 p. 3 l. Chez le conseiller aulique Marx à Gottingue. On en trouve un facsimile dans le livre de Mr. Lödel intitulé: „Kleine Beiträge zur Kunstgeschichte" Gottingue 1857.

168. St. Rémacle. Le saint évêque est debout sous un arc, tenant de la main droite un livre ouvert et de la gauche sa crosse. A ses pieds, à gauche, est couché un loup (?) chargé de deux corbeilles avec des œufs. A droite on voit, agenouillé en adoration, un religieux de petites dimensions. En haut sur une banderole: SANCTE REMACLE: ORA P. NOB. — et au-dessous dans une légende: ASSERE DIVE TVOS REMACLE PONTIFEX MINISTROS. ⤙#⤚ Cette dernière marque se retrouve encore au pied de la colonne gothique à droite; il semble néanmoins douteux qu'elle veuille indiquer le maître. Trèsbon travail de la fin du XVe. siècle. H. 7 p. 4 l. L. 5 p. 5 l. Musée Britannique. Une autre épreuve s'est trouvée insérée dans un livre „Monasterii Stabulensis." Peut-être la planche a-t-elle été faite pour ce couvent.

169. St. Bernard. Il est agenouillé, à gauche, devant la Vierge débout à droite, avec l'enfant Jésus dans les bras. Au-dessus du Saint on lit: S. bñhard°. Dans une banderole: Mostra te esse matrem.

La bordure est à trois traits dont les deux intérieurs sont unis par des hachures. H. 2 p. 3 l. L. 2 p. 6 l. Berlin.

170. St. Pierre le martyr. Il est debout, tourné vers la gauche, tenant de la main droite une épée et de la gauche un livre. Aux deux côtés, des colonnes torses qui soutiennent un arc gothique plat et orné. Marquée: Petrus Martire. H. 3 p. 4 l. L. 2 p. 2 l. Berlin et Cat. Detmold No. 39.

171. Les stigmates de St. François. Il est agenouillé, tourné vers la gauche; en haut un crucifix à six ailes imprime les stigmates sur le corps du Saint. Le fond représente un lac entouré de montagnes et sur lequel on voit un vaisseau. A droite, une église sur une hauteur et deux oiseaux sur l'aile. A gauche, devant le Saint, un livre de prières ouvert et, à côté, deux lapins et un oiseau. Pièce imprimé d'un noir bleuâtre dans la manière italienne. H. 3 p. 9 l. L. 2 p. 6 l. Berlin.

172. St. Firmin (?). Le saint évêque d'Amiens est tourné vers la droite. Sur le bras gauche il soutient une tête d'évêque et, de la droite, la crosse épiscopale. Sur sa chasuble on voit un crucifix en broderie avec l'inscription: INЯI. Derrière le Saint, un mur à hau--teur d'appui. Travail léger, d'une exécution particulière et qui paraît être un essai de quelque peintre de talent. Le nom du Saint n'est point gravé, mais écrit simplement sur l'épreuve. H. 4 p. 2 l. L. 2 p. 10 l. Berlin.

173. Les Saints Benoît et Romain. Le premier est assis, lisant, dans une fente de rocher, tandis que le moine Romain descend près de lui et par une ouverture, du pain et une cruche d'eau, lui donnant en même temps le signal au moyen d'une clochette; à gauche, vis-à-vis du moine, un démon cherche à l'en empêcher en lui jettant des pierres. Les trois cimes de la montagne sont couvertes de bois Cette pièce, exécutée à la manière d'un amateur presque au simple contour, s'est retrouvée dans un livre du cloître de Mondsee; elle est mal imprimée et pourrait être l'ouvrage d'un moine de ce couvent. H. 3 p. 2 l. L. 2 p. 3 l. Bibliothèque de Vienne où l'on en conserve encore une copie.

174. Deux Saints, 1491. A gauche se tient un jeune homme une palme dans la main gauche, un chien à ses pieds; à droite, un évêque portant le modèle d'une église: à ses pieds est agenouillé un autre évêque, de petites proportions, avec un lièvre dans ses armoiries. En haut et à rebours le millésime ci-dessus. Belle pièce allemande en mé-

daillon de 3 p. 5 l. (?) de diamètre. Bartsch X. p. 29. No. 53. Bibliothèque de Vienne.

175. Quatre Saints. A droite, un pape tenant une corne à
boire; à gauche, St. Antoine l'hermite, derrière lui un saint évêque et
à côté de celui-ci St. Quirinus tenant l'étendart aux neuf boules. Le
tout dans une bordure à cinq traits. Les rares hachures d'ombre sont
croisées. H. 2 p. 7 l. L. 1 p. 10 l.

176. Trois Saints et un abbé à genoux. Au milieu est
St. Quirinus, la tête ceinte de la couronne impériale, le sceptre et le
globe impérial dans les mains. A gauche, St. Castor un marteau dans
la main gauche et l'autre étendue sur la tête de l'abbé agenouillé devant lui. A droite, St. Chrysogone debout qui tient une épée, la
pointe à terre. Devant l'abbé se voit un écusson écartelé des armoiries de Cologne, les trois couronnes, et de celles de Tegernsée à deux
feuilles de lierre à tiges entrelacées; au-dessus une mitre. Cette pièce,
mal gravée, et qui paraît être l'ouvrage d'un amateur, est très-mal imprimée en noir pâle. H. 8 p. 9 l. L. 6 p. R. Weigel.

177. Le martyre des 10,000 chrétiens. A droite, une
montagne avec un château entouré d'une foule de peuple et hors
duquel un homme jette dans un précipice, rempli d'arbres secs, le
corps d'un martyr. Dans l'abîme, au-dessous, on voit les corps
de plusieurs Saints, tandis que des anges portent leurs âmes au ciel
où elles sont accueillies par le-Christ entouré de Saints et assis sur
un nuage à gauche. Pièce peu importante avec de légères hachures.
H. 3 p. 7 l. L. 2 p. 8 l. Dresde.

178. St. Benoît de Murcie et Ste. Élisabeth de Thu-
ringe. L'évêque tient une crosse de la main droite et de l'autre
un calice d'où sort un petit démon (?). A la droite, Ste. Élisabeth
debout, tenant un pot et sous le bras gauche deux pains. H. 1 p. 5 l. L. 1 p.
Dresde.

179. Ste. Anne, la Vierge et l'enfant Jésus. La mère
de la Vierge est debout, tournée vers la gauche; la petite Marie, à genoux devant Ste. Anne, tient sur le bras gauche l'enfant Jésus qui tend vers
elle les bras. Dans le fond, il y a un mur qui va à la hauteur de la
tête de Ste. Anne. Au bas, se trouve une marque peu distincte qu'on
pourrait prendre pour ℍ. La gravure, d'un bon dessin, appartient
à la fin du XVe siècle. Médaillon entouré de deux traits. 2 p. 2 l.
de diamètre. Dresde.

180. Ste. Marie Madeleine. Elle est debout, tournée un

peu vers la droite et tient des deux mains, devant elle, le vase de parfums qu'elle contemple, la tête un peu penchée et recouverte en arrière
d'un pan de son manteau. Au bas, un peu de terrain. Travail
fin dans la manière de la basse Allemagne. H. 4 p. L. 2 p. 6 l.
Munich.

On en trouve une photographie dans l'ouvrage de R. Brulliot.

181. Ste. Véronique. Elle est debout, vue de face et tient,
déployé devant elle, le voile sur lequel se trouve la sainte face de fortes
proportions. Sur le terrain on voit des plantes à guise d'arbustes.
Presque au contour. H. 2 p. 9 l. L. 2 p. Dresde.

182. Le martyre de Ste. Catherine. Pièce ronde; diamètre
1 p. 6 l. Bartsch X. p. 30. No. 56.

183. Même sujet, de même dimension. Bartsch No. 57.

184. Ste. Catherine. H. 3 p. 4 l. L. 2 p. 4 l. Bartsch
No. 59.

185. La même Sainte. H. 3 p. 11 l. L. 2 p. 6 l. Bartsch
No. 61.

186. Le martyre de Ste. Catherine. Elle est agenouillée
à gauche, les mains jointes; derrière elle le bourreau tire son épée
pour la décapiter. En haut la main divine, d'où part un triple rayon,
sort des nuages. A gauche, dans le fond, trois roues engrenées. Pièce
ronde de 3 p. 6 l. (?) de diamètre. Cette estampe remarquable se
trouve dans la bibliothèque de la ville de Danzic, fixée sur une feuille
du manuscrit intitulé: Glossa ad librum sapientiæ du Dr. Holkot,
de l'année 1458, et elle a été entourée, à la même époque, d'une bordure
en pâte sur laquelle on voit des caractères gothiques en relief. Il
semble que l'on ne peut douter que la gravure puisse être postérieure
à l'année 1458 qui serait alors une des plus anciennes dates que l'on
pourrait donner à une gravure sur cuivre. Le maniement du burin,
ainsi que le dessin, en est beau et rappelle le style de Martin Schongauer, mais les hachures sont d'un genre plus ancien. L'impression est de ce beau noir qui n'était alors en usage que dans la haute
Allemagne et sur le Rhin moyen.

187. Le martyre de Ste. Catherine. La Sainte est agenouillée en prières vers la gauche, devant la roue brisée qui a renversé
trois des bourreaux qui se voient ensevelis sous les débris. A droite,
un roi et un autre personnage blessés. Bonne pièce d'une belle exécution pittoresque avec de longues hachures dans le style néerlandais.
H. 8 p. L. 5 p. 2 l. Munich.

188. **Ste. Catherine.** Elle est tournée vers la gauche et appuie la main droite sur le pommeau de l'épée dont la pointe repose à terre. Elle tient le pied droit sur la roue. Le terrain, à mottes, est couvert d'herbe et de plantes. H. 2 p. 10 l. L. 2 p. 4 l. Bibliothèque de Vienne. F. de Bartsch No. 1510.

189. **Même sujet.** La Sainte est debout, tournée vers la gauche, la main droite appuyée sur le corps et la gauche sur l'épée dont la pointe est à terre. A côté une roue sans pointes. Une auréole entoure sa tête couronnée et une bordure de trois traits renferme le tout. La tête est d'un dessin très-fin. Au simple contour, dans la manière de la basse Allemagne. H. 2 p. 3 l. L. 1 p. 5 l. T. O. Weigel.

190. **Même sujet.** Elle est debout, tournée vers la droite, et ses cheveux tressés sont liés par une bande. De la main droite elle tient l'épée, la pointe en bas. A terre et devant elle la roue. Travail fin et énergique dans le style de Martin Schongauer. L'exemplaire de Dresde, qui est rogné, porte H. 1 p. 10 l. L. 11 l.

191. **Ste. Barbe.** Elle est debout, tournée vers la gauche; ses cheveux épars sont ornés d'une couronne et elle tient de la gauche un livre ouvert. A gauche une tour. Pendant de la pièce précédente. Médaillon, 1 p. 11 l. de diamètre. Dresde.

192. **Ste. Marguerite.** Elle est debout, tournée vers la droite, tenant de la main gauche la chaîne du dragon qui l'entoure de ses replis, et de la droite une croix. Double trait de bordure. Sa tête arrondie est pleine de grace, dans le goût de l'école de Cologne. Dans la manière des deux pièces précédentes. H. 2 p. 3 l. L. 1 p. 6 l. T. O. Weigel.

193. **Martyre de Ste. Barbe.** Pièce ronde, 2 p. 2 l. de diamètre. Bartsch X. p. 32. No. 60.

194. **Ste. Agnès.** Elle est debout, une palme à la main et tournée à gauche vers l'agneau qui saute sur elle. Pièce peu importante, presque au contour. H. 2 p. 4 l. L. 1 p. 6 l. Munich.

195. **Même sujet.** Cette pièce est une imitation de la gravure de M. Schongauer No. 62, mais la figure est très-rabougrie. Pièce ronde, 2 p. de diamètre. Bibliothèque de Vienne.

196. **Ste. Aniette.** Elle est debout, sur un terrain carrelé, sous un tabernacle gothique et tient de la main droite un rosaire. Sur un écriteau: Sanct Aniette. Travail fin. H. 5 p. 3 l. L. 2 p. 11 l. Bâle.

197. **Les Saintes Catherine et Ursule aux côtés d'un**

Saint. Le Saint du milieu tient une bêche. A gauche, Ste. Catherine appuyant la pointe de son épée sur une roue; à droite, Ste. Ursule tenant une flèche. Pièce oblongue en hauteur. Collection Del-
becque.

198. Une sainte abbesse. Elle est debout, tournée vers la
droite, tenant une crosse de la main gauche et de l'autre un livre sur
lequel se trouve un oiseau. Pièce gravée dans la manière d'un nielle.
H. 1 p. 7 l. L. 9 l. (?) Dresde.

III. Sujets profanes.

199. Adorateurs du Christ et des faux dieux. A gauche,
huit personnes, hommes et femmes, les yeux élevés vers le visage du
Sauveur qui apparaît dans une gloire. A droite, cinq personnes, hommes et
femmes, en adoration devant une idole élevée sur une colonne. Fortes
hachures. H. 3 p. 8 l. L. 2 p. 11 l.   Bâle.

200. Pyrame et Thisbé. Pièce ronde, 1 p. 4 l. de diamètre.
Bartsch X. p. 41. No. 3.

201. Même sujet. Pièce ronde, 1 p. 6 l. de diamètre. Bartsch
No. 4.

202. Le concert. Pièce ronde, 1 p. 4 l. de diamètre. B. No. 8.

203. Le goûter. Pièce ronde, 1 p. 4 l. de diamètre. Bartsch
No. 9.

204. Un gentilhomme assis près d'une dame. Pièce
ronde, 1 p. 6 l. de diamètre. Bartsch No. 10.

205. Le jeu aux dés. Pièce ronde, 1 p. 6 l. de diamètre.
Bartsch No. 11.

206. Un jeune homme embrasse une dame. Pièce ronde,
diamètre 1 p. 7 l. Bartsch No. 12.

207. La santé portée. Pièce ronde, diamètre 3 p. 4 l. Traitée
à guise de nielle. Bartsch No. 17.

208. Le cocu. H. et L. 3 p. 5 l. Bartsch No. 19.

209. Le paysan et sa femme ivre. Pièce de la basse Allemagne. H. 4 p. 4 l. L. 2 p. 5 l. Bartsch No. 24.

210. La femme nue. H. 4 p. 6 l. (?) L. 3 p. 4 l. Bartsch
No. 25.

211. L'homme subjugué ou Aristote et Phyllis. H. 4 p. 4 l. L. 3 p.
Bartsch No. 27.

212. La mort surprenant la jeunesse. H. 6 p. 2 l. (?) L. 4 p. 2 l. (?)
Bartsch No. 30.

213. La jeune femme et l'hermite. Celui-ci est debout, à gauche, tourné vers une jeune femme vue de face et coiffée d'un haut bonnet. Elle tient un faucon sur le poing gauche et de la droite la laisse de deux chiens, tandis qu'un troisième aboie après l'hermite. En haut, un oiseau qui vole. Elle dit (au moyen d'une banderole): „Ich faren uss mit vogelen und mit winden, ob ich rechte trouve mochte finden.“ L'hermite répond: „Junfrou traut ind reuv, die finden ir.“ A gauche, dans le fond, un hermitage à côté de trois arbres. Pièce traité dans la manière d'Israhel van Meckenen, mais d'un meilleur dessin. H. 4 p. 1 l. L. 9 p. 10 l.   Bâle.

214. Le jeune homme et la femme nue. Un jeune homme est assis à gauche et embrasse une femme nue. A côté se tient une autre femme avec une banderole sur laquelle on lit: „inspicite hic allectiva juventutis.“ A la porte, à droite, on voit un bouffon qui regarde à travers ses doigts. H. 4 p. 10 l. L. 6 p. 5 l. Collection Albertine.

215. La femme nue et le bouffon. Elle saisit le vêtement du bouffon, placé à gauche, et le découvre. Fond blanc. Travail fin de la haute Allemagne. H. 2 p. 8 l. L. 1 p. 11 l. Munich.

216. Le geste indécent. Un homme d'un âge avancé (ou un bouffon) embrasse une jeune femme et porte sa main sous les vêtements de celle-ci. Fond blanc. Travail fin de la haute Allemagne. H. 2 p. 2 l. L. 1 p. 6 l. Munich.

217. Deux chevaliers debout. Ils sont en armure complète et portent des heaumes arrondis, dans le genre de ceux qui sont particuliers aux chevaliers du cygne. Celui de gauche, vu de face, tient une lance et saisit de la droite la garde de son épée. Celui de droite est vu presque de dos, appuyé de la main droite sur une hache d'armes et la gauche portée sur son épée; l'armure est de la fin du XVe. siècle et ils portent des souliers à la poulaine. Les figures sont sveltes, le maniement du burin et le dessin révèlent une main de maître dans le style du graveur au monogramme P P W. H. 5 p. 1 l. L. 3 p. 6 l. (?) Cobourg.

218. Deux cavaliers. Ils se dirigent, au galop, l'un contre l'autre. Le premier semble vouloir frapper d'un bâton son adversaire qui pare le coup. A droite un petit arbre; dans le lointain un paysage. A peu de choses près, au simple contour. H. 2 p. 10 l. L. 3 p. 6 l. Munich.

219. Deux hommes se battant avec des pieux. Le plus vieux lance un coup de pointe en haut vers la droite où le plus jeune

lève son pieu pour frapper. Ils ont tous deux des mines riantes et paraissent jouer. Fond blanc, tout-à-fait vide. Pièce d'un bon travail de la haute Allemagne et probablement une figure de cartes à jouer. H. 4 p. 7 l. L. 3 p. 1 l. Collection privée de feu S. M. le roi de Saxe à Dresde. Voyez p. 248 de ce catalogue.

220. Un pèlerin. Il est vu de dos et regarde en marchant vers la droite. Un flacon est suspendu à son dos et il porte son bâton sous le bras droit, tandis qu'il retrousse ses vêtements. Fond blanc. Bonne pièce de la haute Allemagne. H. 5 p. 9 l. L. 3 p. 4 l. Munich. On en trouve une copie bien gravée, dans laquelle le pèlerin tient, de la main droite, son bâton devant lui. H. 4 p. 8 l. L. 2 p. 9 l. Musée Britannique.

221. Quatre chiens. Sur le devant, à gauche, un petit chien joue avec un lévrier au repos. Au-dessus de celui-ci un autre chien, tourné vers la droite et, encore plus à droite, un petit chien ou un chat assis. Sur le terrain, formé de petites élévations, se trouvent plusieurs plantes dans la manière du maître de 1466. Pièce médiocre. H. 3 p. 3 l. L. 2 p. 6 l. Collection privée du roi de Saxe.

222. Trois animaux. A gauche, un chevreuil et une chevrette; à droite, un cerf. Sur le devant, trois plantes traitées comme dans le sujet précédent et du même maître. H. 3 p. 3 l. L. 2 p. 6 l. Même Collection.

223. Deux monstres. Ils se tiennent en arrière, l'un presque vis-à-vis de l'autre, fortement repliés et la gueule ouverte. Leur longue queue, dont le bout repose sur leur dos, est entrelacée à une des jambes de derrière. Pièce d'une bonne exécution de la haute Allemagne, avec des traits en forme de mailles sur le terrain, comme nous l'avons vu pour le St. Sébastien No. 148; le maniement du burin étant, du reste, analogue dans les deux gravures et, par conséquent, du même maître. H. 4 p. 4 l. L. 5 p. 10 l. Berlin.

224. Deux monstres. Ils ont la forme de Salamandres et se trouvent l'un au-dessus de l'autre, la gueule ouverte; celui d'en haut est tourné vers la gauche, celui d'en bas vers la droite. Du même maître que la pièce précédente. H. 5 p. 3 l. L. 4 p. 2 l. Paris.

225. Plusieurs lions et lionnes appartenant à un jeu de cartes. Les figures de l'exemplaire de Dresde sont découpées et collées sur une feuille in-4°.

a. Deux lions. Celui de dessous, à gauche, est couché sur le dos; l'autre, à droite, est assis. Au-dessus, deux lionnes dont celle de gauche debout, l'autre assise.

b. Un lion, presque vu de face, qui se gratte.

c. Un lion qui se lèche.

Ces pièces sont toutes d'un très-bon travail et du maître de la haute Allemagne qui a gravé les deux sujets précédents et celui du St. Sébastien.

226. Sujet composé. C'est le résultat de deux planches superposées et qui forment l'ensemble bizarre suivant: un dragon, un monstre à quatre pieds, une grenouille, une colline, des plantes et des arbres. Collection Quandt, Cat. p. 38. No. 4.

227. Un ostensoir. Le vase est posé sur une base à quatre pointes contournées et sur un riche stèle à branches où, vers le haut, un petit ange tient un écusson vide; le compartiment carré où l'on conserve l'hostie a, sur les côtés, deux anges avec les instruments de la passion; le roseau avec l'éponge et la lance. Plus vers le haut, on voit le Christ, dépouillé de ses habits et tenant le fouet et les verges, sous un riche tabernacle avec la Vierge et St. Jean à ses côtés. Bon travail du XVᵉ. siècle et qui est attribué à Franz von Bocholt. H. 18 p. 6 l. L. en bas 4 p. 11 l. et terminant en haut presqu'en pointe. Collection privée de feu le roi de Saxe à Dresde.

228. Un vase à boire (Bocal). Il est richement orné de feuillage. Le bouton du couvercle est formé d'une grappe de raisins. Gravé dans la manière de Venceslas d'Olmutz. H. 6 p. 4 l. L. 3 p. 6 l. Dresde.

229. Un vaisseau. Il se dirige vers le fond. H. 6 p. 6 l. L. 4 p. 7 l. Exécuté dans le style du maître W ⚜, mais d'un travail moins fin. Bartsch X. p. 61. No. 44. Collection Albertine. Dresde.

230. Les armoiries de George Zlatkonia, archevêque de Vienne. Bartsch No. 36.

231. Grand écusson avec le lion. L'écusson porte un lion passant. Le heaume couronné porte pour cimier une demi-licorne, tournée à gauche. Cette pièce est exécutée dans la manière de l'écusson au mouton, Bartsch No. 38. H. 8 p. 3 l. L. 6 p. Berlin, Dresde.

232. Écusson au cerf. L'écusson, profondément évasé à droite, porte un demi-cerf issant vers la droite d'une bande crénelée. Point de heaume. Approchant de la manière de l'école de M. Schongauer. H. 1 p. 8 l. L. 1 p. 8 l. Dresde.

233. Écusson écartelé, sans heaume. Au premier, à un cygne debout; au second, à une pièce ressemblant à un monogramme

16*

au troisième, à trois joyaux surmontés d'une demi-aigle; au quatrième, à une croix enclose dans une lyre. Pièce de la haute Allemagne, H. 1 p. 10 l., rognée. Dresde.

234. Ornements de feuillage. Cinq feuilles. Bartsch X. p. 65—67. No. 16—20.

235. Ornement avec une nonne et un moine. Au milieu est assise une religieuse, près d'un jeune moine, sur un panier d'œufs. Ils tiennent chacun un seau hors duquel s'élance un enfant. Derrière eux, un vieillard coiffé d'un haut bonnet. Dans la partie supérieure un jeune homme, représentant Bacchus, est assis sur un tonneau traîné par deux hommes. A droite, une femme tenant un gril avec des poissons est assise sur un panier traîné par deux femmes. Dans la partie inférieure, la demi-figure d'un pape tenant une lanterne avec laquelle il éclaire la scène que contemple un moine, à droite, à travers ses lunettes. Travail de la basse Allemagne dans la manière d'Israhel van Meckenen. H. 4 p. 2 l. L. 6 p. 10 l. Oxford.

236. Ornement de feuillage avec un héron et un hibou. Dans le feuillage à enroulements se trouvent, à gauche, un héron qui étend le cou vers un hibou assis vis-à-vis de lui. Le terrain est à traits horizontaux. Pièce d'une exécution particulière. H. 2 p. 8 l. L. 2 p. 4 l. Dresde.

237. Ornement de feuillage avec un héron et un jeune oiseau. Dans le feuillage à enroulements et qui termine par quelques fleurs, est perché, à droite, un jeune oiseau et vis-à-vis, sur la branche inférieure, un héron. Fond blanc. H. 4 p. 6 l. L. 3 p. 7 l. Munich.

238. Ornement de feuillage avec un homme à genoux. Dans les enroulements du feuillage on voit une figure d'homme tournée à gauche, la jambe droite très-étendue et se tenant à une tige, tandis qu'elle saisit un bâton de la main droite. Sa draperie est découpée à guise de feuilles et elle porte sur la tête un bonnet élevé. H. 2 p. 8 l. L. 3 p. 7 l. Paris.

239. Ornement au pélican. L'oiseau est assis sur son nid avec trois petits qu'il nourrit de son sang. A côté, vers la gauche, une banderole avec l'inscription: ḥec. a. natura. jnfut. pelicano. Dans les enroulements, au milieu de fleurs fantastiques, se trouvent aux coins quatre oiseaux qui tiennent au bec des banderoles avec des inscriptions latines. En haut, à gauche: amore latus transfo etc. En bas du même côté: merore depreffos cōfiliat etc. Au milieu: natura ergo pre-

valet arti. Cette pièce est exécutée très-archaïquement et dans la manière d'un orfèvre. H. 4 p. 8 l. L. 6 p. Collection privée de feu le roi de Saxe à Dresde.

240. **Combat de deux oiseaux.** Un aigle, à gauche, attaque un autre oiseau palmipède à long bec et portant une aigrette, qui se tient sur un animal mort qui ressemble à un chien. Exécuté dans le style de la pièce précédente. H. 2 p. 7 l. L. 3 p. 2 l. Dans la même collection.

241. **Fleurs fantastiques.** De la plus grande, au milieu, sortent de chaque côté deux boutons terminant en pointe et deux autres vers le haut. Travail rude d'orfèvre. H. 3 p. 5 l. L. 2 p. 7 l. Même collection.

242. **Ornement de feuillage avec onze Amours qui jouent.** En haut, vers le milieu, un d'eux est courbé et reçoit des coups de son compagnon à gauche. Travail médiocre. H. 4 p. 9 l. L. 3 p. 11 l. Amsterdam.

243. **Ornement de feuillages avec un bélier et un lion.** Dans les enroulements se trouve, à droite, un bélier qui s'élance contre un lion vis-à-vis de lui. Pièce rude, probablement d'un orfèvre. H. 3 p. 9 l. L. 5 p. 11 l. Amsterdam.

244. **Ornement de feuillage à enroulements**, se dirigeant de gauche à droite. Travail de la haute Allemagne. H. 6 p. 8 l. L. 6 p. 2 l. Dresde.

245. **Ornement analogue.** Il s'élève de droite à gauche. Pièce rude. H. 2 p. 2 l. L. 2 p. 10 l. A Munich, où elle se trouve dans l'œuvre de Venceslas d'Olmutz.

246. **Arabesque de 1484.** Ornement de feuillage à beaux enroulements. Au bas un instrument à tailler, avec le millésime de 1484. H. 4 p. 1 l. L. 1 p. 1 l. Musée germanique. R. Weigel, Catalogue No. 15559.

247. **Feuillage à enroulements**, s'élevant de droite à gauche. Dans la manière de Venceslas d'Olmutz, mais d'une exécution plus rude. H. 1 p. 6 l. L. 5 p. 2 l. R. Weigel.

248. **Ornements avec les armoiries de Michel Wagner 1487.** La feuille est divisée horizontalement et porte en haut neuf pointes et huit au bas; au milieu, se trouve un écusson avec les armoiries, une roue horizontale. Sur une banderole le nom de *Michel vagner.* Les pointes sont remplies par un ornement de feuillage sur fond noir et celles d'en haut contiennent chacune une des lettres ou des chiffres

suivants: α. ð. 1. 4. 8. 7. i. α. r. H. 1 p. 3 l. L. 2 p. 9 l. Musée Britannique.

249. Alphabet en caractères cursifs, formé de baldaquins gothiques et de feuilles gothiques conventionelles. On n'a découvert jusqu'ici de cet alphabet que neuf feuilles dont trois représentent l'c et deux le r de manière que l'on ne possède en réalité que six de ces lettres, c'est à dire les suivantes: ð, c, f, p, r, y; trois d'entr'elles, c, r, y, se conservent dans la bibliothèque de Vienne. Les six autres se trouvent dans le catalogue de la Collection Sternberg p. 8 sous les Nos. 51—58 et sont passées dans la Collection privée du roi de Saxe. Chaque feuille porte de 5 p. à 7 p. 7 l. de hauteur sur 2 p. 6—9 l. de largeur. L'exécution, avec des hachures obliques, est quelque peu rude.

250. La lettre ℗. Elle est formée de feuilles à guise de celles du chardon et porte, au milieu, une fleur avec des tiges à fruits pointus. Pièce ronde, exécutée dans la manière d'Israël de Meckenen. Diamètre 2 p. 10 l. Paris.

Cartes à jouer.

I. Jeu de cartes allemandes de forme ronde.
Bartsch X. p. 70. No. 1.

Voyez nos remarques sur ce jeu dans l'article du maître de Cologne à page 176 de notre catalogue.

II. Cartes à jouer allemandes anciennes.
Bartsch X. p. 76. No. 2. H. 4 p. 9 l. L. 2 p. 6 l.

Ces cinquante-deux cartes d'un jeu de Trappola ont les couleurs suivantes: Cimeterre, Coupe, Grenade, Massue ou Bâton. Les cartes, numerotées de I à X, sont richement ornées de petites figures souvent d'un caractère burlesque. Le valet est toujours représenté à cheval, la dame debout, le roi assis sur un trône. La manière est celle de l'Allemagne supérieure, mais plus riche d'invention et de dessin que réussie dans l'exécution qui est un peu maigre et raide. Comme on y trouve la couleur de la grenade et que ce fruit héraldique n'a été admis dans le blason qu'après la conquête de Grenade, en 1497, il faudrait en conclure, comme l'a déjà remarqué F. v. Bartsch, que ce jeu n'a été exécuté qu'après 1497, mais très-près de cette époque puisque les costumes sont encore ceux de la fin du XVᵉ. siècle.

Le valet de Grenade, pièce que Bartsch n'a point connue (No. 37), s'avance vers la gauche, monté sur un cheval pommelé, vêtu d'un justaucorps de damas et coiffé d'un bonnet. Il porte dans la main droite une grenade. Cobourg.

On trouve quarante-six facsimile de ces cartes dans l'ouvrage de Ottley: „A Collection of 129 facsimiles" etc.

III. Jeu de cartes numérales.
Bartsch X. p. 80. No. 3.

Voyez notre catalogue des cartes originales de ce jeu à p. 70—80.

IV. Jeu de cartes du maitre ℰ 𝔖 de 1466.

Voyez notre description de l'œuvre de ce maître à page 66—68.

V. Jeu de cartes de l'école du maitre ℰ 𝔖 de 1466.

Voyez notre description de ces cartes à page 100—101.

VI. Jeu de cartes numérales.
Additions à Bartsch X. p. 98—120.

Bartsch ne connaissait qu'une partie des cartes numérales dont nous essayons de donner ici un catalogue aussi complet qu'il nous a été possible de le dresser. Ce jeu est composé de cinquante-deux cartes à quatre classes, contenant chacune treize cartes, savoir de I à IX avec sous-valet (Unter), premier valet (Ober), dame et roi. Les couleurs ou les points avec lesquels les quatre classes sont marquées, représentent des hommes (pour la plupart des combattants), des chiens, des oiseaux (pour la plupart des oiseaux de proie), et des fleurs fantastiques. Ces cartes, du moins celles qui sont venues à notre connaissance, sont très-inégales de gravure qui est assez souvent très-fine, mais quelque fois raide et traitée peu artistiquement. Il en ressort que ces cartes appartiennent à des exemplaires différents et qu'en partie ce sont des copies. Leur dimension n'est pas toujours la même, comme c'est également le cas pour les cartes des autres jeux, et ce qui n'était d'aucune conséquence puisqu'on collait le papier avec la gravure sur un autre papier plus fort en lui donnant la grandeur voulue.

I. Classe dont les points sont marqués par des hommes.

II. Deux hommes se battant avec des pieux. Voyez p. 241. No. 219 de ce catalogue.

IV. Au haut, deux hommes qui luttent ensemble; au bas, deux autres qui escriment. H. 4 p. 11 l. L. 3 p. 3 l. Dresde. C'est une gravure médiocre et, à ce qu'il paraît, une copie.

VI. Six figures en trois rangées. Au haut, un tireur et un homme qui jette une lance; au milieu, deux hommes debout et au bas deux hommes avec des lances. H. 4 p. 11 l. L. 3 p. 3 l. Dresde. Gravure médiocre.

VII. Sept hommes fortement mouvementés. Au milieu, un homme en armure avec une masse d'armes et un écusson. H. 4 p. 11 l. L. 3 p. 3 l. Dresde. Belle gravure.

IX. Neuf hommes fortement mouvementés. H. 4 p. 11 l. L. 3 p. 3 l. Dresde. Gravure médiocre.

Premier valet. Un homme à cheval se dirigeant vers la droite. Sa tête est couverte d'un chapeau qui termine en pointe courbée. Il tient la bride de la main gauche et de l'autre il fait un geste. Au haut de la droite est un homme, de proportion plus petite, qui marche vers la gauche, tenant un long bâton des deux mains. H. 4 p. 9 l. L. 3 p. 3 l. Bartsch X. p. 101. No. 8. Voyez aussi page 100 de notre catalogue No. 98.

Roi. Un oriental à cheval. Il se dirige vers la gauche, vêtu d'une longue robe et porte un haut bonnet avec une couronne. Le sabre, qu'il tient de la main gauche, est marqué au haut d'une étoile. Au-dessus de lui un homme, de proportions plus petites, avec un écusson, jette une lance. H. 4 p. 7 l. L. 3 p. 1 l. Dresde. Gravure fine, mais raide. Voyez aussi page 101 de notre catalogue No. 99.

II. Classe dont les points sont marqués par des chiens.

II. Deux lévriers, l'un au-dessus de l'autre. H. 3 p. 11 l. L. 2 p. 11 l. Bartsch X. p. 102. No. 3.

III. Au haut, un lévrier sautant qui tourne la tête vers la droite. Au bas, un chien et un animal ressemblant à un pourceau, rongent en commun un os. H. 4 p. 2 l. L. 2 p. 11 l. Bartsch X. p. 105. No. 12. Dresde. (?) Gravure médiocre.

IV. Quatre chiens sur deux rangées, l'une au-dessus de l'autre. H. 4 p. L. 2 p. 10 l. Bartsch X. p. 106. No. 15.

V. Cinq chiens dont celui du milieu, qui est tourné vers la gauche, a un collier avec un grelot. H. 4 p. L. 2 p. 10 l. Bartsch X. p. 106. No. 16.

VII. Sept chiens sur trois rangées, l'une au-dessus de l'autre. Des trois d'en bas, celui du milieu tient un bâton des deux pattes de devant. H. 4 p. 7 l. L. 3 p. Bartsch X. p. 107. No. 18. Dresde. (?) Gravure fine.

VIII. Huit chiens sur deux rangées, l'une à côté de l'autre. Le premier chien, allant vers la gauche, tourne la tête à droite; le dernier des chiens se gratte l'oreille. H. 4 p. 9 l. L. 3 p. 3 l. Bartsch X. p. 108. No. 20. Dresde. (?) Gravure médiocre.

IX. Neuf différents chiens sur trois rangées, l'une au-dessus de l'autre. Le premier est un chien de chasse qui se gratte la tête; le dernier se tient sur les jambes de devant. H. 4 p. 9 l. L. 3 p. 3 l. Bartsch X. p. 109. No. 22.

III. Classe dont les points sont marqués par des oiseaux.

III. Au haut un vautour huppé, les ailes déployées et les jambes écartées, est posé sur un rinceau d'ornements. Au bas, à gauche, un aigle et, à droite, un faucon sont également perchés sur des rinceaux d'ornements. H. 3 p. 4 l. L. 2 p. 6 l. Bartsch X. p. 111. No. 6.

Le même auteur décrit encore, sous les Nos. 7 et 18, deux autres cartes à trois points, avec des aigles chimériques, qui pourraient appartenir à deux autres jeux de cartes semblables.

IV. Cette carte est composée d'un aigle, d'un héron, d'une pie et d'un oiseau huppé. H. 3 p. 1 l. L. 2 p. 6 l. Dresde.

V. Quatre faucons entourent un héron qui se gratte l'aile droite avec le bec. H. 4 p. 4 l. L. 3 p. Bartsch X. p. 115. No. 17.

VI. Six oiseaux sur deux rangées, l'une à côté de l'autre. La première représente un faucon combattant contre un héron et une aigle impériale à deux têtes. H. 4 p. 6 l. L. 3 p. Bartsch X. p. 115. No. 18.

VII. Sept oiseaux sur deux rangées, l'une au-dessus de l'autre. La première représente un faucon avec les ailes déployées, un pélican et un oiseau chimérique. H. 4 p. 5 l. L. 3 p.

VIII. Huit oiseaux sur trois rangées, l'une au-dessus de l'autre. La première représente un perroquet, un autre oiseau à longue queue, un troisième qui se gratte la tête de la patte droite, et un pélican. H. 4 p. 4 l. L. 2 p. 11 l. Bartsch X. p. 116. No. 20.

IX. Neuf oiseaux sur trois rangées, l'une au-dessus de l'autre. La première représente un perroquet avec une queue très-longue, un faucon qui vole, et une perdrix. H. 4 p. 9 l. L. 3 p. 1 l. Bartsch X. p. 116. No. 21.

Sous-valet (Unter). Un homme sauvage, montant une licorne, va au galop vers la gauche. Il se tient de la main droite à la crinière et de l'autre à la queue de l'animal. Au bas, à gauche, est un oiseau qui ressemble à une oie. H. 4 p. 3 l. L. 3 p. Bartsch X. p. 116. No. 22. Voyez aussi p. 101 de notre catalogue No. 100.

Premier valet (Ober). Un homme sauvage, montant une licorne, va au galop vers la gauche. Il s'appuie du bras gauche sur le dos de l'animal et se tient de l'autre à sa corne. Au haut, à gauche, se trouve un grand oiseau. H. 4 p. 3 l. L. 3 p. 2 l. Bartsch X. p. 117. No. 23. Voyez aussi p. 101 de notre catalogue No. 101.

Dame. Une femme sauvage, vue de face, est assise sur une licorne qui est tournée vers la droite et baisse sa corne vers la terre. La femme a de longs cheveux et porte une couronne. Au haut, à droite, se trouve un oiseau de proie. H. 4 p. 11 l. L. 3 p. 3 l. Dresde. Belle gravure. Voyez aussi p. 101 de notre catalogue No. 102.

IV. Classe dont les points sont marqués par des fleurs de fantaisie.

VII. Sept fleurs, pour la plus grande partie chimériques, sur deux rangées, l'une à côté de l'autre. Chaque rangée consiste de trois fleurs, et au milieu est une rose. On remarque un écusson d'armes attaché à la seconde fleur de la rangée du côté droit. H. 4 p. 4 l. L. 3 p. Bartsch X. p. 118. No. 3. Dresde.

VIII. Huit différentes fleurs chimériques sur trois rangées, l'une au-dessus de l'autre. La première en haut en offre trois, la seconde deux et la troisième trois. La dernière de ces fleurs est surmontée d'un petit héron, vu de profil et tourné vers la gauche. On remarque dans cette même fleur quelques caractères parmi lesquels on distingue les lettres V. A. H. 4 p. 5 l. L. 3 p. 7 l. Bartsch X. p. 118. No. 4.

IX. Neuf fleurs chimériques sur trois rangées, l'une au-dessus de l'autre. Chaque rangée offre trois pièces. H. 4 p. 4 l. L. 3 p. 2 l. Bartsch X. p. 119. No. 5.

Sous-valet (Unter). Un homme, armé de toutes pièces, allant à cheval vers la gauche. Il tient la bride de la main droite et porte de l'autre un bâton courbé à un des bouts. Entre les jambes de derrière du cheval, une grande fleur est étendue à terre. H. 4 p. 3 l. L. 3 p. Bartsch X. p. 119.-No. 7. Voyez aussi p. 101 de notre catalogue No. 103.

Premier valet (Ober). Un homme, en armure, allant à cheval vers la gauche. Il tient une lance et un drapeau. Au haut, à gauche, une rose. H. 4 p. 7 l. L. 3 p. 1 l. Dresde. Gravure médiocre qui paraît être une copie. Voyez aussi p. 101 de notre catalogue No. 104.

———

La collection de Cobourg conserve deux cartes d'un jeu inconnu et, à ce qu'il paraît, perdu quant au reste. Ce sont les suivantes:

Premier valet (Ober). Un homme barbu, tourné vers la droite, est debout sur un pré. Il porte un bonnet et tient la main sur le sabre qui pend à son côté gauche, tandis qu'il étend le bras droit, avec un faucon sur le poing. H. 5 p. 1 l. L. 3 p. 3 l.

Dame. Elle est debout, tournée vers la gauche, et porte une coiffe élevée, à la Bourguignonne, avec un voile. Elle tient devant elle un petit chien qui lève la tête. Cette gravure à hachures longues est assez médiocre et paraît être une copie.

Graveurs néerlandais du XVᵉ. siècle.

Dans notre description de l'œuvre du maître de 1464, nous avons mentionné une estampe représentant St. Agatius (No. 57) parceque, dans la composition générale du sujet et surtout dans l'exécution archaïque du paysage, elle se rapproche de la manière de ce maître en s'éloignant beaucoup du style de Van Eyck. Dans le St. Agatius, néanmoins, le caractère des hachures diffère beaucoup de celui que l'on reconnaît au graveur mentionné ci-dessus et comme les deux seuls exemplaires que nous connaissons jusqu'ici de cette pièce ont été trouvés dans un manuscrit du cloître de St. Trond, de Liége, conservé actuellement dans la bibliothèque de cette dernière ville, nous serions porté à la considérer comme un des premiers essais de ce genre dans l'ancien évêché de Liége qui, à présent, fait partie de la Belgique. La manière qui distingue cette pièce n'a rien de commun avec celle de la Flandre et de la Hollande.

Nous commencerons donc la description des gravures au burin de l'école néerlandaise par les pièces du maître suivant.

Le maître des jardins d'amour.

Les six gravures suivantes révèlent un travail d'orfèvre : elles sont à contours assez forts, toutes analogues dans l'exécution et montrent une égale richesse de fantaisie et d'invention. Nous pensons, par conséquent, que l'on peut, sans crainte de se tromper, les attribuer au même maître. Les contours, très-accusés, sont accompagnés de rares hachures obliques et indiquent, à part la fertilité d'invention, une certaine pesanteur de main dans le travail. Le style artistique répond entièrement à celui de l'école de Van Eyck vers le milieu du XVᵉ. siècle. Toutes ces pièces sont imprimées d'une bonne teinte noire, bien inférieure, néanmoins, à celle de l'encre foncée et brillante que les imprimeurs allemands avaient introduite dans les Pays-Bas dès l'année 1470. L'époque d'exécution de ces gravures semblerait donc devoir être reportée vers 1460.

1. St. George. Il s'avance à cheval vers la droite, couvert d'une armure complète à l'exception de la tête sur laquelle il porte seulement une guirlande ornée d'une plume. Dans la droite il tient l'épée dont il perce le dragon étendu à ses pieds. A gauche se trouvent un serpent et un petit monstre en forme de lézard à long cou; à droite, un petit dragon dans une caverne. Sur une colline, à gauche, on voit la princesse agenouillée et dans le lointain une ville avec un château. A droite, derrière une colline, s'élève un arbre et plus loin un autre château avec une tour. H. 4 p. 6 l. L. 6 p. 7 l. Collection du Dr. Wellesley à Oxford.

2. St. Éloi. Le saint évêque, représenté comme orfèvre dans son atelier, façonne une sonnette avec son marteau. A gauche, le fourneau de fusion; à droite deux ouvriers travaillant à une table. Dans la chambre, éclairée par deux fenêtres, se trouvent plusieurs outils et une quantité d'animaux de toute espèce, entre autres un singe à la fenêtre de gauche. Sur le plancher, du même côté, une couple de colombes à côté d'un enfant qui travaille. H. 4 p. 8 l. L. 6 p. 10 l. Les hachures sont souvent croisées. Forte épreuve. Cabinet d'Amsterdam No. 254.

3. Le grand jardin d'amour. Dans le milieu est située une table hexagone couverte de fruits et de rafraîchissements. Tout près, à gauche, se tient un gentilhomme qui offre un verre à une dame fort parée. Derrière la table une autre femme saisit par l'épaule un jeune homme qui lui offre une coupe. A droite, une dame mène vers la table, en le tenant par la main, un jeune homme vu presque de dos. Sur le premier plan on voit, un couple qui joue aux cartes et, près d'eux, un singe qui joue avec un oursin. L'impression est d'un bon noir quoiqu'il ne soit pas très-foncé. H. 8 p. 1 l. L. 10 p. 5 l. Berlin. Voyez aussi Heinecken N. N. p. 342. No. 266.

4. Le petit jardin d'amour. Au milieu est assise une dame portant une haute coiffe relevée des deux côtés. Devant elle est age-

nouillé un gentilhomme et, à droite, se tient un chevalier en armure complète; ils ont les mains liées. Elle les touche tous deux à la poitrine avec des flèches. Derrière le trône, sont agenouillés un chevalier et un jeune homme. Dans le fond, à gauche, un jeune homme tient une jeune fille sur les genoux, à côté d'eux un chien. Sur le premier plan un autre jeune homme embrasse une jeune fille couchée près de lui. Au pied d'un petit arbre est un pot avec une tasse. A droite, dans le fond, on voit deux tentes ouvertes et dans la dernière un lévrier assis. Dans celle de devant, un jeune homme embrasse une jeune fille. Tout-à-fait sur le premier plan une jeune fille assise près d'une bannière, chargée de trois cœurs, prend dans les mains la tête d'un jeune homme couché sur ses genoux. Le costume est celui de Bourgogne vers le milieu du XVe. siècle. Les arbres sont ornés d'un beau feuillage. Le traitement du terrain est d'un style très-ancien et on ne voit d'autres plantes que de l'herbe exécutée d'une manière un peu raide et, en ceci, la manière s'éloigne beaucoup de celle de l'école de Van Eyck. L'impression est d'un noir foncé et tirée sur un des papiers-torchon les plus anciens connus. H. 3 p. 1 l. L. 7 p. 4 l. Collection du duc d'Aremberg à Bruxelles.

     5. **L'homme sauvage sur une licorne.** Un jeune sauvage, couronné de feuillage, chevauche une licorne qui s'élance vers la gauche. H. 3 p. 6 l. L. 3 p. 1 l. Amsterdam No. 266.

     6. **La femme sauvage sur un cerf.** Elle est nue, montée avec ses deux enfants sur un cerf qui s'élance à droite. Pendant du No. 5. Ces deux pièces sont traitées absolument dans la manière du St. Éloi, No. 2. H. 3 p. 11 l. L. 2 p. 10 l. Amsterdam No. 265.

Le maître de l'école de Van Eyck, nommé aussi le maître de 1480.

     Aucune des gravures de cet excellent maître ne porte, soit un monogramme, soit une date et nous ne possédons aucun renseignement ou document qui puisse nous apprendre quelque chose sur son compte, quoiqu'il ait été un graveur très-productif, si nous en jugeons par le nombre d'estampes, se réduisant pour la plupart à un exemplaire chacune, que nous possédons de lui; et la quantité de copies que Israhel van Meckenen et Barthel Schön exécutèrent d'après ses ouvrages nous montre combien il était estimé de son temps. Il tomba plus tard tellement dans l'oubli et ses gravures étaient devenues si rares en Allemagne, que Bartsch lui-même n'en avait connu que huit, sans pouvoir en déterminer la provenance. Leur exécution ne laisse aucun doute qu'elles appartiennent à quelque peintre distingué de l'école de Van Eyck, vers les dernières vingt-cinq années du XVe. siècle. Outre ses compositions tirées de l'histoire sainte, il traita principalement des sujets de la vie commune, ou autres représentations profanes, avec une telle verve joyeuse et souvent avec un tel sentiment de la beauté qu'il n'a été surpassé dans cette dernière qualité par aucun de ses contemporains, si l'on en excepte Martin Schongauer; en outre, dans la longueur de ses hachures et dans le fondu du ton, il laisse de beaucoup en arrière tous les graveurs de l'époque. Quelques-unes de ses pièces sont imprimées d'une teinte pâle, mais la plupart sont d'une bonne encre noir-foncé. Duchesne, dans son voyage d'un Iconophile p. 77, dit qu'il a raison de croire que ce maître est Hollandais et de placer sa période d'activité vers 1480; il a consigné cette opinion sur le cahier contenant six de ses gravures dans le Cabinet de Paris. Nous avons déjà vu jusqu'à quel point cette attribution est hasardée. S'il nous est permis d'exprimer une opinion quant au lieu d'activité de l'artiste, nous ne pouvons admettre que le fait d'avoir trouvé la plupart de ses gravures dans le Cabinet d'Amsterdam soit une raison suffisante pour le croire Hollandais, puisqu'elles n'ont été acquises pour cette collection que très-récemment, en 1806, à la vente de celle du Baron de Leyden. Nous voyons plutôt dans le style de composition et d'exécution la manière de l'école de Flandre et ces gravures nous rappellent quelquefois le caractère particulier des compositions de Hans Memling.

Pour faciliter les recherches que l'on serait enclin à faire à ce sujet dans le Cabinet d'Amsterdam, nous ajouterons, dans la désignation de l'œuvre de notre maître, les numéros qui ont été donnés à ses gravures dans le catalogue de ce Cabinet.

Sujets de l'ancien et du nouveau testament.

1. Sampson déchirant la gueule du lion. Le héros est représenté à cheval sur le lion. A gauche, sur le terrain près d'un rocher, on voit son bonnet; la tête est un peu large et le tout a l'apparence d'un dessin à la plume. Pièce d'un bon noir d'impression. H. 3 p. 4 l. L. 3 p. Cabinet d'Amsterdam No. 213.

2. Dalila coupant la chevelure de Sampson. Elle est

assise sur un tertre, la tête de Sampson sur ses genoux. Derrière un rocher attendent deux hommes dont l'un est armé d'une lance. H. 3 p. 6 l. L. 3 p. Paris.

3. **Salomon adorant les faux dieux.** Il est agenouillé, à droite, devant une idole placée sur une colonne. A droite une femme qui lui pose la main gauche sur l'épaule. Sur le chapiteau de la colonne on lit: O VERE T. Pièce ronde, 5 p. 7 l. de diamètre. Bartsch p. 1. No. 1. Collection Albertine à Vienne. Musée Britannique. Amsterdam No. 127.

4. **L'annonciation.** La Vierge est agenouillée à droite et se tourne à gauche vers l'ange vêtu d'une dalmatique et tenant un sceptre à la main. En haut le St. Esprit; dans la chambre on voit un lit. H. 4 p. 8 l. L. 3 p. 1 1/2 l. Amsterdam No. 214. Cette pièce n'est point des plus belles, et l'exécution en est semblable à celle du Sampson.

5. **La visitation.** Ste. Élisabeth et Zacharie reçoivent à la porte de leur maison, la Ste. Vierge qui vient de la gauche. Dans le fond du même côté St. Joseph. H. 5 p. 2 l. L. 4 p. 3 l. Bartsch X. p. 2. No. 3. Bibliothèque de Vienne. Amsterdam No. 3.

6. **Le portement de croix.** Le Christ succombe sous le poids de la croix; deux hommes derrière lui le frappent, un troisième devant tient la corde dont il est lié au milieu du corps. A droite un quatrième individu, vu presque de dos, porte une corde sur l'épaule droite. A gauche la Vierge soutenue par St. Jean. Au-dessus du terrain rocailleux on voit des têtes de lances. H. 4 p. 9 l. L. 7 p. 2 l. Pièce d'une très-belle exécution. Cobourg. Amsterdam No. 8.

7. **La conversion de St. Paul.** Il est renversé de cheval. Le Christ le contemple du haut d'un nuage. H. 5 p. L. 3 p. 9 l. Ce n'est point une de ses meilleures pièces. Amsterdam No. 221.

II. Images de la Vierge et des Saints.

8. **La Vierge debout.** Elle tourne la tête couronnée vers la droite et tient l'enfant Jésus, nu, sur le bras gauche en lui prenant les pieds de la main droite. L'enfant tient une pomme de la main gauche. L'expression de la Vierge est très-gracieuse. H. 5 p. 6 l. L. 3 p. 1 l. Amsterdam No. 225. Pièce imprimée d'un noir pâle et ressemblant à un dessin à la plume. Cabinet de Dusseldorf.

9. **Même sujet.** La Vierge est debout sur un terrain couvert de plantes, les pieds sur le croissant. Elle tient sur le bras gauche l'enfant Jésus et un livre dans la main droite pendante. La tête de la

Vierge est entourée d'une couronne de onze étoiles et l'enfant, tenant son pied de la main gauche, porte de la droite une pomme à sa bouche. Le groupe est entouré d'une gloire à guise de flammes. H. 6 p. 11 l. L. 4 p. 5 l. Paris.

10. La sainte famille. La Vierge, assise sur un petit mur, tient devant elle l'enfant Jésus debout sur le terrain. Celui-ci cherche à attraper des pommes que St. Joseph, agenouillé, fait rouler vers lui. A droite, dans le fond, un jardin de roses et la vue d'une ville sur un fleuve. A gauche, une tour s'élevant au milieu de l'eau. Belle composition et d'une bonne expression dans les têtes, mais un peu faible de dessin et d'une impression pâle et peu réussie; probablement un ouvrage de la jeunesse du maître. H. 5 p. 4 l. L. 4 p. 4 l. Amsterdam 226.

11. La Vierge, demi-figure. Elle est vue presque de face, un peu tournée vers la gauche, tenant sur le bras droit l'enfant Jésus, nu, dont elle soutient les jambes de la main gauche. Celui-ci tient une petite fleur. Pièce cintrée. H. 3 p. 9 l. L. 2 p. 7 l. Musée Britannique.

12—15. Quatre prophètes dans des niches, y compris St. Jean Baptiste. Bartsch X p. 49 N. 21—23. Coll. Albertine à Vienne.

12. Le prophète est barbu, vu de face, un peu tourné vers la droite. Il porte une tunique à collerette et un capuchon sur la tête en laissant tomber le bras droit et tient une banderole des deux mains. H. 4 p. 5 l. L. 1 p. 6 l. Amsterdam No. 112.

13. Un vieillard à longue barbe, debout, vu de profil et tourné vers la gauche. Il porte un large manteau à collet d'hermine et un capuchon sur la tête, avec une banderole dans les deux mains. H. 4 p. 6 l. L. 1 p. 9 l. Amsterdam No. 111.

14. Un troisième prophète, semblable au précédent, mais la tête tournée à droite. De son capuchon pend une draperie qui lui recouvre la poitrine; il tient la banderole sur sa hanche droite. H. 4 p. 5 l. L. 1 p. 6 l. Amsterdam No. 110 (?)

15. St. Jean Baptiste. Il tient, sur le bras gauche, un agneau qu'il indique de la main droite. H. 4 p. 4 l. L. 1 p. 6 l. Amsterdam No. 229.

16. La tête de St. Jean Baptiste. Elle est posée sur un plat placé sur un coussin. H. 3 p. 2 l. L. 3 p. 3 l. Amsterdam No. 231.

17. Même sujet. La tête du précurseur repose à terre. De

chaque côté un peu d'herbe. H. 2 p. L. 1 p. 8 l.   Amsterdam
No. 276.

18. L'apôtre St. Paul. Il tient de la main gauche un livre en
s'appuyant, de la droite, sur l'épée dont la pointe est à terre et se
trouve debout sur une console, soutenue par un ange. Petite pièce d'une
excellente exécution. H. 3 p. 4 l. L. 1 p. 9 l. (?) Amsterdam No. 230.

19. St. Sébastien. Il est attaché à une colonne. A droite
un homme tire une flèche de son carquois; à gauche, derrière un
mur, on voit le juge. Quatre flèches sont à terre vers la droite.
H. 3 p. 2 l. L. 1 p. 10 l. Amsterdam No. 232.

20. Même sujet. Il est debout, attaché par les mains, placées
au-dessus de la tête à une colonne, et percé de six flèches. H. 3 p. 7 l.
L. 1 p. 7 l. Amsterdam No. 233.

21. Même sujet. Le Saint est attaché à une colonne; à gauche
un archer; à droite un arbalétrier à côté duquel on voit un fouet.
H. 4 p. 9 l. L. 7 p. Amsterdam No. 234.

22. St. Christophe. Il traverse l'eau en marchant vers la gauche,
les yeux tournés vers le ciel et portant l'enfant Jésus sur les épaules.
Celui-ci tient le globe du monde surmonté d'une croix. A droite la porte
d'une ville; à gauche l'hermite avec la lanterne. Dans les airs, à droite,
cinq oiseaux. H. 4 p. 6 l. L. 2 p. 8 l. Amsterdam No. 235.

23. Même sujet. Le saint regarde à terre, en s'avançant sur la
droite vers l'hermite dans le fond. L'enfant Jésus, qui lève la main
droite pour bénir, se tient de la gauche à la bandelette qui entoure la tête
du Saint sur les épaules duquel il est assis. A gauche, sur l'eau, trois
canards; sur la rive trois roseaux. A droite, près de quelques pierres,
un glaïeul dont la corolle est fermée. H. 7 p. L. 4 p. 11 l. Amsterdam No. 236. Il en existe une copie d'Israhel van Meckenen, Bartsch
No. 91.

24. St. Martin. Il s'avance à cheval vers la gauche et partage
son manteau avec un perclus à droite. H. 7 p. L. 4 p. 11 l. Amsterdam No. 237.

25. St. George. Il est debout, en armure complète, devant le
dragon étendu à droite qu'il saisit par l'oreille, tandis qu'il lui plonge
son épée dans le cou. La princesse, à gauche, tient le cheval par la
bride. Une montagne rocheuse forme le fond. Cinq oiseaux dans les
airs. H. 5 p. 3 l. L. 4 p. 3 l. Paris, Amsterdam No. 238.

26. L'enfant Jésus. Il est debout sur une petite voûte sous
laquelle on voit une tête de mort et tient d'une main le globe du monde,

tandis qu'il bénit de l'autre. En haut, deux branches fleuries. Sur le fond blanc les initiales INRI. H. 6 p. L. 1 p. 3 l. Amsterdam No. 245.

27. Les têtes du Sauveur et de la Vierge. Celle du Christ est vue de face; celle de la Vierge de trois quarts, tournée à gauche et penchée. Ces têtes paraissent avoir été copiées d'après le modèle vivant. H. 2 p. 8 l. L. 4 p. 2 l. Amsterdam No. 244.

28. Ste. Barbe. Elle soutient la tour placée à côté d'elle et tourne la tête vers la droite en baissant le regard. H. 4 p. 8 l. L. 3 p. Amsterdam No. 241.

III. Sujets profanes.

29. Deux moines encapuchonnés. Ils sont assis, l'un à côté de l'autre. Celui de droite semble faire une lecture à haute voix dans le livre qu'il tient. En haut des banderoles vides. H. 3 p. 6 l. L. 2 p. 11 l. Amsterdam No. 253.

30. Deux nonnes avec des capuces. Elles sont assises dans une chambre, enveloppées dans leurs manteaux et l'une vis-à-vis de l'autre. L'une est occupée à lire, tandis que l'autre tient un rosaire. En haut des banderoles sans inscriptions; pendant de la pièce précédente. H. 3 p. 7 l. L. 2 p. 11 l. Amsterdam No. 252.

31. Joute de deux chevaliers. Au lieu de lances, ils s'attaquent avec des perches, ou mieux avec des jeunes plants d'arbres encore munis de leurs racines. Leurs vêtements et la housse de leurs chevaux sont découpés à guise de feuilles. A droite, un petit chien court entre les jambes du cheval. Belle pièce traitée dans le genre d'un dessin à la plume. H. 4 p. 7 l. L. 6 p. 11 l. Amsterdam No. 286.

Il en existe une copie d'Israhel van Meckenen sans le chien. Bartsch No. 200.

32. Lutte de deux paysans. Ils luttent en se tenant à bras le corps; une houlette et une massue se trouvent près d'eux et à droite un manteau, à gauche un bonnet. Pièce pleine de mouvement et traitée dans le style d'un dessin, mais d'une bonne impression noire. H. 2 p. 10 l. L. 2 p. 7 l. Amsterdam No. 212. Voyez aussi le Catalogue Wilson No. 262, où l'on trouve un bon facsimile de cette gravure.

33. Une partie de chasse. Un seigneur, dont le capuchon est entouré de feuillages, s'avance à cheval de la droite et se voit ac-

compagné de deux chasseurs dont le premier donne du cor et tient
un chien en laisse. Quatre chiens s'élancent vers un bois où se trouvent
deux cerfs. A droite un lièvre. Pièce d'une exécution très-fine.
H. 3 p. 5 l. L. 6 p. 5 l. Amsterdam No. 255.

34. Une chasse au faucon. Cinq jeunes gens à cheval dont
deux ont des femmes en croupe derrière eux. Trois chiens courants
sur le premier plan; à gauche, un cerf franchit là colline pour s'en-
foncer dans le bois. Dans l'air quatre oiseaux. Pièce d'une aussi belle
exécution que la précédente. H. 4 p. 8 l. L. 3 p. 5 l.   Berlin.
Amsterdam No. 256.

35. Une partie de cartes. Trois jeunes gens et un vieillard
sont assis sur un tertre, des cartes en main, près d'une jeune femme.
Celle-ci tient une carte, l'as de „gland“, devant elle et l'indique de la
main. Un petit chien est couché à ses pieds et un lévrier est assis
devant elle. A gauche, dans le lointain, une dame à cheval s'avance
vers un bois et se retourne pour regarder un chien qui saute à ses
côtés. Belle pièce traitée comme la précédente. H. 4 p. 10 l. L. 4 p. 5 l.
Cobourg. Amsterdam No. 257.

36. Le couple amoureux. Un jeune homme est assis tout
près d'une jeune femme qui tient un petit chien sur le bras droit.
Sur le banc, à côté d'elle et à gauche, un vase avec des œillets; à
droite, sur le terrain, un baquet avec de l'eau et, dedans, un pot et
un flacon. Un ornement de feuillage forme cintre au-dessus d'eux.
Pièce d'une fort belle exécution. H. 6 p. 3 l. L. 3 p. 11 l. Paris.
Cobourg.

α. Copie en sens inverse de Barthel Schön. Bartsch VI. No. 21.

β. Copie en contrepartie d'Israhel van Meckenen. Bartsch No. 181.

γ. Copie également inverse de Venceslas d'Olmutz. Bartsch No. 48.

37. Un jeune homme et deux femmes. Il est assis entre
les deux, tenant la main de celle de gauche, tandis que celle de droite
lui présente une feuille écrite. H. 3 p. 5 l. L. 3 p. 1 l. Amsterdam
No. 259.

38. L'homme et l'adolescent. Ils marchent ensemble vers
la droite. Ce dernier a la tête couronnée d'une guirlande et tient un
faucon sur le poing gauche; deux lévriers accouplés courent derrière
lui; à gauche un autre chien de chasse. Belle pièce d'une impression
pâle. H. 4 p. 8 l. L. 2 p. 8 l. Amsterdam No. 257.

39. Une femme et une jeune fille. Elles se promènent ensemble sur un terrain couvert de plantes et de fleurs. La dernière,

vêtue d'une robe qui traîne jusqu'à terre, porte un petit chien sur le bras. Pièce d'une belle exécution imprimée au moyen du cylindre et d'une encre pâle. H. 4 p. 7 l. L. 3 p. 10 l. Dresde.

40. Deux jeunes gens. Ils portent l'épée au côté et, sur la tête, des barrettes à plumes; ils paraissent parler ensemble et celui de droite, vu de dos, tient un chien. H. 4 p. 9 l. L. 3 p. 4½ l. Amsterdam No. 260.

41. Le jeune homme et la mort. A gauche, on voit debout un jeune homme à mine joyeuse, les bras croisés, vêtu d'un manteau court et chaussé de souliers à la poulaine. La mort près de lui le saisit par l'épaule gauche. La figure décharnée de cette dernière n'est recouverte que d'une légère draperie; à ses pieds se trouvent un serpent et un crapaud. L'expression de joie innocente du jeune homme et de sévérité repoussante de la mort est très-bien rendue. L'exécution et le dessin en sont de la plus grande finesse et dignes d'un Hans Memling. H. 5 p. 2 l. L. 3 p. 2 l. Bibliothèque de Vienne. Amsterdam No. 258, mais rognée.

42. La femme chevauchant un vieillard. Celui-ci marche à quatre pattes et la jeune femme est monté sur son dos, tenant la bride de la main gauche et un fouet de la droite. Deux hommes, derrière un mur peu élevé, contemplent cette scène qui représente probablement Aristote et Phyllis, comme nous avons déjà eu l'occasion de le remarquer. A gauche quelques arbres. Pièce ronde de 5 p. 10 l. de diamètre. Bartsch X. p. 51. No. 26. Bibliothèque de Vienne. Cobourg; dans ce dernier exemplaire on a ajouté la marque de Martin Schongauer. Amsterdam No. 115.

43. Le paysan et sa femme. Ils traversent le paysage en se dirigeant à droite. Le paysan porte un gourdin et sur l'épaule un bâton auquel pend un panier avec des œufs; sa femme tient une oie sous le bras droit. H. 2 p. 11 l. L. 2 p. 1 l. Amsterdam No. 262.

Copie en contrepartie, d'une exécution un peu rude, du maître ♄ ⋉ ⑂. H. 3 p. 1 l. L. 2 p. 3 l., avec les coins arrondis et la signature au bas.

44. Le Turc à cheval. Le cheval est dirigé vers la droite et le cavalier tourne la tête de manière à être vu presque de face. Sur le devant, à droite, on voit une plante et aux deux côtés des arbres. Un fleuve pour fond. Impression claire d'une gravure finement exécutée sur un métal tendre. H. 6 p. 2 l. L. 3 p. 11 l. Bartsch X. p. 52. No. 28. Collection Albertine de Vienne. Musée Britannique. Cobourg

où l'exemplaire est sur papier de coton et a l'apparence d'un dessin au crayon noir. Amsterdam No. 117. On en trouve un facsimile dans l'ouvrage de Ottley „Collection of 129 engravings" etc.

45. La famille de l'oriental. Le mari, coiffé d'un haut bonnet et portant un arc de la main droite, tient de la gauche un enfant qui marche à côté de lui. Il est suivi de sa femme, un paquet sur la tête et un enfant sur le dos, tandis qu'elle s'appuie sur l'épaule de son mari. La marche est vers la gauche. H. 3 p. ¹/₂ l. L. 2 p. 3 l. Paris. Amsterdam No. 263. Copie en contrepartie de Venceslas d'Olmutz No. 73. Francfort s. M.

46. Le paysan au bouclier. Il est assis, tourné vers la gauche, la tête coiffée d'un chapeau pointu. Il lève la main droite comme pour parler et tient de la gauche un bouclier ou écusson vide. A côté de lui une masse d'armes. H. 3 p. 5 l. L. 2 p. 8 l. Bartsch X. p. 47. No. 16. Bibliothèque de Vienne. Amsterdam No. 105.

Copie en sens inverse du maître ♭ ⚔ S. Bartsch VI. p. 73. No. 14.

47. Même sujet. Le paysan, assis et la tête tournée à droite, tient un écusson vide. Sa main droite repose sur la chaussure de son pied gauche. Pièce ronde de 2 p. 11 l. de diamètre. Amsterdam No. 281, où l'on a dessiné une figure dans l'écusson.

48. La vieille qui file. Une vieille femme file, tournée vers la gauche, tandis qu'elle tient devant elle un écusson vide. Pendant de la pièce précédente, en rond et du même diamètre. Amsterdam No. 280.

49. Jeune femme, assise, tenant un écusson. Elle tient à droite, sur le genou, un écusson sur lequel on voit les initiales 𝔄𝔐 et à gauche un heaume ayant pour cimier une chouette. En haut, une banderole à enroulements. H. 4 p. 6 l. L. 3 p. 1 l. Brulliot II. No. 120 où cette pièce est attribuée au maître ℭ 𝔖 1466. Musée Britannique. Amsterdam No. 277.

50. La jeune femme à genoux. Une jeune femme, vue presque de dos, est agenouillée devant un petit mur à hauteur d'appui sur lequel se trouve un vase avec un arbuste; elle paraît tenir un écusson devant elle. Ses cheveux, très-joliment tressés, sont ornés d'une plume légère. H. 2 p. 5 l. L. 1 p. 9 l. Oxford. Voyez aussi Duchesne „Voyage" etc. p. 363.

51. Deux enfants nus. Ils sont tous deux assis sur le terrain et celui de devant s'appuie sur le bras gauche, en regardant en

l'air; le second pose les deux mains sur le dos de son camerade. Pièce légèrement traitée. H. 2 p. 8 l. L. 2 p. 4 l. Amsterdam No. 270.

52. L'enfant assis. Il est assis sur le terrain, nu et vu de face, tenant une pomme dans la main gauche étendue. H. 1 p. 9 l. L. 1 p. 8 l. Amsterdam No. 272.

53. La culbute. Deux enfants nus dont celui de gauche, vu de profil, est assis. A droite le second, vu de dos, fait la culbute. Sur le devant une pomme. H. 1 p. 11 l. L. 2 p. 6 l. Amsterdam No. 273.

54. Un jeune homme et une vieille femme, en buste. Celle-ci, à droite, tient une bourse pleine d'or. Au-dessus d'eux, des banderoles à enroulements. H. 4 p. 8 l. L. 3 p. 7 l. Amsterdam No. 268. Copie en contrepartie d'Israhel van Meckenen. Bartsch No. 169.

55. La jeune fille et le vieillard, en buste. Il l'embrasse et tient une bourse pleine qu'elle paraît contempler. Pendant de la pièce précédente. H. 4 p. 8 l. L. 3 p. 5 l. Amsterdam No. 269. Copie en sens inverse d'Israhel van Meckenen. Bartsch No. 170.

56. Deux têtes. En haut celle d'un enfant, presque de face et tournée vers la gauche. Au-dessous la tête d'un adolescent, tournée vers la gauche, avec de longs cheveux tombants. Cette gravure paraît être exécutée d'après nature; les deux têtes ont beaucoup de vie et sont traitées d'une manière très-spirituelle. H. 3 p. 1 l. L. 1 p. 1 l. Amsterdam No. 267.

57. Tête d'homme barbu. Il est tourné vers la droite et regarde devant lui. Petite pièce rognée. Amsterdam No. 275.

58. Portrait d'un homme avancé en âge. Il est vu de trois quarts, tourné vers la droite et coiffé d'une espèce de turban. Une fenêtre laisse entrevoir un peu de paysage. En bas un parapet et le tout est entouré d'un arc. Pièce légèrement traitée mais avec beaucoup de vérité. H. 5 p. 1 l. L. 3 p. 5 l. Bâle. Paris où l'estampe est rognée.

59. Tête de vieillard. Il est vu de trois quarts, portant un bandeau sur le front avec une longue barbe, et regarde en haut. H. 2 p. 7 l. L. 1 p. 10 l. Amsterdam No. 274.

60—62. Écussons avec figures.

60. Écusson avec la figure d'une femme assise qui file. Le heaumé a pour cimier un coq. H. 4 p. 8 l. L. 2 p. 11 l. Amsterdam No. 282.

61. Écusson avec deux combattants; pour cimier du heaume un homme la tête en bas. Devant sur le terrain, deux jeunes gens se livrent à des exercices de gymnastique. H. 5 p. L. 2 p. 9 l. Amsterdam No. 283.

62. Écusson avec un enfant, vu de dos, qui fait la culbute. Sur le heaume, une femme qui file est à cheval sur le dos d'un homme qui jette de grands cris. H. 5 p. 1 l. L. 3 p. 2 l. Musée Britannique, Cobourg, Amsterdam No. 284. Copie d'Israhel van Meckenen. Bartsch No. 194.

Gravures de l'école de Van Eyck de divers maîtres anonymes.

I. Sujets du nouveau testament.

1. La circoncision. L'enfant Jésus est entre les mains d'un prêtre, assis, qui le tient devant lui, tandis qu'un autre pratique l'opération. Le fond représente l'intérieur du temple avec beaucoup de peuple. A gauche un groupe où un jeune homme tient une écuelle et un autre deux boîtes. H. 6 p. 2 l. L. 4 p. 1 l. Amsterdam No. 215.

Le même cabinet conserve du maitre qui a exécuté cette pièce quelques autres gravures qui sont traitées d'une manière moins vigoureuse que celles de l'artiste dit de 1480. Les hachures ici sont plus irrégulières et pour la plupart perpendiculaires. A son œuvre appartiennent encore les gravures de notre catalogue sous le No. 2, Adoration des rois, les Nos. 7 et 8 représentant le Christ en croix, et le No. 19, la Trinité.

2. L'adoration des rois. La Vierge est assise tenant des deux mains l'enfant Jésus. Le plus vieux des rois est agenouillé à droite, l'autre à gauche, à côté duquel se trouve un chien, et derrière lui le roi nègre. St. Joseph regarde hors d'une voûte, à gauche, près de laquelle se trouvent le bœuf et l'âne. Dans le fond la suite des mages. Du même maître que la pièce précédente. H. 6 p. 1 l. L. 4 p. Amsterdam No. 217.

3. Même sujet. La Vierge est assise avec l'enfant dans une étable couverte de chaume, ayant à gauche St. Joseph. Devant elle, à droite, est agenouillé le vieux roi et, à gauche, les deux autres dont l'un est pareillement à genoux; celui qui est debout est coiffé d'un turban.

St. Joseph porte la main à son capuchon et tient une cuillière. Exécution archaïque mais fine. H. 6 p. L. 4 p. 3 l. Dresde.

4. **La trahison de Judas.** Le Christ guérit Malchus, étendu à terre, en replaçant l'oreille que St. Pierre lui a coupée. Neuf figures. Pièce médiocre. H. 2 p. 4 l. L. 1 p. 7 l. Amsterdam No. 218.

5. **La flagellation.** Le Christ, dépouillé de ses habits et tourné vers la droite, se voit debout au milieu de quatre bourreaux dont celui qui se trouve derrière lui le frappe des deux mains. H. 70 millimètres, L. 57 millim. Cabinet Delbecq No. 446. Paris 1852.

6. **Le portement de croix.** Un bourreau marche devant, conduisant Jésus lié à une corde; quatre soldats dont deux portent des massues, le suivent; plus au fond la Vierge. La marche se dirige vers la droite. Pièce imprimée au revers de la précédente.

7. **Le Christ en croix.** En haut l'inscription INRI. En bas, à gauche, quelques ossements; à droite des pierres. Le fond représente une ville. H. 4 p. 7 l. L. 2 p. 10 l. Amsterdam No. 219. Du même graveur que le No. 1.

8. **Même sujet.** La Vierge et St. Jean se tiennent à gauche; à droite sont agenouillées deux saintes femmes. Au milieu du bas une tête de mort. Fond de paysage avec une ville. H. 5 p. 9 l. L. 3 p. 9 l. Amsterdam No. 220. Du même maître que la pièce précédente.

II. Images de la Vierge et de Saints.

9. **La sainte famille.** Ste. Anne est assise sur un banc à côté de la Ste. Vierge qui tient l'enfant Jésus. Celui-ci est debout et reçoit une pomme de Ste. Anne. St. Joseph et St. Joachim se voient derrière elles. En haut plane le St. Esprit. Par les deux fenêtres cintrées on voit un paysage. H. 5 p. 7 l. L. 3 p. 6 l. Amsterdam No. 222.

10. **La Vierge sur les genoux de Ste. Anne.** Elles sont toutes deux assises sur un trône et la Vierge donne le sein à l'enfant Jésus. Pièce peu importante, traitée dans le style ancien de la précédente. H. 3 p. 2 l. L. 2 p. 10 l. Amsterdam No. 223.

11. **La Ste. Vierge.** Elle est assise sur un trône et donne le sein à l'enfant Jésus. De chaque côté trois petits anges. L'ornement de feuillage à la partie supérieure de cette belle pièce décèle la manière de la fin du XVe. siècle. H. 4 p. 10½ l. L. 2 p. 11 l. Amsterdam No. 224.

12. **La Vierge debout.** Elle est debout sur le croissant, entourée de nuages et tenant l'enfant Jésus dans les bras. Celui-ci embrasse sa mère du bras droit et tient un fruit de la main gauche. Les longs cheveux tombants de la Vierge sont ornés d'une petite couronne et sa tête est entourée de rayons. Impression claire d'une pièce médiocre. H. 3 p. 6 l. L. 1 p. 8 l. Amsterdam No. 19.

13. **Même sujet.** La Vierge est debout sur le croissant, la tête ornée d'un voile et d'une couronne, et portant sur le bras droit l'enfant Jésus. Celui-ci tient un rosaire des deux mains. La Vierge a la tête entourée d'une couronne d'étoiles et toute la figure est renfermée dans une gloire à guise de flammes. H. 3 p. 3 l. L. 1 p. 11 l. Amsterdam No. 25.

14. **St. Michel.** Il plane au-dessus d'un terrain rocailleux et repousse, avec une croix, Satan sous la forme d'un dragon. En haut, une tête rayonnante et plusieurs anges en adoration dans des nuages enroulés qui sont traités à guise d'ornements dans le style ancien. H. 5 p. 2 l. L. 3 p. 3 l. Amsterdam No. 243.

15. **L'enfant Jésus dans un petit chariot.** Il est assis dans un chariot couvert et traîné par un ange. Dans les airs le St. Esprit et un autre ange qui balance un encensoir. L'inscription au-dessus porte: **Ghi treckt alle ter** (ici une tête de mort) **tod sonder spare, treckt Jesum int** (ici un cœur) **harte nie verware.** Dans le Cabinet Westreenen à la Haye. Voyez Dr. Waagen, Deutsches Kunstblatt 1852 p. 265.

16. **L'homme de douleurs.** Le Christ, sous la croix, est soutenu au-dessous des bras par deux anges. A gauche une lance, à droite le roseau surmonté d'une éponge, appuyés sur la croix. H. 3 p. 9 l. L. 2 p. 7 l. Amsterdam No. 247.

17. **Ecce homo.** Le Christ battu de verges est attaché à une colonne. En haut, dans une tablette: ECCE HOMO. H. 6 p. L. 3 p. 3 l. Amsterdam No. 248.

18. **Le bon pasteur.** Le Christ porte un agneau. Au-dessus une banderole à enroulements. H. 4 p. 2 l. L. 3 p. 1 l. Amsterdam No. 246.

19. **Dieu le père soutenant le corps de son fils.** Il est dans l'acte de le saisir; à gauche un ange en pleurs. Petite pièce ronde entourée d'un ornement de feuillage formant un décagone. Fond noir à guise de nielle et probablement un travail d'orfèvre. H. et L. 3 p. 4 l. Amsterdam No. 249.

20. **Écusson avec les instruments de la passion.** Il

est soutenu par la Vierge et St. Jean; à la place du heaume se voit la sainte face sur le voile tenu par un ange. Des bandelettes à enroulements tombent sur les côtés. Au milieu une colonne sur laquelle un coq qui chante. H. 4 p. 7 l. L. 3 p. 10 l. Amsterdam No. 252.

21. **La Sainte Trinité.** Dieu le père, debout, tient devant lui le corps du Christ; au-dessus de la tête de celui-ci plane le St. Esprit: on voit, derrière eux, des petits anges et la Vierge et St. Jean aux côtés. Dans les coins du haut, des ornements de feuillage. H. 4 p. 7 l. L. 3 p. 4 l. Amsterdam No. 250. Du même maître que la Circoncision No. 1.

22—28. **Le Christ et les apôtres.** Ces derniers sont disposés deux à deux. Pièces rondes, 1 p. 3 l. de diamètre. Liége.

22. **Le Christ;** il est debout dans un paysage, donnant sa bénédiction et tenant, de la main gauche, le globe du monde surmonté d'une croix.

23. **SS. Pierre et Paul.** Le premier, à gauche, tient devant lui une grosse clé; le second, à droite, appuie, de la main droite, la pointe de son épée à terre.

24. **St. Mathieu** avec une hallebarde; **St. Jacques** le mineur avec une équerre.

25. **St. Simon** avec la scie; **St. Thomas** avec l'épieu.

26. **St. André** tenant sa croix devant lui et paraissant converser avec un autre apôtre qui n'a aucun signe distinctif.

27. 28. Les quatre autres apôtres manquent dans la série qui se trouve à Liége, collée dans un manuscrit de la bibliothèque de cette ville. Les draperies sont traitées d'une manière large et l'exécution est très-belle. Les six pièces suivantes qui se trouvent aussi dans la bibliothèque de Liége appartiennent au même maître.

29. **St. Laurent.** Il est vu de face, tient de la main droite un livre et le gril de la main gauche. Pièce ronde, diamètre 1 p. 3 l.

30. **St. Wolfgang** (?). Le saint évêque est debout, tourné vers la gauche et tient de la main gauche une hache. Pièce ronde, 1 p. 3 l. de diamètre.

31. **La Vierge et Ste. Anne.** Celle-ci est assise à droite et tient l'enfant Jésus, debout, devant elle; la Vierge est assise à gauche et tient une fleur. Pièce ronde, 1 p. 6 l. de diamètre.

32. **Ste. Véronique** avec les apôtres St. Pierre et St. Paul. Elle est debout, tenant le voile avec la sainte face. A gauche, St. Pierre, à droite St. Paul. Fond noir. Pièce ronde, 1 p. 3 l. de diamètre.

33. Ste. Barbe. Elle est debout, tournée vers la gauche, et tient devant elle une tour. Pièce ronde, 1 p. 3 l. de diamètre.

34. Une Sainte debout. Elle a les mains jointes. Un cerceau est pendu au mur. Pièce ronde, 1 p. 3 l. de diamètre.

35. La messe de St. Grégoire. Le saint est agenouillé au milieu de l'estampe devant l'autel sur lequel on voit la figure du Christ avec les instruments de la passion. Deux diacres, agenouillés aux côtés, tiennent les vêtements au pontife. A gauche, derrière un d'eux, est également agenouillé un évêque, vu de profil; à droite, dans la même position, un autre évêque tenant un cierge et à côté de lui un ecclésiastique portant la tiare papale. Belle pièce imprimée d'un noir pâle. H. 3 p. 10 l. L. 2 p. 7 l. · Musée Britannique.

36. Les stigmates de St. François. Il est agenouillé, tourné vers la gauche, les mains et les yeux élevés vers un crucifix dans les airs, muni de six ailes. A gauche, devant le saint, un petit livre avec une couverture. Plus loin, dans le paysage, le frère Élie endormi. A droite, un château sur un rocher et une ville près d'un fleuve. H. 3 p. 6 l. L. 1 p. 9 l. Belle gravure dans le style du maître dit de 1480. Collection du Chev. Camberlyn de Bruxelles.

Copie α dans le même sens que l'original et sans signature. H. 2 p. 8½ l. L. 1 p. 8½ l. Collection du Dr. Detmold à Hanovre, Cat. No. 2.

Copie β, en contrepartie, d'Israhel van Meckenen. Bartsch No. 225.

37. Ste. Hélène. Elle est debout, tournée vers la gauche et tient devant elle la croix surmontée de l'inscription I N R I. Au-dessus de son voile elle porte une couronne élevée et soutient, de la main gauche, un pan de son long manteau. Elle paraît placée sur le haut d'un rocher. Pièce d'une belle exécution avec de longues hachures croisées. H. 5 p. 1 l. L. 3 p. 3 l. Musée Britannique.

38. Ste. Catherine. Elle est debout sur un gradin, tenant une palme de la main droite et de la gauche une épée. La roue se voit derrière elle. H. 4 p. 6 l. L. 1 p. 4 l. Amsterdam No. 239.

39. Ste. Barbe. Elle est pareillement debout sur un gradin et tient de la main gauche une palme. La tour se trouve devant elle, à droite. H. 4 p. 6 l. L. 1 p. 4 l. Pendant du numéro précédent. Amsterdam No. 240.

40. Ste. Dorothée. Elle est couronnée de fleurs et tient, en marchant, une corbeille remplie de pommes vers laquelle un enfant, à son côté, tend la main. H. 3 p. 6 l. L. 1 p. 8 l. Amsterdam No. 242.

41. Ste. Marie l'Égyptienne. Elle est portée par cinq anges dont un aux pieds et deux de chaque côté. En bas, un paysage aride avec des rochers à chaque extrémité. H. 7 p. 1 l. L. 5 p. Amsterdam No. 227.

42. Même sujet. Quatre petits anges emportent la sainte hors d'un paysage rocailleux vers le ciel. Les coins supérieurs sont remplis par un enroulement de feuillage. H. 4 p. 1 l. L. 3 p. 4 l. Amsterdam No. 228.

Les cinq dernières pièces N. 38—42, appartiennent à un même maître dont la manière s'approche de celle du graveur dit de 1480, mais qui ne l'égale point dans la finesse du dessin et de l'exécution.

43—54. Douze petites pièces qui se trouvaient collées dans le texte d'un manuscrit de l'abbaye de St. Pierre de Gand et qui passèrent depuis dans la Collection Delbecq. Voyez Cat. B. D. Paris 1852. No. 445.

43. St. Pierre et St. Paul tiennent le voile de la Véronique. H. 101 millim. L. 68 m.

44. La Cène. Pièce ronde, diamètre 23 m.

45. St. Benoît, Ste. Scholastique et St. Godeiève martyr. H. 106 m. L. 68 m.

46. Dieu défend au premier couple de manger le fruit de l'arbre de la science du bien et du mal. H. 68 m. L. 50 m.

47. La chute du premier homme. H. 72 m. L. 52 m.

48. La visitation. H. 72 m. L. 52 m.

49. La nativité. H. 77 m. L. 54 m.

50. La fuite en Égypte. H. 78 m. L. 52 m.

51. La descente de croix. H. 79 m. L. 59 m.

52. Jésus à Emmaüs. H. 88 m. L. 65 m.

53. Ste. Véronique. H. 79 m. L. 54 m.

54. La Ste. Vierge, l'enfant Jésus et un ange. H. 65 m. L. 50 m.

55. Ste. Agathe. Elle est debout, tournée vers la gauche, tenant de la main droite des tenailles embrassant un de ses seins et de la gauche, une palme. Pièce d'une exécution belle et large avec des hachures très-fines. H. 2 p. L. 1 p. 9 l. Cabinet du Chev. Camberlyn à Bruxelles.

III. Sujets profanes.

56. Un joueur de cornemuse. Il est chauve et se voit assis sur un tertre. H. 2 p. 11 l. L. 1 p. 11 l. Pièce traitée dans la manière du maître dit de 1480. Amsterdam No. 264.

57. **Un vieillard traîne une vieille femme.** Il traîne sa vieille femme dans une corbeille au moyen d'une corde. Celle-ci lève le poing gauche comme pour le frapper. H. 3 p. 5 l. L. 4 p. 9 l. (?) Oxford où cette pièce, sans signature, est attribuée à Barthel Schön.

58. **Un jeune homme tenant un écusson.** Il a à son côté un chien et tient un écusson armorié de trois aulx. Un bouquet de la même plante forme le cimier du casque. Belle pièce gravée presqu'au simple contour. H. 3 p. 6 l. L. 3 p. Amsterdam No. 279.

59. **Une jeune femme avec un écusson.** Debout, à gauche, elle tient un écusson dont le champ est occupé par trois navets. Le cimier du heaume est un navet avec ses feuilles. Pièce d'une belle exécution formant le pendant de la précédente. H. 3 p. 6 l. L. 3 p. Dresde.

60. **Une femme tenant un écusson.** Elle est coiffée d'un panier renversé et tient un écusson avec une faucille dans le champ. H. 3 p. L. 3 p. Amsterdam No. 278.

61. **Une tête de femme.** Elle est placée de trois quarts, tournée vers la gauche et porte une coiffe dont une bande descend sur la poitrine; le cou est orné d'un collier. Pièce d'un beau dessin et d'une excellente exécution dans la manière de Rogier van der Weyden le jeune et qui porte estampillée, mais non gravée, la marque W $ B d'une encre pâle. Cette marque n'est pas contemporaine de la gravure. H. 4 p. 6 l. L. 3 p. 2 l. Berlin. Dans le Catalogue Wilson No. 260 on trouve une description de cette estampe, mais la signature n'est pas donnée avec exactitude quoiqu'on la prenne comme authentique. Duchesne mentionne également la même pièce dans son „Voyage d'un Iconophile" p. 376.

62. **Écusson d'armoiries avec deux oiseaux.** L'écusson, contourné et échancré, porte une barre d'argent accompagnée dans la partie supérieure du champ de deux oiseaux héraldiques ayant quelque ressemblance au héron, et fortement mouvementés. Pièce d'une impression pâle au moyen du cylindre et médaillon avec deux traits de bordure. Diamètre 2 p. 5 l. Dresde.

63—66. **Quatre pièces avec deux écussons chacune.** H. 3 p. L. 5 p. 1—3 l. sans bordure. Les écussons sont vides et les heaumes n'ont point de cimiers; ils sont accollés deux à deux. Deux ont des lambrequins ordinaires, tandis que, dans les deux autres, ceux-ci sont remplacés par un ornement de feuillage. Le filigrane du papier est le ℘ accompagné de la rose à quatre feuilles sur une tige. Berlin.

67.   Les grandes armoiries de Charles le téméraire,
duc de Bourgogne.   L'écusson est écartelé au premier et au quatrième
de France, à la bordure componée d'argent et de gueules, qui est de
Bourgogne moderne; au second et au troisième, parti de Bourgogne
ancienne, bandé d'or et d'azur à la bordure de gueules, et de Brabant,
de sable au lion d'or et, sur le tout, au lion de sable, qui est de Flandre.
L'écu est timbré d'un casque assorti de ses lambrequins et sommé d'une
fleur de lis pour cimier, environné du collier de la toison d'or et supporté par deux lions.   Au-dessus des grandes armes sont rangés cinq
écussons des duchés de Bourgogne, de Lothier, de Brabant, de Lim-
bourg et de Luxembourg, et de chaque côté les six écussons des comtés
et autres seigneuries de la domination du duc dans l'ordre indiqué par
Vredius: 1. Flandre, 2. Artois, 3. Bourgogne (le comté de), 4. Charolais,
5. Hainaut, 6. Hollande, 7. Zélande, 8. Namur, 9. Marquisat du saint-
empire (Anvers), 10. Frise, 11. Salins et 12. Malines.   Sur la plinthe
se trouve la devise du duc: „JE LAY EMPRINS."   Le tout est placé
sous un riche frontispice ou arc gothique supporté par deux colonnes
où l'on voit, sous de petits dais, l'apôtre St. André d'un côté et St.
George de l'autre.   Un toit, percé de deux fenêtres, occupe le haut
de l'estampe et l'arc est surmonté d'un grand panache en choux frisés.
H. 11 p. 8 l. L. 7 p.   Dans la collection de la bibliothèque royale de
Bruxelles.

Cette gravure a été découverte par Mr. Alvin, collée dans un manuscrit de l'ancienne bibliothèque de Bourgogne.[50])   Comme, dans la
série des petits écussons, on remarque l'absence de ceux du duché de
Gueldres et du comté de Zutphen que le duc acquit seulement en
1472, on croit pouvoir fixer la date de la gravure vers 1467, année
de son avènement au gouvernement et Mr. Alvin penche vers l'opinion
qu'elle a été exécutée à l'occasion de la „joyeuse" entrée du duc à Bruges.
Elle est traitée dans la manière du maître E S 1466, mais avec moins
de finesse et de correction dans le dessin et les lions qui soutiennent
l'écusson ne ressemblent en rien à celui que ce graveur a placé près de
l'évangéliste St. Marc, outre que le genre de colonnes ornées qui soutiennent le baldaquin ne se rencontre jamais dans ses gravures.   Les
crochets et les panaches des flèches gothiques sont dessinés avec plus

---

50) Voyez: Les grandes armoiries du duc Charles de Bourgogne gravées vers
1467, par Mr. Louis Alvin etc.   Bruxelles 1859, in-8°, avec un facsimile en lithographie.

de liberté que ne le comporte l'exactitude des formes gothiques de l'é-
poque en Allemagne et que le maître ℭ 𝔖 a toujours suivies avec rigueur.
Nous sommes donc d'avis que cette pièce appartient à quelque maître
néerlandais inconnu du dernier tiers du XVe. siècle.

68. Ornement de feuillage avec l'homme suspendu.
Au milieu de feuilles et de fleurs est suspendu ou se balance un homme
coiffé d'un chapeau rond à larges bords. En haut une banderole vide.
H. 2 p. 9 l. L. 3 p. 9 l. Dresde.

69. Ornement de feuillage avec un vieillard dormant.
Le rinceau de feuillage monte de droite à gauche. A droite est couché un
vieillard endormi et derrière lui un personnage à chapeau avec couronne
indiquant vers la gauche où se voit un homme jouant de la harpe.
Une femme couronnée s'échappe effrayée. H. 1 p. 2 l. L. 3 p. 10 l.
Dresde.

70. Un chien. Il est tourné vers la gauche et se gratte la
tête. Pièce échancrée. H. 4 p. 2 l. L. 4 p. 2 l. Amsterdam, catalogue de Klinkhamer No. 72, dans la revue universelle des arts 1857.
No. 419.

Maître des sujets tirés de Boccace.

Ce graveur distingué a exécuté plusieurs sujets tirés des récits
de Boccace dans les deux ouvrages „De casibus virorum illustrium"
et „De mulieribus claris" et c'est pourquoi nous avons cru pouvoir le
désigner par un nom tiré de cette circonstance. Sotzmann, de Berlin,
est le premier qui ait donné l'explication exacte de ces sujets. Voici
ce qu'il en dit: (Voyez Deutsches Kunstblatt 1851 p. 294)

„Les deux ouvrages de Boccace, „De casibus virorum illustrium"
et „De mulieribus claris" étaient au XVe. siècle deux livres favoris,
dans les cours surtout et chez la noblesse. Nous en avons des preuves
évidentes dans le nombre de superbes manuscrits ornés de miniatures
que nous possédons encore et qui se trouvent dispersés dans plusieurs
bibliothèques. La bibliothèque de Paris possède à elle seule douze
exemplaires de la traduction française du premier ouvrage par Laurent de
Premierfait, en manuscrit qui tous à l'exception de celui exécuté pour
François I. encore prince héréditaire, appartiennent au XVe. siècle. Tra-
duits plus tard dans les principales langues de l'Europe, entre autres

en anglais par J. Lydgate et en allemand par G. Ziegler, ils furent, peu après l'invention de l'imprimerie, publiés en plusieurs éditions, dans lesquelles les gravures sur bois remplacèrent ordinairement les miniatures des manuscrits. Les plus anciennes éditions avec des gravures de ce genre, celles de Huss et Schabeler à Lyon 1483, de Vérard à Paris 1494 et de Richard Pynson à Londres 1494, ne contiennent qu'une gravure pour chacun des livres (au nombre de neuf) de l'ouvrage, sans qu'il y existe des différences dans le choix des sujets représentés, ce que l'on pourrait peut-être attribuer à ce que ces sujets étaient déjà fournis par les manuscrits ornés de miniatures. La plupart ont rapport aux faits historiques mentionnés par le narrateur. La chute du premier homme (Livre I. Chap. 1). Manlius Capitolinus précipité dans le Tibre (L. IV. Ch. 1). La cruauté des Carthaginois envers Régulus (L. V. Ch. 3). L'humiliation de l'empereur Valérien par le roi Sapor (L. VIII. Ch. 3). L'exécution de la reine Brunehilde (L. IX. Ch. 1) etc. Mais comme le narrateur aime à rattacher des réflexions aux faits historiques et surtout en ce qui a rapport aux caprices de la fortune et à la cause de ses revirements, comme on en voit un exemple dans la fable de la Fortune et de la Pauvreté qu'il raconte (L. III. Ch. 1) d'après son maître d'astronomie à Naples, Andalo de Nigro, et la vision qu'il décrit (L. VI. Ch. 1) de la Fortune avec plusieurs bras et plusieurs mains, ceci a donné lieu aux représentations allégoriques que l'on rencontre souvent dans ces éditions. C'est ainsi que nous trouvons dans la Bibl. Spenceriana de Dibdin IV. p. 420. 421, trois facsimile, dont deux des sujets dernièrement cités, et un troisième de l'illustration au Livre I. représentant l'auteur à son pupitre qui indique la chute du premier homme, à droite, dans Ames, Typographical antiquities, publié par le même bibliographe.

On a trouvé plusieurs anciennes gravures au burin d'une grande rareté, appartenant à un graveur inconnu de la vieille Flandre ou du Brabant, et qui sont analogues aux gravures sur bois que nous venons de citer. Elles ont toutes la même dimension, in-folio, et Bartsch, qui n'en a connu que trois, les place, dans son Vol. X., au rang des gravures par des anonymes du XVe. siècle et les décrit sans s'être douté du rapport qui existait entre elles.

L'écrivain que nous avons cité à ce sujet, après avoir décrit les huit pièces qui ont été découvertes jusqu'ici, continue comme suit:

„Il nous manque donc les deux gravures des livres VI et VII pour rendre la série aussi complète que celle des gravures sur bois et il ne peut y avoir aucun doute qu'on retrouvera ces deux pièces si on ne les a point retrouvées déjà. Les bois portent, il est vrai, les mêmes sujets que les gravures sur cuivre, mais ils en diffèrent dans la composition qui est moins riche d'invention, dans la dimension qui est plus petite, dans le dessin qui est d'un style plus récent et plus mauvais et dans l'exécution très-rude. Comme celles-ci, les gravures au burin doivent avoir été exécutées pour l'ornement d'un livre, ainsi que le prouve leur format uniforme, in-folio, et les sujets identiques à ceux des gravures sur bois et qui n'auraient aucune signification s'ils n'étaient accompagnés du texte de l'ouvrage. Mais nous ne connaissons aucune édition néerlandaise de cette époque avec ces illustrations, et la seule qui soit mentionnée par les bibliographes est un texte français (Bruges, Colard Mansion 1476, in-fol.), mais qui ne contient aucune illustration de gravures sur bois ou au burin."

Toutes ces gravures révèlent un excellent artiste de l'école de Van Eyck dont le dessin a de la finesse et de la vie et dont l'expression dans les têtes est très-caractéristique. Sa manière de graver a une certaine analogie avec celle d'Israhel van Meckenen, ce qui porterait à croire que celui-ci est un élève de notre maître, mais qui reste cependant bien au-dessus de lui sous tous les rapports.

Nous avons à ajouter aux pièces du Boccace quelques autres gravures du maître; elles sont en partie restées inconnues à Bartsch et nous fournissent des preuves ultérieures de son beau talent.

1. **Le Christ en croix.** Il est un peu tourné vers la gauche et l'on voit, au haut de la croix, un écriteau avec les initiales I. N. R. I. Un petit ange, planant à gauche, lève les mains dans l'étonnement, tandis qu'un second, à droite, les tient croisées devant lui. A gauche la Vierge, debout, couverte d'un large manteau, a les mains en croix sur la poitrine; à droite, St. Jean, vu de trois quarts, lève le bras gauche; au pied de la croix, une tête de mort. Au milieu du riche paysage, on voit une ville vers laquelle mène une route qui part du premier plan; à droite, un édifice sur un rocher au pied duquel jaillit une source. La pièce est entourée d'une double bordure linéaire. H. 10 p. 3 l. L. 6 p. 11 l. Berlin.

Des épreuves plus récentes de la planche retouchée ont un aspect assez rude et portent le monogramme de Martin Schongauer.

2. **St. George.** Le Saint est agenouillé sur le dragon renversé devant la gueule duquel il tient son bouclier, tandis qu'il lui perce la poitrine de son épée. A droite, la princesse à genoux sur un rocher

semble prier, tandis qu'elle maintient le cheval qui se cabre. Dans le lointain se trouvent cinq cavaliers dont l'un embouche un cor pour donner un signal au roi et à la reine dans un château fort, entouré d'eau. H. 4 p. 1 l. L. 5 p. 6 l. Berlin. Musée Britannique.

3—10. Huit sujets tirés du Boccace sur les revers de fortune des hommes et des femmes. Les deux illustrations du livre VI et VII manquent.

3. L'illustration de la dédicace du livre de Boccace „des revers des hommes illustres" qu'il a écrit après avoir considéré combien peu les princes ecclésiastiques et séculiers de son époque étaient restés fidèles aux devoirs de leur position en méconnaissant les leçons de l'histoire, et qu'il aime mieux dédier, par conséquent, à son protecteur et ami, le Florentin Mainardo Cavalcanti. Un pape est assis au milieu de l'estampe sur un trône; deux cardinaux se tiennent debout à ses côtés et, devant lui à gauche, sont assis un évêque et un juge ou conseiller laïque. A droite, un empereur tenant une épée et le globe impérial; devant lui un roi. Vers le milieu du premier plan, l'auteur agenouillé présente son ouvrage à l'ecclésiastique florentin Mainardo Cavalcanti. Le lieu de la scène paraît être une salle de chapitre dont le plafond est soutenu par six colonnes qui portent, sur l'entablement en saillie de leurs chapiteaux, des statuettes de Saints. H. 7 p. 6 l. L. 6 p. 2 l. Berlin. Musée Britannique.

4. L'auteur écrit l'histoire de nos premiers parents. Il est assis, à gauche, devant un pupitre et ayant, devant lui, Adam et Ève debout. Dans le fond, sous un portail divisé par une colonne, on voit ceux-ci chassés du paradis terrestre et ensuite leur séjour dans les limbes. Pièce cintrée par le haut; illustration du Livre I. Chap. 1. H. 10 p. 9 l. L. 6 p. 2 l. (?) Bartsch X. p. 37. No. 72. Berlin, Paris; Cat. Delbecq No. 419. H. 184 millim. L. 165 millim.

Copie avec quelques changements dans le style d'Israhel van Meckenen. Ève, dans la représentation de la chute du premier homme, est ici vue de profil au lieu de trois quarts et, dans le même sujet sur le premier plan, elle tient la main sur la hanche au lieu de l'élever vers son corps, comme dans l'original. Cette pièce se trouve à Paris, où l'on n'en conserve cependant que la partie supérieure.

5. Le roi et l'homme mort. Un vieillard barbu et bien vêtu est couché, mort, sur la place d'une ville. A ses côtés, se tiennent un soldat et un jeune homme, vu de dos, qui remettent

leurs épées dans le fourreau. Deux hommes, armés de lance et de hallebarde, se tiennent derrière le cadavre et contemplent ce spectacle. De la droite s'avance un roi à cheval, coiffé d'un turban surmonté d'une couronne et tenant un sceptre de la main droite, et derrière lui une suite d'hommes armés, à pied. Plus vers la droite, un gros homme qui paraît s'émerveiller. Dans le fond les édifices d'une ville. Pièce cintrée. H. 7 p. 8 l. L. 6 p. 3 l. Berlin. Cette illustration semble appartenir au livre II., mais on n'a pu jusqu'ici en deviner le sujet.

6. La Fortune et la Pauvreté ou la fable ayant pour morale: „Chacun est l'artisan de sa propre fortune." La Fortune et la Pauvreté combattent ensemble et la première, à laquelle les dieux avaient concédé jusqu'alors le privilége de dispenser l'heur et le malheur, est vaincue et on lui impose pour condition de lier le malheur de telle manière qu'il soit à la libre disposition de chacun de le délier et d'en devenir maître. Dans la composition que nous décrivons, la Pauvreté, sous la forme d'un mendiant, est assise sous un arbre, plongée dans ses réflexions. A droite la Fortune debout, coiffée à la bourguignonne, tient un écusson portant, sur le champ, sa propre roue. A gauche, sur le premier plan, la mauvaise Fortune (un mendiant) a renversé la Fortune, de fortes proportions, et s'agenouille sur elle en la saisissant à la gorge, tandis qu'il la frappe d'un bâton sur la tête. Sur une hauteur, à gauche, le malheur ou la mauvaise fortune, également sous la forme d'un mendiant, se voit attachée par son adversaire à un arbre sec. Dans le fond, on voit une ville et à droite un fleuve sur lequel nagent deux oies. En haut un arc à plein cintre s'élève au-dessus de la ligne d'encadrement. H. 7 p. 7 l. L. 6 p. 3 l. Berlin. Cette composition appartient au Livre III. Chap. 1 et a été empruntée à la fable racontée par Boccace d'après Andalo de Nigro, son professeur d'astronomie à Naples. Voyez Sotzmann, Deutsches Kunstblatt 1851. p. 295.

7. M. Manlius Capitolinus jeté dans le Tibre. Attaché par les pieds et les mains, il est jeté, la tête en bas, du mur d'une forteresse par trois bourreaux. Un soldat, armé d'une hallebarde, contemple ce méfait avec épouvante. Pièce cintrée. H. 7 p. 6 l. L. 6 p. 2 l. Bartsch X. p. 40. No. 2. Musée Britannique. L'illustration appartient au Livre IV. Chap. 2.

8. La mort de Régulus. Sur un échafaud élevé, deux bourreaux l'attachent à une planche armée de pointes; derrière lui

se trouve un vieillard tenant un bâton et un couteau. De chaque côté de l'échafaud, on voit une foule de peuple à pied et à cheval et, tout-à-fait sur le devant, un hallebardier en sentinelle. Deux hommes regardent d'une maison dans le fond. Pièce cintrée. H. 7 p. 3 l. L. 6 p. 2 l. Berlin et Paris, où cette composition est désignée sous le nom de Supplice de Bruges en 1402. Elle appartient au Livre V. Chap. 3.

9. L'empereur Valérien humilié par le roi persan Sapor. L'empereur romain fait prisonnier par Sapor est contraint de lui servir de marchepied en lui prêtant ses épaules pour monter à cheval. Le roi persan porte un chapeau rond entouré d'une couronne, tient de la droite un bâton de commandement et pose le pied gauche sur le dos de l'empereur courbé à terre, afin de monter à cheval. Dans le fond une foule de soldats armés de lances et de hallebardes et parmi eux un porte-étendart. Cette pièce n'est point aussi finement exécutée que les autres de la série et pourrait avoir été gravée par un des élèves du maître, celui auquel appartiennent trois autres pièces de la vie de Jésus Christ, entre autres le Christ montré au peuple, Bartsch X. p. 4. No. 7. Pièce cintrée. H. 7 p. L. 6 p. Bartsch X. p. 39. No. 1 où le sujet est décrit comme „l'empereur Henri IV. et le pape Grégoire VII." La composition appartient au Livre VIII. Chap. 3. Musée Britannique.

10. L'exécution de la reine des Francs, Brunehilde. Elle est attachée, par les mains et les pieds, à quatre chevaux portant leurs cavaliers et qui sont chassés dans différentes directions par des bourreaux. Dans le fond se tiennent, devant des tentes, quatre cavaliers dont un porte une couronne sur son chapeau. A gauche un hallebardier; à droite un homme avec un casque et un bâton. Pièce cintrée. H. 7 p. 2 l. L. 6 p. 1 l. Berlin. Cette illustration appartient au Livre IX. Chap. 1.

11. Échec au roi. La mort, debout à droite, joue aux échecs avec un roi, assis à gauche, qui paraît très-effrayé. Un ange, debout au milieu du fond, lui indique sur un sablier l'heure de sa mort. Autour du monarque on voit, également debout, un pape, un cardinal, un évêque et autres personnages de haut rang. En haut, trois banderoles vides. En bas, un espace vide pour une inscription qui ne s'y trouve cependant point imprimée et qu'indique une demi-figure de la mort à gauche. H. 10 p. 11 l. L. 7 p. 8 l. L'exemplaire entier que nous décrivons se trouve dans la collection de Bâle et porte, à côté d'un chien couché,

l'estampille du maître B ⚭ R. Les épreuves sans la bordure portent H. 9 p. 8 l. L. 7 p. 7 l. Bartsch X. p. 55. No. 32. Bibliothèque de Vienne.   Berlin.

12. Un disque avec figures et ornements de feuillage. Il est entouré d'une large bordure.   Au milieu se trouvent deux hommes avec des bonnets, dans des positions très-mouvementées.   Celui de gauche se penche en avant, en appuyant la poitrine sur une béquille, ce qui le découvre par derrière d'une façon indécente.   Celui de droite se penche en arrière, tenant de la main droite un bâton.   A droite, un troisième qui cherche à percer un vieillard au bas.   En haut, une banderole à enroulements. . Pièce ronde, 3 p. 8 l. de diamètre.   Musée Britannique, Berlin.

13—24. Ornements de feuillage avec figures. Bartsch X. p. 61. Nos. 1—12. H. 2 p. 9 l. L. 3 p. 3 l.

13. Deux hommes nus luttant.   Celui de gauche prend son adversaire par la jambe, tandis que celui-ci le saisit par la nuque.

14. Un homme nu, assis sur un tronc d'arbre, bande son arc et tient une flèche dans la bouche.

15. Un homme nu galoppe à cheval; l'animal porte, au lieu de bride, une branche d'arbre dans la bouche et que tient le cavalier fortement penché en avant.

16. Une femme, coiffée d'un turban élevé et enveloppée dans une large robe, met un genou à terre, tandis qu'elle indique de la main gauche vers le haut et de la droite vers le bas.

17. Un homme nu, montant sur un cerf courant vers la droite et dont il tient le bois.

18. Deux cavaliers s'attaquent; celui de gauche est armé d'un bâton, celui de droite cherche à saisir son adversaire par la tête. Sur le devant, à droite, un petit arbre; au milieu du fond une petite ville.   Cette pièce n'a point d'ornement de feuillage.

19. Un jongleur. Il est debout sur la jambe droite et porte en arrière l'autre jambe qu'il tient très-élevée. Il appuie en même temps son corps, penché en avant, sur une branche qu'il a saisie des deux mains. A droite, perche une espèce de héron.

20. Un autre gymnaste. Il est vu de dos, les jambes très-espacées et se penche en avant, se tenant de la droite à une branche, tandis qu'il cueille des fruits de l'autre.

21. Un homme nu, à grande barbe, vu seulement à mi-corps

et tourné vers la droite, saisit en arrière, de la main droite élevée, une branche et tient un aigle par les serres.

22. Un homme perce de sa lance une biche qui se trouve en bas à droite; il est coiffé d'une espèce de turban terminant en pointe. Cette gravure est exécutée d'une manière un peu raide.

23. Un homme, couvert d'un ample vêtement, décoche une flèche; il est vu de trois quarts, tourné vers la gauche.

24. Un homme, à vêtement court découpé à guise de feuillage, tient un genou à terre et étend fortement la jambe gauche; il tient une branche de chaque main.

Un exemplaire de ces petites pièces, finement exécutées, se trouve dans la Collection Albertine de Vienne; un autre à Berlin.

25. Ornement à guise de frise avec l'enfant Jésus et le petit St. Jean. A gauche se trouve le premier, légèrement couvert d'un petit manteau et armé d'un moulinet, tandis qu'un ange l'excite à attaquer le petit St. Jean, debout vis-à-vis de lui. Ce dernier, armé d'un semblable jouet, est poussé également par un autre ange contre l'enfant Jésus. Dans l'auréole on voit écrit 𝔍𝔬𝔥𝔠𝔰. Au milieu se trouve un écusson avec les armoiries d'Israhel van Meckenen qui, à notre avis, les aura ajoutées dans l'écusson originalement vide, de la même manière qu'il a changé souvent le monogramme de Frans van Bocholt en y substituant le sien. Fond blanc. H. 1 p. 6 l. L. 6 p. 1 l. Berlin, Musée Britannique.

Le maître hollandais W ♤.

(Bartsch VI. p. 56.)

Nous n'avons pas le moindre renseignement sur ce maître original et plein de talent. Sur l'exemplaire de Paris de la pièce indiquée par Bartsch sous le No. 22 et représentant un gros vaisseau, on voit gravé sur la planche le mot kracck qui dénote une espèce de bâtiment espagnol (caraque, carraca) et, selon le dictionnaire hollandais, „Carack, een spanische Krack, een groot schip." Le filigrane de l'exemplaire de Berlin est le petit 𝔜 gothique, connu comme étant d'origine néerlandaise, avec la rose à quatre feuilles sur un long stèle. Il faudrait, par conséquent, en conclure que cet artiste était

Hollandais.   Sa manière de graver est fine et regulière, mais un peu
maigre, comme le serait celle d'un orfèvre.   Les pièces avec les sujets
militaires (Bartsch Nos. 24—31) sont à l'eau forte et notre maître
semble avoir été le premier qui ait employé ce procédé pour des
estampes.

Bartsch décrit 31 pièces de ce graveur dont le No. 23, un ornement gothique de feuillage avec une fleur, est une copie du No. 112
du maître ℭ 𝕾 de 1466.

Additions à Bartsch.

32. **Le crucifiement.** Un ange reçoit l'âme du bon larron,
auquel on rompt les jambes; un démon emporte celle du mauvais larron.   A gauche, la Vierge tombe évanouie, tandis que St. Jean et une
sainte femme, agenouillée, la soutiennent.   Longin perce de sa lance
le flanc droit du Sauveur; il est à cheval.   A droite, deux autres cavaliers et une foule de peuple.   Dans le fond la ville de Jérusalem.
La marque se trouve au-dessous de la croix du milieu. H. 5 p. 11 l. L. 4 p. 9 l.
Paris.

33. **La Vierge**, demi-figure.   Elle a le sein gauche découvert
et tient avec les deux mains, et assis sur le bras droit, l'enfant Jésus.
Celui-ci élève la main gauche et tient une pomme dans la droite.   La
Vierge se trouve sous une voûte gothique richement ornée. Quatre fenêtres,
aux côtés, offrent la vue d'une colline couverte de petits arbres; la marque
est en bas et au milieu.   Belle pièce.   H. 7 p. 7 l.   L. 4 p. 4 l.
Musée Britannique.

34. **La Vierge**, demi-figure.   Elle porte l'enfant Jésus qui
tient une pomme à la main.   Une chapelle gothique forme le fond.
H. 3 p. 11 l. L. 2 p. 4 l.   Voyez Heinecken, N. N. p. 385. No. 3.

35. **St. Jean Baptiste.** Il est vu de profil, tourné vers la
gauche et tient un livre, surmonté d'un petit agneau, sur la main
droite, tandis qu'il lève la gauche pour bénir.   Au milieu du bas, la
signature. H. 5 p. 7 l.   L. 2 p. 6 l.   Francfort s. M.   Ottley, dans
son „Inquiry" p. 264. No. 12, décrit cette pièce par erreur comme un
St. Jean l'évangéliste.

36. **Deux têtes de mort.** Celle de gauche est dans sa position naturelle, celle de droite est tournée vers le haut.   Elles se trouvent
sous une voûte surbaissée et ornée.   Cette pièce est absolument du même

genre que celle indiquée par Bartsch sous le No. 15, avec les trois crânes, et de la même exécution. H. 2 p. 10 l. L. 3 p. 6 l. Collection Albertine à Vienne.

37. La salle gothique. A droite, neuf degrés conduisent vers une antichambre avec deux fenêtres gothiques; la salle elle-même, à droite, est divisée en deux par six colonnes gracieuses; sur le devant deux autres soutiennent la voûte richement ornée. Le tout est d'une riche architecture. La marque est au-dessous des degrés de l'antichambre. H. 13 p. 4 l. L. 7 p. 1 l. Munich.

38. L'intérieur d'un pan de maison en saillie. Par les quatre fenêtres on a la vue sur un paysage. L'édifice est surmonté par de riches détails d'architecture terminés par quatre flèches gothiques. A côté de la flèche centrale, la signature. H. 8 p. 4 l. L. 4 p. 1 l. Bibliothèque de Vienne, Dresde, Musée Britannique.

39. Tabernacle d'autel d'une riche architecture gothique. La partie inférieure a, dans le centre, une grande niche entre deux autres plus petites aux côtés. La partie supérieure qui avance sur les côtés, contient pareillement trois niches richement ornées dont les voûtes ont des clés pendantes. Le couronnement de la niche centrale est soutenu par deux petits arcs-boutants; le commencement de la flèche est seulement indiqué. La disposition de l'ensemble est très-analogue aux retables espagnols. La signature se trouve aux deux côtés. H. 12 p. 6 l. L. 9 p. 5 l. Paris.

40. Retable avec trois niches principales. Ces niches sont à plein cintre avec des ornements gothiques. Celles des côtés contiennent chacune trois autres petites niches, et celle du milieu, plus élevée, montre en perspective une chambre avec deux fenêtres. La signature se trouve à côté de la niche du milieu, en haut, à gauche. H. 4 p. 11 l. L. 6 p. 1 l. Munich, Dresde, Paris, Bâle.

41. Une rose d'architecture de style gothique. Elle a trois divisions qui forment autant de compartiments et dont chacun est orné d'une fenêtre en saillie. La rose est surmontée d'un ornement gothique en forme de fleur; au-dessous, trois boutons ou pousses de feuilles. Le disque a 5 p. 5 l. de diamètre. H. 6 p. 4 l. L. 5 p. 6 l. Paris, Musée Britannique.

42. Disque richement orné. Dans l'enfoncement se trouvent trois tabernacles. Le cercle est entouré d'une bordure avec des pierres précieuses et d'un ornement gothique qui termine en pointe. Dans les coins supérieurs, on voit des enroulements de feuilles de

chardons. A gauche, près de la pointe supérieure, la signature. H. 8 p. L. 5 p. 9 l. Bibliothèque de Vienne, Musée Britannique.

43. **Partie supérieure d'un tabernacle gothique.** A la pointe supérieure, se trouvent quatre gargouilles, deux en haut, deux autres en bas. H. 7 p. 1 l. L. 2 p. 7 l. Dresde.

44. **Couronnement d'un tabernacle semblable.** La pointe supérieure est peu élevée et porte, à la base, deux gargouilles. La signature en haut. H. 4 p. 11 l. L. 2 p. 6 l. Dresde.

45. **Tabernacle avec couronnement évasé.** Construit dans le style Tudor des Anglais. Aux côtés de la flèche, la signature. H. 4 p. 10 l. L. 2 p. 7 l. Dresde.

46. **L'extrémité d'un arc-boutant.** Il a quatre aiguilles gothiques principales disposées deux à deux. A gauche, le commencement d'un arc comme éperon du bâtiment. A droite, une balustrade à roses gothiques. La signature au milieu du bas. H. 15 p. L. 7 p. Paris.

47. **Une rose gothique ou fenêtre circulaire.** Elle est composée de six pièces triangulaires, contournées et entrelacées, qui forment douze compartiments se réunissant au centre, où se trouve la signature. Pièce ronde. Diamètre 5 p. 4 l. Paris.

48. **Autre rose gothique,** formée de huit compartiments oblongs courbés, qui entourent un disque au milieu duquel se trouve la signature. Pièce ronde, diamètre 5 p. 7 l. Paris.

49. **Un reliquaire.** Le pied, formé par six angles à côtés chantournés (mais dont on ne voit que quatre), repose sur autant de lions accroupis; au-dessus s'élève la tige avec un riche bouton. Le cylindre du milieu est accompagné de quatre tabernacles gothiques. Le tout porte un couronnement de neuf pointes gothiques dont on ne voit que six dans l'estampe. A côté de la plus élevée se trouve la signature. H. 10 p. 1 l. L. 3 p. 2 l. Musée Britannique, Dresde.

50. **Un Ostensoir.** Le pied est formé de six pointes à côtés chantournés et contient un disque orné de trois aiguilles gothiques. En haut la signature. H. 5 p. 3 l. L. 2 p. Dresde.

51. **Un calice richement orné.** Il est posé sur trois lions assis (le quatrième n'est point visible) et s'élève, en trois divisions, sous la forme d'un vase, se déversant vers la bordure, richement orné de feuillages en haut et en bas et d'un cercle au milieu. Des ornements à fleurs gothiques entourent le bord du couvercle; du milieu s'élève une pointe avec trois petits baldaquins. La signature est en haut, aux côtés du vase. H. 10 p. 7 l. L. 4 p. 1 l. Paris.

52. Une feuille gothique avec des glands. De la tige, à gauche, s'élèvent quatre glands; la feuille contournée monte vers la droite. La signature est au milieu. H. 7 p. 3 l. L. 4 p. 8 l. Paris.

53. Autre feuille gothique. Elle croît sur une bulbe, à gauche, et s'élève en tournant vers la droite. La signature est en haut. H. 7 p. 3 l. L. 5 p. Paris.

54. Feuille crépue ressemblant à celle du chardon. Elle croît sur une petite tige, à gauche, et tourne en haut, vers la droite. La marque est au milieu. H. 7 p. 8 l. L. 5 p. 7 l. Paris.

55. Autre feuille semblable. Elle tourne, en trois divisions, de droite à gauche. La signature est en haut, à droite. H. 4 p. 5 l. L. 4 p. 2 l. Paris.

56. Une feuille gothique. Une fleur, tournée vers la gauche, pousse sur une tige au bas. La feuille contournée s'élève vers la gauche et termine par trois appendices crépus. A droite, et à la partie supérieure de la tige, la signature. H. 5 p. L. 3 p. 9 l. (?) Oxford.

57. Autre feuille gothique. Elle pousse sur une tige, à gauche, et s'élève, fortement contournée, d'abord à gauche, ensuite à droite. En haut, près de la tige, la signature qui se trouve à gauche. H. 4 p. 6 l. L. 2 p. 11 l. Oxford.

58. Feuille gothique avec des pampres. Elle s'élève d'une tige tordue, avec des pampres, qui monte de gauche à droite. La feuille crépue monte d'abord à droite, ensuite, fortement contournée, à gauche de manière à former presque un ς; on aperçoit encore des pampres plus en arrière. Sans signature. H. 4 p. 6 l. L. 3 p. Oxford.

59. Un vaisseau à trois mâts. Il est tourné vers la droite et, vu presque de poupe, laisse apercevoir son gouvernail. A droite on compte dix vagues. En haut, vers la bordure, la signature. H. 5 p. 9 l. L. 4 p. 5 l. (?) Paris.

60. Autre vaisseau. La voile est à moitié ferlée et la coque est tournée à droite, laissant voir le gouvernail très-marqué et un petit pavillon flottant vers la droite. A droite, huit vagues contournées. H. 6 p. L. 4 p. 6 l. (?) Sans signature, mais très-rognée. Berlin, où on a placé cette pièce parmi celles du maître de Zwolle.

61. Même sujet. Le vaisseau est dirigé à gauche et porte un seul mât dont la voile est ferlée. Une ancre est suspendue en travers aux bossoirs. Sans signature. H. 6 p. 3 l. L. 4 p. 7 l. Musée Britannique.

Appendice.

62—64. Trois espèces de clochers dans le style go-
thique, sur trois feuilles. Elles sont mentionnées aussi par Heinecken,
Nouvelles recherches p. 386. No. 14, mais ne sont jamais venues à
notre connaissance et nous n'avons sur elles d'autre renseignement que
celui que nous donne à leur sujet cet écrivain qui, en comptant 17
pièces du maître, ajoute qu'elles portent, comme les autres, sa signature.

65. Deux vaisseaux. Ils voguent vers la gauche où éclate
une tempête. Sur le bâtiment de droite les voiles sont ferlées, mais
non sur celui de gauche dont le grand mât se brise et sur la partie
antérieure duquel se tient la mort. Sans signature. Pièce d'une fine
exécution néerlandaise, mais un peu différente de celle de notre maître.
H. 2 p. 10 l. L. 5 p. 10 l. (?) Paris.

Gravure sur bois.

66. Un tabernacle élevé, sur trois feuilles. Celle d'en bas,
qui est la plus petite, contient le plan géométrique, les deux autres
l'élévation. La partie principale, dans la feuille du milieu, renferme trois
niches gothiques et la feuille supérieure, le couronnement. Sans signature,
mais traitées dans la manière du maître. H. 49 p. 3 l. L. 5 p. 8 l.
Collection Albertine à Vienne.

Hieronymus Agnen de Bois-le-duc
et
Alart du Hameel.
(Bartsch. VI. p. 354.)

Le premier de ces deux artistes était un peintre distingué qui, du
lieu de sa naissance (en hollandais Hertogenbosch), fut appelé ordinairement Jérôme Bòs ou Bosch. D'après l'opinion commune, il naquit
en 1450, mais d'après Immerzeel en 1470, sans que nous ayions au-

cun document en faveur de l'une ou de l'autre de ces deux dates.
Son nom de famille et l'année de sa mort ne furent connus qu'après
que l'on eut trouvé dans le régistre „Illustre lieve Broedershap te
s'Hertogenbosch" l'année de sa mort, en 1518, indiquée avec la note
suivante: „Hieronymus Agnen, alias Bosch, insignis pictor."

Tout en s'uniformant à l'esprit du temps où il vivait, il suivit assez
souvent les tendances religieuses de l'époque et son apôtre St. Pierre,
entre autres, nous en fournit une preuve du plus haut intérêt; mais
sa nature, ainsi qu'une autre tendance de cette période, le portait de
préférence aux compositions ironiques et joviales que nous retrouvons
souvent dans les ouvrages d'art du moyen-âge soit en sculpture, soit
en miniature, mais qu'il fut le premier à nous donner dans des tableaux
en grand. D'après l'exécution fine et magistrale des pièces qui portent
les signatures ci-dessus, on ne pourrait guère douter qu'il ne les ait
gravées lui-même sur cuivre, tandis que d'autres ouvrages plus médiocres, qui portent à côté de cette signature celle de Alart Du hameel
ou hameel, ne seraient exécutées par cet orfèvre de Bois-le-duc que
d'après les dessins de notre peintre. On trouve encore quelques gravures sur bois attribuées à Jérôme Bos, mais elles paraissent n'avoir
été exécutées que d'après ses dessins comme le prouve du moins le
millésime de 1522 sur une tentation de St. Antoine, puisque cette
date est de quatre ans postérieure à celle de la mort du maître.

Additions à Bartsch.

7. Les souffrances de Job. Il est assis à droite tourmenté
par deux démons tandis que devant lui, on voit trois musiciens dont
celui du milieu joue de la harpe, et l'autre sur le devant, souffle dans
une conque. Dans le fond, à droite, des édifices en flammes. Au
milieu du bas la signature bos avec le couteau. H. 3 p. 6 l. L. 3 p.
Oxford.

8. St. Pierre. L'apôtre est debout sur une console ornée de
feuillages gothiques. Sa tête est un peu inclinée vers la gauche et il
tient deux clés de la main gauche. Il a le pied droit recouvert par
son manteau. La signature est en bas, à droite. H. 9 p. 6 l. L. 3 p. 8 l.
On en trouve une photographie dans l'ouvrage de R. Brulliot. Munich.

9. St. Sébastien. Il est tourné vers la gauche, attaché à
une colonne. A droite le commencement d'un arc de voûte. En

bas la lettre **b** avec le couteau. Copie, en contrepartie, d'après Albert Durer No. 56. H. 4 p. 1 l. L. 2 p. 9 l. Oxford.

10. St. Christophe. Il traverse, avec l'enfant Jésus sur son épaule, un large fleuve où il s'avance vers la gauche. Ce fleuve est couvert d'animaux les plus singuliers. Dans le coin, en bas, se voit couché un homme qui est saisi par une quantité de petites écrevisses dont une, plus grosse, se trouve aux pieds du Saint. A gauche, près d'un rocher, l'hermite avec sa lanterne. En haut, dans une banderole à enroulements, on lit l'inscription : „Cristofore ste virtutis subtilitate, qui te de mane videt nocturno tempore ridet. bosche." Le monogramme est en haut au milieu; le A sur l'épée d'un démon. H. 7 p. 6 l. L. 12 p. 6 l. Oxford (acheté dans la vente Sternberg No. 19, 99 thalers de Prusse = fr. 371. 25).

11. Constantin le grand à la tête de son armée. Il chevauche vers la droite, au milieu de l'estampe, entouré de ses officiers et de ses soldats et touche sa barrette en signe de vénération pour la croix qui paraît dans le ciel tenue par un petit ange. A la droite de Constantin, le pape Sylvestre à cheval et, à gauche, deux officiers dont la monture de l'un butte devant un petit chien qui aboie. Dans le fond une ville entourée d'eau. En haut le nom de Bosche et la marque de Du Hameel. H. 8 p. 11 l. L. 7 p. 2 l. Oxford.

12. Une bataille. Deux armées combattent avec acharnement l'une contre l'autre; déjà plusieurs morts couvrent le champ de bataille. Deux trompettes, dans le milieu à gauche, sonnent la retraite. Dans le fond se voient deux villes fortifiées dont celle de droite a un pont-levis. Du même côté une potence. H. 29 centim. L. 42 centim. Cabinet B. D. (Delbecq). Paris 1852. No. 275.

13. Jeune homme coiffé d'une guirlande. Il s'avance, les bras croisés, vers la gauche; ses longs cheveux sont couronnés d'une guirlande et il porte un manteau court avec des souliers à la poulaine. En haut et aux deux côtés, deux banderoles dont celle de droite porte les initiales | ⋀ ၆. Au bas la signature ħamcct. H. 3 p. 3 l. L. 2 p. 6 l. Dresde.

Les pièces suivantes sans signature, mais qui sont exécutées dans la manière bien connue du maître, lui sont également attribuées.

14. Le Christ entre la Vierge et St. Jean. Il est debout devant un baldaquin dont les rideaux sont tenus par deux anges, celui de droite avec une épée, celui de gauche avec un lys. Jésus est

evêtu d'un manteau et montre de la main gauche la plaie de son
ôté; trois rayons de lumière partent de sa tête couronnée d'épines et
à ses pieds on voit le globe du monde. La Vierge, les mains jointes,
est debout à gauche; St. Jean s'approche à droite. H. 330 mill. L. 244 mill.
Pièce décrite par Duchesne dans son „Voyage d'un Iconophile".

   15. La tentation de St. Antoine. Il se voit au milieu, en-
ouré de démons; celui de gauche, près de la tête du Saint, frappe le
ivre de celui-ci avec un bâton; vis-à-vis un autre brandit une massue.
En bas, à gauche, un troisième allume le feu avec un soufflet, tandis
qu'un quatrième se tient avec les griffes au vêtement du Saint. Le
pourceau se trouve au-dessous de ce dernier démon. Pièce traitée dans
la manière du St. Christophe et décrite par Nagler dans son ouvrage
ntitulé: „Die Monogrammisten" I. p. 15.

Gravures sur bois.

   1. St. Jean l'évangéliste dans l'île de Patmos. Il est
assis sur le devant, à gauche, près d'un groupe d'arbres et regarde la
Vierge qui lui apparaît, à droite, sur des nuages. A côté de lui un
démon qui lui vole son écritoire. H. 9 p. 10 l. L. 13 p. 11 l. Nagler,
Die Monogrammisten. I. p. 14.

   2. La tentation de St. Antoine. Riche composition. Dans
un paysage avec des ruines, le Saint tourné vers la gauche est agenouillé devant un crucifix. Le diable, sous la figure d'un perclus, lui
amène une jeune femme. A droite, se trouve une autre femme masquée
accompagnée de plusieurs démons. En haut à gauche, dans les airs,
le Saint est tourmenté par des diables et cherche à s'enfuir. Dans le
fond, se trouve encore une scène infernale avec St. Antoine. Sur la fenêtre
murée d'un château on voit le millésime 1522. H. 9 p. 8 l. L. 14 p. 2 l.
Francfort s. M. R. Weigel, Kunstcatalog No. 20479.

   3. St. Antoine dans le désert. Il prêche aux bêtes ras-
semblées autour de lui. En bas se trouve un monogramme indistinct
ressemblant à un A gothique avec un crochet. La manière ressemble
à celle de Jost Amman, mais l'exécution est celle d'un maître plus
ancien. Voyez Nagler, Monogr. I. p. 14. No. 3.

H✳S — H✳S

Le style de composition et le maniement du burin de ce maître inconnu se rapportent à la manière néerlandaise de la fin du XV°. siècle. Le filigrane sur le No. 1, une haute couronne, indique également cette contrée.

1. La surprise. Un jeune homme nu qui est venu par la fenêtre, s'apprête à entrer dans un lit où se trouve une jeune fille endormie. Par la porte, à droite, entre une autre jeune fille, vêtue, qui exprime son étonnement. Sur le devant un chat joue avec une souris. Au milieu du bas la première des deux signatures ci-dessus. Large bordure noire. H. 5 p. L. 2 p. 6 l. Berlin.

2. Le pied d'un ostensoir. Il est d'une belle composition gothique. En bas et au milieu la seconde des deux signatures que nous avons données. Le cercle pour l'hostie manque dans l'exemplaire de Berlin qui est rogné. Pièce d'une exécution très-fine. H. 14 p. 6 l. L. .... 11 l. (?)

L Cʒ 1492.

(Bartsch VI. p. 361.)

Il existe plusieurs opinions sur la patrie de cet excellent graveur, mais nous nous rangeons volontiers à celle de Brulliot qui le place au nombre des artistes néerlandais. Quoique son „Entrée de Jésus Christ dans Jérusalem" (No. 2) rappelle la manière de M. Schongauer, cependant dans ses autres pièces il se rapproche, pour le maniement du burin, des maîtres hollandais et, encore plus, par l'élément fantastique que l'on retrouve dans ses compositions et dont on peut voir un exemple dans la „Tentation de Jésus Christ" qui rappelle la manière de Jérôme Bos. La façon dont il se signe indiquerait encore la coutume hollandaise d'ajouter le nom zoon (fils) au patronimique et l'on pourrait expliquer la seconde partie du monogramme par Corneliszoon, si l'on connaissait quelque artiste hollandais du XV°. siècle qui eut porté le nom de L. Corneliszoon. (Le peintre Lucas Cornelis de Leyde, surnommé Koch, naquit en 1495.) Nous sommes forcé, par conséquent, de le placer dans le nombre des graveurs anonymes de cette période. Quelques-unes de ces pièces, comme celle de l'Entrée dans Jérusalem [51]), sont traitées dans l'ancien style du XVᵉ. siècle et une gravure d'ornement porte même la date de 1492, tandis que d'autres, comme la Vierge couronnée et St. George, s'approchent de la manière du XVIᵉ. Bartsch n'a connu de lui que les deux premières pièces que nous avons indiquées; il nous est donné de pouvoir encore y ajouter les suivantes.

Additions à Bartsch.

3. La fuite en Égypte. La Vierge s'avance vers la droite, montée sur un âne et tenant dans ses bras l'enfant Jésus enveloppé dans sa draperie. Un bœuf l'accompagne et St. Joseph conduit l'âne. Dans le fond, à gauche, une colline boisée; à droite des rochers avec un château. La signature se trouve sur le terrain. H. 3 p. 4 l. L. 4 p. 10 l. Berlin. Collection Albertine à Vienne.

4. Le Christ en croix, entre la Vierge et St. Jean. Ce dernier d'une stature très-rabougrie. Au pied de la croix, un crâne et la signature au bas. Pièce ronde. Diamètre 2 p. 3 l. Berlin.

5. La Vierge couronnée par deux anges. Elle est assise sur un terrain couvert de gazon et donne le sein à l'enfant Jésus. Deux anges, planant au-dessus d'elle, la couronnent. Au bas la signature. Pièce ronde, 2 p. 4 l. de diamètre. Paris.

6. La Vierge, demi-figure, couronnée par deux anges. Elle est assise derrière un socle sur lequel est étendu un tapis et porte l'enfant Jésus sur les deux bras. Deux anges, à côté d'elle, tiennent une couronne sur sa tête. Aux côtés deux pilastres dont celui de gauche porte le L et celui de droite le Cz. A travers deux arcs soutenus par une colonne, on aperçoit un paysage boisé. H. 2 p. 11 l. L. 2 p. 3 l. Berlin, Munich.

---

51) Dans notre catalogue des gravures de la haute et de la basse Allemagne des maîtres anonymes du XVᵉ. siècle, nous avons mentionné une plus grande feuille avec cette même composition, à propos de laquelle nous avons exprimé l'opinion que notre maître avait commencé la gravure en question en abandonnant, après avoir terminé la figure du Christ, son travail qui avait été achevé par un autre artiste médiocre.

II. 19

7. **St. George.** Il s'avance, à cheval, vers la gauche dans l'acte de tirer son épée du fourreau. Le dragon, déjà blessé à mort, est étendu sur le dos à gauche, tandis que dans une caverne, de ce côté, on voit deux autres petits dragons. Dans le fond, à gauche, la princesse agenouillée. Plus loin, des rochers élevés avec un château où l'on voit le roi et la reine. Cette pièce, un peu rude d'exécution, ne porte point de signature, à moins qu'elle n'ait été enlevée de l'exemplaire fort rogné qui se conserve à Berlin. Un segment entier de cercle paraît manquer vers le haut. H. 4 p. 6 l. L. 3 p. 7 l. (?)

8. **Ste. Catherine.** Elle est debout, tournée vers la droite. Sa riche coiffure est surmontée d'une couronne; de la main droite elle tient un livre et, de la gauche, une épée dont la pointe repose à terre. La signature se trouve à côté de la roue brisée près d'elle. Par la fenêtre on a la vue d'une ville. Belle pièce. H. 5 p. 2 l. L. 3 p. 6 l. Paris, Berlin.

9. **Deux femmes qui se promènent.** Elles viennent d'un château à gauche et traversent un pont rustique. L'eau est entourée d'arbres et porte, à droite, deux cignes dont un fait le plongeon. La signature est sur l'eau. H. 1 p. 10 l. L. 1 p. 5 l. Berlin.

10. **Ornement de feuillage avec l'emblème de la Chasteté.** Dans le feuillage à enroulements est assise, derrière une haie, une jeune fille à côté de laquelle, à gauche, s'élance une licorne. La signature est au bas, accompagnée des chiffres . ꝗ . 92 . ou du millésime de 1492. H. 3 p. 4 l. L. 2 p. 6 l. Paris.

---

f.

1. **La Vierge pleurant sur le corps de son fils.** Elle tient devant elle le corps du Sauveur et incline la tête à gauche. Le corps est vu jusqu'aux genoux, le bras droit pendant et le bras gauche près de la plaie du côté. En haut, dans les coins, deux écussons avec les instruments de la passion; en bas, à gauche, un troisième petit écusson avec le ſ gothique; vis-à-vis, un quatrième vide. L'exécution est rude, mais la composition paraît avoir été empruntée à un bon original,

peut-être de Roger van der Weyde le vieux de Bruxelles ou de Bruges, comme on le nomme encore. H. 4 p. 2 l. L. 2 p. 9 l. Collection du duc d'Aremberg à Bruxelles et provenant du Cabinet Brisard.

GM

1. La messe de St. Grégoire. Le Saint est agenouillé, tourné vers la gauche; derrière lui un diacre qui lui soutient le manteau, et, en arrière de celui-ci, un personnage à genoux avec un quatrième en prières vis-à-vis, à gauche. Sur le retable de l'autel, où apparaît le Christ, est représentée la Nativité. La signature est au bas. Pièce cintrée de la fin du XVᵉ. siècle. H. 2 p. 7½ l. L. 2 p. Liége.

MG

1. Demi-figure d'homme. Vu de trois quarts et tourné vers la droite, il lève la main gauche comme pour parler. Il est vêtu du costume néerlandais du XVᵉ. siècle et porte une draperie sur la tête. Eau forte dans le style néerlandais de la fin du XVᵉ. siècle. H. 2 p. 9 l. L. 2 p. 1 l. Berlin.

R

1. La Vierge et Ste. Anne. Elles sont assises sous un baldaquin. La Vierge est dans l'acte de donner l'enfant Jésus à sa mère

19*

vers laquelle elle tend le bras.   Les noms des personnages se lisent sur le baldaquin dont les rideaux sont tenus par deux enfants, près des pilastres aux deux côtés.   Un livre et une poire se trouvent à terre sur le devant; en bas, à gauche, le monogramme. H. 3 p. 10 l. L. 2 p. 9 l. Oxford.

TABLE DES GRAVURES

NON SIGNÉES DES ÉCOLES ALLEMANDES ET NÉERLANDAISES DU XVe. SIÈCLE
DÉCRITES DANS CE SECOND VOLUME.

Sujets de la Vierge et Stes. familles.

La Vierge assise, avec l'enfant Jésus et le St. Esprit p. 84.

La Vierge assise entourée de Saintes 56 (3).

La Vierge assise, avec deux Saintes et le donateur 84.

La Vierge assise, avec St. François 57.

La Vierge assise, couronnée par deux anges 84.

La Vierge avec un ange 54. 86. 223. 225 (2). 269.

La Vierge avec deux anges 95. 125. 223.

La Vierge avec trois anges 150. 265.

La Vierge avec quatre anges 86.

La Vierge assise, avec un ange et un moine 85.

La Vierge couronnée par deux anges 226.

La Vierge debout, avec l'enfant Jésus 43. 54 (3). 55 (3). 84 (2). 85. 224. 225. 256.

La Vierge debout sur le croissant 54. 55. 70. 84 (3). 223. 224. 225. 226. 256. 266 (2).

La Vierge debout sur un serpent 55. 84 (2). 85 (3).

La Vierge debout sur un monstre 185.

La Vierge debout, l'enfant Jésus et un évêque 224.

La Vierge debout entourée de Saints 236. estampe votive de l'an 1488 226.

La Vierge à l'horloge 194. 206.

La Vierge d'Einsiedlen 37. 43.

La famille de Ste. Anne 15.

La Vierge sur les genoux de Ste. Anne 86. 223. 265.

Ste. Anne, la Vierge et l'enfant Jésus 216. 237. 265. 267.

Sainte famille 102. 257. 265.

L'enfant Jésus au bain 57. 69.

Le Christ et la Ste. Vierge assis 148.

Images de Saints et sujets pieux.

La Trinité 16. 17 (2). 43. 62. 87 (4). 215. 267.

Dieu le père soutient le corps de son fils 266.

L'enfant Jésus dans un petit chariot p. 266.

L'enfant Jésus bénissant 228. 258.

L'enfant Jésus avec les souhaits de bonne année 57 (3).

L'enfant Jésus dans un cœur 228.

Un cœur avec le monogramme i h s 228.

Le cœur de Jésus tenu par deux anges 228.

L'homme de douleurs 17. 86 (4). 196. 266.

Ecce homo 266.

L'homme de douleurs avec quatre anges 58.

L'homme de douleurs entre deux Saints et avec quatre anges 58.

Le voile de la Véronique, tenu par des anges 92, par St Pierre et St. Paul 228. 269.

Écusson d'armoiries avec les instruments de la passion 45. 99, tenu par le Christ 149, soutenu par la Vierge et St. Jean 266.

Le Christ debout au milieu de six anges 113.

Le Christ entre la Vierge et St. Jean 286.

Le Christ dans l'acte de bénir 43. 90. 149. 228. 267.

Le bon pasteur 227 (2). 266.

Le Christ sous le pressoir 227 (2). 228.

Les têtes du Sauveur et de la Vierge 259.

St. Michel 60 (3). 61. 91 (3). 92. 196. 229. 266.

St. Jean Baptiste 17. 92. 257.

La décollation de St. Jean Baptiste 209. 229 (2).

La tête de St. Jean Baptiste 257 (2).

Le Sauveur avec les 12 apôtres dans des compartiments sur une feuille 58.

Jésus Christ et les douze apôtres 43. 44. 90 (2). 149. 209. En médaillons, les apôtres disposés deux à deux 267.

Les douze apôtres assis 59.

Les douze apôtres debout 88. 90.

Les douze apôtres debout deux à deux 44, idem en médaillons 87, assis deux à deux 88, avec le Credo écrit 229.

Apôtres, pères de l'église et St. François 216.

Sujets allégoriques, mythologiques et historiques.

Les degrés des âges de la vie p. 25.

La roue de fortune 27.

La mort marchant au-dessus d'une fosse ouverte 184.

La mort atteint la jeunesse 240.

Le jeune homme et la mort 261.

Le jugement de Pâris 23. 24.

Hector de Troie 21.

Alexandre le Grand 22.

Jules César 22.

Josué 22.

David 22.

Judas Machabeus 22.

Arthur 23.

Charlemagne 23.

Gotfridus de Bulion 23.

Combat avec un Centaure 185.

Une reine agenouillée devant un roi 172.

Pyrame et Thisbé 240 (2).

Un roi assis (Charles VII. carte à jouer) 67.

Huit Sujets tirés du Boccace.

L'illustration de la dédicace 275.

L'auteur écrit l'histoire de nos premiers parents 275.

Le roi et l'homme mort 275.

La Fortune et la Pauvreté 276.

M. Manlius Capitolinus jeté dans le Tibre 276.

L'empereur Valérien humilié par le roi persan Sapor 277.

L'exécution de la reine Brunehilde 277.

Échec au roi 277.

Sujets profanes.

La fontaine de Jouvence 26.

La salle d'armes 26.

Le jeu d'échecs 69.

Le jeu de dés 240.

Une partie de cartes 260.

Le concert 64. 98. 240.

La joueuse de luth 64.

La fête des fleurs 97.

Le goûter 240.

La santé portée 240.

Un soldat combattant p. 189.

Combat de l'ours 81.

Deux chevaliers debout 241.

Deux cavaliers 241.

Deux hommes se battent avec des pieux 241.

Joute de deux chevaliers 259.

Le voyageur 151.

Un pèlerin 242.

La jeune femme et l'hermite 241.

Deux moines encapuchonnés 259.

Deux nonnes avec des capuces 259.

Le grand jardin d'amour 253.

Le petit jardin d'amour 253.

Un jeune homme et une jeune femme 64.

Jeune femme avec un bouffon 64.

Une femme avec un jeune bouffon 64.

Un chevalier et une jeune femme 64.

L'amant qui veut donner un baiser à une jeune femme 69.

Un jeune homme embrasse une dame 240.

Un gentilhomme assis près d'une dame 240.

L'offre amoureuse d'un anneau 98.

Le couple amoureux 98. 260.

Le baiser 98.

L'embrassement 98.

La jeune femme qui offre une fleur à un cavalier 98.

Le couple près d'un abbreuvoir 99.

Un bouffon qui danse 99.

Le jeune homme et la femme nue 241.

La femme nue et le bouffon 241.

Le geste indécent 241.

La femme nue 240.

Un jeune homme et deux femmes 260.

Un jeune homme et un vieille femme, en buste 263.

La jeune fille et le vieillard, en buste 263.

Le vieillard et la jeune femme 151.

L'homme chevauché par sa femme 114.

Le mari dompté, ou le cocu 240.

L'homme subjugué 240.

La femme chevauchant un vieillard 261.

L'homme et l'adolescent 260.

Une femme et une jeune fille 260.

Deux jeunes gens 261.

TABLE ALPHABÉTIQUE

DES MAÎTRES MENTIONNÉS DANS CE SECOND VOLUME.

TABLE DES MONOGRAMMES

QUI SE TROUVENT DANS CE SECOND VOLUME.

H ✠ S, H ✠ S p. 284.

IsP 208.

HsI 207. 237.

HTVA 146.

⸺ Hans von Windsheim 154.

⸺ Israhel van Meckenen 190.

⸺ 171.

⸺ Jean de Cologne 178.

I C., I ⊡ C 138.

·I·Ǝ·S 112.

ı ð 111.

×I×H×G× 142.

⸺ 167.

⸺, ⸺ Israhel van Meckenen 190.

⸺ 147.

⸺ exc. 113.

LAN 175.

L Cʒ 288.

L ⸺ Ludwig Schongauer p. 115.

∘L∘Ɔ∘ I·ℛ·9·∧· 45. 143.

M 126.

M 163.

M ⊕ B 112.

MG 291.

M R 164.

M S 113.

M ♁ S Martin Schongauer 103.

M'2 114.

XX 3 172. 174.

M 3 M. Zasinger, ou M. Zwikopf 169.

M ʒ 172.

NOE Noé Garnier (?) 111.

P mcccclı 6.

P 291.

P b R 143.

P 169.

P P W 159. 241.

Pw. PW 161.

R 175.

I·Ǝ·S 112.

SXH 168.

2 Y H 147.

SS, SS 111. 164.

TW, T₃W. TM. W Telman zu Wesel p. 203.

⌐⌐, ⌐⌐ Urs. Gemberlein (?) 139.

⌐M 111.

W Wenceslaus von Olmütz 132.

W꜀ᴅ 138.

⌐7 138.

167.

W $ B Estampille 270.

WᴧH, ⌐×H Wolf Hammer de Munich 129.

W⚹ 279.

↑·, Le maître de 1464 28.

⚹ p. 80.

⚹ 81.

⚹ 143.

⚹ 112.

⚹ 167.

⚹ 169.

⚹ 184. 202.

⚹ 184. 202.

⚹ 184. 202.

⚹ 166.

Israhel van Meckenen
114. 190.

ERRATA ET ADDITIONS.

Page 11, ligne 16, au lieu de: plus anciens, lisez: les plus anciens.
» 13, » 15, No. 2, ajoutez: le filigrane est un chien se dirigeant vers la gauche.
» 13, » 32, » 3, » Dans la collection du professeur Fröhlich à Wurzbourg.
» 18, » 20, » 23, » L'Aurea legenda nous explique la présence du lion et des chameaux dans la forêt de cette gravure. Elle rapporte que St. Jérôme ayant guéri un lion d'une blessure à la patte, celui-ci ne voulut plus le quitter, de sorte que le Saint convint avec les moines du couvent que le lion servirait de garde à leur âne qu'ils employaient à transporter le bois de la forêt. Un jour, le lion étant endormi, des marchands, en caravane, passèrent par là et emmenèrent l'âne avec eux. Le lion désespéré fut contraint alors par les moines de faire la besogne de l'âne. Étant pour ce but dans la forêt, voilà qu'il vit un beau jour s'avancer les marchands avec l'âne; il fond sur eux et les force à venir avec lui au couvent, autant pour rendre la bête volée, que pour sa propre justification. Les marchands s'excusèrent du mieux qu'ils purent et promirent au couvent un don annuel d'une certaine quantité d'huile et de fruits.
» 19, » 36, ajoutez: H. 4 p. 6 l. L. 3 p. 3 l.
» 31, » 6, au lieu de: L. 2 p., lisez: L. 7 p. 2 l.?
» 32, » 6, » » » O lignum etc., l'inscription commence: O crux gloriosa. O crux adoranda etc.
» 33, » 13, » » » Louis XII., lisez: Louis XI.
» 52, » 8, » » » ailé, lisez: couvert de plumes.
» 59, » 37, ajoutez: à Dresde.
» 79, » 20, » Le roi manque.
» 85, » 23, » à Berlin.
» 110, » 31, au lieu de: un foulon, lisez: une perche de foulon.
» 117, » 15, » » » les clous, lisez: le clou.
» 136, » 1, » » » chèvre, lisez: bouc.
» 151, » 15, » » » son père, lisez: le juge
» 205, » 30, ajoutez: M si cette marque ne fût pas bien venue dans l'impression.
» 210, » 7, au lieu de: W, lisez: W
» 229, » 1, ajoutez: Le No. 128 est une épreuve de la même planche que celle décrite dans le premier volume parmi les nielles sous le No. 563.
» 281, » 34, No. 40, ajoutez: avec la marque à gauche.

Leipsic, imprimerie de J. B. Hirschfeld.

ADDITIONS ET ERRATA

DU SECOND VOLUME.

Page 32, ajoutez:

La résurrection du Christ. Le Sauveur, sortant par le pied gauche du sarcophage, tient la bannière de la main gauche, et donne la bénédiction de la droite. Sur le terrain au premier plan le bouclier en forme de cœur du soldat en harnais, dormant couché à droite, qui appuye sa tête sur la main droite. Dans le fond à gauche, près du sarcophage, dort un autre soldat, dont on ne voit que la tête et les deux bras. A droite, un troisième qui d'un air étonné porte sa main droite à la tête, et tient un glaive devant soi de la gauche. Il est debout, regardant en haut, derrière le sarcophage, et n'est visible qu'à moitié. — Le large manteau, dont le Sauveur est vêtu, a des cassures angulaires dans les plis et beaucoup de hachures croisées. L'encre d'impression est pâle. Toutes ces particularités ainsi que la manière dont est représenté le gazon du devant par de petites hachures en touffes alignées et tournées alternativement à droite et à gauche, est tout à fait conforme à la manière du maître de 1464, et la feuille paraît être un de ses premiers et moins bons travaux. — Autour de la composition, dans une marge formée par deux lignes de chaque côté, se trouvent des inscriptions latines, et en haut à gauche le millésime **mivxxxviij**. On pourrait croire, d'après cela que la pièce a été gravée en 1438, mais non-seulement l'indication **v**, au lieu des quatre **cccc** pour 400 est si extraordinaire que je ne l'ai trouvée nulle part, mais aussi elle est d'un noir plus foncé que le reste de l'inscription, retouchée à ce qu'il paraît, comme une partie des paroles d'inscription suivantes qui sont effacées à la gauche en bas. Mr. Drugulin a donc avec raison, en annonçant cette feuille dans son Amateur des Beaux-Arts, No. 4, ajouté un point d'interrogation au millésime **mivxxxviij**. — H. 6 p. 8 l. L. 4 p. 8 l. (On pourrait presque croire que ce millésime, pris pour 1438, ne soit plutôt l'indication corrompue de **math**: (Evangile St. Mathieu) **xxxviij**; car dans la collection de Mr. T. O. Weigel, il y a une feuille jusqu'ici inédite du maître de 1464 ou de son école d'un sujet presque identique, où le guerrier regardant en haut, derrière le sarcophage, et tenant la main gauche à son casque, porte une hallebarde de la droite. Cette petite feuille est ornée d'une bordure architectonique ressemblant à un passe partout comme ceux de la Biblia Pauperum et appartenant peut-être à une suite, avec, en bas, l'inscription sur deux lignes : **surrexit precdit vos t galilea ibi eu videbt sicut dixit vos math xxviij** (Ev. S. Mathieu ch. 28. v. 7). H., y comprise la marge d'inscription de 5 l., 4 p. 5 l. L. 2 p. 11 l.)

Page 44, ligne 21, ajoutez :   No. 64 S. Marc, Copie en contre-partie avec la légende : „Sanctus Marcus J" dans la banderole.

»   50,   »   3, ajoutez au No. 114. On trouve une copie de cette pièce dans le sens de l'Original qui ne se distingue de celui-ci que par une exécution inférieure; la tête de l'ange surtout est d'un mauvais dessin.

»   53,   »   29,   »   La Bibliothèque Impériale publique à St. Petersbourg possède un fragment de cette pièce No. 133. Le St. Jean manque.

»   68,   »   8,   »   No. 213. Rinceau d'ornement représentant deux cerfs, au-dessus un Oiseau volant. (Cat. Cab. M. D. G. de A. Mr. D. G. de Arozarena de Havannna,) à Paris 1861. p. 39. No. 325.

»   112,   »   18,   »   102. Un paysan tenant un écusson. Copie, où il n'y a qu'un oiseau sur le roc à gauche, et où la plante à droite est plus feuillée. Rond dans un carré à angles coupés (octogone). Diamètre 1 p. 11 l. Collection du Comte von Enzenberg à Innsbruck.

»   120,   »   23,   »   B. 17. Copie en contre-partie. Sur le roc à droite un oiseau assis, sur la terre un glaive. Rond dans un carré à angles coupés (octogone). Diamètre 1 p. 11 l. Collection du Comte von Enzenberg à Innsbruck.

»   123,   »   13,   »   40 A. Des paysans qui se battent. Deux paysans qui se battent, dont celui à gauche tient l'autre par les cheveux et l'habit; celui à droite saisit son adversaire par l'oreille et le menace du poing; aux deux côtés des banderoles vides. Cette feuille paraît être une copie d'après le maître de 1480. Rond dans un carré dont les angles sont coupés. (octogone). H. 2 p. 6 l. L. 1 p. 6½ l. Collection du comte von Enzenberg à Innsbruck.

40 B. Une chasse et des occupations de campagne. Riche composition. Au devant un chasseur à cheval qui poursuit un cerf avec quatre chiens; au milieu un fauconier à genoux; derrière la forêt, on voit un homme et une femme à cheval; au milieu un moulin près de duquel on voit le meunier avec son âne et un homme gardant des pourceaux. Dans le lointain une ville. Rond avec deux lignes de bordure, Diamètre 2 p. 5 l. Collection du Comte von Enzenberg à Innsbruck.

»   157,   »   20, au lieu de: St. Etienne, lisez : St. Sébastien.

»   246,   »   17, ajoutez :   Les estampes suivantes se trouvent décrites dans le Catalogue des estampes de feu M. Joseph Paelinck. Bruxelles 1860.

251. S. Jean Baptiste conforme au No. 74 du maître 1466. Seulement la banderole a l'inscription : Ecce agnus Dei qui tollit peëta mundi. H. 3 p. 8 l. L. 3 p. 1 l. Collection Paelinck No. 1.

252. La Vierge debout sur un croissant et deux anges. Elle est entourée de rayons, tenant de la main gauche l'enfant Jésus, et de l'autre un fruit, que l'enfant veut prendre. Deux anges tiennent au-dessus

de sa tête une couronne. St. Jean Baptiste avec l'agneau se trouve à droite, et S. Jean l'Évangéliste avec le calice à gauche de l'estampe. Pièce ronde, de 2 p. 2 l. de diamètre. Coll. Paelinck No. 2.

253. La Vierge à mi-corps sur un croissant. Elle tient sur le bras droit l'enfant Jésus qui joue avec un oiseau. La Vierge est entourée de rayons et porte la couronne royale. Pièce ronde, Diamètre 1 p. 5 l. Coll. Paelinck No. 3

254. La Vierge à mi-corps sur un croissant. Elle est vue de trois quarts, tournée vers la droite, tenant entre ses bras l'enfant Jésus qui a la main gauche levée. Elle est entourée de rayons, et sa tête est ornée d'une couronne. Pièce ronde. Diamètre 1 p. 7 l. — Coll. Paelinck No. 4.

255. La nativité. Vers la droite au premier plan, la Vierge adore à genoux l'enfant Jésus, couché à terre au milieu de l'estampe. Vers la gauche, St. Joseph, également en adoration. A droite est l'étable, où l'on remarque le boeuf et l'âne. Trois bergers, dont deux au milieu et un à gauche, regardent par les fenêtres du fond. Trois Anges en l'air portent une banderole avec ces mots: Gloria in excelsis, en caractères gothiques. Pièce cintrée. H. 4 p. 3 l. L. 2 p. 11 l. — Coll. Paelinck No. 5.

256. Un Saint (St. Norbert?) debout sous l'arbre de la vie, dont les branches sont entremêlées de banderoles. Le Saint tient un crucifix dans la main droite et une chaîne de la main gauche. Au premier plan on voit, à gauche, Jésus-Christ arrosant l'arbre, et à droite, la sainte Vierge avec une bêche. L'agneau de Dieu et le globe terrestre se trouvent au bas des racines de l'arbre. En haut, Dieu le père; au milieu, à gauche, St. Pierre et un ange dessous; à droite, un autre Saint tenant un livre. H. 4 p. 3 l. L. 2 p. 8 l. — Coll. Paelinck No. 6.

257. La Messe de St. Grégoire. Le Saint est vu de profil, devant l'autel, où lui apparaît Jésus-Christ. Du côté gauche, on voit un évêque, tenant un livre ouvert, du côté droit, un cardinal, qui tient également un livre de la main gauche. Au bas des marches de l'autel sont représentées des flammes du purgatoire où se trouvent deux petits personnages. La planche est entourée d'une bordure. H. 3 p 3 l. L. 2 p. 6 l. Coll. Paelinck No. 7.

258. La résurrection. Jésus-Christ sortant du tombeau tient de sa main gauche le drapeau de la paix et donne la bénédiction. A gauche du tombeau, on voit deux guerriers, dont le plus éloigné lève la main gauche. Le plus rapproché tient son arme de la main droite. A droite de l'estampe, un soldat tenant la tête de la main gauche et une lance de la main droite. H. 3 p. L. 2 p. 3 l. Coll. Paelinck No. 8. Estampe d'un grand fini.

259. S. Antoine. L'érmite est debout, vu de trois quarts et se dirigeant vers la droite de l'estampe. Il tient de la main gauche un livre, et de l'autre un bâton et un chapelet. Le porc se trouve derrière la Saint à droite; une cloche dans le haut du même côté. H. 3 p. L. 1 p. 8½ l. — Coll. Paelinck No. 9.

260. L'Adoration des rois. La Vierge assise au milieu tient des deux mains l'enfant Jésus. Les trois rois, dont deux debout et un à genoux, se trouvent à la gauche de l'estampe. Le dernier présente une cassette à l'enfant, la tenant de la main gauche, et montrant de la droite le contenu. S. Joseph. à droite, regarde ce qui se passe, et au fond de ce même côté se trouvent deux bergers. On voit l'étoile en haut, au milieu, un peu à gauche. H. 4 p. L. 6 p. 1 l. — Coll. Paelinck No. 10.

261. Sainte Barbe. Elle est vue de trois quarts, et se dirige vers la gauche portant une large robe et une couronne sur la tête; ses longs cheveux lui couvrent l'épaule et le dos. Elle tient des deux mains un livre ouvert. Au fond, à gauche, une tourelle. H. 3 p. 10 l. L. 2 p. 5 l. — Coll. Paelinck No. 12.

262. L'homme de douleurs. Le Christ, montrant ses plaies, ayant la tête baissée et les bras à moitié étendus est debout devant le tronc de la croix; à terre, à gauche, se trouvent les instruments de la passion : verge, fouet, lanterne, couronne d'épines; à droite, trois clous, le marteau, et un habit avec trois dés; plus haut, sur le fond blanc à gauche, une colonne, avec le coq chantant, la lance, le bâton avec l'hysope et une tête crachant vers la figure du Christ; à droite, trois mains dont une tient les 30 deniers, puis quatre têtes parmi lesquelles Hérode, Pilate et Caïphe. — C'est une gravure assez rude du même maître qui a gravé un peu mieux la Résurrection du Christ (Vol. II, p. 18 No. 15.) Le maniement des hachures, les côtes fortement accusées et les plantes du terrain s'accordent tout à fait avec ceux de ladite feuille. — H. 7 p, 7 l. L. 5 p. 1 l. Drugulin, Amateur des Beaux-Arts. No. 4.

No 263. L'Adoration des Mages. La Vierge est assise à gauche, tenant l'enfant des deux mains. Le plus vieux des trois rois est agenouillé et présente un vase à l'enfant de la main droite, sa couronne est devant lui par terre; derrière lui, les deux autres rois dont celui du milieu tient une caisse et se dispose à ôter sa couronne de la main gauche; celui à gauche regarde en haut vers l'étoile et élève la main gauche d'un air étonné. A droite au fond sur le devant, l'étable avec le boeuf et l'âne, St. Joseph est debout, tenant la main droite à la joue. Les draperies avec des cassures rondelettes sont traitées encore entièrement dans la manière de la première moitié du XV. Siècle. H. 4 p. 5 l, L. 3 p. 1 l. Le pied du roi agenouillé et sa couronne dépassent la bordure. Epreuve moderne d'une planche ancienne bien conservée, traitée en manière de nielle, à hachures longues pour la plupart. Francfort s. M.

No. 264—266. Trois pièces de la Passion, traitées dans le style du milieu du XV. siècle. Les hachures sont souvent obliques, le corps nu du Christ deposé de la croix est modelé par beaucoup de petits traits, comme des points. H. 2 p. 5 – 6 l. L. 1 p. 9 — 10 l. Francfort s. M.

264. L'entrée du Christ à Jerusalem. Le Christ chevauche, en bénissant, vers la droite; un homme étend son manteau devant lui. A gauche quatre apôtres,

dont seulement un est visible en entier. A côté de la porte, dont la sarrasine est levée, un arbre duquel un garçon détache une branche.

265. Le portement de croix. Le Christ allant vers la droite porte la croix soutenue par Simon de Cyrène. Quatre bourreaux l'entourent, celui à gauche élève une hache.

266. La descente de croix. Le corps mort du Christ est descendu de la croix par Joseph d'Arimathie, qui est monté sur une échelle à droite, et Nicodème, à gauche. La Vierge se trouve à gauche dans le fond où l'on voit encore le nimbe d'une autre figure. Dans le paysage à droite semble être indiquée une vigne.

267. Dans un petit livre de prières allemand du XVe. siècle, au Musée germanique à Nuremberg, se trouvent collées les feuilles suivantes:

I. 29 Gravures de 2 p. — 2 p. 2 l. do hauteur et 1 p. 4 l. de largeur, dans une bordure de 4 l., formée par des branches, des fleurs et des feuilles. Elles sont pour la plupart coloriées d'une manière singulière, le terrain est dessiné par des hachures perpendiculaires. Du reste, le style dans les contours avec peu de hachures croisées dans les ombres ressemble à celui du Martyre de S. Erasme (B. X. p. 26 No. 48), dont la planche se trouve dans le cabinet de Mr. Silberrad à Nuremberg. Une ancienne épreuve dans le cabinet de Berlin porte le millésime 1444, écrit à l'encre de Chine. En tout cas, il paraît que les gravures appartiennent à la première moitié du XV. Siècle, et sont exécutées à Nuremberg. Ce sont les estampes suivants:

1. La visitation. Elisabeth sort d'une porte à gauche, donne sa droite à la Vierge et lui met la gauche sur l'épaule. A droite, un petit arbre sur un rocher.

2. La Circoncision. Sous une halle à gauche 6 personnes, avec l'enfant Jésus. A droite, dans le lointoin une, ville.

3. L'Adoration des Mages. La Vierge est assise à la droite, l'enfant Jésus sur ses genoux, devant lequel est agenouillé un des rois, offrant de l'or. Derrière lui les deux autres, dont celui au milieu montre en haut l'étoile.

4. La Présentation au temple. Marie à droite tient deux pigeons dans une corbeille.

5. Fuite en Egypte. La marche se dirige vers la droite. Joseph conduit l'âne.

6. Le Massacre des innocents. A droite, Herode assis, à gauche, deux soldats dont chacun tue un enfant.

7. L'Entrée à Jerusalem. Le Christ chevauche vers la droite où sont deux hommes à genoux, à gauche, les disciples.

8. La Cêne. Le Christ et ses disciples sont assis autour d'une table ronde ; 13 figures et le Christ.

9. Jésus au jardin des Oliviers. Il est tourné vers la gauche, où le calice est posé sur un rocher.

10. Le trahison de Judas. Seulement 4 figures.

11 Le Christ dépouillé de ses habits par

un soldat; à droite un soldat le frappe, derrière lui à gauche, le juge.

12. La flagellation. Le Christ attaché à une colonne, est frappé par deux bourreaux, avec des fouets et des verges.

13. Couronnement d'épines. Deux bourreaux avec des bâtons pressent la couronne d'épines sur la tête du Christ.

14. Portement de croix. Le Christ et trois figures.

15. Le Christ devant Pilate. Celui-ci est assis à droite. Le Christ lui est présenté par un soldat cuirassé et un homme. N B. Cette feuille a de grandes figures et point de bordure, mais est gravée de la même manière que les autres. H. 2 p. 8 l. L. 2 p.

16. Le Christ présenté au peuple. A droite, quatre scribes, et le peuple avec l'inscription: crucifige eum. Sans bordure et de la grandeur du No. 15.

17. Le Christ attaché à la croix. Marie et St. Jean sont debout à droite au fond. Avec de bordure.

18. Le Christ en croix. A gauche trois figures, parmi lesquelles la Vierge tombe évanouie, soutenue par St. Jean. A droite, Longin avec deux figures. Sans bordure.

19. La descente de croix. A gauche, un homme sur l'échelle descend le corps du Christ, un autre, à genoux, tire le clou des pieds, à côté sont debout Marie et St. Jean. Avec bordure.

20. La mise au tombeau. Deux hommes le déposent dans un sarcophage; à gauche, Marie avec St. Jean qui lui baisent la main. Avec bordure.

21. Le Christ aux Limbes, Il est debout devant une gueule d'enfers, de laquelle sortent Adam et Eve, auxquels il donne la main droite. Avec bordure.

22. La résurrection. Le Christ sort du sarcophage en bénissant. Sur le devant, deux soldats endormis; au fond, à droite, un troisième.

23. Le Christ en jardinier apparaissant à S. Madeleine. Elle est agenouillée à droite. Avec bordure.

24. L'ascension. On ne voit que la partie inférieure du Christ, sortant d'un nuage. Au bas 8 figures agenouillées, parmi lesquelles la Vierge à droite. Au fond encore 6 nimbes. Avec bordure.

25. La descente du S. Esprit. La Vierge agenouillée au milieu, 6 autres têtes sont visibles. Avec bordure.

26. La Trinité. Dieu le père couronné tient le Christ en croix devant lui. A gauche, entre eux le St. Esprit. Avec bordure.

27. Le jugement dernier. Le Christ assis sur l'arc-en-ciel, les pieds sur le globe. Aux côtés St. Jean Baptiste, et la Vierge agenouillée. En haut deux petits anges, tenant la colonne et la croix. En bas à gauche, les condamnés; à droite, les élus conduits par 3 anges. Sans bordure.

28. Le Christ bénissant. Il est debout vêtu d'un large manteau, et tient de la gauche le globe avec la croix. (On a changé le globe en un agneau au moyen de

la plume pour faire de la figure dénommée un St. Jean Baptiste.) Avec bordure.

29. La Vierge avec l'enfant Jésus. Elle tient debout l'enfant habillé et est couverte d'un large manteau. Avec bordure.

II. A ce livre de prière est joint un autre d'une date postérieure, dans lequel se trouvent plusieurs anciennes gravures en bois, une feuille en manière criblée, représentant St. Vite au chaudron, de plus quatre autres gravures. Celles-ci semblent appartenir à la première moitié du XV. siècle, mais elles sont différentes des 29 feuilles précédentes, en ce que les ombres sont dessinées plus largement, et par des hachures la plupart horizontales; le dessin y est inférieur; le contour plus accusé. Elles n'ont qu'une ligne de bordure, et ne sont pas coloriées. H. 2 p. 1–2 l. L. 1 p. 5 l.

1. L'incrédulité de St. Thomas. Il est agenouillé à gauche. Le Christ, avec la bannière de la victoire, tient sa main droite à la plaie du côté. Sans indication de terrain.

2. Le Christ apparaît à Madeleine. Elle est agenouillée à gauche, couverte d'une sorte de turban. Sur la terre sont 5 plantes d'une exécution archaïque.

3. Le Christ devant Pilate. Celui-ci est assis à gauche, sur un siége, et se lave les mains pendant que le Christ est emmené par deux hommes. Traité de la même manière que les deux feuilles précédentes.

4. L'ascension. On ne voit que la partie inférieure du Christ sortant d'un nuage. La Vierge est agenouillée à gauche avec 5 autres figures. A droite St. Jean et plusieurs disciples agenouillés.

Page 284, ligne 20, au lieu de: Hieronymus Agnen, lisez: Hieronymus van Acken. Nous devons à Mr. Alexander Pinchart la connaissance du vrai nom de ce maître, par les notices qu'il a publiées dans les Bulletins de l'académie royale de Belgique vol. IV. No. 5. D'abord il a trouvé dans un registre des archives du département du nord à Lille, le passage suivant qui relate un paiement fait par ordre de l'archiduc Philippe-le-Beau, au mois de Septembre 1504: „A Jéronimus Van Acken, dit Bosch, paintre, demourant à Bois-le-Duc, la somme de XXXVI livres, à bon compte sur ce qu'il pourrait estre deu sur ung grant tableau de paincture, de IX pieds de haut et de XI pieds de long, où doit estre le jugement de Dieu, assavoir paradis et enfer, que Monseigneur avait ordonné faire pour son très-noble plaisir.“

Puis Mr. Pinchart rectifie la Note que Mr. Immerzeel a donnée d'une manière incorrecte, et qui se trouve dans le registre de la confrérie nommée: l'Illustre Lieve-Vrouwe broederschap, et qui a pour titre: „Nomina decanorum et prepositorum. Elle est ainsi conçue; „Obitus fratrum Ao. 1516 Hieronimus Agnen als Bosch insignis pictor.“

Une autre indication communiquée à Mr. Pinchart est extraite d'un volume intitulé: Register der namen ende wapenen der heeren beeödigde broders soo geestelyke als wereltlyke van de Illustre Lieve Vrouwe brodershap, con-

firme et le nom de van Aecken et la date de 1516. Au
fol. 76, on trouve le contour d'un écusson dont le
champ est vide, avec ces mots au-dessus : H i e r o n i m u s
A q u e n s. a l i a s B o s c h s e e r v e r m a e r d s c h i l d e r.
O b i i t 1516. Enfin le nom de notre artiste se ren-
contre encore dans les comptes de la confrérie de 1488
à 1512. A cette dernière date, il dessine pour la confrérie le patron d'une croix qui lui est payé 20 sous.

D'après Mr. Pinchart, les gravures qu'on attribue en
partie à Jérome Bosch et en partie à Alart Du Hameel
seraient toutes de la main du dernier; seulement
quelques-unes sont exécutées d'après des dessins du
premier. Mais nous avons déjà fait remarquer qu'il y a
une certaine différence entre elles, et nous croyons
pue celles qui sont le plus finement traitées ont été exè-
cutées par Jérôme Bosch.

Quand à Alart du Hameel Mr. Pinchart nous donne
la notice suivante: Il était architecte très - distingué et
sculpteur en même temps, et on le trouve inscrit dans
le compte de la Ville de Louvain de 1501: M e e s t e r
A l a r t d e H a m e l, d e r s t a d t W e r k m a n s t e e n-
b o u w e r. C'est lui qui fut chargé de la direction des
travaux de la magnifique église de Saint Jean à Bois-le
Duc, depuis 1478 jusque vers 1495; en cette année,
il alla s'établir à Louvain pour succéder à Mathieu de
Layens, architecte de l'hôtel de ville de cette cité, mort
vers cette époque. Il fut nommé s t a d m e e s t e r, le
25. Juni 1495, aux appointements annuels de 12½ florins,
et travailla aussi à l'église de Saint Pierre à Louvain,
alors en construction. Il avait épousé Marguerite van
Auweninge, décédée en 1484, et enterrée dans l'église
de Saint Jean, où on voit encore sa pierre tumulaire avec son effigie et une inscription. Dans les comptes,
Alart du Hameel est mentionné pour la dernière fois en
1505; en 1504, Mathieu Keldermans le remplace en
qualité de maître des ouvrages de la ville de Louvain et
dans le compte de la confrérie de notre Dame à Bois-le
Duc de 1509 à 1510, on lit: „van den testamente onde
vuyterste wylen maesters Alarts du Hamel, doen by leefte,
lozemeester in dem Bosch: vj gulden. Donc il est mort
antérieurement à 1510. Voir aussi Naumann, Archiv. V.
p, 88.